OVNIS

RÉVELATIONS PROHIBÉES

D1723181

Des mêmes auteurs :

OVNIS enquête sur les crashs extraterrestres les preuves existent 2022.

Les Ovnis en URSS.

Le dossier OVNI du KGB.

Enquête sur les OVNIS: L'extraordinaire découverte Scandinavie   1946 – 1952.

OVNIS en Norvège, Cold Cases, 2022.

Les brevets OVNIS - Maîtrise de l'Espace-temps, 2022.

OVNIS : Une réalité : Affaires paranormales non classées 2022.

Phénomènes OVNIS, 2018, et réédition 2022.

OVNIS es Espagne : Mystérieuses Archives Secrètes,   2020.

OVNIS Affaires Déclassifiées, 2022.

Ovnis au Triangle des Bermudes, 2022.

OVNIS : 1959 Le Contact - 1959 jusqu'au dossier Dyatlov, 2022.

Ovnis - Pentagon Disclosure - Ils sont parmi nous, 2023.

Ovnis - Révélations Prohibées, 2023.

Ovnis - Police Files Disclosure, 2023.

OVNIS - Révélations Prohibées
N° ISBN : 979-10-97252-39-7
EAN : 9791097252397
Dépôt légal 2023
© Blackwood - François et Paola Garijo 2023

Nous tenons à remercier :

Bob Bellanca et BTLV, le média n°1 sur le Mystère et l'Inexpliqué avec qui nous avons franchi ensemble cette année nos quatre années d'émissions consacrées aux OVNIS entre 2020 et 2023.

Laurie Wickens, président du Shag Harbour Incident Society, Grichka et Igor Bogdanoff, Gildas Bourdais, Jean Claude Bourret, le britannique Allan Godfrey, Isabelle De Kochko, Daniel Benaroya.

Pushkar Vaidya astrobiologiste et fondateur du Centre indien de recherche en astrobiologie à Mumbai, Vaishnav Hitesh, dirigeant le magazine électronique bimensuel UFO Magazine India, développeur de l'application Ufology, fondateur du Disclosure Team India, enquêtant sur les observations et les rencontres d'OVNI dans le pays.

Ahmad Jamaludin, ufologue spécialisé sur l'Asie du Sud est et la Malaisie.

« A systématiquement laisser les conditionnements prendre la main sur nous, nous nous enfermons dans un conformisme devenu trop confortable.

Nous anesthésions parfois même nos capacités à arbitrer et à discerner, nous oublions nos besoins viscéraux de spontanéité et d'expérimentation. »

Audrey Chapot : ethnologue.

En octobre 2019, le commandant de l'US Navy David Fravor, qui a fait l'objet d'un article du New York Times en 2017 sur son observation d'OVNI en 2004, a discuté d'une autre affaire avec un collègue pilote après qu'ils aient tous deux quitté le service de la Marine. Selon Fravor, son ami, un ancien pilote du MH-53E Sea Dragon, était stationné à la base navale de Roosevelt Roads, sur l'île de Porto Rico, à deux reprises, alors qu'il récupérait des munitions d'entraînement épuisées hors de l'eau, le pilote a repéré un étrange objet sous-marin, ce que nous appelons maintenant un objet submergé non identifié.

Lors du premier incident, le pilote a vu une masse sombre sous l'eau alors que lui et son équipe récupéraient un drone d'entraînement en vol. Le pilote décrit l'objet comme une grosse masse circulaire, et il était certain qu'il ne s'agissait pas d'un sous-marin. Lors de la deuxième observation du pilote, une torpille d'entraînement qu'il devait récupérer a été aspirée dans les profondeurs de l'océan en présence d'un objet sous-marin similaire à une forme de soucoupe, la torpille n'a jamais été revue.

Coïncidence ou pas, au cours de manoeuvres navales à 100 miles au sud-est de Puerto Rico, à la limite du Triangle des Bermudes en mars 1963, un des sous-marins a rompu sa trajectoire assignée et a commencé à poursuivre un objet non identifié qui, selon leurs instruments, se déplaçait à plus de 150 nœuds à une profondeur de 20 000 pieds. peu après il est rejoint par un contre torpilleur et treize autres navires de la Navy. L'objet immergé changeait de cap et de profondeur, avec une vitesse de déplacement de 280 km/h lorsqu'il fut à 8 000 m. La poursuite dura quatre jours, puis il s'en alla, la traque était finie, la marine américaine en déroute. L'ufologue Bruce Maccabee enquêta sur l'incident, constatant que telles vitesses et profondeurs étaient, et sont toujours, impossibles pour les submersibles. Voilà où nous en sommes, une partie de nous se refuse à croire, une autre constate que quelque chose d'étrange fait déjà et pour toujours, partie de votre vie

Il arrive parfois qu'on se retrouve dans une situation bizarre. On y a été entraîné peu à peu, le plus naturellement du monde, mais une fois qu'on y est bien plongé, on s'étonne soudain et la question se pose de savoir comment diable les choses en sont venues là.

Thor Heyerdal, 1951.

Chapitre n° 1 : La vérité dissimulée

Le 7 janvier 1948, vers 13h00, plusieurs dizaines de témoins signalent aux autorités locales la présence d'un objet rond, lumineux et de grande taille à la verticale de Madisonville (Kentucky) se dirigeant lentement vers le sud : « Environ deux heures plus tard, un phénomène céleste fut observé par différents témoins au-dessus de la base aérienne de Lockbourne, Columbus, Ohio Il a été décrit comme un objet rond ou ovale, plus grand qu'un C-47, naviguant horizontalement à une vitesse très supérieure à huit cents kilomètres heure. La tour de contrôle de Lockbourne suivit l'objet pendant plus de vingt minutes. Les observateurs disent qu'il était blanc ou ambré, laissant derrière lui une traînée ambrée ayant environ cinq fois sa longueur. Il avait des mouvements semblables à ceux d'un ascenseur et parut même à un moment, toucher le sol. Aucun bruit ne fut entendu, finalement l'objet s'éloigna et disparut à l'horizon. »

Peu avant Roswell, un américain nommé Harold Dahl, pêche depuis un bateau à moteur, quand il voit soudainement surgir hors de l'eau, une énorme soucoupe volante venant s'accrocher fixe au-dessus de lui, tel un tableau splendide, planant au-dessus d'une petite île au milieu du lac, elle s'éclaire soudainement, de petits objets en sortent et commencent leur descente vers le sol, semblables à l'allure nonchalante de journaux pliés portés par le vent, tels des feuilles mortes. Cette affaire controversée, portera désormais, le nom de : Maury Island Ufo Incident le 21 juin 1947, ce cas demeure encore très discuté jusqu'à nos jours.

Un peu plus tard dans le calendrier, c'est le tour de l'affaire Roswell de surprendre les médias le 4 juillet 1947.

Cet événement Roswell reste longtemps ignoré, avant de nourrir un écho mondial en 1980, suite à la parution du livre de Charles Berlitz et William Moore : The Roswell Incident. Puis elle rebondit en 1997, dans un ultime rapport de l'USAF avec la solution Mogul, l'infâme ballon auquel plus personne ne croit, objet banal mis en cause et scénarisé, puis amplifié par l'US Air Force, que leurs officiers du renseignement n'auraient su analyser correctement. Oh les incompétents du service de contre espionnage face à des bouts de balsa, papier d'alu et ballon de baudruche, bref : « Ce n'était pas un ballon d'espionnage en haute altitude, mais un prototype pour tester les effets de la chute des corps humains, avec, de simples mannequins. » Le rapport très sérieux au demeurant, précise :

« Les informations selon lesquelles les militaires sont venus récupérer les corps et la soucoupe volante sont des descriptions exactes de soldats de l'Air Force engagés dans des opérations routinières ramassant des mannequins anthropomorphiques. »

Revenant donc corroborer ses déclarations de 1995 auprès du GAO, General Accontribility Office, à la demande du député Steven Schiff, l'USAF substitue l'explication initiale du ballon unique, à un train de ballons rattachés à une ligne appelée Mogul[1] dans presque mille pages d'explications, il fallait au moins ça pour que le public puisse comprendre.

Que n'y avait-on nous pas pensé avant !

Sauf que, les expérimentations de ce type n'ont eu lieu qu'en 1953 soit six ans après les faits, donc problème il y a !

Nous le constaterons plus loin dans ce livre, une fois de plus, année après année, indices et témoignages sous serment devant notaire se sont accumulés. Au cous de ces années passées, l'US Air Force se désavoue dans un vaudeville grotesque, tentant de manipuler l'opinion du quidam, mais pourquoi mentir à ce point durant soixante-dix ans sans raison ?

Le GAO, General Accontribility Office, découvre en 1995 que des parties importantes des archives de Roswell avaient été détruites sans explications et n'accepte pas la thèse aventurière de l'USAF, au sujet des ballons concluant ainsi : « Le débat sur ce qui s'est écrasé à Roswell continue. »

Que nous cache-t-on, qu'ont-ils détruit de si important ?

Philip J. Klass note qu'en 1967, Ted Bloetcher publie un rapport sur la vague d'OVNI de 1947, cette liste chronologique recèle un total de 853 cas d'OVNI diffusés par les médias au cours de la dernière semaine de juin et le mois de juillet, mais Roswell n'y figure pas.

Sur la liste des 853 cas les plus importants pour la période de cinq semaines, l'incident de Roswell est absent, les dossiers de la veille et du lendemain ont également été effacés. Soulignons, cette dernière semaine entre juin et juillet 1947 : 853 signalements d'OVNIS aux USA.

Il existe plus de cent vidéos sur les OVNIS entre les mains des chercheurs de Blue Book, aucune n'a été fournie au public en 75 ans.

Où sont passés ces dossiers ?

---

[1] Gildas Bourdais : Roswell - La Vérité, Presses du Châtelet, 2017, p. 27.

Je recommande le livre de Gildas Bourdais : Roswell - La Vérité, Presses du Châtelet, 2017, il est complet, aborde tous les témoignages, donne la version exacte et en détails de ce qui s'est probablement passé. Je ne peux rien ajouter de plus, son exposé est parfait. Il offre une vision d'ensemble avec l'aspect majeur du dossier. Le scénario prend forme et s'articule sur l'explosion d'un engin principal en vol qui se serait écrasé sur un champ répandant de nombreux débris, une navette de secours s'en serait séparé, cette sorte de nacelle de sauvetage tomba sur un site proche avec des occupants à bord. Enfin, une navette plus importante avec plusieurs pilotes se pose également. La première s'est écrasée immédiatement, tuant ses occupants sur le coup, l'autre aurait volé durant un temps très court, dérivant avant d'atterrir brutalement à 60 km au nord de Roswell, peut être avec au moins un survivant qui décèdera plus tard à Wright Patterson Air Force Base au Hangar 18-F. Le troisième site serait situé à 4 km à l'est du champ de débris, ces faits sont analysés par Gildas Bourdais au cours de ses investigations sur place en juillet 2007 :

« Lorsqu'il s'agit de savoir ce qui s'est réellement passé sur ce qu'on appelait autrefois le Ranch Foster, dans le comté de Lincoln au Nouveau Mexique, au début du mois de juillet 1947, il y a des choses que nous savons, des choses que nous soupçonnons et des choses que nous ne saurons probablement jamais[2]. »

Les vérités exposées dans ce livre ne seront pas forcément les vôtres, pourtant rien n'a été inventé, les aspects ufologiques relevés sont irrémédiablement irréconciliables depuis tant d'années avec les pour et les contre que le principal sera pour chacun de nous, d'aborder la vérité avec son ressenti personnel.

Ne pouvant tout citer, j'ai choisi quelques évènements dans un mois de juin 1947 bien chargé en raison de leur singularité :

25 juin 1947, le dentiste local Dr.R.F.Sensenbaugher voit un objet de la forme d'une soucoupe volante de diamètre apparent à peu près égal à la moitié de la surface de la pleine Lune, volant vers le sud au-dessus de Silver City, Nouveau Mexique.

26 juin 1947, Leon Oetinger, M.D.Lexington,dans le Kentucky et trois autres témoins signalent un grand objet argenté de la forme d'un ballon, mais qui ne peut nettement pas être un ballon ou dirigeable, naviguant à très grande vitesse près du bord du Grand Canyon.

---

[2] Franck Coquet, journaliste, revue : OVNIS et Extraterrestres, n°18, septembre 2021, p. 50.

1°) 27 juin 1947, John A.Petsche, électricien à Phelps Dodge Corporation et d'autres témoins signalent à 10h30, un objet en forme de disque les survolant, et venant vers la terre près de Tintown au voisinage de Bisbee, dans le sud-est de l'Arizona, près de la frontière avec le Nouveau mexique.

2°) 27 juin 1947, le major George B.Wilcox de Warren, Arizona, signale une série de huit ou neuf disques à intervalles parfaitement réguliers, se déplaçant à grande vitesse par mouvements saccadés. Il dit que les disques sont passés au-dessus de sa maison à intervalles de trois secondes, cap à l'est. Il estime leur hauteur à 300 m au-dessus des sommets montagneux environnants.

3°) 27 juin 1947, un disque blanc brillant comme une torche électrique a été signalé, au-dessus de Pope, Nouveau Mexique par un habitant, W.CDodds à 9h50 du matin. Quelques minutes plus tard, le même objet ou un autre analogue, était vu naviguant cap au sud-est, sur la base de missiles de White Sands, par le capitaine E.B.Detcmendy qui l'a signalé à son supérieur, le lieutenant colonel Harold R.Turner. A 10h00 du matin, Monsieur David Appezoller de San Miguel, Nouveau Mexique, signale qu'un objet semblable est passé au-dessus de cette ville, faisant route également vers le sud-ouest. Le colonel Turner de White Sands, à initialement réagi en faisant connaître qu'aucune fusée expérimentale n'avait été lancée de cette base depuis le 12 juin 1947. Peu après, craignant des réactions hystériques, il a officiellement identifié l'objet comme étant un météorite diurne.

28 juin 1947, le capitaine F.Dvyn volant au voisinage d'Almogordo, New Mexico, croise une boule de feu qui glisse sous son appareil en vol, avant de disparaître en se désintégrant pendant qu'il l'observait.

29 juin 1947, une équipe d'experts techniques de la Navy membres de l'équipe du Dr.CJ.Zhons, observe un disque argenté réalisant une série de manoeuvres aériennes au-dessus du banc d'essais de White Sands.

1°) 30 juin 1947, treize objets argentés, de parfaites soucoupes volantes sont vues par un ouvrier du rail nommé Price, naviguant en file indienne les unes derrière les autres sur une seule droite au-dessus d'Albuquerque. Initialement cap au sud, les soucoupes virent brusquement de cap à angle droit pour voler vers l'est, avant de revenir en un invraisemblable tête à queue vers l'ouest et de disparaître instantanément. Price frappe aux portes et tous les voisins sortent à l'unisson hors de leurs maisons pour se coucher dans l'herbe et regarder le ciel.

La ville d'Albuquerque distante de 270 km de Roswell, est au nord de Socorro entre Los Alamos au nord et vers le sud : Trinity, Hollowman AFB, Alomogordo, White Sands

2°) 30 juin 1947, (selon un article du Tucumacari Daily News, New Mexico le 9 juillet), Mrs. Helen Hardin, employée de Quay County Abstract and Co, signale le 8 juillet 1947 qu'elle à vu depuis le porche le 30 juin, une soucoupe volante traversant le ciel d'est en ouest de sa maison à très grande vitesse. Selon le témoin, l'engin avait la taille de la moitié de la pleine Lune, avec un léger halo jaune. Cette soucoupe vole pendant environ six secondes assez basse sur l'horizon tout en descendant vers l'extérieur de la ville. Mme Hardin pensa à un météore mais sa première opinion fut vite oubliée quand elle vit un mouvement ou effet de tourbillon là où la soucoupe approchait du sol.

Vous avez dit Roswell ?

Revenons sur 1947 : comment en sommes nous arrivés à cela ?

Statistical Chart, by States, for June and July 1947

State	Cases	Time of Sighting			Number of Objects			Witnesses
		Daytime	Night	Unknown	Single	Multiple	Unknown	
Canada	18	10	5	3	12	3	3	52
Alabama	28	4	23	1	6	22	0	75
Alaska	1	1	0	0	1	0	0	3
Arizona	23	18	3	2	13	9	1	47
Arkansas	15	10	3	2	11	4	0	22
California	109	74	16	19	50	53	6	465
Colorado	36	30	5	1	19	15	2	80
Connecticut	8	4	2	2	1	7	0	18
Delaware	1	1	0	0	1	1	0	1
Dist. of Columbia	2	2	0	0	1	1	0	3
Florida	10	6	4	0	5	5	0	22
Hawaii	1	1	0	0	1	0	0	100
Idaho	43	39	4	0	27	16	0	510
Illinois	40	19	12	9	21	19	0	74
Indiana	13	5	5	3	5	7	1	31
Iowa	14	9	3	2	8	6	0	22
Kansas	7	3	4	0	5	2	0	18
Kentucky	14	5	8	1	8	6	0	28
Louisiana	8	6	1	1	4	4	0	18
Maine	6	2	4	0	1	5	0	15
Maryland	10	3	7	0	5	5	0	17
Massachusetts	14	7	3	4	5	9	0	20

Ted Bloetcher rapport sur la vague d'OVNI de 1947, 1967.

Découvrons les statistiques OVNIS de juin et juillet 1947, de Ted Bloetcher. Total pour juin juillet 1947 : 3 283 témoins, pour 853 cas d'OVNIS, 546 en journée et 231 la nuit, 363 objets multiples et 468 pour un objet unique.

1° juillet 1947, Maw Hood, un des dirigeants de la Chambre de Commerce d'Albuquerque signale avoir vu un disque bleuâtre zigzaguer dans le ciel au nord ouest d'Albuquerque dans la direction de Los Alamos.

1-6 juillet 1947, sept soucoupes volantes distinctes sont signalées à la police au nord du Mexique depuis Mexicali jusqu'à Juarez à 256 km au sud ouest de Roswell.

1° juillet 1947, Mr et Mme Franck Munn sont témoins d'un grand objet discoïdal brillant passant au-dessus de leur maison cap au nord ouest à très grande vitesse.

2° juillet 1947 Mr et Mme Dan Wilmont de Roswell observent un grand objet brillant en forme de soucoupe passant au-dessus de leur maison cap au nord ouest à très grande vitesse.

8 juillet 1947, quatre observations distinctes d'objets volants en forme de disques, au-dessus de la base aérienne de Muroc et du centre d'étais secrets de Rogers Dry Lake, Californie, un objet croise un F-51 et le survole, alors qu'aucun appareil civil ou militaire connu ne se trouve dans le voisinage.[3]

Huit objets photographiés au-dessus de Tulsa, Oklahoma,
le 12 juillet 1947 (Crédit Daily World 1947)

---

[3] Charles Berlitz et William L.Moore : Le mystere de Roswell, France Empire, 1981 ; p. 30 à 34.

Michigan	19	8	7	4	9	9	1	560
Minnesota	4	2	1	1	4	0	0	5
Mississippi	5	1	1	3	1	4	0	5
Missouri	25	19	5	1	13	12	0	79
Montana	2	1	1	0	0	2	0	4
Nebraska	8	4	4	0	6	2	0	15
Nevada	7	5	1	1	5	2	0	37
New Hampshire	6	3	3	0	3	3	0	13
New Jersey	15	6	8	1	10	5	0	125
New Mexico	17	16	1	0	13	3	1	31
New York	7	5	2	0	5	2	0	13
North Carolina	10	5	5	0	8	2	0	20
North Dakota	2	2	0	0	2	0	0	4
Ohio	29	10	16	3	14	13	2	150
Oklahoma	14	11	3	0	11	3	0	28
Oregon	54	49	5	0	26	28	0	110
Pennsylvania	13	6	5	2	9	4	0	35
Rhode Island	1	0	1	0	1	0	0	1
South Carolina	13	10	3	0	10	3	0	30
South Dakota	5	4	1	0	4	1	0	7
Tennessee	8	6	2	0	7	1	0	12
Texas	27	12	9	6	19	6	2	50
Utah	16	12	3	1	9	7	0	41
Vermont	4	0	4	0	4	0	0	5
Virginia	3	2	1	0	2	1	0	15
Washington	83	72	9	2	37	43	3	178
Wisconsin	27	11	15	1	20	7	0	58
Wyoming	8	5	3	0	6	2	0	11
Totals	853	546	231	76	468	363	22	3283

Ted Bloetcher rapport sur la vague d'OVNI de 1947, 1967.

Statistiques officielles d'Edward J.Ruppelt en 1950 :

Le responsable du projet Blue Book, Edward J.Ruppelt atteste formellement que seulement 750 cas d'observations d'OVNIS furent étudiés par eux, sur un ensemble de 45 000[4] comprenant tous ceux récoltés des commission Sign, Grudge et Blue Book, parmi eux, une semaine 1947 extraordinaire[5].

Statistiques officielles Donald Quarles :

Le projet Blue Book a étudié 12 618 cas et retenu 3 201 cas pour l'analyse statistique. Lors de la conférence de presse du 25 octobre 1955 le secrétaire de l'armée de l'air, Donald Quarles, annonce le chiffre de 3 % de cas inexpliqués.

Une constante demeure malgré une différence de 32 382 cas en moins entre les deux, ils sont tous d'accord pour oublier Roswell.

---

[4] Edward J.Ruppelt : Rapport sur les objets volants non identifiés, 1956.

[5] Appendice n°14 : Statistiques OVNIs de juin et juillet 1947, Ted Bloetcher : The UFO Wave of 1947, 1967, p. 181.

Les archives du projet Blue Book comprennent 8 360 photos, 20 bobines de film (ce qui représente 6h30 de film) et 23 enregistrements audio d'interviews de témoins. Conservées jusqu'en 1974 dans les archives de l'US Air Force, les archives du projet Blue Book, sont stockées depuis 1976 aux archives nationales américaines après la censure de tous les noms de témoins. Elles sont depuis 2007 en accès libre sur le site des archives militaires américaines. L'ufologue John Greenwald Jr. a converti ces documents difficiles à consulter en fichiers PDF sur son site The Black Vault (exception faite des films soustraits au public et encore classifiés).

Pourquoi nous affolerions-nous ?

Aucun chiffre ne concorde, le personnel impliqué dans la recherche pour le gouvernement américain est frappé d'amnésie et de troubles évidents de comptage. De plus, aucun compartimentage secret n'aurait fait l'objet d'un traitement particulier, l'Air Force, le FBI, la CIA, n'auraient jamais tente de s'intéresser à des événements réels ou fictifs survenus en 1947, malgré les remous mondiaux qu'ils suscitaient.

Quelques jours après que quelque chose de brillant s'est écrasé dans le désert du Nouveau-Mexique, l'aérodrome de l'armée de Roswell publie un communiqué de presse indiquant qu'ils ont récupéré les restes d'un disque volant, avant de se rétracter, à part cela, trois fois rien, des broutilles qui secouent encore la société moderne d'allégations conspirationnistes les plus folles.

Depuis, le public se rend bien compte qu'un vaste complot dissimule et brouille les pistes, ce sera même confirmé par les membres du Congrès dans leurs audiences de juillet 2023, voici ce que dit le sénateur Tim Burchett :

« J'espère que nous montrerons au public américain que nous prenons ce problème au sérieux, un récent sondage a montré que plus de la moitié des gens y croient, nous rapprocherons un peu plus du fond des choses. Nous exposerons au public américain qu'il s'agit d'une dissimulation, que nous ne sommes pas ouverts et qu'il y a un groupe d'entre nous qui veut que cela se produise ainsi, et j'espère que nous ne serons pas corrompus. »

La commission du Congrès confirme qu'il y eut une dissimulation constante et organisée pour cacher le dossier OVNI aux États-Unis, un complot au plus haut niveau de l'administration, et qu'ils ne sont pas certains d'aboutir à la vérité, au mieux certains pourraient être corrompus, mais à quoi s'attendre ? Au pire ?

Dans le brouillard du temps qui passe, il est difficile de préciser sans la moindre ambiguïté que nous conservons tous un doute sur l'honnêteté des autorités. Combien de certitudes furent balayées par des experts gouvernementaux, justifiant aventurièrement chacun de leur faux pas, au point où il serait même fastidieux d'énumérer toutes les lacunes et incohérences de leurs allégations successives, jusqu'à se contredire réciproquement systématiquement entre-eux.

Appendix 10

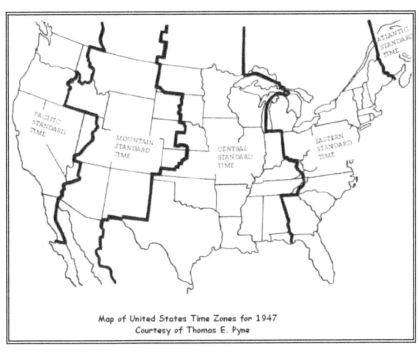

Map of United States Time Zones for 1947
Courtesy of Thomas E. Pyne

Ted Bloetcher rapport sur la vague d'OVNI de 1947, 1967.
New York public Library archives 15.5 linear feet (39 boxes).
(Ted Bloetcher Papers, Manuscripts and Archives Division).

Une carte est à signaler, elle figure dans l'appendice n°10 : des Statistiques OVNIS de juin et juillet 1947.[6] Le compartimentage linéaire vertical en quatre sections des vagues d'OVNIS au cours de cette semaine est troublant. Les statistiques de Ted Bloetcher éclairent différemment toute cette période, et pour Wikipédia seulement quatre.[7]

---

[6] Publiée par Ted Bloetcher dans : The UFO Wave of 1947, 1967, p. 177.
[7] https://en.wikipedia.org/wiki/List_of_reported_UFO_sightings

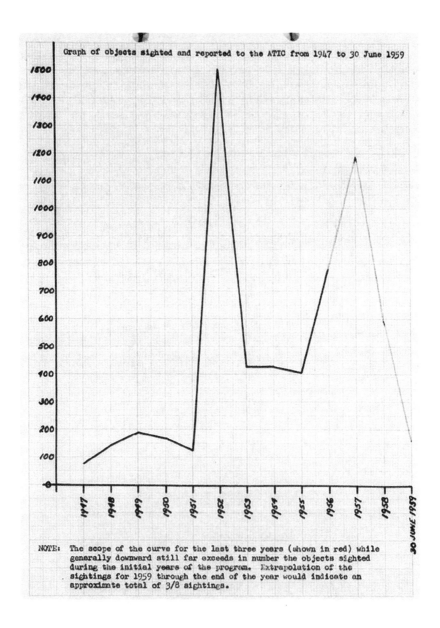

Graph of objects sighted and reported to the ATIC from 1947 to 30 June 1959

NOTE: The scope of the curve for the last three years (shown in red) while generally downward still far exceeds in number the objects sighted during the initial years of the program. Extrapolation of the sightings for 1959 through the end of the year would indicate an approximate total of 3/8 sightings.

Ci-dessus : « Données supplémentaires incluses dans l'étude originale sur les OVNIS par l'ATIC (US Air Force Air Technical Intelligence Center) », signée par le colonel Shop, graphique de 1947 à 1959. Seulement 100 signalements pour 1947, il en manque 753, comme nous le constatons, par comparaison aux allégations statistiques du dossier de l'US Air Force à l'époque, chacun soutient sa propre vérité

Très enthousiaste le capitaine Ruppelt rapporte la mesure de la tâche à accomplir dans dans son livre : The Report on Unidentified Flying Objects :

« Les États-Unis se sont retrouvés au milieu d'une invasion apparente d'une force qui était de loin supérieure technologiquement à la nôtre, et ils ne savaient pas d'où venait cette invasion. Rappelez-vous, ce n'est pas de la science-fiction. Cela s'est réellement produit, bien qu'il soit évidemment vrai que, pour une raison quelconque, notre gouvernement a pris la décision de cacher complètement cette information au peuple américain et au reste du monde. » Ruppelt dénonce donc dès 1956, le complot du gouvernement américain pour garder le silence total.

Pour placer ces révélations en perspective, comme le mentionne dans son ouvrage le capitaine Ruppelt lui-même, on ne peut pas dire toute la vérité : « Il y avait des événements si secrets qu'on ne pouvait pas en parler, y compris les accidents d'OVNI de Roswell, au Nouveau-Mexique, et de Cave Creek, en Arizona. En une seule journée, le 24 juin 1947, des OVNIS ont commencé à apparaître partout aux États-Unis, principalement au-dessus de bases et d'installations militaires.

Événements de l'été : 1947 flying disc craze : Crédit Wikipédia.[8]

---

[8] https://en.wikipedia.org/wiki/1947_flying_disc_craze

Le 6 juillet 1947, les médias nationaux Nord-américains, ont émis l'hypothèse que les rapports sur les disques étaient liés à des sites atomiques, tels que l'usine de plutonium de Hanford, l'aérodrome de l'armée de Muroc et le White Sands Proving Ground (site de la base Trinity Test et Holloman). En observant la carte, nous sommes en droit d'interpeller l'Air Force et de lui demander de se justifier

Comment cette évidence n'a pas alerté ses services, quels appareils survolaient-ils ces lieux sensibles, et pourquoi leur nombre fut réduit à 100 par le colonel Chop en juin 1959 ?

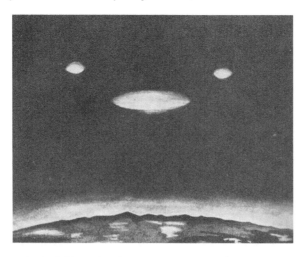

Canoa Park, Californie le 15 novembre 1957. Extraite du livre de 1960 écrit par le major Donald Keyhoe : Flying Saucers : cliché classé Top Secret.

Un courrier parmi tant d'autres : « Le 12 août 1947, bureau du FBI du Milwaukee, à l'Attention du Directeur du FBI, sabotage dû aux Disques Volants. »

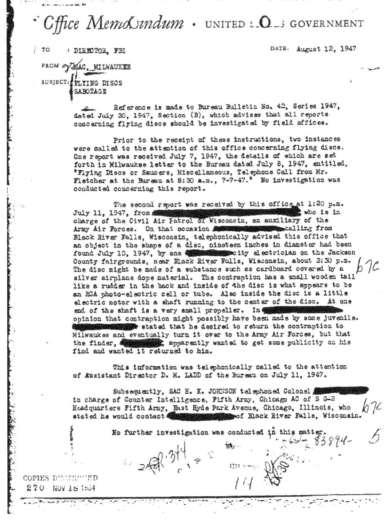

La référence de ce mémorandum porte sur une lettre enregistrée par le Bureau du FBI (bulletin n°42 du 30 juillet 1947, section b) au sujet de tous les rapports d'enquêtes sur le terrain au sujet des : Soucoupes Volantes, que le FBI nie avoir jamais envisagées.

1°) Le premier rapport fut reçu le 7 août 1947 au bureau du Milwaukee, lettre estampillée du bureau du FBI datée au 8 août 1947, intitulé, Divers disques volants ou soucoupes volantes, appel de Monsieur Fletcher le matin à 8h30 le 7 juillet 1947, aucune enquête n'a été conduite à ce sujet.

2°) Le second rapport est reçu par ce bureau la nuit à 1h20 le 11 août 1947 en provenance de (Censuré...) qui est en charge de la patrouille aérienne de défense du Wisconsin et auxiliaire des Forces Armées de l'Air. En cette occasion (Censuré ...) à parlé depuis Black River Falls, Wisconsin, au téléphone, d'une sorte de disque de dix neuf pouces de diamètre trouvé le 10 juillet 1947 par un (Censuré...) électricien au champ de foire de Jackson County à coté de Black River Falls, Wisconsin vers 3h30 de l'après-midi, le disque était fait de carton, recouvert d'une plaque métallique...Cette information à été communiquée au téléphone à l'assistant du directeur D.M.Ladd du Bureau du FBI le 11 juillet 1947. En conséquence, H.Johnson à téléphoné au colonel (Censuré...) en charge du contre espionnage, 5° Avenue, Chicago, quartier général de la 5° armée, East Hyde Park Avenue, Chicago, Illinois, qui contactera (Censuré...) à Black River Falls, Wisconsin. Cette lettre fut classée Top Secret depuis 1947 jusqu'au 18 novembre 1964, puis déclassifiée avec le caviardage de censure habituel.

Trois remarques s'imposent d'elles mêmes :

1°) Le directeur du FBI, et un colonel du contre espionnage militaire ne doivent pas être surchargés de travail pour s'occuper d'un signalement sur lequel il n'existe rien et pour lequel aucune enquête ne fut diligentée, une soi-disante soucoupe volante de foire en carton.

2°) Le FBI à réfuté avoir jamais enquêté et ne pas détenir de dossiers sur les soucoupes volantes, ors nous constatons ici que dès 1947, deux directeurs du FBI, ont fort à faire avec de simples ragots ?

3°) Le titre : Disques volants - Sabotage, de quel sabotage parle-t-on ? La lettre fait cas d'appels téléphoniques non vérifiés, personne ne s'est déplacé sur les lieux ni interrogé les témoins, étrange mémorandum qui à le mérite de démontrer que le FBI à menti depuis 1947, les moindres détails sur les OVNIS, même que les rumeurs les plus insignifiances suscitaient à l'évidence, l'éveil de son vaste appétit.

Le dossier de Richard L.Weaver nommé : Rapport Roswell : Faits contre fiction dans le désert du Nouveau-Mexique (1995), prétend que l'US Air Force, la CIA et le FBI ne disposaient sur Roswell en tout et pour tout, que les livres rédigés par des amateurs de Science Fiction et des articles de presse locaux et nationaux.

La CIA ? Des amateurs selon eux mêmes, ils assistaient au survol du territoire américain et des sites nucléaires par des appareils inconnus, et ne voyaient cela de très loin en dilettantes sans s'en soucier...

Enquêter ? Mais pourquoi faire ?

Nous en parlerons un peu plus loin, l'Air Force, trouva quand même le temps de rédiger une dossier de mille pages pour enquêter sur les ballons sondes et les Moguls, décrivant comment un tas de baguettes de bois et plastique ont été prisés à tort pour du métal et une soucoupe volante, par leurs officiers du service de renseignement[9].

---

[9] Document intégral : https://www.afhra.af.mil/Portals/16/documents/AFD-101201-038.pdf

La CIA plus vertueuse détruisit des dossiers pour que certaines traces soient effacées à jamais, nous y reviendrons aussi.

Quel manque de professionnalisme évident de leur part, confondre une tige de bois avec une baguette de métal est d'une stupidité que même un enfant de trois ans en serait incapable, pourtant nous en sommes là, à ce niveau de déclarations aventurières de le part de l'Air Force, c'est consternant. Après cela qui pourrait encore les croire, comment éviter que les complotistes potentiels ne s'en prennent à leur honorabilité. Le responsable du projet Blue Book, Edward J.Ruppelt atteste en 1950, que seulement 750 observations d'OVNI furent étudiées par le Projet Blue Book sur 45 000, nous en avons le vertige : « Il est certain que les OVNIS existent sur le plan physique, néanmoins, nous sommes obligés de reconnaître que, même s'ils sont réels, ils ne sont pas ce qu'ils semblent être. »

Tel est le paradoxe qui est au coeur du mystère des OVNIS, plus on en apprend sur ce sujet, plus les hypothèses se multiplient.

Bien entendu, le nombre total des observations d'OVNIS varie selon les sources dans des proportions tellement considérables selon les estimations, qu'il perd en quelque sorte toute signification. Seulement 750 cas officiellement expertisés selon Ruppelt, les autres sont en quantité trop importante et imprécise pour permettre une évaluation, de plus un grand nombre est classés Top Secret, d'autres détruits...donc encore une fois pour 1947, des broutilles, trois fois rien...

Le 17 mai 2022, le House Intelligence Counterterrorism, Counterintelligence and Counterproliferation Subcommittee a appelé deux membres du ministère de la Défense à témoigner devant lui à propos des UAP ou phénomènes aériens non identifiés. Il s'agissait de la seconde audience du Congrès en 54 ans, si l'on remonte à un événement similaire d'une journée en 1968 qui allait et venait dans l'opinion, sans réel impact public.

Le sujet de l'audience de 2022 était en relation avec Ronald Moultrie, le plus haut responsable du renseignement du Pentagone, et Scott Bray, le directeur adjoint du renseignement naval, tous deux semblaient souffrir d'une amnésie complète à propos de l'histoire du phénomène. À les entendre le dire, ils savaient peut-être une chose ou deux sur le projet Blue Book, mais tout ce qui se passait avant ou après ne semblait jamais s'enregistrer dans leur mémoire. Pour eux, toute l'affaire de l'UAP semblait commencer, vers 2004 avec le désormais célèbre incident de Nimitz, pas avant, mais bon sang où est passé Roswell, Ronald Moultrie et Scott Bray, n'en avaient jamais entendu parler...

OBJECT SIGHTINGS
1947 - 1959

YEAR	# OBJECTS SIGHTED AND REPORTED
1947	79
1948	143
1949	186
1950	169
1951	121
1952	1,501
1953	425
1954	429
1955	404
1956	778
1957	1,178
1958	590
1 Jan - 30 June 1959	159
TOTAL	6,162

Entrons dans le vif du sujet :

Dans les 17 cas uniques enregistrés en 1947, par le Project Sign, il manque le plus important, Roswell, tous les signalements des 3 et 4 juillet 1947 sont effacés de la liste, ce n'est pas tout, souvenez-vous, durant la dernière semaine entre juin et juillet 1947 : 853 signalements d'OVNIS aux USA : **Tous disparus de la liste et Roswell avec eux**.

Roswell une affaire de ballon...

Dans ce contexte, l'ATIC (Air Tactical Intelligence de l'USAF à Wright Patterson AFB) nous apprend que 4 000 ballons de tous types étaient lancés par jour aux USA dans les années cinquante, ce qui porterait leur nombre à 1 460 000 ballons/an, je doute que l'USAF ait été capable de produire et d'envoyer dans l'atmosphère un million et demi de ballons par an, entre 1947 et 1960 leur nombre serait ahurissant : 13 140 000 ballons, soit presque un ballon pour dix américains.

Incident No.	Date	Location
1	8 July 47	Muroc Air Field, Muroc, Calif
1a	8 July 47	Muroc Air Field, Muroc, Calif.
1b	8 July 47	Muroc Air Field, Muroc, Calif.
1c	8 July 47	Muroc Air Field, Muroc, Calif.
1d	8 July 47	Muroc Air Field, Muroc, Calif.
2	8 July 47	Muroc Air Field, Muroc, Calif
3	7 July 47	Muroc Air Field, Muroc, Calif.
4	8 July 47	Area #3, Rogers Dry Lake, Muroc Air Field, Muroc, Calif
5	4 July 47	Portland, Oregon
6	4 July 47	Milwaukee, Oregon.
7	4 July 47	Portland, Oregon
8	4 July 47	Portland, Oregon.
9	4 July 47	Portland, Oregon
10	4 July 47	Boise, Idaho.
11	4 July 47	Seattle, Washington
12	4 July 47	Vancouver, Washington.
13	4 July 47	Portland, Oregon
14	4 July 47	Portland, Oregon
15	4 July 47	Portland, Oregon.
16	4 July 47	Mount Jefferson near Redmond, Oregon
17	24 June 47	Mt. Rainier, Washington (The Kenneth Arnold sighting) (xx.)

(xx.) *Project "SIGN" Air Force Initial Report -April 1948.* Published by the Fund For UFO Research, Inc. Mount Rainier, MD, 2000. p.3.

Il est important de noter comment l'armée américaine répertorie les 17 premiers cas d'OVNI dans le tout premier rapport du projet Sign en avril 1948, édition du bulletin de l'association ufologique : UFO Research Inc, Mont Rainier, MD, 2000, p.3.

Comparons-le avec le listing du projet Blue Book pour la même période, une évidence nous saute aux yeux, presque tous les cas survenus entre le 2 juillet 1947 et le 10, ont entièrement été effacés de la liste, même s'ils avaient figuré dans les articles des journaux.

Pourtant, concrètement parlant, pendant cette période, l'US Air Force et la CIA n'étaient historiquement et théoriquement pas impliquées directement dans la recherche active sur les OVNIS, car le projet Sign, fut créé qu'à partir du 30 décembre 1947.

Par la suite, le projet Sign, remplacé par le projet Grudge en 1948, évolua vers Blue Book en 1952, nous y reviendrons plus loin.

Grudge fut en son temps la plus lourde machine de destruction et de sabotage de l'étude OVNI que les États-Unis engendrèrent, autosuffisante, à l'ego démesure, sans références techniques et scientifiques, la commission Grudge arriva à convaincre la presse que le gouvernement se fichait des médias au plus haut point, il s'agit là du seul mérite que l'on peut lui accorder.

JUNE 1947 SIGHTINGS

DATE	LOCATION	OBSERVER	EVALUATION
Summer 47-48	▓▓▓▓▓ File (INFO)		
June	Hamburg, New York (CASE MISSING)	Civilian	A/C
June	Seattle, Washington (CASE MISSING)	Civilian	Insufficient Data
2	Rehoboth, Delaware (CASE MISSING)	Civilian	Other (MISSILES)
10	Hungary (CASE MISSING)	Civilian	Insufficient Data
12	▓▓▓▓, Idaho		Other (CONTRAILS)
14	Bakersfield, California	▓▓▓▓	Birds
20 28	Montgomery, Alabama	Multiple Military	Balloon
21	Spokane, Washington	▓▓▓▓	Balloon
22	Greenfield, Massachusetts	Civilian	A/C
24	Mt Ranier, Washington	▓▓▓▓ Photos	Other (MIRAGE)
24	Boise, Idaho	▓▓▓▓	Astro (STAR/PLAN
24	Portland, Oregon	▓▓▓▓	UNIDENTIFIED
28	Rockfield, Wisconsin		Insufficient Data
28	Illinois	Not Stated	Insufficient Data
28	Lake Meade, Nevada	▓▓▓▓	Balloon Cluster
29	Des Moines, Iowa	▓▓▓▓	Other (UNRELIABL
29	Las Cruces, New Mexico		Balloon
30	Boise, Idaho	▓▓▓▓	Astro (SUN DOG)
30	Williams AFB, Arizona (Grand Canyon)		Astro (METEOR)
Late June	Maury Island, Washington	▓▓▓▓	Other (HOAX)
June/July	Oakland, California		(INFO only)
Summer 47	Condon, Oregon	▓▓▓▓	Info Only

Signalements de juin 1947, source US Air Force.

Un 2 juillet 1947

William Brazel, un fermier américain, découvre dans son ranch des fragments d'un étrange avion tombé du ciel et des morceaux d'un curieux matériau à mémoire de forme. Pendant plusieurs jours, il le garde avec lui, au Brazel Ranch situé à 75 miles au nord-est de Roswell, Nouveau-Mexique.

Mme Sandi Tadolini, fille de Lyman et Marian Strickland, voisins de Brazel à une dizaine de kilomètres de son ranch, avait neuf ans à l'époque, elle nous offre sa déclaration sous serment signée en 1993, sous bonne et due forme et reproduite par Karl Pflock dans son livre : Roswell - Inconvenient Facts and The Will to Believe[10] : « Ce que Bill nous montra, était une pièce qui ressemblait à un morceau de tissu. C'était quelque chose comme un feuille d'aluminium, ou du satin, je pense que le morceau mesurait environ 10 cm par 20 cm. Ses bords étaient lisses, pas exactement parallèles, sa forme vaguement trapézoïdale avait à peu près l'épaisseur d'un gant de peau très fin de couleur gris argent, mais avec un côté légèrement plus foncé que l'autre.

---

[10] Amherst, New York. Prometheus Books, John Glenn Drive, 2001 ; voir Roswell - L'ultime enquête, Rennes, Terre de brume, 2007, et Gildas Bourdais ; Roswell - La Vérité, Presses du Châtelet, 2017, p.45-46.

Je ne me souviens pas qu'il y avait des dessins ou embossages dessus. Bill le fit passer à la ronde et nous pûmes le manipuler, il était très soyeux et satiné avec la même texture des deux côtés. Quand je le froissais puis relâchais, il reprenait sa forme originelle. »

Quel métal dispose d'une telle finesse et aptitudes techniques sur Terre en 1947 ? En tout cas pas du bois de balsa comme le dit l'Air Force.

La découverte de Roselière, que l'on y adhère ou pas, a été immédiatement classifiée à tel point que dans les archives militaires, il n'y en eut aucune trace jusqu'au très l'influent Département du Contrôle Financier du Congrès américain, qui a spécifiquement enquêté sur cette question en 1995, et n'a trouvé aucune trace dans ses rayonnages, l'Armée de l'Air n'aurait même pas envoyé un camion sur les lieux.

Aucune trace n'a été retrouvée dans l'un des 15 départements de la défense, qui d'une manière ou d'une autre auraient dû avoir au moins une relation indirecte avec l'incident. Une affaire aussi médiatique et il n'existait pas la moindre trace dans les attendus de l'Air Force, ne serais-ce que pouvant prouver l'inexactitude des faits, nous peinons à le croire. Le général DuBose confirme sous serment (affidavit), signé le 16 septembre 1991, que le général McMullen lui demanda de garder le secret sur des débris dont une première cargaison devait lui parvenir à Fort Worth le 6 juillet 1947. Il ne devait pas en parler à sa femme ou à son fils, bref, à personne. Un autre haut gradé, le général Ramey le lui interdit catégoriquement : « Ecoutez-moi, quelle que soit la nature de ce matériel, cela ne vous regarde pas. N'en faites jamais mention. N'en parlez à personne, ni à un journal, ni ailleurs. Je vous demande de l'oublier. »[11] Gildas Bourdais souligne cela : « Décidément, ces étranges débris de ballons étaient déjà une affaire d'État. »

Fedor Perfilov, un chercheur ufologue russe, découvre par hasard, des informations éclairant Roswell sous un autre angle, en décembre 1995, le chercheur allemand Michael Hesemann rencontre les habitants des réserves, consignant les résultats de ses fructueuses interviews dans son livre : Aliens. Les amérindiens, affirment qu'en 1947, se produisirent trois crashs de soucoupes volantes, les résidents plus âgés des réserves, s'en souviennent parfaitement.

---

[11]Propos relayés par Jaime Schandera, William Moore, Kevin Randle, Donald Schmitt et Gildas Bourdais. Kevin Randle et Donald Schmitt : UFO Crash at Roswell, 1991.

Kevin Randle et Donald Schmitt   : The Truth About the Ufo Crash, 1994.

Gildas Bourdais : Roswell La Vérité, Presses du Châtelet, 2017, p. 60-61.

Le premier accident fut Socorro début juin 1947, le deuxième Roswell et le troisième à Fort Corners, Arizona. Hesemann trouva des témoins vivants de l'accident à Socorro : « Ces Indiens avaient alors 13-14 ans quand une grosse boule de feu a traversé le ciel du nord-ouest au sud-est. Sa lumière vive faisait mal aux yeux et les enfants les couvraient de leurs mains. Ensuite, des cloques sont apparues sur la peau des mains, mais elles ont rapidement disparu et ne les dérangeaient plus. Ce vol de boule lumineuse incandescente a été observé le 31 mai 1947. Deux jours plus tard, ils rencontrèrent une étrange fille à la peau grise, elle ne communiquait pas avec les adultes et les enfants eux-mêmes évitaient quelque peu l'étrangère. Pourtant, ils ont joué avec elle et une semaine plus tard, la jeune fille a disparu sans laisser de trace. »

L'amérindien Robert Morningsky rapporte au chercheur Hesemann l'étonnante histoire de 16 OVNIS qui se sont écrasés ou posés aux États-Unis entre 1945 et 1950. Parmi ceux-ci, 14 se situent sur le territoire des réserves indiennes, une rumeur persistante circulait parmi les natifs locaux : « Dès que les soldats sont arrivés sur le site du crash, il ne restait plus de pilotes d'OVNI survivants, ils ont été soit abattus sur place, soit transportés quelque part. » Le chercheur russe F.Perfilov pense que cela explique le voile dense du secret sur les événements avec les OVNIS à cette époque : « Si ce que disent les amérindiens est vrai, il s'avère que l'armée américaine aurait pu entraîner la Terre dans un conflit interplanétaire fin des années 1940. »

Voici un récit oral transmis au travers des générations : « Un grand-père amérindien, a personnellement observé en août 1947 le crash d'un OVNI sphérique. Cette fois, les natifs de la réserve arrivent bien avant les soldats et trouvent le pilote blessé, ils le ramènent avec eux, et le nomment Star Elder, il a été guéri au bout de quelques mois à l'aide d'un petit cristal vert avec lequel il projetait une image sur une pierre claire, capable de montrer des images de civilisations de l'espace en guerre les unes contre les autres, peu après, l'Aîné des Etoiles (Star Elder) s'en alla. D'autres légendes amérindiennes, y compris celles des Lakota, de la tribu du Montana, ne parlent pas nécessairement de Peuples des Etoiles, mais d'êtres mystérieux venant du cosmos, dans des sphères de lumière qui enlevaient parfois des enfants. Ce sont les premiers témoignages d'abductions aux États-Unis racontées par les familles des victimes.

Pour revenir spécifiquement sur Roswell, de nouveaux détails sur l'incident du ranch Brazel sont apparus grâce au fils de Brazel, M.D.Bill Brazel, qui avait 11 ans en 1947. Il se souvient clairement de ce qui s'est passé le 2 juillet. Il s'avère que lors d'un orage, son père fut effrayé par un terrible rugissement qui retenti au-dessus de sa tête et sortit pour voir ce qui se passait. Ce n'est seulement le lendemain, qu'il est tombé sur des débris sans savoir de quoi il s'agissait, Roswell devient ensuite mythique, rejoignant l'histoire de la zone 51.

Il s'agit de savoir si oui ou non, les américains ont pu récupérer une soucoupe volante. Le sujet OVNI est dévastateur, Bob Lazar décida de parler ouvertement, racontant tout ce qu'il savait à propos de son laboratoire S-4, voici son histoire sur sa soucoupe extraterrestre : « Je n'ai pas vu de soudure ni de boulons, tout était arrondi, incliné, comme coulé dans de la cire. L'appareil de la taille d'un ballon de basket créait un champ anti-gravité dans la tuyère du moteur. »

Bob Lazar donne certaines révélations plus précises sur la fameuse Zone 51 dans le désert du Nevada : « Devant le premier hangar ouvert se trouvait l'engin que nous avions récemment examiné. Cette fois, il m'a semblé étrange que chacune des portes intérieures reliant les baies individuelles soit ouverte. En plus de l'engin que nous avions été autorisés à inspecter, je pouvais distinguer huit autres formes de soucoupes à travers le cortège d'ouvertures. Je me demandai brièvement si nous allions être autorisés à les voir toutes. Chacune d'elles semblait être de forme similaire, et ce n'était pas seulement à cause de la distance qui me séparait de chacune d'elles, mais elles semblaient être de taille légèrement différente. Celle que nous avions inspectée était plus petite et plus élégante que les autres, comme s'il s'agissait de la voiture de sport de la gamme. Au début, j'ai entendu plutôt[12] que vu, toute activité provenant de l'engin, un sifflement fort, rien de douloureux, mais le genre de bourdonnement qu'une sous-station électrique pourrait produire, jusqu'à atteindre mes oreilles. Puis l'engin s'est légèrement soulevé du sol, vacillant, l'axe central s'inclinant de quelques degrés par rapport à la verticale. Alors qu'il décollait, je pouvais voir la lueur bleue d'une décharge corona provenant du bas de l'engin. Cela m'a amené à croire que l'air autour du fond de l'engin où nous soupçonnions que se trouvait l'émetteur, était en train d'être décomposé, et que des photons étaient émis. En raison de cette incroyable production de haute énergie, la lumière était visible, tout comme l'éclair dans le ciel. Au fur et à mesure que l'engin s'élevait, les légères oscillations diminuaient et le sifflement aussi. Au moment où il était de trente à quarante pieds dans les airs, s'élevant presque parfaitement droit, le son avait complètement disparu. Je pouvais voir que l'engin avait trois émetteurs. Un seul créait l'affichage corona et c'était celui qui faisait face au sol. »

Etais-ce la soucoupe de Roswell ?

Non il s'agissait d'une aune autre !

---

[12] Phénomène de décharge électrique partielle entraînée par l'ionisation du milieu entourant un conducteur. Bob Lazar : Dreamland, An Autobiography, Interstellar, 2019.

L'histoire de Roswell nous apprend que tout le monde enfreint les règles, le gouvernement, l'Air Force, le FBI, la CIA, jusqu'à certaines limites délictueuses. Ils nous ont tous menti sur toute la ligne sur un phénomène sans logique apparente qui pourtant existe indéniablement, contribuant à éveiller l'opinion publique à une autre réalité.

De plus, comme le sujet est passionnant, le public ne s'en fatigue pas. On assiste même à une recrudescence de révélations qui relaient les témoignages tels ceux de Bob Lazar au stade presque anecdotique, face aux divulgations du Pentagone devant au Congrès en 2023.

Revenons à Roswell dans tout cela, me direz-vous !

Mardi 1° juillet 1947

Les radars de trois bases militaires de l'État du Nouveau Mexique : Roswell, White Sands et Alamogordo près d'Holloman, détectent un objet non identifié volant à une vitesse incroyable. Le survol de cette zone est strictement interdit, c'est une région dangereuse où deux ans plus tôt les premiers essais nucléaires ont abouti. La possibilité d'un fonctionnement défectueux est exclue, conjointement les trois radars confirment l'enregistrement inconnu, l'USAF tente une interception en vol, mais aucun avion ne réussit à rattraper quoi que ce soit.

Le Dr.Lincoln La Paz réalise une synthèse en 1948, ce scientifique, dans son étude de 209 cas d'observations OVNIS connus, précise que 29,4 %, soit un tiers, se concentraient à Los Alamos, Nouveau Mexique site du projet Manhattan sur la bombe atomique, et le survol du 1° juillet 1947 était hautement critique, les centrales nucléaires attiraient également les OVNIS.

Los Alamos se situe à 300 km au nord-ouest de Roswell, selon Scott et Suzanne Ramsey, vers Aztec, sur ou autour de ce site le 25 mars 1948, un vaisseau spatial d'origine inconnue s'est écrasé ou a atterri sur cette mesa. Il est allégué que la station radar de Los Alamos à proximité d'El Vado, au Nouveau-Mexique, a suivi l'atterrissage en question.

Une opération de récupération de haute sécurité menée par l'armée de l'air et la 5e division d'armée fut responsable de l'enlèvement de cet engin.

L'opération de récupération a duré environ deux semaines et tous les restes ont été transportés au laboratoire de Los Alamos pour une étude scientifique et une évaluation par certains des plus grands scientifiques du monde. Plus tard, il a été dit que tout avait été emmené à la base aérienne de Wright Patterson à Dayton, Ohio.

La récupération de cet engin par le gouvernement et l'armée américaine a été l'une des opérations les plus secrètes, sur un vaisseau spatial aux origines inconnues, depuis les récupérations similaires à Roswell, au Nouveau-Mexique huit mois plus tôt.

Le vaisseau spatial mesurait environ 100 pieds de diamètre et dix-huit pieds de haut. C'était l'un des embarcations les plus intactes que le gouvernement ait récupéré à cette époque.

Une équipe pluridisciplinaire d'anciens hauts responsables américains de la défense et du renseignement, tous vétérans de l'industrie aérospatiale, universitaires et autres personnes associées à la : To the Stars Academy of Arts & Science, à enquêté sur un large éventail d'observations, préconisant une attention plus sérieuse du gouvernement sur ces problématiques. Leurs enquêtes font l'objet de la série limitée « Unidentified » d'History Channel : « Toutes les installations nucléaires, Los Alamos, Livermore, Sandia, Savannah River, ont subi des incidents critiques au moment où des engins inconnus sont apparus au-dessus d'elles, personne ne savait d'où ils venaient ni ce qu'ils y faisaient », dit le journaliste d'investigation George Knapp, après avoir étudié la connexion entre les OVNIS et le nucléaire pendant plus de 30 ans, d'ailleurs, le Nouveau Mexique recense trois des plus grandes affaires d'OVNIS, liées à la proximité de sites d'essais nucléaires militaires.

Georges Knapp rassemble pendant des décennies tous les documents gouvernementaux prouvant cela, en vertu de la loi sur la liberté d'information, récupérant auprès des ministères de la défense et de l'énergie des documents longtemps cachés au public, « Il semble y avoir beaucoup de corrélation là-bas », déclare Luis Elizondo, qui de 2007 à 2012, fut directeur d'une équipe secrète de chercheurs, opérant au sein du ministère de la Défense. Le programme, appelé Advanced Aerospace Threat Identification Program (AATIP), reçut 22 millions de dollars sur le budget de 600 milliards de dollars du Pentagone en 2012, selon le New York Times, l'importance du projet est évidente : « La connexion OVNI nucléaire a commencé à l'aube de l'ère atomique. »

Les observations autour des sources nucléaires remontent à des décennies, explique Robert Hastings, ufologue et auteur du livre : UFOs and Nukes - Extraordinary Encounters at Nuclear Weapons Sites. Hastings dit qu'il a interviewé plus de 160 vétérans témoins de choses étranges dans le ciel autour des sites nucléaires : « Vous avez des objets suivis par radar qui fonctionnent à des vitesses qu'aucun objet sur terre ne peut atteindre », dit Hastings. « Vous avez des témoins oculaires militaires au-dessus de tout soupçon, des pilotes de jet, les témoins de ces incidents sont souvent du personnel hautement qualifié avec les meilleures habilitations de sécurité secret défense possibles.

Ces dernières années, leurs rapports ont été confirmés par une technologie sophistiquée corroborée par le Pentagone comme : « Une présence non Terrestre. »

À la fin de 1948, des boules de feu vertes furent signalées dans le ciel près des laboratoires atomiques de Los Alamos et de Sandia, Nouveau-Mexique, laboratoire où la bombe atomique fut développée et testée pour la première fois. Un document déclassifié du FBI daté de 1950 mentionne aussi des : « Soucoupes volantes » mesurant près de 50 pieds de diamètre (15 m) près des laboratoires de Los Alamos. Fort de cette information, Knapp interviewe plus d'une douzaine d'employés travaillant sur le site d'essais atomiques au désert du Nevada, ici, des dizaines de bombes « A » ont explosé dans les années qui ont suivi la Seconde Guerre mondiale : « Ils disent tous que l'activité OVNI était si courante là-bas, que des employés ont été spécifiquement chargés de surveiller l'apparition des OVNIS. »

Les observateurs ne pouvaient que spéculer sur l'origine de ces phénomènes inexpliqués, néanmoins, malgré les réserves raisonnables, la proximité répétée d'OVNIS sur des sites de défense sensibles liés aux armes les plus puissantes du monde a soulevé la question de savoir d'où ils pouvaient provenir.

Mercredi 2 juillet 1947

Les échos radar ne quittent pas les écrans, il semble qu'un OVNI réalise plusieurs survols au-dessus du site de Trinity où explosa en 1945 la première bombe atomique, Franck Kaufman, opérateur radar de confiance est déplacé en urgence par le général Martin Scanlon depuis la base de Roswell à 160 km de là, Kaufman assure une veille quasiment constante pendant un tour de garde de plus de 24 heures d'affilée. Ce technicien détient l'absolue confiance de ses supérieurs et le général Scanlon ne veut que lui sur le site, il ne souhaite aucun autre radariste sur le coup. Sa perspicacité va finir par payer en retour, aux alentours de 21h50 M. et Mme Wilmot, habitant Roswell, observent un objet ovale fendant le ciel en direction du nord-ouest, le radar confirme le passage de l'OVNI.

Pendant ce temps à Washington, Robert Thomas, officier superviseur de l'opération radar en cours, demeure en contact avec Kaufman :

« L'appareil surgit et disparaît, semble voleter d'un endroit à un autre, apparaissant ici, puis là, pour se localiser comme par bonds un peu plus loin, ses performances excluent tout avion ou hélicoptère conventionnel. »

Jeudi 3 juillet 1947

Un étrange objet lumineux discoïde surgit dans le ciel, quand au même moment, un test de fusée type V2 échoue dramatiquement, plusieurs techniciens sont sérieusement blessés, heureusement il n'y a pas de décès au centre de tests de White Sands, mais cette soucoupe volante fait grand bruit dans les conversations du personnel.

Vendredi 4 juillet 1947

Franck Kaufman arrive à nouveau sur la base de Roswell AFB, trois stations radar indépendantes sont en alerte, suivant les évolutions d'un OVNI, son expertise technique est demandée d'urgence.

Toutes les tours de contrôle maintiennent l'état d'urgence maximal, au nord celle de Kirtland près d'Albuquerque protégeant le centre de recherches atomiques de Sandia, au sud celle d'Holloman, chargée du polygone d'essais de White Sands, plus à l'est celle de Roswell. L'importance stratégique de ces sites, justifie à elle seule que ces installations top secrètes soient protégées par les équipements les plus sophistiqués de l'époque. Faisant fi des militaires, de façon inexpliquée ce ou ces OVNIS, ont évolué toute la journée en toute impunité, puis, leur écho permanent depuis deux jours disparaît simultanément des trois radars militaires vers 23h00. La dernière localisation OVNI fixait sa cible à une cinquantaine de kilomètres de la base de bombardiers atomiques de Roswell AFB.

Dans ce contexte alarmiste, au cours de la nuit, sous un violent orage, William Woody et son père voient une sorte de disque suivi d'une traînée rouge paraissant tomber à grande vitesse au nord de la région de Roswell. Au même moment, non loin de la petite ville de Corona, le fermier William W. Brazel entend comme un bruit d'explosion extrêmement violent. Derniers témoins directs, deux campeurs Jim Ragesdale et Truely Trucklove assistent à un éclair brillantissime filant au-dessus de leurs têtes. Insistons sur ce 4 juillet 1947, quand tout dérape hors de contrôle.

Ted Bloetcher, dans son : Rapport sur la vague OVNI de 1947, rendu public en 1967, fournit 824 cas pour cette année là :

« Littéralement des centaines d'observations ont eu lieu à travers les États-Unis et les soucoupes volantes sont devenues le sujet d'un intérêt intense. Bien qu'il y ait eu quelques cas signalés ailleurs dans le monde, le phénomène semblait être centré aux États-Unis. »

Carte des cas signalés aux USA le 4 juillet 1947 Rapport Bloetcher, 1967, p. 36.

Selon une ironie du sort, c'est pendant les vacances de la fête nationale du 4 juillet que toute l'affaire s'est encore aggravée.

Le 4 juillet 1947, Lake City, Washington (Crédit Ryman).

Comme l'indique le rapport Bloetcher :

« Des signalements d'observations, provenant presque simultanément de centaines de citoyens perplexes, ont été transmis aux journaux et aux postes de police de tout le pays, ainsi que des régions adjacentes, du sud de la Californie au Nouveau-Brunswick, de la Louisiane au Dakota du Nord. Partout, les gens vivaient le début de l'une des vagues d'observations d'OVNI les plus massives jamais enregistrées. Les rapports sont venus de toutes sortes d'observateurs : foules en vacances, policiers, fonctionnaires, pilotes, agriculteurs, femmes au foyer et chauffeurs de bus. »

C'est sur cela qu'il convient d'insister, le contexte de Roswell s'inscrit dans une vague gigantesque que les autorités effacèrent sur leurs statistiques d'un coup de gomme. Dans la soirée du 4 juillet 1947, deux jeunes, James Ragsdale et Trudy Truelove voyageant à bord d'une jeep pour rejoindre leur campement à une soixantaine de kilomètres de Roswell se souviennent : « La nuit était agitée d'averses brutales et de rafales de vent, la chaleur du désert remontait les vapeurs tièdes de l'évaporation, les grondements de tonnerre se succédaient, des éclairs retentissants illuminaient le ciel par intermittence, déchirant l'obscurité ambiante, quand soudain, un objet volant lumineux éblouissant comme un arc de soudeur survola notre campement à très basse altitude, puis continuant sa trajectoire, sembla s'écraser au sol un kilomètre plus loin en direction du sud-est. »

Les deux campeurs sautèrent sur l'occasion et se rendirent avec leur Jeep vers ce qu'ils croyaient être le lieu d'un accident aérien où ils virent les débris, ils en auraient ramenés chez eux, tels des trophées de leur escapade nocturne, sans savoir de quoi il retourne[13]. Il ont probablement romancé leurs aventures par la suite lorsque la presse les consulta, mais le fond de leur aventure demeure intact. À la même heure que Ragsdale et Truelove vivaient des instants captivants, plusieurs témoins dont un collectif d'archéologues, suivent la chute d'un objet lumineux dans le secteur concerné. Comme le sommet d'un iceberg dont la cime ne cesse de croître, ce soir du 4 juillet, onze jours seulement après l'observation de Kenneth Arnold, un équipage d'United Air Lines à bord d'un DC-3, commandé par le capitaine Emil J.Smith, décolle de Boise, Idaho, juste après 21h00, presque immédiatement deux formations de disques sans ailes avancent face à lui dans le ciel.

---

[13] Selon les dires de Kevin Randle qui recueillit leur témoignages : Operation Roswell, Tor Books, 2002.

Un quatre juillet rempli de surprises.

Pour l'Air Force, rien de spécial, toutefois, ils ont pris la peine d'effacer dossiers et listes de faits ce jour là, le précédent et le suivant, une bien étrange attitude pour des personnes honnêtes au-dessus de tout soupçon.   Nous sommes loin du compte, les faits mystérieux s'accumulent.

L'ordre ne supporte pas l'anarchie :

« À peine huit minutes après le début du voyage, par temps clair, mon vol UAL 105, croise cinq objets en forme de disque, un plus gros que les autres, se dirigeant droit vers notre DC-3. »

Le commandant Smith et son copilote Ralph Stevens assistent impuissants à l'inversion de cap des OVNIS, qui se positionnent sur un trajectoire littéralement parallèle à la leur après s'être initialement précipités en grande accélération face à eux. En les étudiant dans le ciel crépusculaire, Smith et Stevens, se rendent vite compte de l'absence d'ailes, queues, rien de tel n'était visible sur les cinq objets d'aspect plat en bas, arrondis en haut avec une rugosité perceptible sur le dessus.

Smith, Stevens et l'hôtesse de l'air, Marty Morrow, décrivent à souhait les appareils à vue pendant environ douze minutes :

« Ces objets ont clairement démontré un contrôle intelligent, car lorsque le copilote Stevens, pensant que les objets étaient des avions, a fait clignoter ses phares d'atterrissage de l'avion de ligne, ils ont répondu en changeant la formation très serrée pour un groupe plus ouvert, élargissant l'espace entre eux. L'ensemble de disques a alors commencé à s'ouvrir et à se fermer à plusieurs reprises, avant de s'installer dans une formation lâche plus espacée. »

Presque immédiatement après avoir perdu de vue les cinq premiers disques, une deuxième formation de quatre (trois en ligne et une quatrième sur le côté) se déplace devant l'avion de passagers, voyageant à nouveau vers l'ouest mais à une altitude un peu plus élevée que le DC-3. Les OVNIS passent rapidement hors de vue vers l'ouest à des allures qui, selon les pilotes : « Dépassaient toutes les vitesses conventionnelles. nous avions l'impression générale que ces engins en forme de disque étaient sensiblement plus grands que les avions ordinaires. » Smith s'ouvre aux journalistes lors de son escale à Pendleton, Oregon, expliquant ce que le vol n°105 venait de rencontrer. Ensuite, l'incident d'United Airlines, repris par Reuters News Service est ré acheminé dans le monde entier. Cette rencontre est d'abord traitée avec bienveillance dans la plupart des journaux :

« Neuf soucoupes volantes (nombre identique à celles vues par Kenneth Arnold qui volaient à 1 200 km/h), en formation dispersée avaient été vues par le capitaine Emil Smith d'United Airlines. Alors qu'il avait quitté Boise, Idaho depuis 8 minutes Smith et son co-pilote Ralf Stevens virent ces disques se profiler à contre-jour sur le crépuscule, pensant qu'il s'agissait d'une formation d'avions. Puis, quatre nouvelles soucoupes volantes vinrent se joindre au groupe, laissant le temps aux pilotes et à la stewardess de les observer à loisir, elles étaient plates et arrondies, plus grandes que les avions modernes. »

Selon la gazette : Los Angeles Examiner : « Boise, Idaho, le 4 juillet, le capitaine Smith d'United Airlines et son copilote le lieutenant Stevens ont signalé trois ou cinq disques volants à une altitude de 2 500 mètres à 25 km au sud-ouest d'Ontario, Oregon. Les mystérieuses soucoupes volantes ont été photographiées pour la première fois par Franck Ryman, cultivateur qui estime que l'objet qu'il photographia se trouvait à 2 000 ou 3 00 mètres d'altitude, volant à 800 km/h. »

L'Air Force démonte le dossier en argumentant ceci : « Les faits s'étant déroulés au coucher de soleil, moment où les mirages sont les plus fréquents, les objets pouvaient être des avions ordinaires, ballons, oiseaux, ou entièrement des produits issus de l'illusion. »

Le 4 juillet 1947 un jour de fête nationale chargé

Portland, Oregon, 11h00, un autobus circule paisiblement, quand tout à coup, les passagers s'affolent, près de Redmond, quatre OVNIS en forme de disques filent comme l'éclair au-dessus du Mont Jefferson. Vers 13h05, un agent de police attend sur le parking derrière le poste central de la ville de Portland, il lève la tête et voit des pigeons effrayés, voler en cercles désorientés, levant les yeux encore plus haut dans le ciel, il aperçoit cinq objets en forme de disques, deux allant vers le sud, et trois autres vers l'est, filant à très grande vitesse, semblant osciller sur leur axe central.

Quelques minutes plus tard, deux autres agents des forces de l'ordre, tous deux anciens pilotes, déclarent que trois de ces engins volaient en file indienne, puis ensuite en formation parfaitement ordonnée, gardant des distances équivalentes de sécurité.

Peu après, la patrouille du port appelle le commissariat, car un équipage composé de quatre patrouilleurs voit entre trois à six disques en forme d'enjoliveur de roue chromé pour voitures se déplacer très vite : « Vous n'allez pas le croire, de plus, ils oscillent aussi durant leur vol. »

Conclusion de l'Air Force sur ces incidents : « Rubans métallisés antiradar », la même réponse que celle donnée pour l'incident du 13 août 1947 à Twin Falls, Idaho, où un groupe de six garçons virent dans la Gorge du Serpent une soucoupe volante bleuâtre, laissant comme une sorte de nuage vaporeux sur l'arrière, telle une flammèche d'échappement. Ce disque descendit jusqu'à 90 m dans la gorge profonde de 120 m, puis disparut derrière un arbre vers le lointain[14]. L'Air Materiel Command de l'USAF étudia les OVNIS après l'observation le 24 juin 1947 dans l'Idaho, n'arrivant pas à convaincre la presse, avec ses conclusions pas très convaincantes, celles du 4 juillet laissaient sans voix les lecteurs et ne correspondant pas mieux à la réalité des témoignages rapportés par les journaux[15]. On peut donc dire sans s'embarrasser de circonlocutions inutiles que le concept de : Complotisme naquit à l'été 1947, après un puis des incidents OVNIS, qui déclenchèrent un phénomène sociétal qui ne trouvait pas de réponses à partir de ce 4 juillet 1947, ils découvrirent quelque chose que nous ne devons pas apprendre sous aucun prétexte.

1°) Photographie OVNI de 1947.

Dans l'après-midi de ce 4 juillet 1947, Frank Ryman, des garde-côtes américains en congé, prend la première photo d'une soucoupe volante depuis la cour de sa maison à Lake City, au nord de Seattle. La photo montre un petit disque brillant sur un ciel sombre, publiée par le : Seattle Post-Intelligencer le lendemain matin, captant la une des journaux au milieu d'une série d'articles de presse sensationnels sur la rencontre de Kenneth Arnold et neuf objets volants : « Des soucoupes au-dessus des Cascades le 24 juin 1947. »[16] C'est un cliché absolument remarquable, l'Air Force enquêta avec sérieux, pas de ballons météo, aucune activité militaire aérienne, les données radar du secteur furent réquisitionnées, ensuite, décrédibiliser le témoin et sa preuve releva de la routine, pour l'Air Force, un ballon de plus ou de moins...

---

[14] Source : UFOIRC-6601, The Reference for Outstanding UFO sighting reports, p.3-2, UFO Information Retrieval Center Inc., P.O. Box 57, Riderwood, Maryland, USA.

[15] https://www.sdhspress.com/journal/south-dakota-history-12-1/united-states-air-force-efforts-to-investigate-ufos-great-plains-encounters/vol-12-no-1-united-states-air-force-efforts-to-investigate-ufos.pdf

Ted Bloetcher : Report of the Ufo wave of 1947, 1967.

[16]Kenneth Arnold et Ray Palmer, The Coming of the Saucers (Boise, ID et Amherst, WI : Kenneth Arnold et Ray Palmer, 1952) ; Walt Crowley, Ils sont venus d'ici, Seattle Weekly, 25 juin 1997; Seattle Post-Intelligencer, 5 juillet 1947, p. 1.

F.Scully : Le mystère des scoucoupes volantes, collection galaxie, Del Duca, Paris, pour les Editions Mondiales, traduction de paul Toutchkov, 1951, p.170.

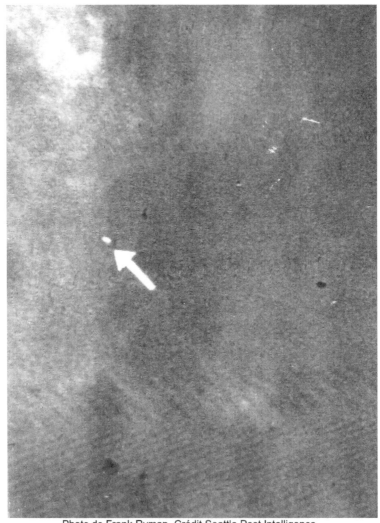

Photo de Frank Ryman. Crédit Seattle Post Intelligence.

Les analystes de l'USAF concluent que Ryman avait photographié ni plus ni moins, qu'un ballon météo, la presse était furieuse de cela.

St. Louisan Reports Seeing 'Flying Saucer';
Silvery Discs 'Sighted' at Many Points

Nova Hart Says That He Saw Aerial Object When He Was on Picnic Near Pattonville.

Nova Hart, 3969A St. Ferdinand avenue, said he observed what appeared to be a "flying saucer" while he was on a family picnic yesterday near Pattonville, St. Louis county.

Hart, a mechanic, said the object was traveling in the direction of St. Charles at an altitude of about 500 feet and with the speed of an airplane. He described it as circular, about 14 feet in diameter, with a ribbed framework and silver gray in color.

The flying object appeared to have a motor, with a propeller attached, in the center, Hart said, and it kept turning in the manner of an airplane doing a slow roll. Hart asserted his wife and her parents, Mr. and Mrs. J. H. Jackson, also observed the object.

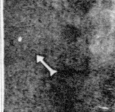

White dot marked by arrow is believed by Coast Guardsman Frank Ryman of Seattle, who made this photo, to be a mysterious flying disc. Picture is enlarged nearly 20 times from the original. Ryman estimated altitude of object to be between 8000 and 10,000 feet.

Descriptions of Objects in Several Places by Group of Persons, Including Airliner Crew.

PORTLAND, Ore., July 5 (AP) —The "flying saucer" mystery reached fever pitch today, after "I saw them myself" statements from a veteran United Air Lines crew, many Portland residents, and 60 picnickers at Twin Falls Park in Idaho.

The pilot, co-pilot and stewardess, who had scoffed consistently at "flying saucer" tales, said they saw such objects last night when flying a passenger plane from Boise, Idaho, to Portland.

Their statements followed a day in which the "saucers" were reported seen in many parts of the nation.

Many Portlanders—including police, experienced flyers, and three newspaper men — declared they

Continued on Page 8, Column 4.

St.Louis Post Dispatch, Saint Louis, Missouri du 5 juillet 1947.

2°) Photographie OVNI de 1947 à prendre en considération.

Deux semaines après l'observation de Kenneth Arnold le 24 juin 1947, une photo de soucoupe volante prise le 7 juillet 1947 à Phoenix, Arizona par un jeune passionné d'aviation nommé William Rhodes va faire couler beaucoup d'encre et susciter une enquête complexe. La rumeur se répand immédiatement, deux jours plus tard, le 9 juillet 1947, le journal local : The Arizona Republic, édite pour la première fois cette photographie de disque volant, celui de William Rhodes : « Un objet sombre en forme de disque avec une silhouette tronquée, très semblable à un talon de chaussure. »

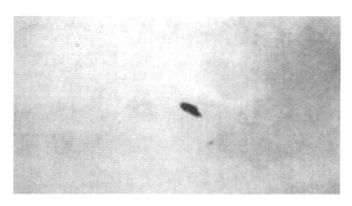

Selon la description du témoin, l'objet mesurait environ 20 à 30 pieds (6 à 9 mètres) de diamètre, pour une altitude d'environ 5 000 pieds (1 500 mètres) et à une vitesse d'environ 640 à 960 km/h).

Après le tollé suscité par les photos du journal The Arizona Republic, l'Armée de l'Air et le FBI interrogent longuement William puis classent l'affaire sans suite, estimant qu'il s'agit d'une simple bâche soufflée par le vent. Pour extraire cette solution de l'affaire ils considèrent que le modeste appareil photo utilisé par William Rhodes n'aurait jamais pu photographier un objet en mouvement, en réalité, les experts du FBI n'ont pas souhaité prendre en considération l'hypothèse que William s'était simplement trompé dans le calcul de la distance et de la vitesse de l'objet, il n'était pas spécialiste en aviation non plus. L'affaire est oubliée, jusqu'à ce que par un ultime rebondissement du destin, quelques années plus tard : « Les experts du Projet Blue Book évaluent ce dossier, classant l'observation comme Inexpliquée. »

Façon à eux à classer l'affaire dans la catégorie OVNIS !

Comment à ce stade du récit, ne pas faire de digression comparative avec l'OVNI de Tchernobyl qui lui ressemble singulièrement.

OVNI de Tchernobyl, Ukraine Soviétique.

Après l'explosion du réacteur du quatrième bloc de la centrale nucléaire de Tchernobyl dans la nuit du 26 avril 1986 à 1h26, des centaines de témoins ont vu un objet volant non identifié dans le ciel au-dessus de la centrale nucléaire de Tchernobyl. Pendant l'incendie, le toit au-dessus du groupe électrogène s'est partiellement effondré et Mikhaïl Andreevich Varitsky, dosimétriste principal du Département de Contrôle Dosimétrique (UDC) de Tchernobyl, raconte comment dans la nuit du 26 avril 1986, il a été alerté et envoyé dans la région de Tchernobyl avec son partenaire, le dosimétriste UDC Mikhaïl Samoylenko afin de mesurer les dégâts. Les techniciens avaient en ligne de mire du quatrième bloc à 4h15 du matin, quand le réacteur de l'unité de puissance déchiré par l'explosion, flambait d'un feu dévorant, ils ressentirent une sensation de brûlure intense sur leur peau, (ils n'avaient aucun moyen de protection avec eux et l'appareil venait de s'éteindre), les dosimétristes professionnels, comprenant la menace d'exposition, avaient déjà commencé à faire demi-tour, quand tout d'un coup :

« Nous avons vu une boule de feu de couleur laiton brillant flotter lentement dans le ciel. Elle mesurait peut être 6 à 8 mètres de diamètre. Nous avons de nouveau pris des mesures en basculant l'échelle de l'appareil sur une échelle de mesure différente, il indiquait 3000 milliroentgen/heure. Soudain, deux projecteurs ont clignoté sous une sphère ou soucoupe. Ces faisceaux cramoisis brillants se dirigeaient directement vers le réacteur du quatrième bloc. L'objet dans le ciel, était situé à une distance d'environ 300 mètres du réacteur. Tout cela a duré environ trois minutes puis, les projecteurs se sont soudainement éteints et la sphère a lentement navigué vers le nord-ouest, vers la Biélorussie. »

Cinq jours plus tard, le 16 octobre, la photo du journal : l'Echo de Tchernobyl, prise par Vladimir Savran, est reprise par tous les journaux soviétiques, l'OVNI suspendu au-dessus du toit écroulé. rappela l'objet qu'Iva Gospina a vu au-dessus de la centrale nucléaire de Tchernobyl, très similaire à celui de a photographie prise par William Rhodes le 7 juillet 1947.

Le cliché est pris depuis le bas, pas de côté, dans le numéro de novembre de l'Echo de Tchernobyl, cette photo est publiée avec le commentaire éditorial suivant :

« La propriété d'un OVNI d'être invisible à l'œil humain et d'apparaître uniquement sur les photos et les films a été rapportée dans la presse plus d'une fois. Apparemment, un tel objet a été attrapé par l'objectif. Les spécialistes qui, à la demande des éditeurs, ont déjà soigneusement étudié le négatif, ne trouvent aucune trace de falsification. »

Les Soviétiques parlent de mimétisme et d'une capacité d'invisibilité imperceptible, l'oeil humain est limité par le spectre de la lumière et la vitesse.

Quatre ans plus tard, le 18 septembre 1988, un habitant de Kiev, Vadim Shevchuk, observe deux objets lumineux planant au-dessus du réacteur de l'Institut de Recherche Nucléaire de Kiev. Selon sa description, ces OVNIS ressemblaient exactement à l'objet observé par M. Varnitsky et M. Samoilenko au-dessus du quatrième bloc de la centrale nucléaire de Tchernobyl la nuit de l'accident d'avril 1986.

Le 16 septembre 1989, des dysfonctionnements sont de nouveau constatés dans le 4°réacteur de Tchernobyl, accompagnés d'émissions de substances radioactives dans l'atmosphère. Quelques heures plus tard, le médecin Iva Gospina voit un objet dans le ciel au-dessus de la station de trains, elle le décrit comme ambre ou doré.

En octobre 1990, le scientifique nucléaire Alexander Krymov, vivant dans la ville voisine de Slavutich, photographie depuis la fenêtre de son appartement un OVNI suspendu au-dessus des bâtiments résidentiels des travailleurs du nucléaire. La photographie est publiée dans la presse périodique soviétique ukrainienne[17].

Je referme la parenthèse comparative entre les USA et l'URSS pour ce cas.

---

[17] Source : Mixaïl Gerstein, ufologue russe de Saint Peterourg.

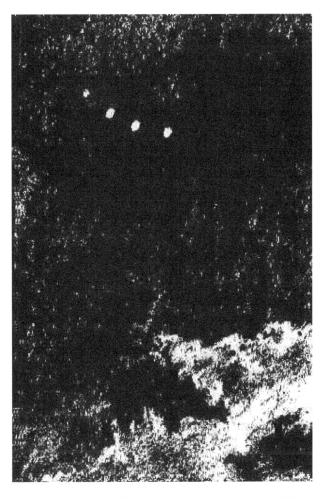

Morriston le 9 juillet 1947, source déclassification de la CIA.

Il me semble, que nous devons faire, une mise au point capitale sur les mensonges de l'Air Force et de la CIA, ces derniers ayant immédiatement et de façon naturelle inondé les médias et l'opinion publique de fausses nouvelles et de statistiques tronquées en cette année 1947. Le rapport conséquent, au sujet de la vague OVNI entre juin et juillet 1947, par Ted Bloetcher avec une introduction du Docteur James MC Donald, permet une comparaison pertinente et nécessaire.

Les agents de l'OSI, de l'OSS puis de la CIA, semblent exercer une présence constante, jouant un rôle primordial afin d'éviter que ne s'échappe de la boite de pandore un phénomène qui allait bouleverser tout le continent américain puis le monde tout entier.

41

Les équipes chargées du dossier OVNI furent créatives, imprévisibles, incontrôlables, ne répondant à aucun attendu réglementaire ou hiérarchique, se déjouant des lois fédérales, échappant à toute autorité tutélaire, surent pleinement remplir leur rôle, pensant légitimement, sans doute, protéger la sécurité nationale en faisant preuve de zèle patriotique. Il en résulta une diffusion rapide de communiqués impatiemment attendus par le public, ponctués de phrases assassines et laconiques : « Il est possible que les OVNIS existent ou pas, toute preuve faisant singulièrement défaut. » Personne ne croyait le gouvernement, et en août 1947, la vague des soucoupes volantes alimenta grassement les colonnes journalistiques.

Le capitaine Edward Ruppelt, se prononce sur ce sujet : « À la fin de juillet 1947, le couvercle de sécurité était fermé. Les quelques membres de la presse qui se sont enquis de ce que faisait l'Air Force ont reçu le même traitement que vous obtiendriez aujourd'hui si vous vous renseigniez sur le nombre d'armes thermonucléaires stockées dans l'arsenal atomique des États-Unis. »

C'était même devenu si complexe que très vite, sans que l'on sache quand et comment, le secret certes légitime au départ, couvrant les activités normales de la défense nationale s'est transformé en un véritable Complot du Silence. Les raisons politiques et les moyens pratiqués par un comité restreint de personnes dans la confidence, pour la mise en oeuvre de ce complot, et le maintient à l'écart du président de la nation en personne, posent depuis lors, un problème démocratique essentiel.

En attendant, les faits parlent d'eux mêmes.

Le samedi 5 juillet 1947

En parcourant des champs William D.Proctor et William W. Brazel découvrent avec stupéfaction un large zone jonchée de divers débris légers, minces, de distinctes formes et d'apparence métallique.

Lundi 7 juillet 1947

Les deux adjoints du sheriff Wilcox affirment avoir découvert le premier point d'impact d'un choc au sol, une excavation semi circulaire formée d'un sable vitrifié et noirci, vraisemblablement soumis à une chaleur intense, à quelques kilomètres de la ferme Brazel.

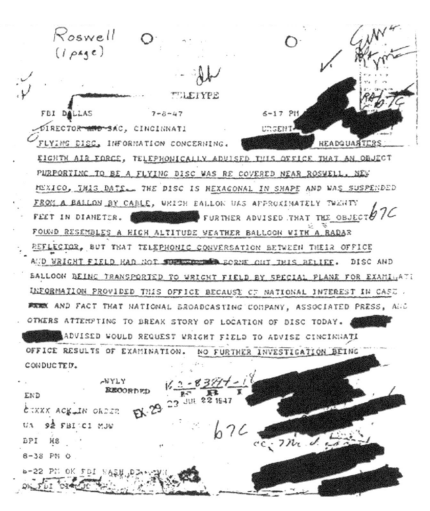

Le FBI expédie un mémo urgent sur les faits :

« FBI de Dallas le 8 juillet 1947, Urgent, information concernant un disque volant, le quartier général de la 8° Air Force à informé notre bureau au téléphone, un disque volant à été récupéré près de Roswell, nouveau Mexique, il est hexagonal et suspendu à un câble avec un ballon de 20 pieds de diamètre, notre bureau à communiqué avec Wright Patterson à son sujet », (propos de l'US Air Force au téléphone avec le FBI).

Demeurons un instant sur le 7 juillet 1947 :

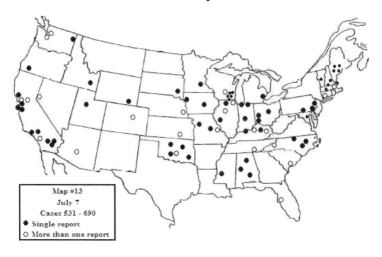

Carte des cas signalés aux USA le 7 juillet 1947 Rapport Bloetcher, 1967, p. 51.

Observation OVNI du 7 juillet 1947 à New Pontiac, Michigan.

7 mai 1947 un fait parmi tant d'autres.

Vers 17h00, dans une propriété située dans la ville de Phoenix, Arizona, un physicien autodidacte, William A.Rhodes se rend au fond du jardin, souvenez-vous, nous en avons parlé p. 47 de ce livre, et nous nous y attardons maintenant un peu plus.

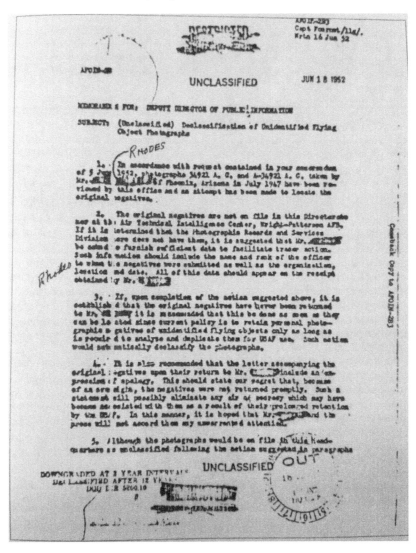

Page du dossier classé secret par la CIA sur l'affaire Rhodes.

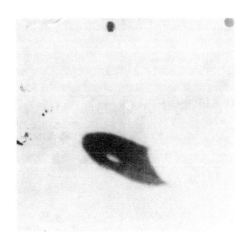

Une des photos de Rhodes.

Soudain, un bruit insolite identique à celui d'un moteur attire l'attention de William A.Rhodes, venant de l'est, à une altitude estimée de plus de 1 500 m, un objet sombre, mat, gris foncé, semble descendre des nuages selon un angle à 45°. Rhodes court jusqu'à son garage et revient avec l'appareil photo de sa mère, par chance, il prend un cliché alors que cet objet suit un parcours de descente jusqu'à 300 m.

Cette première photographie est réalisée avec une vitesse d'obturation de 1/25° de seconde, sur un objet de la taille d'une tête d'allumette vu depuis le viseur photographique, volant dans le sens nord-sud, achevant silencieusement un grand virage, avant de remonter, et de disparaître dans les nuages.

Le second cliché est alors pris à la volée au cours de ce mouvement rapide. William développe le film lui même et appelle au téléphone un ami travaillant à la rédaction du journal local, tous deux sont convaincus d'un prototype secret de l'USAF.

Au milieu de cet objet on distingue parfaitement une sorte de cockpit ou dôme, finalement, le 9 juillet, la gazette : The Arizona Republic, remplit sa manchette anecdotique avec les deux clichés fournis gratuitement par William Rhodes, et avec surtout, la une sur l'affaire de Roswell, dans un article sensationnel, dont l'auteur est Robert C.Hanika.

Je souligne le fait que la photographie d'un OVNI prise au-dessus de Tchernobyl montre une chose, rigoureusement identique à celle de Rhodes en 1947.

Coïncidence ?

A la suite de cette publication et selon un document de Lynn C.Aldrich, du CIC, Counter Intelligence Corps, les négatifs sont confisqués le 29 août 1947 au domicile de W.Rhodes par un agent du contre espionnage George Fugate Jr., accompagné d'un agent spécial du FBI nommé Brower. Le choc de cette visite marque la famille, il faudra longtemps pour que William A.Rhodes ne reprenne son courage pour téléphoner au Quartier Général l'USAF, afin de demander des nouvelles.

On lui répond ne pas savoir de quoi il parle, ils ne possèdent aucun cliché en dépôt à son nom.

Pourtant c'est un mensonge, le 19 février 1948 Lewis G.Cust, officier responsable de l'analyse des négatifs, formule dans un rapport préliminaire de l'US Air Force, que quatre experts différents confirment l'authenticité des images, attribuant l'étrange forme de l'OVNI à la déformation optique causée d'une part par la faible vitesse d'obturation de l'appareil utilisé et surtout par la courte focale fixe de l'objectif, il précise que les négatifs ont été traités en amateurisme, mal coupés, rayés et développés mais ne pouvaient pas être remis en question.

L'USAF à menti, ils ont bien les photographies et les négatifs, leurs analystes parlent d'OVNI.

Malgré cela, la commission technique de l'Air Force conclut très officiellement à un papier ou une bâche emportée par le vent.

Ceci dit, le 11 mai 1948, le lieutenant colonel James C.Beam, bras droit d'un certain colonel Howard McCoy, et un ingénieur aéronautique Alfred C.Loeding, tous travaillant pour le projet Sign sur les OVNIS, et appartenant de l'Air Materiel Command de Wright Patterson AFB, viennent interroger Rhodes chez lui pendant deux heures, étrange pour des papiers ou une bâche, emportés par le vent n'est-ce pas ?

Etrange enquête pour une bâche plastique ordinaire.

Alfred Loedding, ingénieur aéronautique engagé comme scientifique civil principal du projet Sign, un des trois directeurs, s'est particulièrement intéressé à l'affaire Rhodes.

Loedding travaillait dans la section d'ingénierie technique depuis 1938, chef du premier Jet Propulsion Laboratory à Wright Field, considéré comme un expert incontournable en fusées, il entretenait des contacts étroits avec Robert Goddard, apportant son expertise en la matière, en autorité de premier plan dans la conception d'avions de type ailes volantes triangulaires, dont les photos de Rhodes présentaient une similitude peu évidente.

Les négatifs furent en cours d'analyse technique entre les mains des experts de l'Air Materiel Command durant plus d'une année, pour qu'enfin, le 19 février 1948, Lewis C. Gust, chef du bureau des projets techniques, rende son verdict :

« Rapport du 19 février 1948, signé Lewis C.Gust chef de projet auprès du Département de l'Intelligence Technique de l'Air Force, Air Materiel Command, 23227, bâtiment 682. »

Trois mois après le rapport de Lewis Gust, l'agent du contre-espionnage Loedding s'envole vers l'ouest afin d'interroger personnellement les témoins de plusieurs incidents, mission banale me direz-vous, elle est pourtant classée Top Secret, et selon ses supérieurs, prise sur son initiative personnelle. En fait George Fugate Jr. doit auditionner W.Rhodes et personne d'autre...

Parmi les témoins pour ne pas dire le seul et unique à interroger, William Rhodes, le voyage pour le rejoindre, eut lieu entre le 5 et le 8 mai 1948, un rapport attestant de cela fut enregistré le 11 mai 1948.

Dans le dossier de l'affaire Rhodes, une salve hostile est lancée dans une demande du 16 mars 1949, par la direction du projet Grudge, destinée au chef du bureau des projets techniques, Lewis Gust, ayant effectué, la première analyse des négatifs 13 mois plus tôt.

La demande indiquait que l'analyse de Gust avait été conduite avant que le bureau de l'USAF, ne reçoive la caméra utilisée par le témoin oculaire et donc partiellement sujette à caution.

En une semaine, Lewis Gust rédige sa réponse à leur encontre, et à continuation une enquête est ordonnée sur Rhodes lui-même par les services secrets de l'US Air Force. Un rapport du 19 mai 1949 produit par Thomas F.Doyle, Jr., du Bureau des enquêtes spéciales de l'Air Force, connu sous le nom de OSI, commence comme suit :

« Enquête demandée par le chef de la Division du renseignement technique, Wright Patterson AFB, en relation avec un rapport de disque volant. Des informations sur le statut des affaires du SUJET et la position du SUJET dans la communauté sont souhaitées. »

Détails de l'enquête sur les disques volants, datée du 2 mai 1949 signée par Wh.Clinterman, colonel, USAF, chef, division du renseignement technique, département du renseignement, Wright Patterson AFB :

« Le colonel Clinterman indique qu'il est en possession d'un mémorandum rédigé par George Fugate, Junior, par l'agent spécial, CIC-ADC-4AF, dans lequel M. William A. Rhodes, 4333 North 14th Street, Phoenix, Arizona, ci-après dénommé SUJET, a été interviewé en tant qu'observateur d'un disque volant. Le SUJET a soutenu qu'il avait pris une photo de ce disque, et deux tirages positifs de ces photos ont été remis à l'agent du CIC. Les experts photographes ne s'accordent pas sur le point de savoir si les photographies mentionnées dans le rapport, ont pu être prises dans les conditions décrites. Les experts conviennent que la technique utilisée dans le développement et l'impression des images est extrêmement grossière, (excluant toute fraude possible). Le colonel Clingerman demande une enquête sur le SUJET, pour connaître la position du Laboratoire de Recherches Panoramiques et du sujet dans la communauté. Il est en outre souhaité de connaître le type et le montant des affaires menées par l'organisation et avec qui, ainsi que le statut social et professionnel du SUJET. Le colonel Clingerman déclare que la correspondance ultérieure du SUJET implique qu'il est lié à un Laboratoire de Recherche Panoramique et à un Observatoire à Phoenix, Arizona et se présente de diverses manières comme et président de cette organisation.

Il utilise également le titre de Docteur. Selon son en-tête, l'une des spécialités de Panoramic est la photographie. Il s'avère que les propos du SUJET en question étaient inventés de toutes pièces quant à ce laboratoire photo et l'association, tous parfaitement fictifs, devant redorer sa crédibilité auprès de ses voisins et amis. »

Trois ans vont s'écouler...

Dayton, Ohio, Wright Patterson AFB :

« Le 16 mai 1949, au quartier général de l'OSI (IG) du 5e district, fait circuler une note, son auteur l'agent spécial a interviewé George Fugate, Jr., précédemment mentionné dans ce rapport, ancien membre du Counter Intelligence Corps, Air Defence Command, 4th Air Force.

M.Fugate dit que l'interview ayant aboutit au Mémorandum mentionné précédemment était un peu floue dans son esprit. Fugate a déclaré qu'il avait été chargé d'interviewer le SUJET en compagnie de l'agent spécial Brower du bureau du FBI, à Phoenix, en Arizona. M. Fugate déclare que la chose dont il se souvient le plus est le fait qu'il a vu une grande quantité d'équipements radio d'aspect coûteux au domicile du SUJET. Cela ne semblait pas correspondre à la position du SUJET dans la vie. Fugate a en outre rapporté qu'il y a environ quatre mois, vers février, un ami lui avait montré un article dans la section questions et réponses d'un magazine. Fugate a indiqué que le magazine s'intitulait Amazing Stories.

L'article était basé sur une lettre de William A.Rhodes de Phoenix, Arizona, interrogé par deux agents fédéraux, à qui, il avait remis deux photos de disques volants, et n'avaient jamais été rendues. M. Rhodes souhaite des informations sur la manière dont il pourrait poursuivre le gouvernement fédéral pour ces photos. M. Fugate estime que cet individu dit le SUJET de cette enquête, et que le SUJET est un demandeur de publicité », (il veut faire parler de lui).

Aparté :

« Mme (censuré), sa voisine, à déclaré que le SUJET est un excellent voisin, n'a causé aucun problème, est émotionnellement nerveux, égoïste et un génie dans les fondamentaux de la radio et électronique, musicien de métier, il n'a pas d'emploi stable et consacre tout son temps à la recherche. Le SUJET a écrit un article scientifique pour un magazine de renommée nationale et obtenu un doctorat honorifique en Sciences de l'Université de Columbia (il est donc Doctor Honoris Causa). Le Panoramic Research Laboratory a été inventé par le SUJET pour impressionner les gens par son importance et il n'exerce aucune activité sous ce nom, de plus il jouit d'une bonne réputation dans la communauté et est un Américain Loyal (bon patriote). »

Le FBI utilise les mots Soucoupe Volante dans son rapport, alors que ni Rhodes, encore moins la presse, n'avaient jamais employé cette expression, étonnant me direz-vous. Un tel acharnement pour une bâche en plastique est totalement disproportionné, en substance plusieurs enquêtes du FBI, intervention de divers agents enquêteurs, expertises sur plus de deux années, pour en fin de compte, en août 1949, soit 25 mois après la publication de l'histoire de Rhodes, que la seconde expertise aboutit enfin. Comme pour tous les rapports d'enquête de l'OSI, on commence par un synopsis des conclusions après vérifications sous tous les angles, crédit immobilier, casier judiciaire, état civil, emploi, vie privée, politique, religion, le tout ponctué par :

« L'enquête est terminée, il n'y aura pas d'autres investigations sur ce cas. » L'affaire ne finit pas et se poursuit, la bâche de l'USAF, devenue soucoupe volante pour le FBI, devenait : Un missile !

L'Air Force dit que l'agent George Fugate Jr. entreprit son déplacement pour enquêter sur son initiative personnelle, ors, le FBI déclare très officiellement : « George Fugate Jr., avait été chargé d'interviewer W.Rhodes en compagnie de l'agent spécial Brower du bureau du FBI, à Phoenix, en Arizona. pour une Soucoupe Volante.»

La question, comme elle le mériterait, rebondit le 5 juin 1952, dans un courrier du colonel Arno H.Luheman directeur adjoint du service de relations publiques de l'Air Force confirmant la demande de déclassification des photographies et leur détention selon un dossier nommé : « Missiles non identifiés A-34921AC et 34921AC ».

Un mois plus tard, le 14 juillet 1952, s&sormais un autre courrier précise que les originaux se seraient perdus entre les différentes divisions, et les bureaux se rejettent mutuellement la faute, et il est devenu impossible de remettre la main dessus. Inutile de dire que c'est un mensonge de plus, puisque ultérieurement à ces propos, l'Air Force, avouera leur dissimulation, ils étaient bien en possession de tout.

L'ordre gouvernemental ne supporte pas l'anarchie !

Ci-dessus : carte du projet Blue Book évaluant les photos de Rhodes comme : « Probable Canular. » Mais l'affaire de W.Rhodes va prendre des proportions incroyables.

Les conclusions de l'enquête sur l'incident n°40, l'affaire Rhodes étaient contradictoires. Certains enquêteurs ont trouvé l'observation très réussie, tandis que d'autres l'ont entièrement refusée. Un rapport en particulier à mis en évidence des divergences d'opinion sur la première analyse, les enquêteurs ont conclu qu'aucune explication astronomique n'est possible pour l'objet mentionné dans cet incident. Ils poursuivent en disant : « Cette affaire est particulièrement importante en raison des preuves photographiques et en raison de la similitude de ces photographies avec les dessins (censurés) de l'Incident n°17. » (L'incident 17 est l'affaire Kenneth Arnold).

Le rapport poursuit : « Il s'agit de deux cas fiables et entièrement indépendants en ce qui concerne la forme de l'objet et sa maniabilité. Le rapport poursuit en disant que l'incident 40 est l'un des plus importants de l'histoire de ces appareils », recommandant une enquête plus approfondie et la collecte d'avantage de preuves. »

Le 8 juillet 1947

Louiseville, Kentucky, le 7 juillet 1947.

Le 8 juillet 1947, le bureau extérieur du FBI à Dallas émet un télétype concernant un disque volant ressemblant à un ballon météorologique sous haute altitude, trouvé près de Roswell, au Nouveau-Mexique[18]. L'affaire suivra son cours historique, des démentis successifs de l'USAF semant le doute chaque fois un peu plus, pour que finalement, Ramey pose pour la photo souvenir célèbre. D'aucuns peuvent lire sur la petite feuille qu'il tient entre les mains, un télétype destiné à ses supérieurs, quelques mots nettement visibles parmi les phrases : « Dans le disque., les victimes de l'accident.» Ensuite, Roswell disparut du regard public, demeurant longtemps oublié, avant que l'affaire en tant que telle, ne revive en 1980, suite à la parution du livre de Charles Berlitz et de William Moore : The Roswell Incident.

---

[18] Source : site du FBI :
https://vault.fbi.gov/Roswell%20UFO/Roswell%20UFO%20Part%201%20of%201/view

Sur la base des informations fournies par les témoins, nous reconstituons les faits comme suit, le 2 juillet 1947, entre 21h45 et 21h50, une soucoupe volante passe au-dessus de Roswell, volant à très grande vitesse vers le nord, M. et Mme Dan Wilmot quincailliers de la ville, assis sur le porche de leur maison donnant sur la rue South Penn l'ont parfaitement vue : « Tout d'un coup, un grand objet brillant sortit parfaitement silencieux dans le ciel. Il venait du sud-est et se dirigeait vers le nord-ouest et Corona à une très grande vitesse. C'était un objet plutôt ovale ayant la forme de deux soucoupes accolées bord contre bord, brillantes comme si elles étaient éclairées de l'intérieur. »

Un peu plus loin sur son parcours la soucoupe fonce vers l'orage décrit par Max Brazel à 120 km de Roswell, l'objet corrige son cap et prend la direction sud-ouest, puis est frappé par la foudre, il s'en suit une explosion entendue par Brazel, suivie d'un orage électrique. La soucoupe subit de sérieux dommages, des débris sont projetés au sol sur une grande superficie pendant que la soucoupe franchit les montagnes qu'elle survole peu de temps avant de s'écraser brutalement ou pas dans un autre secteur, des navettes de secours extraient l'équipage sur un ou deux autres lieux d'atterrissage. Dans cette probable éventualité, trois ou quatre sites distincts sont concernés. C'est donc un accident avec le décès de plusieurs victimes, nous sommes très loin du ballon météo de l'USAF. Gildas Bourdais dans ses ouvrages (Roswell-enquêtes-Secret et désinformation), (Roswell-la vérité), (Ovnis vers la fin du secret), expose l'existence de trois sites de crash pour le même incident, avec soucoupe, débris et capsules de secours avec des corps.

En 1978, le Major Marcel admet dans une interview télévisée, avoir menti sur ordre de ses supérieurs, les écrivains Kevin D.Randle et Donald R.Schmitt le publient dans leur ouvrage sur le sujet en 1991 : UFO crash at Roswell reproduisant avec exactitude ses dires télévisuels.

Modéliser les détails de cette affaire peut être exagérément grossis par rapport au déroulement normal de cet incident dans les années qui suivirent, ne doit pas faire oublier les éléments de contexte et témoignages des jours antérieurs, il est d'ailleurs plus fascinant pour notre curiosité personnelle, que nous ne sachions pas mieux l'expliquer aujourd'hui plus qu'hier. Presque quatre ans plus tard, l'USAF rédige fièrement son dossier de 994 pages en 1995 : The Roswell Report, aboutissant à expliquer ce qu'est un ballon météo et comment des officiers supérieurs du renseignement militaire, des agents spéciaux des services secrets, ont pu confondre un ballon dégonflé, des bouts de bois et réflecteurs pour une soucoupe volante. Signalons ce travail colossal, qui loin de convaincre, prouve qu'il faut un nombre équivalent de pages à une Encyclopédie pour un rapport de l'USAF sur un ballon gonflable[19].

---

[19] https://media.defense.gov/2010/Dec/01/2001329893/-1/-1/0/roswell-2.pdf

Ajoutons qu'aucun ballon ne fut lancé dans le secteur selon les fichiers de l'USAF, et nous sommes à nouveau face à un mensonge de mille pages, une tromperie effrontée de plus de la part de l'Armée de l'Air.

Une déclaration publiée par le département de la guerre à Washington affirme que les débris recueillis sur le ranch de Brazel dans l'incident du 4 juillet 1947, étaient les restes d'un ballon météo, le titre du matin pour le Roswell Dispatch rapporte cette allégation officielle : « L'armée démystifie le disque volant de Roswell », mettant fin aux spéculations sur le sujet le 9 juillet 1947.

C'est un mensonge de plus, et il est de taille.

Selon le Tableau journalier des lancements de ballons depuis Holloman AFB, nous pouvons lire qu'aucun Mogul ne fut lâché entre le 2 juillet 1947 (un seul récupéré à Cloudcroft, Nouveau-Mexique mais sans résultats probants) et le 5 juillet 1947.[20] Au-dessus de Roswell aucun lancement.

Seuls deux tests en juin ont été portés disparus, à savoir les n°3 et n°4, et deux autres les 5 et 7 juillet, celui du 3 juillet n'eut jamais lieu, le Rapport sur le projet Mogul de James McAndrew, et l'index Stratocat d'Holloman, en éffaçant les pistes mnant à la vérité, mais les faits sont bien là. Personne n'avait pris la peine de brouiller les pistes et de détruire les registres des ballons météo, la vérité se cache dans les détails.

L'histoire de la version officielle du ballon peut avoir été inspirée par un incident survenu deux jours seulement avant le crash de Roswell dans une ferme de Circleville, comté de Pickway, Ohio. Le 5 juillet, les restes d'un cible Rawin gisaient au sol avec un ballon et sont découverts par un fermier du nom de Sherman Cambell, les militaires ramassent le tout sans folklore ni précautions aucunes.

Le gouvernement cherchait par-dessus tout à cacher un ensemble de faits qui ne devaient pas être exposés au public sous aucun prétexte.

Cette journée du 4 juillet 1947 fut vraiment importante dans le mystère des soucoupes volantes. À Portland, Oregon, des centaines d'habitants, dont d'anciens pilotes d'aviation, des policiers et des pilotes du port, aperçurent une douzaine de disques étincelants volant à très grande vitesse, ils paraissaient être à une altitude d'au moins 13 000 mètres au moins, ou encore, le même jour, des disques furent vus à Seattle, Vancouver et dans d'autres villes du nord-ouest. Cette multiplication des observations fut accueillie à la fois avec moquerie et inquiétude publique.

---

[20] https://stratocat.com.ar/bases/30e.htm

Le capitaine E.J.Smith d'United Airlines était sceptique, quand juste avant le coucher du soleil du 4 juillet 1947, il vit cinq soucoupes durant dix minutes, le soir même au cours du vol n°105. Le mois suivant, le 29 juillet, un équipage volant sur le même couloir aérien, a également signalé des objets non identifiés.[21]

En ce qui concerne Roswell, une seconde série de débris est trouvée le 8 juillet par David C.Heffner, le tas de restes n'avait rien en apparence qui puisse alerter qui que ce soit d'un quelconque usage autre que celui de ballon météorologique. Dans ce contexte, il y eut une série d'interviews de C.B.Moore, physicien de l'Institut des Mines et de la Technologie du Nouveau Mexique à Socorro au cours de l'été 1947 dans le but de valider ou pas la théorie de l'Air Force au sujet d'un ballon de recherche en haute altitude Skyhook, qui devait avoir lieu près et en dehors du terrain nord de White Sands.

Ce projet confidentiel concernait une enveloppe de ballon en vinyl-chloride et gonflé à New Brighton, Minesota, devait comporter des essais à l'été 1947, mais il n'y eut pas de lancements avant six mois. Le vinyl-chloride fut peu après remplacé par le polyéthylène jusqu'à la clôture du projet dont il n'y eut que très peu de lancements dans le Nouveau Mexique, et certainement aucun en 1947.

D'après Charles Berlitz et William L.Moore, à la question : l'épave de Roswell pouvait-elle avoir été un ballon de recherche météorologique ? Moore répondit ; « Selon la description que vous venez de me donner, je peux catégoriquement éliminer cette hypothèse. Il n'y avait pas un tel ballon en 1947, il n'y en a pas d'avantage aujourd'hui pour semblable usage qui ait pu laisser des débris sur une si vaste aire de terrain, ou labourer le sol de cette manière. Je n'ai aucune idée de ce que pouvait être un tel objet, mais je ne peux croire qu'un ballon puisse répondre à votre description. »[22]

La suite nous la connaissons, dans un programme classifié, le gouvernement américain aurait lancé des ballons à haute altitude en l'ionosphère, dans l'espoir de surveiller les essais nucléaires russes, les fameux Mogul, et comme par hasard l'un d'eux aurait fini sa vie à Roswell. Le projet Mogul a été mené à partir de Washington, DC et du laboratoire national de Los Alamos, Nouveau-Mexique, avec des lâchés de ballons à haute altitude près de la frontière de l'État avec le Texas. Un gros problème et de taille surgit alors :

---

[21]Donald E.Keyhoe : Les soucoupes volantes existent, une étude de 375 cas, les conclusions des derniers rapports officiels américains, Corrêa, Paris, 5 février 1951. p. 37.
[22] Charles Berlitz et William L.Moore : Le mystere de Roswell, France Empire, 1981 ; p. 49 à 51.

« Un ballon Mogul envoyé à haute altitude s'étendait sur 657 pieds de la pointe à la queue, 102 pieds de plus que le Washington Monument et deux fois plus haut que la Statue de la Liberté. »

Hormis cela, le tas de débris présentés par l'Air Force aux journalistes pour la photo qui fait foi, tenait plus de déchets ordinaires dans les paumes des deux mains qu'un ensemble de capteurs sur une ligne longue de 32 mètres de long, réfléchissez à ceci.. et comprenez !

1°) La photo n'est pas celle de restes d'un ballon météo.

2°) Ce ne sont pas les débris d'un ensemble Mogul.

3°) La photographie est un photomontage falsifié de la réalité.

4°) Il n'y eut pas de lancement de ballons Mogul ou météo lors de l'incident de Roswell.

5°) L'Air Force à menti, demandé à ses subordonnés de se parjurer sous serment, dissimulé des preuves, fait pression sur les témoins, menacé des familles honnêtes, désinformé la presse, menti au Congrès.

Et nous voudrions que les gens ne parlent pas de Complotisme, alors de quoi s'agissait-il ?

La soucoupe récupérée serait étudiée dans la Zone 51.

Le sixième épisode du podcast Weaponized, mettant en vedette le producteur Jeremy Kenyon Lockyer Corbell et le journaliste d'investigation Georges Knapp, ont déclenché un long débat sur la zone 51. Détenant des secrets d'OVNIS et d'êtres non humains, G.Knapp a expliqué une grande partie des preuves corroborantes concernant les personnes qui confirment les affirmations de Bob Lazar, ainsi que la base S-4 sur laquelle il travaillait dans le désert du Nevada et la société qui l'a contrôlé, EG&G.

Knapp révéle à Corbell qu'en travaillant sur la série de suivi : UFOs: The Best Evidence en 1990, il apprit l'existence d'un homme du nom d' Alfred O'Donnell, directeur général d'EG&G au Nevada qui gérait Area 51. Selon Knapp, O'Donnell affirme qu'ils avaient une soucoupe volante récupérée au Nouveau-Mexique et un être vivant. Ces conclusions sont ensuite développées après une longue incursion dans une montagne de témoignages visant à mettre un terme à ce qui s'appelle la désinformation organisé par le gouvernement.

Nous sommes en 2023 et dans vingt ans ces témoins seront décédés, leurs propos seront relayés au stade de simple anecdote. Envisager de considérer que le gouvernement ne demeurera pas désespérément attaché au concept de déni total, sans tenir compte des éléments qui contredisent la pure utopie.

Les signalement tombaient comme les feuilles des arbres en automne, Salmon Dam, Twin Falls, Idaho Richmond, Virginie, Hickam Field, Honolulu, Anchorage, Alaska, Las Vegas, Albuquerque, Los Alamos, White Sands, Washington.

Vers le 17 mai 1947, une énorme soucoupe volante d'une longueur à dix fois son diamètre fut aperçue par Byron Savage, pilote d'Oklaoma City. Deux jours plus tard une autre fut signalée à Manitou Springs, Colorado. Pendant le court espace de temps où l'on put la suivre, elle changea deux fois de direction, manoeuvrant à une vitesse incroyable.[23]

Le jour de l'incident de Kenneth Albert Arnold mardi 24 juin 1947 : « Â Oklahoma city, un piloté privé déclara à des enquêteurs de l'aviation, qu'il avait aperçu un vaste objet rond dans le ciel dans les derniers jours du mois de mai. Cet objet volait trois fois plus vite qu'un avion à réaction, dit-il et sans le moindre bruit. »

Des habitants de Weiser dans l'Idaho, décrivirent deux engins étranges se déplaçant à très grande vitesse qu'ils avaient vus le 12 juin. Les soucoupes se dirigeaient vers le sud est, descendant de temps à autre à une altitude plus faible pour remonter rapidement aussitôt. Plusieurs objets volant à grande vitesse furent signalés près de Spokane, trois jours avant l'accident d'Arnold. Quatre jours après celui-ci, un pilote volant près de Lake Meade, Nevada, fut surpris d'apercevoir une demi-douzaine de soucoupes.[24]

A Twin Falls, Idaho, le 13 août 1947 le disque fut aperçu par des randonneurs se trouvant dans une gorge profonde, la soucoupe volante était bleu ciel où bien sa surface métallique reflétait intensément le ciel dans sa position par rapport aux observateurs. Ils furent surpris de constater que bien qu'il évoluait très au-dessus des arbres, les cimes s'agitaient violemment, comme si l'atmosphère avait été profondément remuée par le passage du disque.

---

[23]Donald E.Keyhoe : Les soucoupes volantes existent, une étude de 375 cas, les conclusions des derniers rapports officiels américains, Corrêa, Paris, 5 février 1951. p. 89.
[24]Donald E.Keyhoe : Les soucoupes volantes existent, une étude de 375 cas, les conclusions des derniers rapports officiels américains, Corrêa, Paris, 5 février 1951. p. 36.

Les soucoupes volantes étaient métalliques argentées, parfois disques, ronds ou ovales, peut être elliptiques par une extrémité, très brillants d'un blanc éclatant ou argenté, pouvant se mouvoir à une rapidité prodigieuse, planer, accélérer et distancer les avions ordinaires ou les jets à réaction. Beaucoup furent aperçus isolément et très peu de formations furent signalées, mais ces dernières paraissaient avoir et conserver durant leur vol la même vitesse, rapidité d'accélération manoeuvrabilité et égale distance entre les soucoupes. Dans de nombreux cas elles ont été capables d'échapper à des avions militaires d'interception au cours de rencontres diurnes ou nocturnes. Semant littéralement sur place leurs poursuivants comme si les avions avaient été à l'arrêt.

L'enquête du GAO, General Accountin Office adressé au sénateur Schiff le 28 juillet 1995 suffit à se rendre compte d'un certain nombre de faits[25] :

1°) « En 1947, les règlements de l'armée exigeaient que tous les rapports d'accidents aériens soient consignés de façon permanente. Nous avons identifié quatre accidents aériens ayant fait l'objet de rapports par les Forces Aériennes en juillet 1947. Tous ceux concernant des appareils militaires qui se sont produits après le 8 juillet. »

2°) Dans notre recherche de documents concernant l'incident de Roswell nous avons appris que certaines archives gouvernementales couvrant les activités de la base de Roswell avaient été détruites et d'autres non.

Par exemple, les archives administratives de la base, de mars1945 à décembre 1949 ont été détruites, ainsi que les messages envoyés depuis Roswell d'octobre 1946 à décembre 1949. Les bordereaux de destruction de documents, n'indiquent pas l'organisation, ou la personne qui à détruit ces archives, ni la date, ou identité de l'autorité ayant donné l'ordre de procéder à cette destruction. »[26]

3°) En recherchant des archives gouvernementales sur l'accident de Roswell, nous étions particulièrement intéressés par l'identification et l'examen des archives des unités militaires affectées à l'USAF en 1947, incluant le 509th Bomb Group, la 1st Air Transport Unit, la 427th Army Air Force Base Unit, et la 1395e compagnie de police militaire de l'air.

---

[25] Jean Gabriel Greslé : Extraterrestres - Secret d'état, Editions Dervy, Paris, 2010, p. 179 à 188.

[26] https://sgp.fas.org/othergov/roswell.html

Les formulaires de disposition des documents obtenus auprès du National Personnel Records Center de St.Louis, Missouri, indiquent qu'en 1953, l'officier des archives de la Walker Air Force Base (anciennement RAAF) a transféré au dépositaire des archives de l'armée de Kansas City l'historique des unités stationnées à Walker Air Force. Base.

Ces dossiers comprenaient le 509th Bomb Group de février 1947 à octobre 1947; la 1ère unité de transport aérien de juillet 1946 à juin 1947; et la 427th Army Air Force Base Unit de janvier 1946 à février 1947. Nous n'avons trouvé aucun document indiquant que les dossiers de la 1-395th Military Police Company. »

Le détail de disparitions illégales de pièces officielles historiques irremplaçables précisées dans le rapport du GAO concerne également, les papiers de la 1 395° compagnie militaire qui avait participé sous les ordres du major Easley à la plus importante des deux récupérations d'OVNIS au Nouveau Mexique, tout à entièrement disparu, le GAO en déduit que ces archives devaient contenir des éléments trop explicites : « Les documents décrivant une récupération d'épave à Roswell devaient exister ; ils devaient être irréfutables, puisqu'on a pris la peine de les détruire en toute illégalité. »[27]

Le fermier Brazel fut emprisonné durant sept jours dans la base de Roswell par la 1 395° compagnie militaire et confié au service de contre espionnage de l'armée, on ne sait pas s'il s'agissait de l'OSI de l'USAF ou de l'OSI de la CIA, en tout cas ils lui firent suffisamment peur pour lui sa famille et il en revint très perturbé. L'OSI, à ne pas confondre avec son homologue de l'US Air Force : Office Of Special Intelligence, donc l'OSI dépendait directement de la CIA, ses activités sont étonnamment pluridisciplinaires, nous l'apprenons grâce à un mémorandum daté de 1952 destiné au DCI (Directeur Central du Renseignement) de la CIA, ayant pour titre : Flying Saucers.[28] Ainsi que l'a révélé un ancien fonctionnaire de rang supérieur de la CIA, dont nous ne donnerons pas le nom : Tout président qu'il fut (Eisenhower) et ancien commandant en chef, il ne possédait pas les qualifications lui donnant accès aux informations en l'espèce. Les agences de renseignements de l'époque, bénéficiaient alors d'une marge d'activité à l'abri de la curiosité excessive ou du contrôle d'autres organismes ou autorités, certaines informations classifiées pouvaient être interdites au Président. »[29]

---

[27] Jean Gabriel Greslé : Extraterrestres - Secret d'état, Editions Dervy, Paris, 2010, p. 186.

[28] Jean Sider : OVNI dossier secret, éditions du Rocher,1994, p. 23 et p. 30.

[29] Charles Berlitz et William L.Moore : Le mystere de Roswell, France Empire, 1981 ; p. 147-148.

Des photos du site de Roswell ont-elles été prises ?

Le lieutenant Louis Bonahon commandant la troisième unité de photographie de Roswell, dont les fonctions comprenaient la photographie des avions accidentés ou endommagés suite à des crash ou des atterrissages ratés, fut renvoyé, il quitta la base deux semaines après le crash OVNI de Roswell. Il fut relevé de ses fonctions par ordre spécial n°139, daté du 18 juillet 1947 et affecté à Hamilton Field, Californie sa trace se perd par la suite.

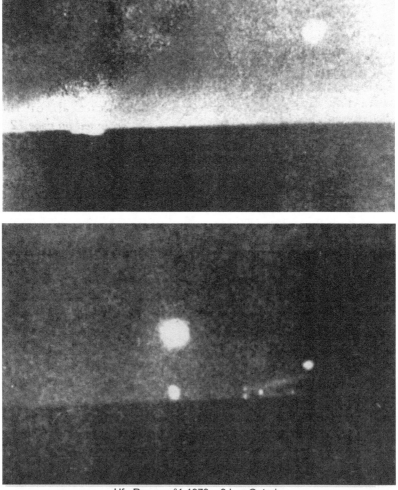

Ufo Revew n°1 1979 p 9 Lac Ontario

Une bonne partie des brevets aux USA ne sont pas classés Top Secret, toutefois, les plus sensibles finissent systématiquement par figurer parmi les quelque 5 700 brevets classés Très Secrets à ce jour aux USA, l'armée les place sous son Veto et leur accès est rigoureusement interdit.

Une société privée organisée en 1929 en Fiducie caritative à but non lucratif échappant à tous contrôles et audits de la FIOA : le Battelle Mémorial Institute of Colombus, Ohio fut engagé comme sous traitant expert pour Blue Book et l'US Air Force, à Wright Patterson. Le 10 novembre En 2020 Battelle publie qu'elle à remporté un contrat d'une valeur de 46,3 millions de dollars sur 7 ans pour étudier les matériaux pour les environnements supersoniques extrêmes, travail secret commandé par le Pentagone concernant les vaisseaux du futur à déplacement quantique, selon la théorie de la métrique d'Alcubierre dont la propulsion consisterait à générer, tout autour du vaisseau, un champ d'énergie pliant l'espace-temps.

Spécialiste en matériaux métallurgiques Battelle est au cœur du mystère de la divulgation ufologique américaine, on sait depuis longtemps que les débris récupérés au crash de Roswell furent analysés par Battelle Memorial Institute à Columbus grâce aux recherches de Kent Bye. En mai 2009, le chercheur Anthony Bragalia poursuivait ses propres enquêtes corrobore les conclusions des chercheurs Kevin Randle et Don Schmitt dans l'édition 2009 de leur ouvrage : « Witness to Roswell »[30]. Bragalia publie un article : « Les débris de Roswell étaient bien extraterrestres : Le laboratoire a été retrouvé, les scientifiques identifiés.» Les documents qu'il à découvert révèlent que dans les mois ayant suivi le crash OVNI de Roswell, en 1947, un programme de recherches secret a été lancé pour examiner un matériau inconnu jusque là ; un métal à mémoire de forme. Le laboratoire contracté par l'Air Force (sous le projet Grudge 1949-1952) pour conduire ces expertises techniques, était le Battelle Memorial Institute de Columbus, dans l'Ohio. Le premier rapport Batelle sur le métal à mémoire est titré : Second Rapport d'étape sur le Contrat AF33 (038)-3736") et remis à la base de Wright Patterson en 1949, Il est signé de C.M. Craighead, F.Fawn et L.W. Eastwood.

---

[30] Sur ce sujet :

Irena McCammon Scott : Sacred corridors : secrets behind the real project Blue Book, Wright Patterson AFB, Roswell, Battelle Memory Metal, Dr. J. Allen Hynek and UFo Cover-ups, 2018.

Ces documents récemment découverts prouvent que les études menées par Battelle étaient placées sous la direction du Dr.Howard C. Cross. Vers la fin des années 40, H.C Cross était l'expert scientifique de Battelle pour la métallurgie exotique et les recherches sur les alliages à partir du Titane, dont le Nitinol actuel, alliage particulier de nickel et de titane, NiTi, présente exactement les mêmes propriétés et les caractéristiques physiques des matériaux décrits par les témoins du crash de Roswell.

Anthony Bragalia poursuit son enquête avec perspicacité.

Aucune référence n'a été trouvée sur un éventuel Premier Rapport d'étape, qui doit bien se trouver quelque part, puisque le Second Rapport d'étape (achevé en 1949) évoque les techniques de fabrication de l'alliage, il est probable que le premier (rédigé en 1947 ou 1948) soit aussi consacré à l'analyse du métal à mémoire de Roswell.

Le Nitinol peut ne pas être strictement identique aux débris retrouvés à Roswell, mais il représente ce que Battelle trouve de plus ressemblant aux propriétés du matériau récupéré dans ces débris de Roswell après expérimentation, et cet alliage ne fut découvert qu'en 1962 les difficultés techniques et pratiques ne furent enfin résolues qu'en 1990, nous parlons d'un matériau en alliage inconnu analysé en 1948 et 1949.

Lors d'une interview réalisée dans les années 90, l'ancien Général, Arthur Exon, confirma l'existence des rapports sur les matériaux récupérés à Roswell. Il a déclaré avoir également survolé la zone de l'accident quelques mois plus tard et observé deux sites d'accident distincts ainsi que des rainures et des traces de pneus au sol menant aux « zones pivots ». Il n'a jamais été interrogé et complètement ignoré par les enquêteurs de l'Air Force. Au moment où certains membres du Congrès ont interviewé Exon en décembre 1994, l'un d'entre eux a déclaré qu'il était devenu paranoïaque et extrêmement prudent dans ses commentaires, pensant que sa maison pourrait désormais être mise sur écoute. De 1955 à 1960, il est colonel en poste au Pentagone. Il a dit qu'il était au courant de l'existence d'un comité de contrôle des ovnis composé principalement d'officiers militaires de très haut rang et de personnes du renseignement. Son surnom pour ce groupe était « The Unholy Thirteen ».

Exon devint ensuite commandant de la base de Wright Patterson dans les années 60, il relate qu'on lui avait confié certains détails sur la composition des débris du crash, et les tests qu'on leur avait fait subir :

« C'était du Titane et un autre métal connu, mais ils avaient été spécialement traités. »

Curieusement, un traitement particulier du Titane et de l'autre métal connu (le Nickel) est aussi nécessaire pour fabriquer du Nitinol. Ors le Nitinol n'a été découvert qu'en 1962, l'échantillon analysé entre 1947 et 1949 était donc exogène. À haute température, le Nitinol possède une structure primitive de cube cristallin, à basse température, le Nitinol se transforme spontanément en une structure plus complexe de cristal.

Le général Arthur Exon avait explicitement ajouté : « Puisque ce matériau existe aujourd'hui, je ne serais pas surpris qu'on puisse retrouver les rapports qui le concernent. » Il se référait aux rapports dits d'étape de Battelle sur les métaux à mémoire, rédigés pour Wright Patterson à la fin des années 40 et que l'on ne retrouvait plus nulle part.

Parmi les choses sur lesquelles Exon était très précis, il y avait que tout le monde depuis Truman jusqu'en bas était au courant de l'incident de Roswell depuis le jour où il s'est produit, et qu'il était connu qu'il s'agissait d'un vaisseau spatial extraterrestre presque dès que nous sommes arrivés sur les lieux[31].

Exon participa à une interview avec Kevin Randle voici des détails éloquents de cet entretien « Ils savaient qu'ils avaient quelque chose de nouveau entre leurs mains. Le métal et le matériau étaient inconnus de tous ceux à qui je parlais. Quoi qu'ils aient trouvé, je n'ai jamais entendu quels étaient les résultats. Quelques gars pensaient que cela pourrait être russe, mais le consensus général fut que les pièces provenaient de l'espace. Tout le monde, depuis la Maison Blanche, savait que ce que nous avions trouvé n'était pas de ce monde dans les 24 heures suivant notre découverte, Roswell était la récupération d'un vaisseau spatial. »[32]

Le scientifique Elroy John Center a reconnu qu'il avait analysé un métal provenant d'une épave d'OVNI alors qu'il était employé par Battelle comme expert chimiste, poste qu'il exerça chez Battelle pendant près de vingt ans, de 1939 à 1957. Ceci est confirmé à la fois par les registres de l'Université du Michigan et par les articles scientifiques qu'il avait publié du temps où il travaillait pour Battelle sur le site de son employeur. Il dit que ses supérieurs lui avaient confié qu'il était impliqué dans un programme secret hautement classifié Top Secret faisant l'objet d'un contrat gouvernemental par l'Air Force, qui avait fournit des morceaux de métal, dont un principal, de nature totalement inhabituelle avec sur certains, des glyphes, de mystérieux symboles gravés.

---

[31] Confirmation – La preuve tangible que des extraterrestres sont parmi nous ; Whitley Strieber, 1998,P. 250.
[32] Mise à jour sur le crash d'OVNI à Roswell ; Kevin Randle, 1995 ; transcription de l'entretien, 18 juin 1990 p. 191-194.

Elroy John Center décède en 1991 sans en dire d'avantage, sa famille confirme les propos rapportés ci-dessus. Contextualiser les dires d'Elroy est important, au moment où Anthony Bragalia parvient à accéder aux rapports Battelle, et que le journaliste Billy Cox pour le Sarasota Herald-Tribune, expose à ses lecteurs les rapports manquants de l'étude de Battelle sur un alliage nickel/titane appelé Nitinol, réputé pour sa résilience en tant que métal à mémoire sous contrat d'analyse confidentiel par l'US Air Force

Vers la fin des années 1940, Battelle participe ou gère six laboratoires nationaux pour le Département américain de l'énergie, dont Oak Ridge, Lawrence Livermore et Brookhaven.

Le problème est que ni Battelle ni l'USAF ne peuvent produire des copies de ce que la littérature scientifique appelle le Second Progress Report on Contract AF33 (038)-3736. Bragalia soupçonne que c'est parce que les données sont encore hautement classifiées en raison de leur source - un disque volant qui s'est écrasé à l'extérieur de Roswell, en 1947. En en effet lorsqua le document est retrouvé, certaines pages sont manquantes, nous y reviendrons plus loin dans cet ouvrage.

Bragalia dit que sa curiosité pour les débris de Roswell a commencé à s'accélérer en 2007, peu de temps après qu'un vétéran à la retraite de l'armée de l'air d'Ellenton nommé Ben Games a raconté à : De Void, une histoire que personne n'avait jamais entendue auparavant, en juillet 1947, il a piloté le général Laurence Craigie à Roswell pendant la fureur suscitée par la prétendue récupération d'OVNI.

En tant que chef de la Division de la recherche et de l'ingénierie au siège de l'Air Force, Craigie avait des bureaux au Pentagone et à Wright Patterson AFB. En octobre 1947, il devient directeur de la recherche et du développement de l'US Air Force et à la fin de l'année, il autorise la toute première étude de l'USAF sur les soucoupes volantes, avant de devenir commandant de l'USAF Institute of Technology à Wright Patterson de 1948 à 1950, il, il est donc une référence de poids dans l'affaire.

De plus, souvenez-vous qu'en 1991, le général de brigade à la retraite Arthur Exon confirme aux auteurs enquêteurs Schmitt et Kevin Randle que les débris de Roswell avaient été transférés à Wright Field en 1947. Les civils et le personnel militaire qui ont manipulé le matériel ont comparé certains composants à du papier d'aluminium, sauf qu'il se conformerait à sa forme d'origine après avoir été froissé, ils confirment l'arrivée sur la base en urgence de Laurence Craigie suite au crash de Roswell, ce qui revêt une importante capitale.

Exon, a déclaré que les chefs de laboratoire chargés de tester le matériel : « Savaient qu'ils avaient quelque chose de nouveau entre les mains. Le métal et le matériau étaient inconnus de tous ceux à qui j'ai parlé. » Cependant, Exon, qui a été promu commandant de la base de Wright Patterson en 1964, n'a jamais eu accès aux débris, mais un comité restreint oui, leur niveau d'accès confidentiel défense (des The Unholy Thirteen), était supérieur au sien.

Mais qui l'a fait ?

Et si, comme le prétendent les sceptiques, ce qui s'est passé à Roswell était simplement un projet de ballon classifié mais peu exotique, pourquoi Laurence Craigie a-t-il fait un vol précipité de toute urgence, vers le Nouveau-Mexique depuis Washington ?

L'US Naval Ordnance Lab mentionne les débuts de cet alliage à mémoire de forme en 1962 ou 1963, alors que les expertises de l'institut Battelle remontent à 1948-1949, d'où provenait la pièce de métal trouvée en 1947 ?

Billy Cox pour le : Sarasota Herald-Tribune rebondit :

« Attribuant ses alliages amorphes aux chercheurs du California Institute of Technology géré par Battelle en coopération avec Lawrence Livermore, le site Web de Liquid Metal indique qu'il a collaboré à de nombreuses missions de navette spatiale permettant aux scientifiques de la NASA d'étudier de première main cette technologie dans l'espace. La connexion avec la NASA est énorme, déclare Bragalia. Battelle, répertoriée comme une fiducie caritative exonérée d'impôt, est surtout connue dans les cercles OVNI pour avoir produit une étude du Blue Book pour l'Air Force de 1954, intitulée Rapport spécial n°14. Concluant que 21,5% des OVNIS dans la base de données militaire étaient inconnus, Battelle directement a contredit l'affirmation du secrétaire de l'USAF, Donald Quarles, selon laquelle seulement 3% de ses observations étaient inconnues », (et donc, considérées OVNIS potentiels).

Le lien entre Blue Book, Battelle et les OVNIS est donc confirmé par ce document de 1954.

En conséquence, la controverse persistante sur les OVNIS de Roswell oriente son intérêt sur l'une des entités de recherche et développement les plus prospères d'Amérique, le Battelle Memorial Institute à Columbus : « Battelle est très astucieux pour dissimuler ses connexions », explique Bragalia, « Quand les gens disent que le gouvernement est au courant des OVNIS, je me demande, surtout quand on sait que Battelle a plus ou moins privatisé six de nos laboratoires nationaux, quel est son niveau d'implication. »

Alesia Williams or Responsible Party
FOIA Public Liaison
Defense Intelligence Agency

FOIA REQUEST

I am a United States citizen. I am willing to pay for any associated costs in fulfillment of this Freedom of Information Act Request.

Associated with the Department of Defense *Advanced Aerospace Threat Identification Program* of the US Pentagon (operating from approximately 2009-2012) are warehouses in the Las Vegas, NV area scheduled to soon hold metal-like alloy material recovered from Unidentified Aerial Phenomena (UAPs.) This could include physical debris recovered by personnel of the Department of Defense as residue, flotsam, shot-off material or crashed material from UAPs or unidentified flying objects. This background material provided to assist in your search is confirmed by US Senator Harry Reid and by former Department of Defense intelligence official Luis Elizondo.

Dernière demande d'Anthony Bragalia formulée au sujet de métal ou morceaux dOVNI en possession du Département de la Défense.

En mai 1992, le Dr.Irena Scott de Columbus, Ohio, une chercheuse qui faisait également partie de l'équipe de scientifiques de Battelle, avait interviewé son collègue Elroy, il lui avoue qu'en juin 1960, il était impliqué dans un programme de laboratoire sous contrat gouvernemental pour des conceptions construites avec des alliages de métaux à mémoire de forme inconnus, le projet consistait à travailler sur un matériau très inhabituel, Elroy Center avait compris que ces fragments de matériau avaient été récupérés par le gouvernement américain à la suite d'un crash d'OVNI en 1947 et il parlait de l'échantillon qu'il était chargé d'étudier comme d'un morceau d'une nature totalement inhabituelle. Il déclara également que d'étranges symboles, qu'il appelait des glyphes, étaient inscrits sur ces fragments.

Ses Rapports ont été égarés...chez Battelle son employeur.

Des annotations qui s'y réfèrent, existent dans les études commanditées par l'armée sur les métaux à mémoire, mais à ce jour il était impossible de mettre la main dessus.

Cette affaire se poursuit.

Billy Cox, reprend le dossier développé par : The Big Book of UFOs by Chris A. Rutkowski, il raconte que l'historien archiviste de Battelle n'est pas parvenu à retrouver ces documents. Dans une communication avec Battelle en 2009, Billy Cox, pour le Sarasota Herald Tribune, s'est entendu répondre que Battelle ne parvient toujours pas à retrouver ces expertises, et qu'ils ne peuvent expliquer cette disparition.

On sait très officiellement selon les archives du Project Blue Book Special Report n°14, fin décembre 1951, que Ruppelt rencontra des membres du Battelle Memorial Institute à Columbus. Ruppelt voulait que leurs experts les assistent pour analyser des fragments de métaux inconnus que la direction technique de l'USAF ne parvenait pas à expertiser. Cela confirme la véracité de l'information précédente de Billy Cox et Chris A. Rutkowski.

Howard Cross, le métallurgiste expert de Battelle, était si bien introduit qu'il reçut la visite officielle de H.Marshall Chadwell, chef du Renseignement scientifique de la CIA. On a découvert une note dans les archives du groupe d'études des OVNIS, le NICAP, qui est aujourd'hui dissous : « Le 12 Décembre 1952, le Dr. H.Marshall Chadwell, chef de l'OSI à la CIA, le Dr. HP Robertston et Fred Durant ont rendu visite au Dr.Howard Cross, chargé du Project Blue Book chez Battelle. »

Cross avait travaillé de très près sur les OVNIS avec le chef des Analyses de Wright Patterson et Ruppelt de l'ATIC ainsi que le chef du Renseignement scientifique de la CIA.

L'Archiviste principal de la base de Wright Patterson n'est pas parvenu à localiser ces documents à fournir selon les demandes FIOA d'Anthony Bragalia et s'en remet au bibliothécaire archiviste de Wright Patterson, néanmoins, malgré leur étroite collaboration, les deux bibliothécaires sont très étonnés de cette disparition, ils pensent que les rapports furent peut-être détruits, à moins qu'ils soient toujours hautement classifiés, selon eux, et donc inaccessibles.

Le Centre d'Information Technique du Département de la Défense U.S. (DTIC) principal dépositaire des rapports techniques et des études commanditées par l'USAF, ayant abouti aux rapports Battelle ne figure pas non plus dans la base de données des archivistes de Battelle, (étrange le DITC détenait pourtant une copie des deux dossiers dans ses archives).

Le second expert dans cette affaire en contact avec le Dr.Cross est le chef des analyses de Wright Patterson, le Colonel Miles Goll, de l'unité T-2, chargée des expertises des avions ennemis récupérés, ou : De toutes technologies trouvées suite à des incidents ou crashs. » Ce partenariat sous contrat se poursuivra bien après 1947, puisque l'on retrouve trace d'un commandant de l'U.S. Navy, engageant le Dr.Cross pour 'examiner des débris récupérés pendant la vague d'OVNIS de 1952. Un canadien du nom de Wilbert B.Smith aurait également donné son avis sur un morceau arraché à un OVNI après qu'un avion militaire lui ait tiré dessus. Smith affirme que les autorités américaines étaient bien conscientes que les OVNIS étaient d'origine extraterrestre, bien avant qu'ils lui confient le précieux métal en question.

Selon des coupures de presse et recherches ultérieures menées par le défunt Todd Zechel, le commandant Alvin Moore de l'US Navy, récupéra un objet cylindrique cassé et assez inhabituel sur un terrain lui appartenant dans la banlieue de Washington DC pendant la fameuse vague d'Ovnis de 1952. Moore avait raconté à Zechel qu'il avait montré ce matériau à ses partenaires du National Bureau of Standards (NBS) Il avait ajouté que ces techniciens et des scientifiques de la CIA, mais également un chercheur de Battelle, avaient examiné cette curieuse pièce.

Washington 1952 un OVNI très net parfaitement identifiable.

Un autre débri différent, ou une partie de celui-ci, fut confié à Wilbert Smith qui l'étudia au Canada dans le cadre du Project Magnet. Il en conclut qu'il n'était pas d'origine terrestre, alors que les techniciens de Battelle avaient déjà rendu un rapport à eux, nettement plus mystérieux.

A ce stade de notre récit, le Premier Rapport d'Etape concernant les débris de Roswell est encore introuvable, Anthony Bragalia, et le journaliste Billy Cox, du Saratosa Herald Tribune, essayent pendant une année, d'obtenir copie de ces documents désespérant y parvenir un jour.

Bragalia fait le point de ses recherches dans : Roswell débris inspired memory metal Nitinol; lab located, scientists named,», Mufon UFO Journal, No 495, juillet 2009.

Quand enfin, le document : Second Progress Report apparaît.

En 2009, le journaliste Billy Cox triomphe dans un article du : HeraldTribune.com : « Des documents de l'USAF ont été retrouvés. Grâce à notre requête FOIA, l'US Air Force a finalement réussi à localiser et a diffusé divers papiers qui avaient été longtemps introuvables. Ils concernent nos enquêtes sur les propriétés des alliages de titane avec d'autres métaux.»

Le dossier d'une soixantaine de pages transmis à la presse avait été archivé à Fort Belvoir, en Virginie, au DTIC (Centre d'Information Technique de la Défense et identifié comme : Second Progress Report Covering the Period September 1 to October 21, 1949 on Research and Development on Titanium Alloys Contract n°33 (38)-3736, signé par Simmons, C.W. Greenidge, C.T., Craighead, C.M. et autres destiné à la Direction technique de l'armée de l'Air, Wright Patterson Air Materiel Command en 1949. Malheureusement, la version fournie est incomplète, elle ne contient pas des données scientifiques sur la création du Nitinol, en particulier des diagrammes de phase, aucune analyse sur des artéfacts expliquant comment les chercheurs sont parvenus à identifier et synthétiser ce métal de forme qu'ils ne connaissaient pas auparavant, et pour cause il ne provient d'aucune industrie connue.

Second artefact trouvé à Roswell en 2002.

En novembre 2002, la chaîne : Syfy, diffuse un documentaire de deux heures intitulé : The Roswell Crash - Startling New Evidence. Ce programme fut tourné en septembre 2002 sur le célèbre site de juillet 1947, Voir le blog : Roswell UFO Archaeology Dig 2002. Un nouvel artefact de couleur argent et légèrement métallique fut découvert. Il avait à peu près la taille d'un ongle, très fin et léger, en 2008, suite à une demande d'emprunt de l'artefact à l'entrepôt d'archéologie de l'Université du Nouveau-Mexique une analyse au microscope électronique à balayage (MEB) fut méticuleusement entreprise.

L'image montre un très fort impact d'aluminium avec des éléments de silicium, calcium, carbone et oxygène, la présence de potassium et magnésium apparaît à grossissement 80 microns. Sous un examen de 40 microns, vous pouvez clairement voir des éléments d'aluminium et silicium sur un brin inhabituel ressemblant à des cheveux dépassant d'une zone microscopique endommagée. Ce matériau de 2002 provenant de Roswell, est un polymère gris foncé qui contient de petites quantités de plusieurs éléments (fer, zinc, calcium, titane). Le laboratoire n'a pas été en mesure d'identifier cet alliage, car le nombre de produits à comparer entrant dans sa composition est immense :

« La composition de l'alliage métallique complexe de l'échantillon n'existe dans aucun standard ou composite connu sur Terre. »

Le labo écrit au sujet de l'artéfact de 2002, qu'ils sont incapables d'analyser de manière fiable car malheureusement, l'aluminium présent est à la limite de leur spectre de détection. Avec l'échantillon testé, ils furent incapables de détecter et mesurer sa présence », l'analyse ne fut pas poussée plus loin, le petit débris retourna au Roswell International UFO Museum and Research Center. Autre bizarrerie, la pièce aurait été arrachée, présentant un aspect de liens fibreux et non de métal coulé.

Retour au premier artéfact de Roswell de 1947.

Des employés du Pentagone admirent en 2023, posséder et tester des épaves d'accidents d'OVNIS, le chercheur qui a découvert la nouvelle surprenante sur les débris du célèbre crash de Roswell, Anthony Bragalia suit aujourd'hui cette nouvelle piste. Les membres du Congres appellent à la création d'un comité restreint sur les UAP pour lutter contre la sur classification confidentielle des informations par le Pentagone. Bob Bellanca journaliste et directeur de production chez BTLV, informe le public fin août 2023 de rebondissements inquiétants dans l'enquête du Congres en cours sur les OVNIS. Toutefois, malgré des désaccords évidents que l'on peut aisément imaginer, certains pensent qu'il ne serait pas déraisonnable d'imaginer que l'événement pourrait conduire à un certain nombre d'autres audiences sur le sujet. Pour Tim Burchett, représentant américain du 2e district du Congrès du Tennessee, cela pourrait être impossible sans une réunion spéciale à comité restreint :

« Nous rencontrons de nombreux barrages, et c'est le problème avec tout cela », a-t-il déclaré. « Cela crée de plus en plus de théories du complot parce que notre gouvernement fédéral est si arrogant et si gonflé qu'ils vont juste manquer de temps…. Le public américain veut sa pizza en moins de 30 mn, c'est le temps de sa patience. »

Selon le représentant Jared Moskowitz, représentant des États-Unis pour le 23e district du Congrès de Floride, le sujet des OVNIS a au moins fait l'objet de plus d'attention, plus même que d'autres problèmes politiques majeurs concernant Joe Biden et Donald Trump (en tout cas pour le moment). « J'entends plus de gens parler de ce sujet que d'autre chose », a-t-il déclaré, « Ils parlent de l'audience ovni parce qu'il y a un grand intérêt pour la question de la transparence du gouvernement ».

Ne voulant rien lâcher, Tim Burchett et Jared Moskowitz, aux côtés de la représentante Anna Paulina Luna, ont tout de même soumis une demande officielle au président de la Chambre Kevin McCarthy concernant la formation d'un comité restreint sur les OVNIS, bien qu'aucun membre du groupe n'ait entendu parler du Cabinet du Président reclassant la demande.

Nous savons que les débris de l'accident de 1947, ont été transportés par avion à Wright Field dans le comté de Greene, Ohio, et le Battelle Memorial Institute a rapidement obtenu un contrat rémunéré pour démarrer les diagrammes de phase destinés à la fabrication de métal à mémoire de forme, en utilisant du nickel et du titane d'une pureté ultra haute non réalisable sur terre.

Deux mois après le crash de Roswell en septembre 1947, le général George Shulgen de l'Air Intelligence a déclaré que les matériaux de construction des soucoupes volantes étaient peut-être en construction composite ou en sandwich utilisant diverses combinaisons de métaux et de plastiques (nano-copolymères composites comme l'artefact de 2002 ?).

Sur quoi reposait cette certitude, autrement que par le fait désormais incontestable que l'US Air Force était bien en possession de ce matériau extraterrestre.

En mai 1992, le Dr.Irena Scott, de l'Institut Battelle, parle à une connaissance commune, ce témoin lui révèle qu'en juin 1960, Elroy Center lui avait raconté en privé quelque chose de très troublant. Pendant qu'il était chimiste de recherche à Battelle, il avait été dirigé par ses supérieurs pour fournir une assistance technique sur un projet étrange. Il devait procéder à l'évaluation d'un matériau inconnu dont on lui a dit qu'il avait été récupéré quelque temps auparavant dans une soucoupe volante écrasée. Il a dit que les débris, comme ceux de Roswell, avaient des marques d'une sorte d'hiéroglyphes très inhabituels. Center s'est alors arrêté net et n'a rien prononcé de plus.

Cross avait des liens directs avec des études sur les OVNIS parrainées par le gouvernement et des agences telles que l'USAF, la NACA (l'organisation prédécesseur de la NASA), la CIA et avec US Navy Intelligence. Il était également l'auteur de la lettre controversée à Wright Patterson sur les OVNIS connus dans les cercles de recherche sous le nom de « Pentacle Mémo ». Nous n'en savons pas plus, Center est décédé en 1991[33]. Le 17 août 1993, Le Pentacle Mémorandum, a été un article controversé depuis que son existence a été dévoilée par le Jacques Vallee[34]. Vallée retrouve le mémo de deux pages en 1967 alors qu'il travaillait avec les papiers du Dr.Allen Hynek et l'a partiellement décrit dans : Forbidden Science, baptisant l'auteur du mémo sous le nom de code : Pentacle[35].

---

[33] International UFO Reporter (IUR), Vol. 18, n°3, mai/juin 1993. J.Allen Hynek

[34] Dans son ouvrage Forbidden Science, Copyright 1992, Jacques Vallee, North Atlantic Books, Berkeley CA, ISBN 1-55643-125-2.

[35] https://www.cufon.org/cufon/pentacle.htm

Selon Dale Goudie et Jim Klotz pour : The Computer UFO Network, UFO Reporting and Information Service :

« Peu de temps après, un document censé être le Pentacle Mémo est entré en circulation limitée parmi certains chercheurs. Nous avons obtenu notre copie de M. Barry Greenwood, PO Box 218, Coventry, CT 06238). Entre autres choses, ce document contient la confirmation que le Battelle Memorial Institute travaillait sur des projets OVNI au moment de la commission Robertson (janvier 1953), et pouvait apparemment exercer un certain contrôle sur la gestion du sujet. »

L'Institut Battelle demeure depuis 80 ans au coeur des enquêtes OVNIS sous contrat avec l'armée, ses contrats portent sur des sommes conséquentes.

La patience paye enfin, Billy Cox obtint le premier rapport d'étape auparavant manquant via des demandes FOIA :

« First Progress Report de Battelle sur Research and Development of Titanium Alloys (Contrat AF 33 (038) 3736), nous apprenons que le travail portait sur des travaux inédits, la caractérisation, la fusion, la purification et la création de diagrammes de nouveaux alliages. »

Une lettre d'accompagnement du rapport est signée par L.W. Lynn Eastwood, dont le supérieur direct était le Dr.Howard Cross impliqué dans les recherches d'OVNIS, Eastwood a supervisé Elroy Center, qui a avoué avoir analysé les débris OVNIS de Roswell.

L'implication de ces personnes est donc confirmée par ce document Battelle. Le métal à mémoire de forme de Roswell en 1947 n'était pas connu de nos scientifiques, désormais cet alliage porte un nom, nous connaissons les personnes l'ayant expertisé, qui commandita leur travail et l'a rémunéré.

La question majeure est la suivante : Le métal analysé et soumis à une étude de compositions isotopique, indiquant les proportions des divers isotopes d'un élément chimique particulier (ou de plusieurs éléments), son origine terrestre ou sa venue de l'espace furent-elles confirmées ?.

Les conclusions prouvent-elles une origine exogène ?

Et si oui, pouvons nous porter crédit à cela ou en douter ?

BATTELLE MEMORIAL INSTITUTE
INDUSTRIAL AND SCIENTIFIC RESEARCH
COLUMBUS 1, OHIO

November 11, 1949

AF 909 SO
Wright–Patterson Air Force Base
Service Area
Building 258
Dayton, Ohio

Attention MCREXM3
   Contract No. AF 33(038)-3736

Gentlemen:

   Enclosed are thirty (30) copies and one (1) reproducible of the Second Progress Report prepared under Contract No. AF 33(038)-3736.

   This report contains an account of the following:

  1. A description of the alloy development work done during the bimonthly period September 1 to October 31, 1949.

  2. The progress made during the same period on the development of refractories for holding molten titanium.

  3. Further work on the vacuum-fusion technique for determining oxygen in titanium.

        Very truly yours,

        L. W. Eastwood

LWE:mr
Enc.(31)

Second Progress Report

						80 668

Second Progress Report Covering the Period September 1 to October 31, 1949 on Research and Development on Titanium Alloys

(None)

Simmons, O. W.; Greenidge, C. T.; Craighead, C. M; and others
Battelle Memorial Institute, Columbus, O.

(Same) for AMC, Wright-Patterson Air Force Base, Dayton, O.

2nd

photos,

Oct'49	Unclass.	U.S.	English	120	tables, diagrs, graphs	(Same)

Progress is reported in development of titanium alloys. Phase relations in titanium – 0 to 1% germanium and titanium – 0 to 10% nickel alloys were investigated. Nickel was found to limit markedly the alpha-phase field and to lower the beta solvus line. The range of compositions investigated in the binary titanium-silver systems was extended to 5% silver, and titanium-beryllium alloys containing 0.1 to 1% beryllium were investigated. Additions of 1 and 2% columbium or tantalum to Process A metal increased the tensile strength and lowered the ductility of Process A titanium. Ternary alloys of managese and carbon, manganese and vanadium, and molybdenum and tungsten, prepared by adding the pure metals during arc melting, had quite erratic tensile properties when tested after fabrication to sheet. Tests were completed on evaluation of "hot-pressed" titanium carbide and graphite crucibles.

Copies obtainable from CADO

Titanium alloys

Materials (8)
Mis. Non-Ferrous Metals and Alloys (12)

USAF Contr. No. AF 33(038)-3736

SECOND PROGRESS REPORT

COVERING THE PERIOD SEPTEMBER 1 TO OCTOBER 31, 1949

on

RESEARCH AND DEVELOPMENT ON TITANIUM ALLOYS
Contract No. 33(038)-3736

to

WRIGHT-PATTERSON AIR FORCE BASE
DAYTON, OHIO

BATTELLE MEMORIAL INSTITUTE

October 31, 1949

Second Progress Report Battelle.

La CIA et l'US Air Force n'ont pas prononcé un seul mot suite à la divulgation des rapports de 1948-1949, silence absolu, pas une infime ligne de commentaire.

Réalisons un bond en arrière, faisons référence à l'histoire de Robert (Bob) Scott Lazar, qui en 1989 a rendu publiques des informations top secrètes sur l'élément 115. Le scientifique a prétendu être un ancien employé de la zone 51, où son travail consistait à faire de l'ingénierie inverse sur des soucoupes volantes extraterrestres écrasées. Il avait personnellement travaillé sur l'élément 115, utilisé pour piloter des vaisseaux spatiaux extraterrestres : « Mais il est impossible de synthétiser un élément aussi lourd ici sur Terre. La substance doit provenir d'un endroit où des éléments super lourds auraient pu être produits naturellement », avance Bob Lazar, qui est traité d'affabulateur pendant quinze ans, jusqu'à ce qu'un jour...

Des années plus tard, l'existence de l'élément 115 est faite en 2003 à Dubna, Russie, au laboratoire Flerov pour les réactions nucléaires, par un groupe de scientifiques dirigé par le physicien nucléaire Yuri Oganessian. L'élément est finalement nommé Moscovium parce que Dubna est à Moscou. Le nouvel élément qu'ils ont fabriqué contenait 115 protons (20 du 48Ca et 95 du 243Am). Ce nouvel élément a ensuite été séparé de tous les autres produits de réaction à l'aide du séparateur à recul rempli de gaz, puis implanté dans un détecteur où les scientifiques ont pu observer la désintégration de l'élément 115 en élément 113. Bien sûr, à cette époque, les affirmations de Lazar étaient qualifiées d'absurdes car la communauté scientifique n'avait aucune connaissance de l'élément 115. Puis en 2003, ses déclarations ont gagné en crédibilité lorsqu'un groupe de scientifiques russes a réussi à créer l'élément insaisissable, l'Ununpentium.

L'élément 115, est extrêmement radioactif ; son isotope connu le plus stable, Ununpentium-289, a une demi-vie de seulement 220 millisecondes. En 2014, Lazar a été interviewé par Geroges Knapp, ils ont discuté de l'élément 115 : « En 2003, ils n'ont trouvé que quelques atomes. Nous verrons quels autres isotopes ils trouveront. L'un d'eux, ou plus, sera stable et il aura les propriétés exactes que j'ai dites à l'époque où je travaillais dans la zone 51», déclare Lazar à Georges Knapp et Jeremy Kenyon Lockyer Corbell. Il est trop tard, Bob Lazar, qui a été décrédibilisé à cause de ses déclarations sensationnelles, a travaillé dans le passé dans la zone 51, où des projets top secrets sont en cours de développement, son nom figurait sur l'annuaire téléphonique de la Zone 51, ce détail à son importance, à plusieurs reprises, il a été soumis à un polygraphe : « Les tests au détecteur de mensonge ont confirmé ses déclarations concernant les installations secrètes. »

Mais sa vie personnelle et professionnelle ont été ravagées par la médiatisation de son témoignage.

Roswell était-il en lien avec l'élément 115 qui n'existait pas, et le métal qui n'existait pas lui non plus ?

Nous connaissons tous l'histoire dont il est question, le 8 juillet 1947, un journal du Nouveau-Mexique : The Roswell Daily Record, publia une histoire étonnante sur le terrain d'aviation militaire de Roswell : « L'éleveur Mac Brazel avait décrit une zone de l'épave qui se composait, selon les mots du journaliste) de bandes de caoutchouc de papier d'aluminium. » Le major Marcel a déclaré, plus de trois décennies plus tard en 1979, que le métal était extrêmement mince : « Il était possible de plier ce truc d'avant en arrière, même de le froisser, mais vous ne pouviez pas y mettre un pli qui resterait, ni le bosseler du tout, même pas avec une masse, je devrais presque le décrire comme un métal aux propriétés plastiques », (selon l'interview de Marcel en 1979).

Mac Brazel avait un fils Bill, qui a fait écho à la description du major Marcel. Selon Bill Brazel, au fil des ans, il ramasserait régulièrement de petits morceaux du métal étrange à proximité des débris d'origine. Il a décrit cela comme :

« Plusieurs morceaux d'une substance semblable à du métal, quelque chose de l'ordre du papier d'aluminium, sauf que ce matériau ne se déchirerait pas et était en fait de couleur un peu plus foncée que le papier d'aluminium, plus comme une feuille de plomb, sauf qu'il est très fin et extrêmement léger. La chose étrange à propos de cette feuille était que vous pouvez la froisser et la reposer puis elle reprend immédiatement sa forme d'origine. Le métal était assez souple, mais vous ne pouviez pas le plier comme du métal ordinaire. Cela ressemblait presque plus à une sorte de plastique, sauf qu'il était définitivement de nature métallique », un jour des militaires de l'Air Force et de mystérieux civils vinrent perquisitionner et saisir sa collection (Interview au Brésil en 1979).

En 2021, dans une réponse lettre, la Défense Intelligence Agency (DIA) des États-Unis a mis fin à des décennies de spéculation en affirmant que du matériel OVNI a bien été récupéré (sans citer Roswell, réfutant le lien de causalité).

La DIA aurait publié les résultats des tests couvrant 154 pages d'un mystérieux métal à mémoire appelé Nitinol qui se souvient de sa forme d'origine une fois plié, mais l'information ne fait plus recette, durant soixante-dix ans les témoins de Roswell avaient été décrédibilisés sur la valeur de la soi-disant non existence de ce matériau, la vérité arrive inopinément, mais encore une fois trop tard, elle n'intérèsse plus le public..

Selon Anthony Bragalia : « Sur la base de la documentation reçue, il semble que les débris récupérés présentent d'autres capacités extraordinaires. En plus de se souvenir de leur forme d'origine lorsqu'ils sont pliés ou écrasés, certains de ces matériaux futuristes ont le potentiel de rendre les choses invisibles, de compresser l'énergie électromagnétique, et même ralentir la vitesse de la lumière. »

Anthony Bragalia présente sur son site un enregistrement inédit de l'interview réalisée en 1993, d'une ancienne étudiante et stagiaire d'Einstein, Shirley Wright, elle-même scientifique et professeur à l'Université de Miami décédée en 2015 à l'âge de 85 ans : « L'ancienne stagiaire d'Albert Einstein assure que le prix Nobel a pu examiner un OVNI récupéré par l'US Air Force en 1947 à Roswell. »

Albert Einstein fut accompagné part Shirley Wright qui le suivait dans la plupart de ses déplacements, jusqu'à ce jour de juillet 1947 où ils ont été conviés à une réunion de crise sur une petite base aérienne de l'US Air Force dans le sud des Etats-Unis, perdue au milieu du désert, avant d'être conduits jusqu'à un hangar protégé par de nombreux gardes armés.

Quand les portes se sont ouvertes, le prix Nobel de physique 1921 s'est retrouvé face à ce qu'il convient d'appeler une soucoupe volante qu'il a pu, assure Shirley Wright, examiner à loisir : « C'était un objet en forme de disque, concave en quelque sorte. Il occupait un quart de la surface du hangar. Il était endommagé sur un côté », précise-t-elle, regrettant de n'avoir pas été en mesure de s'approcher plus près de l'engin entouré par une nuée de militaires et de scientifiques.

Elle a relevé cependant quelques détails sur son apparence : « Le corps de l'appareil était composé d'un matériau qui semblait réflectif à une certaine distance mais devenait terne lorsque l'on se rapprochait. » Interrogée sur l'attitude d'Einstein, elle répond : « Il n'était pas du tout perturbé en voyant ces preuves bien réelles. »

Le Dr Shirley Wright, se sentait obligée de révéler la vérité :

« Je n'ai pas conservé dans mes notes ses premiers commentaires mais il a dit quelque chose sur le fait qu'il n'était pas surpris qu'ils viennent sur terre et que cela lui donnait l'espoir que nous pourrions en apprendre davantage sur l'Univers. « Le contact », a-t-il dit, « Devrait être un atout pour nos deux mondes.»

Comme le souligne Anthony Bragalia, cet entretien enregistré alors qu'elle avait 64 ans, ne pouvait lui apporter ni argent, ni célébrité.

Au micro de : The Sun, Anthony Bragalia présente le document qu'il a en sa possession, prouvant l'existence de débris collectés par le Pentagone, ils ont des propriétés extraordinaires. D'après lui : « Certains de ces débris peuvent rendre des objets invisibles ou ralentir la vitesse de la lumière. »

Il est convaincu que le département américain de la Défense s'en serait servi pour faire des recherches scientifiques.

Le témoignage éloquent suivant provient du livre : Extraterrial Contacts de Jerry Kroth :

« Je m'appelle Jerry Kroth. Je suis professeur de psychologie californien et j'ai écrit 13 livres, principalement des ouvrages académiques à la troisième personne, j'ai donc décidé que cet article d'enquête resterait franc, réel et personnel autant que possible. En 1965, et bien avant mon doctorat, j'enseignais en 5e année à Wayne, dans le Michigan, près d'Ann Arbor, lorsqu'une fille a apporté en classe un matériel mystérieux :

« Mon père a dit que je devrais te montrer ça », dit-elle en me tendant une feuille de tissu gris argenté légèrement élastique de 5 sur 5 pouces qui ressemblait à du papier d'aluminium. Il s'avère que ce n'était pas du papier d'aluminium. C'était magique. Si vous essayiez de couper ce matériau avec des ciseaux, rien ne se passerait. Si vous essayez de le percer avec un stylo à bille ou une pointe métallique, vous ne pouviez tout simplement pas le percer, même s'il était aussi fin qu'un morceau de papier à lettres. Si vous le rouliez en boule puis que vous le lâchiez, il se dépliait immédiatement, reprenant sa forme sans bosses ni plis, quel que soit le nombre de fois où vous l'avez pressé et écrasé. Le phénomène est appelé mémoire de forme, et je crois qu'une seule substance avait alors cette qualité, le Nitinol. Cependant, la mémoire de forme ne se produit que lorsque le Nitinol est chauffé. Le soi-disant Nitinol super élastique peut prétendument montrer une mémoire de forme à température ambiante, mais cette variation n'a été inventée que dans les années 1970.

Un expert en science des matériaux en Australie m'a confirmé cette chronologie. Alors, quelle était cette substance étrange ?

Qu'est-ce que je tenais ?

En lisant la littérature sur les OVNIS, j'ai découvert 21 personnes qui ont signé des témoignages disant qu'elles avaient été témoins d'une feuille gris argenté similaire sur le site présumé du crash d'un vaisseau spatial extraterrestre à Roswell, Nouveau-Mexique en 1947.

Soit quelqu'un leur a montré le matériel, soit ils l'ont ramassé et l'ont manipulé eux-mêmes. »

En étudiant ces débris, les chercheurs ont pu acquérir des connaissances pour la fabrication de matériaux futuristes qui pourraient changer nos vies à jamais, dont le nickel titane, connu aussi sous le nom de Nitinol, alliage de nickel et de titane, d'une élasticité exceptionnelle, trente fois plus qu'un métal ordinaire.

La Défense Intelligence Agency a confirmé avoir étudié cet alliage, alors que leurs scientifiques ne le connaissaient pas à cette époque, car il ne venait d'aucun pays sur terre.

Anthony Bragalia confirme ses courriers avec la Defense Intelligence Agency : « Les rapports transmis par la DIA que j'ai reçus mentionnent un matériau de haute ingénierie appelé méta matériau comme composé de médias composites, écrit Bragalia. Le méta matériau peut être recouvert de métal et de plastique. »

Il ajoute : « Sur la base de la documentation reçue, il semble que les débris récupérés présentent d'autres capacités extraordinaires. En plus de se souvenir de leur forme d'origine lorsqu'ils sont pliés ou écrasés, certains de ces matériaux futuristes ont le potentiel de rendre les choses invisibles, de compresser l'énergie électromagnétique et même de ralentir la vitesse de la lumière. »

Ben Smith, un ancien agent de la CIA a contacté les petits-enfants du major Jesse A Marcel, la première personne sur les lieux de l'accident de Roswell en juillet 1947 :

« Sa famille affirme que le major Marcel a subi des pressions de la part du gouvernement américain pour qu'il rétracte sa déclaration originale de ce qu'il a découvert au site du crash et nie avoir jamais vu des preuves d'un OVNI car ils possèdent le journal de Marcel, censé contenir des indices sur la vérité sur ce qui s'est réellement passé à Roswell avec de nouvelles preuves sur l'endroit du crash et sur l'épave extraterrestre. »

Le carnet : Journal Intime de Marcel n'a pas été rendu public par le gouvernement américain, il est classé : Secret Défense Nationale.

Anthony Bragalia confirme ses sources selon lesquelles les débris de Roswell étaient bien extraterrestres. Le laboratoire Battelle ayant conduit les analyses à été identifié, les scientifiques employés pour ces recherches aussi.

September 16, 1949

AF 909 SO
Wright-Patterson Air Force Base
Service Area
Building 258
Dayton, Ohio

Attention MCREXM3, Contract No. AF 33(038)-3736)

Gentlemen:

Enclosed are twenty-five (25) copies and one (1) reproducible of the first progress report prepared under Contract No. AF 33(038)-3736.

Part III of the Summary Report, dated July 30, 1949, under Contract W-33-038 ac-21229, describes the development of analytical methods and the study of refractories carried out during the period May 18, 1948, to May 18, 1949. In addition, it contains data obtained during the interval May 18, 1949, to July 30, 1949, on alloys which were in process at the expiration of the preceding contract, May 18, 1949. At the request of Mr. J. B. Johnson, this latter information obtained during the first two and a half months of the present contract was submitted in lieu of the first regular bimonthly progress report.

The attached report contains an account of the following:

1. A description of the alloy development work, including the data on alloys prepared during the period May 18, 1949, to September 18, 1949. Data obtained during this period on alloys already under study on May 18, 1949, are included in the above-mentioned Summary Report.

2. The progress made during the period May 18, 1949, to September 18, 1949, on the development of analytical methods for oxygen in titanium.

3. The results of the study during the period May 18, 1949, to September 18, 1949, on the development of refractories for holding molten titanium.

Very truly yours,

L. W. Eastwood

LWE:ec
Enc. (26)

First Progress Report Battelle.

DEPARTMENT OF THE AIR FORCE
HEADQUARTERS AERONAUTICAL SYSTEMS CENTER (AFMC)
WRIGHT-PATTERSON AIR FORCE BASE, OHIO

29 Jan 10

88 CS/SCOKIF (FOIA)
3810 Communications Blvd
Wright-Patterson AFB OH 45433-7802

Defense Technical Information Center
Attn: Ms. Kelly Akers (DTIC-R)
8725 John J. Kingman Rd, Suite 0944
Ft Belvoir VA 22060-6218

Dear Ms. Akers

This concerns the following Technical Report:

Technical Report number: ADB816506
Technical Report Title: Research and Development on Titanium Alloys
Technical Report Date: 31 Aug 49
Previous classification/distribution code: UNCLAS

Subsequent to WPAFB FOIA Control Number 2010-01928-F, the above record has been cleared for public release.

The review was performed by the following Air Force organization: AFRL/RX and 88 ABW/IPI.

Therefore, the above record is now fully releasable to the public. Please let my point of contact know when the record is available to the public. Email: darrin.booher@wpafb.af.mil If you have any questions, my point of contact is Darrin Booher, phone DSN 787-2719.

Sincerely,

KAREN COOK
Freedom of Information Act Manager
Base Information Management Section
Knowledge Operations

2 Attachments
1. Citation & Cover sheets of Technical Report #ADB816506
2. Copy of AFMC Form 559

First Progress Report Lettre d'accompagnement

Le pentagone et la DIA étaient au courant, qu'un artéfact inconnu à bien été expédié par la base de Wright Patterson pour expertise, par les plus éminents spécialistes privés en métallurgie. Leurs conclusions et l'existence du contrat sont demeurés secrets, si cela n'est pas une preuve, de quoi parle-t-on ? L'USAF n'était pas capable d'analyser une pièce métallique composée d'un alliage que leurs propres techniciens auraient fabriqué ? Le Département de l'Air Force et Battelle analysèrent un alliage qui n'existe pas sur terre de façon naturelle ou industrielle, véritable révolution technologique que nous ne maîtrisons pas encore.

Premier rapport d'analyse réalisé entre le 18 mai et le 18 septembre 1949 concernant un
alliage de Titane par W.O. Simmins,C.T.Grenenidge, C.M. Craighead,et autres...

Confirmation d'archivage à Wright Patterson Field, direction de
l'Intelligence Technologique T-2, sur microfilm R-3908 F, ors, l'Air Force
nia détenir cette expertise durant 45 ans.

Mauvais classement ?

Incompétence des archivistes ?

Peut-on avoir confiance en l'Air Force ?

A chacun de choisir sa propre opinion personnelle.

FIRST PROGRESS REPORT

COVERING THE PERIOD MAY 18 TO SEPTEMBER 18, 1949

on

RESEARCH AND DEVELOPMENT ON TITANIUM ALLOYS

Contract No. 33(038)-3736

to

WRIGHT-PATTERSON AIR FORCE BASE
DAYTON, OHIO

BATTELLE MEMORIAL INSTITUTE

August 31, 1949

BATTELLE MEMORIAL INSTITUTE

Le 31 août 1949 le premier rapport d'expertise est officialisé.

The gas-concentration and gas-loading apparatus having been completed, samples can now be prepared in which there is little or no hydrogen and so more favorable results are to be expected in future experiments.

FUTURE WORK

The work on the preparation and evaluation of alloys of titanium will be continued. At present, binary alloys of titanium with zirconium, columbium, tantalum, beryllium, and silver, and ternary titanium-manganese-carbon, titanium-manganese-vanadium, and titanium-molybdenum-tungsten alloys are being investigated.

The more promising compositions which have been made to date will shortly be again investigated in order to study further these compositions and select those alloys warranting a more extensive study as outlined in the proposal.

The study of refractories for melting titanium will be continued.

With reference to the Cl_2 - CCl_4 method for determining oxygen, no further tests are contemplated. A detailed description of the apparatus and techniques, however, will be included in the next bi-monthly report.

At the present time, arc-melted samples of iodide titanium with known amounts of oxygen added as TiO_2 are being prepared. These samples will be forwarded to Dr. G. Derge for vacuum-fusion analysis in his laboratory.

Les alliages recherchés dans le rapport Battelle de 1949 ; coïncident avec des débris d'OVNIS trouvés dans plusieurs pays, comme dans l'affaire sui se déroulera huit ans après ce rapport avec du titanium manganèse carbone à Ubatuba en 1957 (État de São Paulo, Brésil), et bien sur le Nitinol de Roswell du 4 juillet 1947.

Un scientifique qui a examiné des épaves d'OVNIS, corps extraterrestres et personnes abductées, le docteur Garry Nolan fut invité par Ross Coulthart, dans sa nouvelle émission : Out of this world, sur la chaîne australienne 7 News. Nolan aborde de nombreux sujets dans le documentaire télévisé, soulignant que le Congrès exige une liste de tous les accords de Non Divulgation NDA : « Ce ne sont pas les accords de confidentialité eux mêmes qu'ils exigent de voir, ce sont les personnes qui ont signé les accords de non divulgation qui sont en cause, car elles constituent alors, la trace écrite des individus et programmes auxquels ils sont associés. »

Le Congrès traque les Black Programms sur les OVNIS en 2023 : « Surtout lorsqu'ils sont accusés de choses qu'ils nient en public depuis des décennies. »

Nolan prétend que le mémo sur une conversation en 2002 entre le physicien Eric Davis qui a informé le Congrès sur la façon dont les vaisseaux spatiaux peuvent manipuler la gravité et l'espace temps en théorie et le vice amiral Thomas R.Wilson, ancien directeur de l'Agence Spatiale Américaine est le parfait exemple de dissimulation.

Selon Wilson, l'ancien directeur de l'Agence de Renseignement de la Défense des États-Unis, qui était alors chargé de superviser les programmes spatiaux au Pentagone, au sujet de la révélation par Wilson de l'existence d'un programme secret du gouvernement américain de récupération de vaisseaux spatiaux accidentés et de ses tentatives de contacter des entreprises qui tentaient d'inverser la technologie extraterrestre : Reverse Engineering en 1997, des personnes lui on dit qu'il ne figurait pas sur la liste des personnes qui avaient besoin d'accéder à ce niveau de secret.

Le directeur de l'Agence de Renseignement de la Défense des États-Unis et le Président des États-Unis d'Amérique n'avaient pas un niveau d'accréditation Secret suffisant, les autorisant à connaître la vérité sur les OVNIS.

Selon le mémo et selon les interviews données au Congrès des États-Unis début 2023, des sociétés privées contractuelles pour l'armée, ont été engagées pour garder, expertiser et développer la technologie extraterrestre et soustraire ces informations à toute demande du Congrès, échappant aux lois sur la liberté de l'information et aussi de la transparence sur les dépenses de l'armée sous contrat avec des prestataires civils. Quelques temps plus tard Wilson reviendra sur ses propos après avoir reçu la visite de représentants des services de renseignement changeant sa version initiale :

« Le mémo est un faux et je n'ai jamais dit cela. »

Il s'agit d'une fuite de notes sur 15 pages apparues sur Reddit, détaillant une réunion d'une heure à Las Vegas en 2002 entre l'astrophysicien Eric W.Davis et le directeur récemment retraité de la Defense Intelligence Agency, le vice-amiral Thomas R. Wilson. Le sujet principal était un programme gouvernemental ultrasecret, traitant de la rétro ingénierie d'OVNIS écrasés et récupérés, géré par une société aérospatiale privée. Nolan confirme qu'il sait de source sûre que la conversation eut lieu et enregistrée. Nolan dispose de rapports d'analyses isotopiques qui ne peuvent être expliquées par des moyens conventionnels[36].

D'après un ancien officier de la CIA : « La vérité sur les OVNIS est terrifiante ». Dans une interview récente avec James Iandoli, il a tenu des affirmations encore plus choquantes sur les objets volants non identifiés, déclarant que le phénomène peut être choquant, surtout pour les enfants :

« Lorsque nous avons créé la TTSA, nous avons eu des discussions à ce sujet tout le temps. Sommes-nous sûrs de vouloir divulguer cette information ? Je veux dire, vous savez, allons-nous effrayer des enfants de huit ans ? J'avais des amis qui disaient : « Oh, ma fille veut tout savoir sur les OVNI. On peut t'en parler ? Et j'ai dit non. Je ne vais pas vous parler de ça. Que vais-je lui dire, à elle ou à lui, à ces enfants de 10 ou 11 ans ? Est-ce qu'une telle réalité pourrait les tuer psychologiquement pour le reste de leur vie ? »

Jim Semivan, ex officier de la CIA, parle de vie extraterrestre : « Oui, il existe une force qui peut contrôler notre environnement et placer des pensées dans nos têtes… », « Il y a une force là dehors qui peut contrôler notre environnement, qui peut mettre des pensées dans nos têtes ».

C'est ce qu'affirme Jim Semivan, ancien officier de la CIA et cofondateur de To The Stars Academy, une organisation qui prétend être à l'origine de la diffusion des désormais célèbres vidéos d'OVNIS présentées par le Pentagone au Congrès[37].

Le coeur du problème OVNI ne se trouve-t-il pas dans l'exploitation des la technologie d'ingénierie inverse afin d'alimenter le complexe militaro industriel nord-Américain qui pompe allègrement en toute confidentialité des milliards de dollars échappant complètement au contrôles des sénateurs du pays ?

---

[36] Source : Mysterious Universe le 24 août 2022.
[37] Source : Curiosmos du 30 juillet 2022.

La nanotechnologie extraterrestre, nano particules métalliques biogéniques, mutagènes, qui s'auto réparent, évolutives et intelligentes, nano diamants météoritiques transportant de l'information, métal intelligent, métallogels phénoliques comme pansements pour plaies infectées beaucoup de découvertes modernes nous font entrevoir notre ignorance de toutes les possibilités que l'Univers nous offre.

Mais toutes ces inventions sont-elles bien à nous ?

Ne sommes-nous pas déjà en train d'adapter de la rétro ingénierie exogène ?

En 2015, des chercheurs de l'Institut Paul Scherrer (PSI) ont créé un matériau artificiel à partir d'un milliard de minuscules aimants. Les propriétés magnétiques de ce méta matériau changent avec la température de sorte qu'il peut prendre des états de phase, différents, semblable à l'eau qui passe a une phase gazeuse, depuis son état liquide ou solide suivant le froid, ou le chaud. Laura Heyderman, qui dirigea l'étude, témoigne que seuls des systèmes complexes peuvent présenter des transitions de phase et contribuer aussi à de nouvelles formes de transmission de l'information.

Structure en nid d'abeille à base de nano aimants.

Les aimants ont la forme d'un grain de riz et une longueur de seulement 63 nanomètres. Les chercheurs ont utilisé une technologie novatrice pour placer un milliard de ces minuscules bâtonnets, de manière à obtenir une structure en nid d'abeille sur un fond plat. Dans l'ensemble, les nano aimants couvraient ainsi une surface en nid d'abeille, de tout juste 5 millimètres de côté pour un milliard de nano aimants.

Souvenons-nous de ce que nous apprit Bragalia :

« Le matériau de Roswell, alliage de Nitinol mais avec des formes et dessins, témoins d'une surface a nano particules évoluée réagissant à la lumière. »

Certains de ces morceaux avaient quelque chose comme des chiffres et des lettres dessus, mais il n'y avait pas de mots :

1°) William W.Mac Brazel, éleveur de moutons, contremaître du Foster Ranch, comté de Lincoln, près de Corona, Nouveau-Mexique décrit un orage terrible, la tempête est ponctuée par de nombreux éclairs. Ce soir là il remarque quelque chose, un gros bruit, comme une explosion mêlée aux sons typiques d'un orage. Le jour suivant il parcourt les clôtures et surveille ses troupeaux, accompagné d'un garçon de sept ans, William Dee Proctor, devant eux, ils remarquent une zone d'environ un quart de mile de long et plusieurs centaines de pieds de large, couverte de débris composés de petits morceaux d'un matériau métallique brillant, et les moutons refusent de marcher dessus, les évitaient avec précaution. Mac rapporte des fragments, l'un de ses enfants, Bessie Brazel, s'en souvient : « Il y avait ce qui semblait être des morceaux de papier fortement ciré et une sorte de papier aluminium. Certains de ces morceaux avaient quelque chose comme des chiffres et des lettres dessus, mais il n'y avait pas de mots. Certains des morceaux de feuille métallique avaient une sorte de ruban, et lorsqu'ils étaient exposés à la lumière, ils montraient ce qui ressemblait à des fleurs ou des dessins pastel. L'écriture ressemblait principalement à des nombres, du moins je supposais qu'il s'agissait de nombres. Ils étaient écrits comme si vous rédigiez des nombres dans des colonnes pour résoudre un problème d'addition. Mais ils ne ressemblaient pas du tout aux nombres que nous utilisons. Ce qui m'a donné l'idée qu'il s'agissait de chiffres, je suppose, c'est la façon dont ils étaient tous disposés en colonnes. »

2°) Plus tard dans l'après-midi, Mac ramène le jeune Dee Proctor chez lui, emportant un morceau des débris qu'il avait trouvé pour le montrer aux parents de Dee, Floyd et Loretta Proctor. Floyd Proctor déclare plus tard que ce n'était pas du papier parce qu'il ne pouvait pas le couper avec son couteau, le métal était différent de tout ce qu'il avait jamais vu auparavant, les dessins ressemblaient au genre de choses que vous trouveriez sur des emballages de pétards, sortes de figures réalisées au pastel, mais pas écrites comme nous le ferions. Loretta Proctor se souvient d'un métal brillant à distance avec les reflets de la lumière mais terne de près :

« La pièce qu'il a apportée ressemblait à une sorte de plastique beige, brun clair, très légère, comme du bois de balsa, pas une grosse pièce, peut-être environ quatre pouces de long. Nous ne pouvions pas la couper avec un couteau, tenions une allumette, et elle ne brûlait pas. Nous savions que ce n'était pas du bois. C'était lisse comme du plastique, n'avait pas de vrais coins pointus, un peu comme un bâton de goujon avec une sorte de bronzage foncé sans grain, juste lisse. Nous aurions dû aller au champ de débris pour regarder, mais l'essence et les pneus coûtaient cher à l'époque. Nous avions nos propres corvées, et cela aurait fait vingt miles ».

3°) Shirley Wright : « Un matériau qui semblait réflectif à une certaine distance mais devenait terne lorsque l'on se rapprochait », (1993).

4°) Anthony Bragalia : « Certains de ces débris peuvent rendre des objets invisibles ou ralentir la vitesse de la lumière », (1993).

Invisibles grâce aux méta matériaux artificiels conçus au niveau atomique figurant aujourd'hui parmi les technologies de furtivité sur les revêtements des avions de combats, sous-marins et missiles. Ils génèrent de nouvelles propriétés physiques lors de leur interaction avec une onde électromagnétique, acoustique, ou lumineuse, que les matériaux naturels ne permettent pas. Pour obtenir ces effets, ces méta matériaux doivent être constitués d'atomes artificiels ou méta atomes intégrés dans une matrice. Permettant de piéger les ondes électromagnétiques et lumineuses, ou bien encore d'absorber plus efficacement le son.

Ces propriétés interagissent avec les ondes radio, les caméras thermiques, infrarouges ou systèmes de visée, rejettent les micro ondes, servent de cape thermique pour occulter la température des avions et réduire leur empreinte thermique. L'association d'un alliage à mémoire de forme et d'un composite préfigurent l'allègement des voilures d'avions avec une baisse de la consommation de carburant et une capacité du métal à résister aux déformations thermiques sous de très grandes vitesses.

L'USAF avait envisagé que les pilotes américains puissent exercer des attaques Kamikazes contre des OVNIS s'ils arrivaient à se précipiter au contact. L'idée de la capture d'un vaisseau spatial est venue à la Défense Aérienne, dès les premières apparitions d'OVNIS. Le général Sory Smith, directeur délégué à l'information et le major Jeremiah Boggs, officier de renseignement à l'état major, l'on confirmé à Donald H.Keyhoe au cours d'entretiens personnels. Selon Boggs, l'ordre de capturer, avait bien été donné aux pilotes par les Forces Aériennes : « Naturellement, nous voulions à tout prix nous emparer d'une de ces choses. Les pilotes avaient ordre de faire n'importe quoi, par exemple de les accrocher par la queue. » Un pilote qui avait participé à deux de ces poursuites confirme les propos de Boggs à Keyhoe : « Dans notre escadrille au moins, la consigne était de rentrer dedans et de s'éjecter si l'on pouvait le faire sans se blesser. Je ne connais personne qui ait tenté la manoeuvre. En tout cas, je ne l'ai pas tentée. Après ce qui est arrivé à Mantell, il faudrait être fou. »[38]

Lors du premier incident OVNI survolant de White Sands, ce que la police militaire avait vu atterrir était « selon Blue Book : La planète Vénus ». Ensuite au second incident de White Sands, l'objet demeuré suspendu à cinq mètres du sol était « selon Blue Book : La planète Lune ».

---

[38] Donald H.Keyhoe : Les Etrangers de l'Espace, éditions France Empire, 1973, p.60.

Pour détruire l'effet dévastateur du rapport d'un expert en fusées de l'USAF, l'état-major parla publiquement de fumisterie. Mais une fois sa réputation anéantie publiquement et : « son silence acquis... le fumiste se faisait l'objet d'une brillante promotion. »[39] Au centre d'essais de White Sands, un disque fit un bref atterrissage. La police militaire l'aperçut, il décolla avant qu'elle ait pu l'atteindre. Aussitôt après, d'autres hommes de la police militaire de White Sands, aperçurent un second OVNI immobile à cinq mètres du sol. Selon une déclaration officielle de l'armée, c'était un engin autonome de plus de soixante-dix mètres de long. Sous le coup de l'émotion la censure faillit craquer, de nombreuses observations avaient été signalées venant des pilotes militaires et civils, d'opérateurs de la tour de contrôle, d'un ingénieur spécialisé des fusées et d'autres observateurs également qualifiés. »[40]

Un autre jour, Ernest Sadvec, pilote de bombardier durant la seconde guerre mondiale, devenu dans le civil, propriétaire d'un service de location d'avions pour des particuliers, volait une nuit au-dessus de l'Ohio, ses deux passagers étaient également pilotes, quand soudain, un OVNI brillant, fonça sur lui. Au moment où la collision paraissait inévitable, l'engin s'arrêta brusquement. Puis, à une vitesse de fusée il s'éleva et disparut, laissant les trois hommes encore stupéfaits d'avoir échappé à la catastrophe et à une mort certaine. Dès que l'information fut connue, un porte parole de l'USAF convoqua hâtivement la presse sans même avoir pris la peine d'interroger les témoins. Passant sous silence le fait que Stadvec n'était pas seul, il affirma que ce vétéran s'était laissé effrayer par : « l'étoile de la Chèvre. » Stadvec fit éclater sa colère en public : « Cet homme ne s'est pas donné la peine d'enquêter, deux autres pilotes étaient avec moi, et tous deux peuvent certifier que l'OVNI a été bien près de nous rentrer dedans. J'ai dix-neuf années de pratique, des milliers d'heures de vol de nuit, et je ne suis pas homme à m'imaginer qu'une quelconque étoile fonce sur moi en piqué. »

En 1950, A.Ray Gordon, officier responsable de la division physique et électronique de l'OSI, ordonna à tout son département de contribuer à l'enquête sur les OVNIS et Roswell, il se rendit à Wright Patterson, pour rencontrer les responsables de l'Air Force et examiner leurs données et conclusions, insistant sur l'ATIC pour se concentrer sur les cas OVNIS ayant des implications sur la sécurité nationale, relayant ainsi les préoccupations et directives du DCI Walter Bedell Smith au siège de la CIA, la visite ressembla plus à une perquisition et saisie en règle, qu'à une réunion de travail. Dans une opération de récupération et d'effacement de traces sans doute.

---

[39] Donald H.Keyhoe : Les Etrangers de l'Espace, éditions France Empire, 1973, p.40.
[40] Donald H.Keyhoe : Les Etrangers de l'Espace, éditions France Empire, 1973, p.37-38.

Elargissons le débat et le spectre des évènements inhabituels de juin juillet 1947, la rédaction de ce livre nous à conduit à accéder à plus d'un millier de documents, il nous est impossible de les reproduire tous et de les traduire. Le fond et la forme du problème reposent sur deux axes :

1°) Le nombre de signalements fut gigantesque en 1947 et en particulier juillet-août.

2°) Des cas ont été effacés et détruits par l'Air Force et la CIA, malgré le fait qu'ils ont réalisé cette tache avec peu de professionnalisme en laissant des traces sur des listings et en ne tenant pas compte que certains étaient rendus publics par la presse.[41]

Le 17 mai 1947, une énorme soucoupe ovale d'une largeur égale à dix fois son diamètre fut aperçue par Byron Savage, pilote d'Oklahoma City. Deux jours plus tard, une autre fut signalée à Manitou Springs, Colorado Pendant le court espace de temps où l'on put la suivre, elle changea deux fois de direction, manoeuvrant à une vitesse incroyable. Ensuite, le 24 juin l'affaire de Kenneth Arnold alimente la chronique mondiale : « Neuf soucoupes volantes à plus de 2 000 km/h. au-dessus de la chaîne de Cascade, Washington. De larges soucoupes à une altitude de 3 000 m à 40 ou 50 km de lui, en se redirigeant vers le nord[42]. »

L'après Roswell le 27 décembre 1947, l'Air Force affirme avoir expliqué 375 cas de signalements mystérieux, prétend les avoir tous résolus. La vérité demeure exactement inverse, comme le démontrent les dossiers qu'ils communiquent à Donald Edward Keyhoe, près de 200 cas supplémentaires, restent inexpliqués.

Selon Kehoe : « L'explication véritable pût fort bien se trouver dans les archives secrètes de Wright Field. »[43] Consternation ultime Edward J.Ruppelt, dirigeant l'équipe technique pour Blue Book désavoue Kehoe : « Durant la dernière semaine entre juin et juillet 1947 : un chiffre colossal de 853 signalements d'OVNIS fut enregistré aux USA. »

La disproportion entre ces chiffres est sidérante.

---

[41] Paola et François Garijo : Pentagone Disclosure - Ils sont parmi nous, 2023.

[42] D.Keyhoe : Les Soucoupes Volantes existent, Correa, Paris, 1951, p.89.
[43] Donald Edward Keyhoe: Les soucoupes volantes existent, Corrêa, Paris, 1951, p. 216-217.

Nous comprenons bien que les statistiques sont manipulées, réduites, expurgées de leur contenu, comment auraient-ils pu faire pour résoudre tous les cas ?

En étalant sur la table de travail, jusqu'à déborder sur le sol, des centaines de pages à étudier sans délai sur un ton sentencieux, en se disant que cela n'aura jamais de fin, chaque nouvelle affaire nécessitant un déploiement de force et de moyens qu'ils n'avaient pas, voilà tout.

Cette période marque l'expansion du travail absorbant journées et nuitées entières, les faits abondent, le temps et le personnel pour les traiter manque terriblement, il faut choisir, trier, exclure des cas au risque de ne pas faire un travail professionnel sous la pression constante de la hiérarchie de l'Air Force souhaitant tuer le sujet OVNI. Dans la dernière interview réalisée par le réalisateur James Fox, avant la mort du colonel Robert Friend (qui dirigea de 1958 à 1962, le Projet Blue Book), les propos sont catégoriques et sans ambiguïté, Robert Friend dit : « L'armée américaine savait parfaitement ce qu'étaient ces objets, c'est pourquoi l'Air Force à fermé le programme, laissant donc entendre par là qu'elle savait qu'ils étaient extraterrestres. »[44] Nexus Newsfeed.com retient d'autres mots : « Je connais la vérité sur tous ces OVNIS ! »

Deux ans plus tard, le 17 mai 2022, le Pentagone donne une conférence, annonçant que ses services disposent désormais de plus de 400 rapports militaires de rencontres avec les OVNIS. Leur précédente statistique sur les UAP, portait sur 144 cas, entre 2004 et 2021, c'est une augmentation significative de 256 cas en un an seulement, et cela ne semble surprendre personne.

Oui, le Pentagone savait que les OVNIS étaient extraterrestres, ou en tout cas ne provenaient pas d'une nation de la planète Terre mais seulement depuis 2004...les militaires parlent d'une intelligence non humaine. Ce terme est confirmé face à la commission d'enquête du Congrès en 2023, par d'anciens employés des agences de renseignement témoignant sous serment : « Les phénomènes signalés autour des UAP ressemblent exactement à des effets de la distorsion du temps autour de leur structure, ils n'obéissent pas aux lois habituelles de l'aérodynamique mais à une autre physique que la nôtre, évoluant au niveau quantique entourés d'un brouillard mimétique, suggérant une avancée technologique supérieure inconnue. »

---

[44] The Phenomènom, 2020.

L'audition de David Grush, suscite un immense intérêt dans le monde entier, lui aussi a préféré appeler les OVNIS : « êtres intelligents non humains », au lieu du terme habituel d'extraterrestres, expliquant ce choix, par le manque de données suffisantes pour déterminer avec précision leur origine. Il considère la possibilité que ces êtres viennent d'une autre dimension décrite par le concept de mécanique quantique, avançant l'hypothèse selon laquelle des êtres non identifiés peuvent venir à nous non pas de l'espace extra atmosphérique, mais d'une dimension qui existe en parallèle avec la nôtre.

Cela fait beaucoup d'informations à la fois, le Congrès apprend que le Pentagone ment depuis des décennies, des employés d'agences de renseignement gouvernementales ont participé en grand secret à des programmes sur les OVNIS, et au moins l'un d'entre eux aborde un sujet qui figure en bonne place dans la science fiction classique. Mais ce n'est pas tout, loin de là, la NASA fut impliquée dans un travail parallèle durant quarante ans, la direction de la CIA en connaissait les moindres détails, et le Pentagone n'en avait jamais entendu parler.

Un ancien scientifique de la NASA et les OVNIS

La Rice University dans son fonds Woodson Fonds Fronden Library, conserve les articles du Dr.Richard F.Haines, comprenant des documents couvrant la période entre les années 1970 et 2010, sa correspondance personnelle et professionnelle, les documents administratifs du Narcap et les ébauches de ses projets de recherche, ses propres opinions et impressions pour les présentations de conférences sur les OVNIS, ainsi qu'un grand nombre de photos d'OVNI avec notes et analyses des clichés.

De nombreuses bandes audio avec des interviews de témoins d'OVNI, numérisées, sont accessibles sur le serveur du : Nearline du Woodson Research Center, disponibles sur demande, les enregistrements sont également transcrits par écrit.

Nous apprenons grâce à ces archives que Richard F.Haines, psychologue consacra la plupart de son temps dans l'étude des phénomènes OVNI durant plus de vingt ans, employé par la NASA et divers autres organismes de recherche entre 1967 et 1988, dont la CIA qui continua à suivre ses recherches bien après sa retraite.

Richard F.Haines interviewa plus de 3 000 pilotes ayant rencontré des OVNIS : « Les OVNIS semblent venir au contact de nos avions, volant à proximité, testant nos aptitudes, faisant preuve de ce qui semble être de la curiosité.

Leurs manoeuvres sont rapides, ils anticipent et évitent les collisions potentielles, voyagent à des vitesses inimaginables, impactent le fonctionnement critique des appareillages de conduite et de tir dans le cas d'avions militaires. »

À la fin des années 1980, il participe à l'étude de la parapsychologie en collaboration avec le physicien nucléaire Edwin C.May et le Stanford Research Institute. Le mélange des genres est incroyable, Edwin C. May fut impliqué dans le programme d'espionnage psychique du renseignement militaire sous autorité de la CIA, mais aussi d'un travail de fond, sur la survie de la conscience après la mort et les phénomènes liés aux OVNIS. Dix-neuf ans plus tard, lorsqu'en 1999 l'association ufologique : National Aviation Reporting Center on Anomalous Phenomena (NARCAP) fut créé, Haines prit le poste de scientifique en chef de l'organisation. Son dévouement a conduit à la compilation de centaines d'observations d'OVNIS allant de la Première Guerre mondiale au début du 21e siècle, faisant de lui une référence mondiale en la matière.

L'ancien directeur de la CIA, John Brennan (2013-2017) soutient que les travaux de Haines étaient suivis de très près par l'Agence :

« Je pense qu'une partie du phénomène que nous pouvons voir, continué d'être, comment dire ? Inexpliquée, et pourrait être en réalité, un type de phénomène qui est le résultat de quelque chose que nous ne comprenons pas encore, et qui pourrait impliquer un certain type d'activité que certains pourraient considérer comme constituant une forme de vie différente. »

Le 17 décembre 2020 le site : The Debrief, édite une interview de Brennan : « L'ancien directeur de la CIA, John Brennan, dit que nous devrions être ouverts d'esprit à propos des OVNIS. »

Curieux propos quand on sait que la CIA a depuis toujours dénaturé et détruit le sujet OVNIS nous toutes ses formes, discrédité les témoins, désormais, elle nous demande de rester ouverts, le comble du sarcasme. Le 25 juin 2021, le rapport du Pentagone choque les médias, 144 cas d'OVNIS sont identifiés comme non terrestres. Le dossier prend de l'ampleur, monte en puissance jusqu'à ce que les crashs d'objets volants non identifiés constituent un volet incontournable de la recherche ufologique très décrié, mais suffisamment important pour être officiellement présenté en 2023 comme une réalité face au Congrès américain., comment sommes nous passés en soixante-seize ans du culte du déni après 1947, à la révélation ultime de 2023 :

« Nous détenons des OVNIS entiers et en morceaux. »

Chapitre n° 5 : Un mensonge en cache un autre

Le journal The New York Times, dans un article de William J.Broad du 3 août 1997 dévoile que la CIA admet que le gouvernement a menti sur les observations d'OVNI : « Plus de la moitié de tous les rapports d'OVNIS étaient dus à des vols de reconnaissance habités au-dessus des États-Unis, et la CIA dissimulait l'existence d'avions espions : « Cela a conduit l'Armée de l'Air à faire des déclarations trompeuses au public fin des années 1950, jusqu'aux années 1960, afin d'apaiser les craintes et de protéger un projet de sécurité nationale extrêmement sensible. » Selon l'étude : « Le rôle de la CIA dans l'étude des OVNIS. 1947-90 », écrit par Gerald K.Haines et publié dans, Studies of Intelligence, un journal secret de la Central Intelligence Agency. »[45]

John E.Pike, responsable de la politique spatiale à la fédération des scientifiques américains, basée à Washington, a déclaré que cet aveu soulevait des questions sur d'autres dissimulations fédérales impliquant des OVNIS : « La communauté des soucoupes volantes a définitivement raison, en accusant l'armée de cacher quelque chose. »

Un avion américain construit par la firme Lockheed, spécialisé dans la reconnaissance à haute altitude et longue distance avait un plafond de 25 000 m, pour rayon d'action 5 600 km, à une vitesse de 600 à 800 km/h, alors que certains OVNIS volaient à 85 000 m et entre 30 000 et 100 000 km/h.

Quelle technologie terrestre permettait cela en 1947 ?

L'après Roswell : le 7 janvier 1948

Les premiers incidents que l'on peut considérer comme inquiétants se succèdent très rapidement, le journal : Louiseville Courrier, publie qu'à Fort Knox, le capitaine Thomas Mantell de la Garde Nationale du Kentucky, vétéran du débarquement de Normandie en France, prend en chasse quelque chose, soit soucoupe volante, soit la planète Vénus, au-dessus de la base aérienne de Godman près de Fort Knox, trouvant la mort dans cette aventure. Les deux autres pilotes de la formation dont faisait partie le capitaine Mantell étaient montés à 5 000 m.

---

[45]L'édition de 1997, avec l'étude sur les objets non identifiés, se trouve sur http://www.odci. ogv/csi/studies/97unclas/.

L'après Roswell : Fairbanks 18 avril 1948

Résumé : Heure 13h30, témoin, le 1° lieutenant Aylec M.Johnson, membre de l'USAF, 375e Recon Squadron Very Long Range, Ladd AFB, depuis l'hôtel Cheechako, observation d'un objet silencieux en forme de disque de 8 pouces de taille à environ 1 mile de distance voyageant du nord est au sud ouest à environ 480 km/h, visible uniquement lorsque le côté plat était tourné vers l'observateur reflétant la lumière du soleil à haute intensité. Vers environ 900 m d'altitude d'altitude, ce disque passe d'un vol horizontal classique à l'ascension d'un avion en vol vertical très rapide, Johnson estime la vitesse de 150 m/s soit 9 000 km/minute en 1 à 2 secondes. La soucoupe correspondait à un objet de 20 cm devant la vue de l'observateur alors qu'il se situait à environ 1 600 m de distance de lui au nord de Fairbanks, c'est à dire une taille gigantesque, un vaisseau mère en quelque sorte. Mais avec la possibilité d'une illusion déformée de la taille apparente possible son signalement est relayé au second plan par l'ATIC, comme tant d'autres. L'affaire est suffisamment grave pour que le message envoyé par l'Air Tactical Service de Wright Patterson au commandement général soit classifié secret et interdit à la reproduction par la CIA.

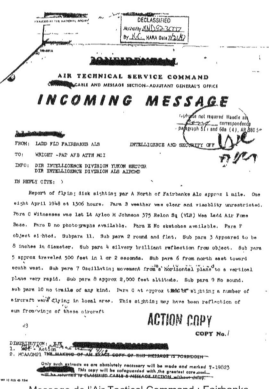

Message de l'Air Tactical Command ; Fairbanks
à destination de Wright Patterson AFB.

L'après Roswell : encore juin 1948.

Un avion militaire quadrimoteur américain au-dessus de la péninsule du Yucatan, Mexique, voit s'approcher à moins de deux kilomètres, un disque brillant inconnu. Soudain, l'OVNI, planant auparavant à une altitude de 2,5 km, se précipite vers lui à grande vitesse, dépasse l'avion et commence à décrire des cercles autour de lui. Voulant éviter une collision, les pilotes piquent vers le bas de toute urgence, mais parvenus à une altitude de 0,9 km, les moteurs commencent à faiblir. Encore plus bas, l'avion tremble, comme le soupçonnent les pilotes, cet objet inconnu a touché le bord d'une aile, le contact est violent, fait vaciller leur appareil. Les membres d'équipage paniquent au point où le commandant décide de quitter l'avion et ordonne à l'équipage de s'éjecter. Lors de la descente en parachute, les pilotes observent que l'objet en forme de disque accompagne l'avion vide jusqu'à ce qu'il tombe dans un marais, ensuite, l'OVNI s'est rapidement envolé au loin sans aucun bruit.

L'après Roswell : le 1° octobre 1948

Le lieutenant George F.Gorman livre un ballet aérien avec une soucoupe volante. Selon le journal : Los Angeles Herald and Express, c'était au-dessus de l'aérodrome de la Garde Nationale de Fargo, Dakota du Nord et le combat dura vingt sept minutes au total : « L'objet était lumineux fit quelques piqués en chandelles, évitant à plusieurs reprises des télescopages directs, et Gorman a finalement perdu le contact avec son assaillant, alors qu'il se trouvait à 4 200 m d'altitude. Deux officiers depuis la tour de contrôle et des civils se trouvant dans un autre avion, ont assisté à l'affrontement. »

Encore Octobre 1948

Un chasseur de l'armée de l'air américaine tente à six reprises de rattraper un objet allongé inconnu au-dessus du Japon, mais à chaque fois l'OVNI s'éloigne du poursuivant à une vitesse de plus de 10 000 km/h, après quoi à chaque fois il ralentit à nouveau incitant ses suiveurs à le rejoindre avant de s'en éloigner, tel un jeu aérien.

1949 le Projet Soucoupe

L'enquête Projet Soucoupe commencée à Wright Patterson Air Force Base en janvier 1948, finit abandonnée sur ordre supérieur fin 1949. Le rapport préliminaire publié en avril 1949, rejette trois cents quarante et un cas sur les trois cents soixante quinze examinés.

L'Armée de l'Air n'avait pas pu trouver les réponses satisfaisantes pour les trente-quatre qui reposaient en attente sur la table, alors dans ce contexte d'échec, l'Armée de l'Air classe le tout en décembre 1949 :

« Toute cette affaire n'est qu'un mythe, et le fait d'y croire revenait à participer à une hallucination collective dont les militaires refusent d'être les victimes. »[46]

Quelle affaire ? Les OVNIS ?

Révélations surprenantes pour l'époque.

Dans ces premières années de déni total, fut diffusé le 27 avril 1949, le Mémorandum pour la Presse n°M-26-49 de l'USAF, on peu lire ceci :

« L'existence possible de quelque chose, d'étranges animaux extraterrestres à aussi été envisagée vaguement, car plusieurs de ces objets décrits se comportent plus comme des animaux que comme autre chose. Mais il existe peu de rapports dignes de foi sur les animaux extraterrestres, néanmoins, la navigation spatiale en dehors du système solaire est une quasi-certitude. »

Un rapport secret nous en dit plus sur la motivation de cette affirmation :

Rapport du directeur du renseignement USAF

au Comité Conjoint du Renseignement

sur : Objets aériens non identifiés

Le problème :

Informer le Joint Intelligence Committee des conclusions de la Direction du renseignement, USAF, concernant les observations d'objets aériens non identifiés et l'organisation de l'Air Force établie pour une enquête plus approfondie et la solution du problème.

---

[46] Frank Scully : Le mystère des soucoupes volantes, Les éditions Mondiales, Del Duca, Paris, Collection Galaxie, 1951, (traduction de Paul Toutchkov, p. 21.

Faits portant sur le problème :

Suite au grand nombre d'observations signalées de disques volants au cours de l'été 1947, le QG de l'Air Material Command, dans une lettre datée du 23 septembre 1947, demande au général commandant de l'armée de l'air d'émettre une directive attribuant une priorité, la classification de sécurité et un nom de code pour une étude détaillée des rapports de disques volants.[47]

Le QG, Air Material Command explique que leur action est basée sur l'opinion que les phénomènes rapportés semblaient être réels et qu'il existe des objets qui se rapprochaient de la forme d'un disque. L'AMC a conclu que certains incidents pouvaient être causés par des phénomènes naturels, mais que d'autres décrivaient des caractéristiques suggérant des tactiques d'évitement. En attente d'une directive spécifique, le Quartier Général AMC, continue à collecter des informations sur les incidents de disques volants afin de définir plus clairement la nature des phénomènes. Mission initiée le 22 décembre 1947, aboutissant jusqu'en décembre 1949. Dns un mémorandum : Analysis of Flying Disc Reports, le directeur du renseignement a souscrit à la recommandation de l'Air Material Command et transmis sa lettre au directeur de la recherche et du développement, DCS / M pour réponse.

Dans une autre lettre datée du 30 décembre 1947, le directeur de la recherche et du développement, DCS/M, avise le commandant général, AMC, que la politique de l'Armée de l'Air n'est pas d'ignorer les rapports d'observations et phénomènes dans l'atmosphère, mais de reconnaître qu'une partie de sa mission est de collecter, d'évaluer et d'agir sur les informations de cette nature. Pour mettre en œuvre opérationnelle cette politique, il est ordonné que le Quartier Général de l'Air Material Command, mette en place un projet dans le but de collecter, rassembler, évaluer et distribuer aux autres agences gouvernementales du renseignement et aux entrepreneurs intéressés, toutes les informations concernant les observations et phénomènes dans l'atmosphère, pouvant être interprétés comme préoccupants pour la sécurité nationale. Cette directive attribue une priorité de 2-A au projet, c'est une classification de type restreint. La Diffusion Restreinte : répond au besoin de discrétion dans le traitement des documents, même si les informations traitées et échangées sont dans le secteur de la défense et peuvent aller jusqu'à rejoindre le secret.

---

[47] Nota Bene : Le nom de code servant de référence pour un classement de suivi et traitement confidentiel secret.

La mission :

Au sein de l'Air Material Command, la Division du Renseignement Technique a été chargée d'accomplir cette mission avec la pleine assistance de toutes les divisions et activités au sein de l'Air Material Command afin de permettre la réussite du projet.

La coopération de l'armée, marine, garde-côtes et FBI est fortement sollicitée afin de faciliter la transmission et l'investigation de tous les signalements. Des dispositions en ce sens, ont été prises pour traiter ces rapports directement avec l'Air Material Command. »

Fin du document

Les phénomènes rapportés à l'USAF semblaient être réels et il existait des objets qui se rapprochaient de la forme d'un disque donc soucoupe volante depuis l'été 1947, l'USAF savait qu'ils n'étaient pas terrestres, tout est dit.

Suite au mémorandum n°M-26-49, le FBI sollicité par l'USAF réfute pendant des décennies avoir enquêté ou participé à ces affaires, jusqu'à ce que l'on trouve fin des années deux mille de nombreuses pages éparpillées dans ses archives, malgré qu'une grande partie fut détruite à la mort du directeur Hoover.

Ce culte de cacher les choses au FBI dirigé par Hoover remonte à 1924, il gardait la plupart des dossiers sensibles et de sécurité nationale dans sa suite bureautique pour les conserver en lieu sûr, seul lui en avait accès. En 1941, la collection avait augmenté de façon exponentielle, alors il les fit réorganiser, en envoya la majeure partie à sa division de la défense nationale (maintenant appelée la division de contre-espionnage) limitant les archives à son bureau uniquement aux éléments confidentiels de nature sensibles, ou dossiers en cours aux questions administratives sensibles ; des notes (à la fois bénignes et désobligeantes) sur les dirigeants politiques, les médias et d'autres individus, personnes et organismes nationaux ou régionaux pour le FBI. Il y avait même des critiques de livres et de films, dans des desseins malsains de disposer des moyens de pression et chantage sur toute l'élite de la société américaine. Ceci est très loin des images édulcorées d'un service de police entièrement dévoué à ses concitoyens. Hoover lui aussi se croyait au-dessus des lois tout comme la CIA à qui il ne confiait rien, c'est un contexte complètement ubuesque, en fait l'ensemble des agences de renseignement travaillent en solo et refusent de communiquer les choses importantes aux autres, c'est toujours le cas en 2023 quoi qu'ils en disent.

En plus des activités de collecte, d'analyse et d'enquête diligentées par le personnel du projet au Quartier Général de l'Air Material Command, dans sa mission inter agences dirigée par l'USAF, l'Air Intelligence Mémorandum daté du 6 août 1948, avec pour sujet : Flying Saucers, exige qu'une étude soit réalisée par la Division du Renseignement Aérien. afin d'examiner le mode technique des soucoupes volantes rapportées, et développer des conclusions quant à leur probabilité.

Les résultats de cette analyse ont été préparés en tant qu'étude n°203 de la Division du Renseignement Aérien (DI/USAF-ONI), Mémorandum : Analysis of Flying Disc Reports, annexe A : Objets aériens non identifiés, faits et discussions :

« Au 10 mars 1949, un total de 256 incidents impliquant des objets aériens non identifiés avaient été enregistrés, dans le cadre du projet SIGN. La majorité d'entre eux, étaient des observations nationales, mais beaucoup provenaient de rapports de sources étrangères. Lors de chaque incident, les observateurs ont été interrogés par les enquêteurs et les résultats ont été analysés par le personnel technique. Des résumés condensés ont été préparés sur chaque incident afin de fournir des informations de base aux individus et aux agences ayant une responsabilité ou un intérêt dans le projet. »

Le manque extrême de détails précis observés et la survenue imprévisible d'incidents ont rendu l'identification positive extrêmement difficile selon l'Air Force. Les données sur les objets aériens non identifiés ont regroupé les incidents comme suit :

23,3% : Disques
43,0 % : Forme sphérique ou elliptique (y compris les boules de feu)
6,0%   : Forme cylindrique (y compris fusées ou roquettes ?)
2,5 % : Objets ailés (avions ?)
32,2% : Formes autres que celles ci-dessus

Les statistiques très enthousiastes du 10 mars 1949, totalisent après calcul 107 % au total au lieu de 100 %.

Le service météorologique de l'air a examiné les données sur les incidents et fourni des informations selon lesquelles 24 des 172 premiers, coïncident, tant en ce qui concerne le lieu que l'heure, avec le largage des ballons météorologiques. Tous les incidents qui coïncident avec des activités aériennes explicables ou des phénomènes naturels enregistrés doivent être éliminés de toute considération ultérieure, (L'ATIC à identifié 30 % d'observations OVNIS provenant de sources terrestres identifiables, suppose que 30 % seraient explicables mais l'ATIC à ce stade n'a pas été en mesure de le faire, et 40 % posent problème et non 4%).

Ces propos seront contredits par une déclaration faite par l'Armée de l'Air au journal Los Angeles Times du 26 avril 1949 à Dayton, Ohio : « L'US Air Force n'a pas exclu que les soucoupes volantes fussent des engins de l'étranger, elle a chargé une équipe d'agents techniques du service de renseignement du Matériel Aéronautique de faire une enquête au sujet des renseignements relatifs aux mystérieux objets. Au total, deux cent quarante incidents de soucoupes volantes survenus aux États-Unis et trente survenus à l'étranger ont été examinés. Il a pu être établi que 30 % n'étaient que des objets connus, tels que des ballons-sondes, météores, ou ballons de recherche pour les rayons cosmiques et l'espionnage en haute altitude sur les tests atomiques soviétiques au travers des retombées radioactives. Des réponses analogues sont probables pour une proportion analogue d'autres cas, mais les 40 % qui restent sont encore un mystère. On estime qu'il est hautement improbable que le niveau de la science dans un autre pays quelconque soit tellement au-dessus du nôtre. Les incidents crédibles inexpliqués impliquant des phénomènes lumineux devraient être étudiés et analysés plus avant par des scientifiques hautement compétents qui peuvent établir l'identité dans ou hors des limites des phénomènes naturels connus. Les plus crédibles pourraient impliquer l'utilisation d'engins à propulsion atomique de conception usuelle, devraient être examinés conjointement par la Commission de l'Energie Atomique et des aérodynamiciens hautement compétents pour déterminer la nécessité d'un examen plus approfondi de ces incidents par les agences de renseignement de la Défense nationale. »

Conclusion du : Mémorandum - Analysis of Flying Disc Reports :
« La majorité des incidents signalés sont fiables dans la mesure où ils ont impliqué l'observation d'un objet ou d'un phénomène lumineux. Malgré le manque de données précises fournies par les témoins, la majorité des incidents signalés ont été causés par des erreurs d'identification. Il existe de nombreux rapports d'observateurs fiables et compétents pour lesquels aucune explication concluante n'a été fournie. Certains d'entre eux impliquent des descriptions qui les placeraient dans la catégorie de nouvelles manifestations de phénomènes naturels probables, mais d'autres impliquent des configurations et des performances décrites qui pourraient vraisemblablement représenter un développement aérodynamique avancé. Quelques incidents inexpliqués dépassent ces limites de crédibilité. Il est peu probable qu'une puissance étrangère expose une arme aérienne supérieure par une pénétration prolongée et inefficace des États-Unis. »[48] *Ce rapport du 10 mars 1949 fut classé Top Secret !*

---

[48] http://www.project1947.com/fig/jic.htm

En 2023 le Département de la Défense Américain et le Pentagone révèlent publiquement : « Qu'une puissance étrangère expose une arme aérienne supérieure par une pénétration prolongée et inefficace des États-Unis est improbable, (donc indubitablement), les UAP ne sont pas d'origine Terrestre. »

L'Air Force, débordée par les signalements et sous la pression du Pentagone, du FBI et de la CIA, décide très rapidement de tour nier en bloc, l'ensemble des personnes témoins se trompent, seul l'ATIC à raison. Comble du grotesque, le FBI et la CIA n'enquêtent pas sur les soucoupes volantes car elles n'existent pas, s'efforçant sans cesse de le redire à qui veut bien l'entendre, et ce, malgré que des appareils inconnus violent l'espace aérien des États-Unis durant plus d'un siècle, comble du vaudeville, des dizaines de milliers de personnes qui ont vu des OVNIS ne seraient pas dans leur état normal, de simples plaisantins ou ignorants, cela inclut des officiers militaires avec de longues années de service.

Fin des années quatre-vingt plus de trois mille pilotes franchirent le mur de la réprobation pour donner leurs témoignages sur des rencontres avec les OVNIS, cela fait beaucoup de « plaisantins » qui risquent leur licence de vol en jouant avec le feu au sujet des OVNIS auprès de leur hiérarchie et de la presse. Très étrangement, trente ans plus tard, ce chiffre n'a pas changé, les statistiques du Pentagone peinent à se mettre à jour malgré l'ère de l'informatique. Par comble de malchance l'affaire des OVNIS enregistrés par la Navy depuis 2004 balaye la déclaration officielle d'une arme aérienne supérieure étrangère alors le gouvernement donne une nouvelle version : une intelligence et technologie non terrestre.

La crédibilité de l'Air Force se confond de jour en jour en déclarations nébuleuses et contradictoires et le public accorde de moins en moins confiance à ses institutions. On peut dire que 1947 avec Roswell fit naître cette idée de Complotisme pour désigner les personnes ne faisant plus confiance au gouvernement, leur cachetait-on des choses ? Cela prend des proportions si démesurées qu'il est aujourd'hui impossible d'ignorer l'aura de Complotisme sociétal existant aux USA sur les affaires des OVNIS, Roswell, l'Assassinat de JFK, la mort de Marilyn.

L'ufologue Leslie Kean, journaliste pour le New York Times, assista à toutes les auditions du Sénat Américain en rapport avec les OVNIS, elle en tire des conclusions évidentes : « le Pentagone et l'USAF en savent plus que ce qu'ils disent », selon elle, certaines informations sensibles majeures ont été et sont toujours dissimulées lors des débats au Congrès :

« Ils ont des débris d'OVNIS, croyez-moi, ils ont réellement des fragments d'OVNIS. Il semble que notre gouvernement ait des preuves matérielles, de nombreuses sources me l'ont dit. Je pense que les OVNIS ne font pas partie d'une vaste théorie du complot. Les gouvernements du monde entier sont poussés à parler ouvertement des OVNIS et ils s'intéressent au sujet depuis plus longtemps qu'ils ne voudraient l'admettre. Les premiers documents déclassifiés ne mentent pas et sont la preuve ultime qu'il se passe quelque chose.»

L'ATIC de l'US Air Force à Wright Patterson à le mérite d'avoir soulevé un coin du voile de mystère, leurs services ont attesté de l'inimaginable, confortant les propos de Leslie Kean : « Il existe des preuves et des calculs qu'un OVNI est capable de gagner instantanément une vitesse fantastique, dans l'espace, il atteint 100 000 kilomètres par seconde. Mais la vitesse de 50 000 kilomètres à l'heure est une vitesse que l'oeil humain n'est pas capable de percevoir. C'est pourquoi le mouvement de la soucoupe peut soudainement, pour ainsi dire, être interrompu, et il peut disparaître du champ de vision. En fait, la soucoupe ne disparaît pas, mais se détache à la vitesse de l'éclair, et devient donc comme invisible pour l'observateur : elle n'est simplement plus à cet endroit depuis longtemps. Ces déplacements fulgurants déforment la vision que l'on à de l'objet, en particulier si des reflets lumineux intenses l'entourent, la forme varie donc aussi, entre l'ovale, le plat, le ballon mais cela n'exclut pas les capacités mimétiques des OVNIS qu'il ne faut pas négliger. »

L'un des phénomènes les plus intéressants et les plus inhabituels répondant à ces descriptions fut observé dès novembre 1882 à l'observatoire de Greenwich, un énorme OVNI, de la forme caractéristique d'une soucoupe, clairement observé en Europe par de nombreuses personnes en Angleterre et dans d'autres régions pendant la nuit. L'OVNI a été vu voyageant dans le ciel à une altitude approximative de 130 milles dans une direction est-ouest. Un certain nombre d'éminents scientifiques ont été témoins de l'objet, parmi lesquels le Dr.E.Walter Maunder, astronome de Greenwich ; le spectroscopiste anglais J.Rand Capron, les astronomes néerlandais Audemans et Zeeman le confirment.

L'Observatoire Royal de Greenwich a publié un rapport sur les conclusions auxquelles sont parvenus les scientifiques, suite à l'apparition de ce qui avait été appelé « La Grande Soucoupe ». Le rapport disait ceci : « Son corps semblait bien défini et la conclusion qui en était tirée était qu'il s'agissait d'un météore, et non pas dans le vieux sens vague d'un objet situé haut dans l'atmosphère terrestre. mais dans le sens d'une substance cosmologique solide, d'apparence discoïde, dont l'orbite la conduisait dans l'atmosphère terrestre. » Ils parlent d'un disque volant parfaitement stable dans le ciel, rapide, changeant de direction de façon imprévisible.

Selon les astrophysiciens Maunder et Canron, qui ont vu ce disque lumineux verdâtre se déplacer dans le ciel du nord-est à l'ouest : « Au fur et à mesure qu'il s'approchait, sa forme a changé et il s'est progressivement transformé en une ellipse allongée. L'observation entière a duré environ deux minutes. » Après avoir traité les données de diverses observations, les scientifiques sont arrivés à la conclusion que cet objet se déplaçait à une altitude d'environ 200 km à une vitesse de 16 km/s, sa longueur était d'environ 110 km pour une largeur de 16 km.

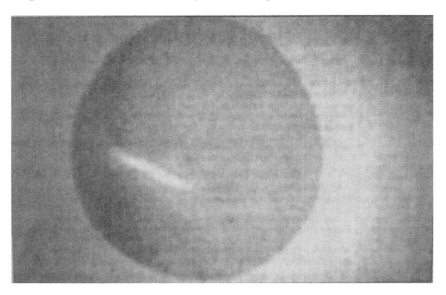

Corée 1995, OVNI identique à celui de l'observatoire de Greenwich en 1882.

Les preuves par réceptions radio techniques.

Technologiquement parlant, un contact est déjà confirmé avec une source inconnue dans l'espace lointain, elle nous envoie de longs signaux radios vers la Terre depuis au moins 35 ans, selon des scientifiques dans un article publié dans la prestigieuse revue Nature.

Les caractéristiques de ces signaux ne correspondent à aucun des modèles explicatifs mis au point par les experts à ce jour, Des signaux particulièrement longs, tous rigoureusement similaires entre eux allant jusqu'à 20 minutes sous une intensité variable et régulière : « Les chercheurs ne savent pas quel objet envoie les ondes radio vers la Terre, dont la nature est telle, que ces ondes ne sont conformes à aucun modèle scientifique actuel connu, tentant de les expliquer. Depuis 35 ans, la source envoie régulièrement des explosions d'énergie de 20 minutes dont la luminosité varie considérablement, tel un code modulé. »

Toutes ces preuves visuelles, photographiques et radio techniques nous interpellent, et nous ne sommes pas seuls dans ce cas. La bibliothèque et musée présidentiels Gerald R.Ford possède un document relatif aux OVNIS rédigé par le président des États-Unis Gerald R.Ford lorsqu'il était leader de la minorité parlementaire et membre du Congrès du Michigan. Le document original se trouve dans la boîte D9, dossier : « Ford Press Releases UFO, 1966 » des Ford Congressional Papers : Press Secretary and Speech File à la Ford Library.

Dans ce mémorandum, Ford, alors membre du Congrès, proposait que : « Le Congrès enquête sur la série d'observations signalées d'objets volants non identifiés dans le sud du Michigan et dans d'autres régions du pays ». Un communiqué de presse joint à ce mémorandum continue en disant que : « Ford n'est pas satisfait de l'explication de l'Air Force sur les récentes observations dans le Michigan et qualifie de désinvolte la version des gaz des marais donnée par l'astrophysicien J.Allen Hynek. Ford une fois en exercice comme président des États-Unis du 9 août 1974 au 20 janvier 1977 se vit refuser l'accès aux informations OVNIS car il n'avait pas un niveau d'accréditation lui permettant de connaître ces informations.

Le président des États-Unis dut se contenter de toute la documentation du Projet Blue Book disponible aujourd'hui sur 94 rouleaux de microfilm (T1206). Ces documents sont disponibles pour examen dans la salle de lecture de microfilms des Archives nationales de College Park, Maryland. En lisant les premières notes, nous constatons comme tout à chacun qu'une partie des dossiers du Project Sign (couramment nommé Project Saucer), fut reprise pour une nouvelle analyse par Blue Book dont les spécialistes notent qu'aucunes vérifications, ne furent entreprises par la commission Sign qui se prononçait confortablement assise devant une table, en lisant des courriers sans analyse de terrain ni enquête : « Le Projet Soucoupe de l'Air Force commencé en janvier 1948 à Wright Field, Dayton, Ohio avait été abandonnée sur ordre supérieur à la fin de 1949. Le rapport préliminaire publié en avril 1948, avait rejeté trois cents quarante et un, des trois cents soixante-quinze cas examinés. »[49]

Chacun jugera sur pièces la portée du projet Sign.

Le projet Sign travailla durant dix huit mois, sans même qu'un rapport ou des comptes rendus d'étude n'aient été restitués, transparence aucune, tout en dénigrant publiquement l'ensemble les données résultant d'une découverte de soucoupes volantes.

---

[49] F.Scully : Le Mystere des Soucoupes Volantes, Del Duca Paris, Nouvelles Editions Mondiales, p.21.

Le journal Saturday Evening Post, fut informé par une source souhaitant garder l'anonymat au sein du projet, que les retombées de l'enquête seraient publiées négatives. Aussi, le responsable des publications demanda à Sidney Shalett de rédiger deux articles en ce sens, se proposant de les faire paraître en même temps que serait publié le rapport officiel de l'Armée de l'Air. Ils parurent prématurément car les conclusions de Sign n'étaient pas rendues publiques lorsque le journal rédigea en détail ce que le rapport contenait sans avoir pu le lire. Le premier article de Shalett parut dans le numéro daté du 20 avril 1949, le second celui du 7 mai. Les jours suivants ; la situation devenait alarmante et incontrôlable, le 24 avril 1949 L'US Navy avait confirme un OVNI au-dessus de White Sands, Nouveau-Mexique, site d'essais atomiques sous haute sécurité.

En ce qui concerne la une de l'article du 30 avril, il se trouvait déjà en vente dans les kiosques plusieurs jours avant le rapport préliminaire fournit par l'armée le 27 avril, il est donc évident et sans surprise qu'il soit en contradiction avec les propos du Saturday Evening Post, c'était prévisible.

Peu après que ces nouvelles alimentaient la presse, le FBI a détruit des milliers de rapports d'OVNI, un mémo de 1949 confirme cela. La politique est décrite dans une note envoyée le 16 août 1949 à J.Edgar Hoover, le directeur du bureau, ainsi que dans des documents sur les OVNIS, compilés par des agents après les déclarations de témoins. La vérité était que le FBI était tellement submergé d'observations de soucoupes volantes dans les années 1940 que ses agents détruisaient régulièrement les rapports en raison du manque d'espace de stockage, selon les documents publiés par l'organisation. Lors d'un incident, Hoover reçut un message télétype urgent d'agents du FBI à Salt Lake City, dans l'Utah, décrivant ce qui semblait être une explosion dans le ciel qui a été suivie par « la chute d'un objet de couleur argentée ». L'observation, enregistrée le 5 avril 1949 par un garde du dépôt de ravitaillement général de l'armée à Ogden, dans l'Utah, a été rapportée de manière indépendante par un officier militaire et également par un patrouilleur routier, qui ont affirmé avoir vu un objet en argent exploser alors qu'il approchait des montagnes de Sardine Canyon. Plus loin dans le message, une évaluation des enquêtes spéciales du bureau de l'armée de l'air américaine reliait les observations à deux B-29 qui effectuaient des bombardements à très haute altitude dans le désert de l'Utah.

Deux directeurs de la CIA au coeur des secrets OVNIS de ces premières années s'opposèrent immédiatement au FBI et limitèrent la communication des dossiers OVNIS complets au FBI : Roscoe Henry Hillenkoetter ; DCi du 1er mai 1947 au 7 octobre 1950, ayant eu connaissance de tous le dossier Roswell et Walter B. Smith : DCI du 7 octobre 1950 au 9 février 1953.

Des années plus tard, lorsque le Comité national d'enquête sur les phénomènes aériens fut formé en 1956 Hillenkoetter siége immédiatement au conseil du Nicap (d'environ 1957 à 1962). Donald E.Keyhoe, directeur du NICAP et camarade de classe à l'Académie Navale de Hillenkoetter, écrit que Hillenkoetter souhaitait la divulgation publique des preuves d'OVNIS.[50] Sa déclaration la plus connue sur le sujet OVNI remonte peut-être à 1960 dans une lettre au Congrès, comme le rapporte le New York Times. : « En coulisses, des officiers de haut rang de l'Armée de l'Air s'inquiètent sobrement des OVNIS. Mais à travers le secret officiel et le ridicule, de nombreux citoyens sont amenés à croire que les objets volants inconnus sont des absurdités. » ainsi que « Les Forces Aériennes ont constamment abusé le public américain dans l'affaire des OVNIS. Je recommande instamment l'intervention du Congrès pour réduire le danger du SECRET. »[51]

Extrait de presse document déclassifié par la CIA.

---

[50]Donald E.Keyhoe : Extraterrestres venus de l'espace ; la véritable histoire des objets volants non identifiés (1ère éd.). Garden City, New York : Double Day, 1973,ISBN 0-385-06751-8. (page 28 de la traduction néerlandaise de ce livre).
[51] Donald H.Keyhoe : Les Etrangers de l'Espace, éditions France Empire, 1973, p.25.

1°) Première affaire de perforations, USA, 1948

L'avion de Thomas Mantell se désintègre en vol à l'approche d'un OVNI vers l'aérodrome de Godman (en entrant dans ionisation du champ énergétique de celle-ci dans le texte original). En conséquence, son appareil, un Mustang P-51, fut réduit en fragments dont certains si petits qu'on ne retrouva rien de plus gros que le poing hormis fuselage :

« Tous les débris récoltés étaient perforés, comme si des milliers d'aiguilles avaient foré le métal.[52]

2°) Seconde affaire de perforations Cuba, 1963

En décembre 1963, des marins cubains sortent de la mer, la queue d'un appareil américain identifié comme un quadrimoteur KC-135, dérivant à un mille du Cayo Ines de Soto. Très étrangement, la partie de cet appareil que l'on a repêchée, était :

« Criblée d'une multitude de petites perforations, comme si des centaines de coups de fusil de chasse lui avaient été tirés dessus avec du petit plomb. les débris de la queue de l'avion ont été remontés à la surface et envoyés au laboratoire d'aéronautique militaire, aucun des experts de l'armée cubaine consultés n'avait jamais rien vu de semblable. »

Des milliers de petits orifices pas plus grands qu'une tête d'épingle parsemaient toute la surface du métal de la queue de l'appareil américain. Les recherches entreprises pour identifier l'avion révélèrent que l'US Air Force avait bien déclaré la disparition de deux de ces appareils géants, mais à 300 miles au sud-ouest des Bermudes, donc à une très grande distance du lieu de la découverte de l'épave[53].

Deux KC-135 de la base aérienne de Homstedad en Floride, partis pour ravitailler en vol dans l'Atlantique disparurent à 300 milles au sud-ouest des Bermudes le 28 août 1963, le débris des cubains faisait partie de l'un des deux appareils.

---

[52] Charles Berlitz : The Bermuda Triangle, Doubleday and Company, New York, 1974, version de Flammarion 1975, reprise par : Idégraf, Genève 1978, p. 163.

[53] Andres Alfaya : Le Triangle des perturbations, Les énigmes de l'Univers, Robert Laffont, Paris, 1981, p. 105.

3°) Troisième affaire de perforations Cuba, 1964

Janvier 1964, aujourd'hui c'est une aile d'avion monomoteur Cesna qui est repêchée par les cubains aux alentours de la baie de Aguas Malas, encore une fois, le même phénomène troublant est constaté :« Tout le fuselage portait des milliers de petits orifices comme le KC-135 de 1963. Au cours de la même année, les morceaux de différents avions qui ne mesuraient pas plus de 1,5 mètre ont été repêchés dans le même secteur, tous portaient le même criblage sur le métal. »

4°) Quatrième affaire, USA, 1971

Georges Brush (homonyme du fameux président), commandant d'un avion de ligne, voit exposer à proximité de Great Antigua aux Bahamas (Triangle des Bermudes) un avion Constellation fin octobre 1971. Bush pilotait un DC-4, il était aux commandes lorsqu'il s'aperçut de l'arrivée du Constellation sur son radar de bord, il volait très bas, et peut être se trouvait-il en difficulté, ce qui expliquait qu'il n'empruntait pas le couloir aérien classique, maintenant une altitude haute dans les cieux. Soudain le Constellation explosa, je préfère le terme de : se désintégra, avec une lueur si vive qu'elle illumina le ciel d'un horizon à l'autre. L'éclat était insoutenable, insolite et tellement brillant, qu'il faisait mal aux yeux.

Mais à cela rien d'anormal me direz-vous, pourtant, un navire croisant dans les parages, récupére un manuel de vol provenant du Constellation flottant sur la mer. Brush put examiner ce document par la suite, ce livre était criblé de minuscules trous, exactement semblables à ceux des débris de l'appareil de Mantell, si l'on se réfère à la source de cette information (Charles Berlitz). Les perforations sur des carlingues d'avions en vol, sont un sujet très confidentiel connu des militaires américains.

MAINTENANCE

VOLUME XIV **JANUARY 1959** **NUMBER 1**

Department of the Air Force ● The Inspector General, USAF

Lt. General Elmer J. Rogers, Jr.
The Inspector General
United States Air Force

Major General Jack W. Wood Major General Joseph D. Caldara
Deputy Inspector General Director
United States Air Force Flight Safety Research

Colonel Herman E. Smith

Revue 1959, dans la série des accidents d'avion : « À son arrivée à l'avion, il était assez mouillé, alors il s'est dépêché de faire le tour... et aux stations 231 et 249, le fuselage était perforé par du métal. »

A première lecture du cas suivant, nous sommes sous le choc, abordons un fait simple, pour lequel deux scientifiques et deux agents secrets de l'Air Force enquêtent sur un faisceau de projecteur éclairant les nuages et un vaisseau mère, ce dossier est encore classé confidentiel par l'USAF depuis 1949.

Sans perdre le sens des réalités, étant donné que les officiers des services de renseignement, qui autant que nous le sachions n'ont de comptes à rendre à personne, y compris le président qui dirige la nation, quel crédit porter à leur rapport sur un OVNI de 3 km ?

Permettez-moi de vous parler du vaisseau mère, une soucoupe volante estimée à 3 km de diamètre par les experts scientifiques de l'US Air Force en 1949.

Le 19 août 1949, église St. Peter and Paul à Norwood

En avril 1949, le révérend Gregory Miller, pasteur de l'église Saints Peter and Paul à Norwood, banlieue de Cincinnati, Ohio, écrit à l'archidiocèse de Cincinnati à deux reprises. L'école paroissiale a grand besoin d'être agrandie, de plus, les religieuses qui enseignent à l'école vivent à l'école secondaire voisine de Regina, ont aussi besoin d'une nouvelle résidence dans la paroisse. Le père Miller imagine donc un plan pour relever les deux défis : il organisera un festival en août afin de faire une levée de fonds.

Le révérend Gregory Miller, achete au surplus de l'armée un projecteur de 8 millions de bougies puis engage un technicien pour le manipuler pendant le carnaval de Jitney, il s'agit du sergent Donald R.Berger, du Corps de formation des officiers de réserve employé à l'Université de Cincinnati.

Selon les récits de Berger, la première nuit, quelque temps après 20h15, il actionne le projecteur lorsqu'il illumine très haut dans le ciel, un objet massif, son journal indique : « L'objet était stationnaire, apparaissant comme un disque incandescent. Lorsque j'ai éloigné le projecteur, le disque a continué à briller. J'estime que l'objet était entre 6 et 8 km dans les airs (probablement environ 7,5 km d'altitude) le ciel était clair avec une fine brume en altitude. »

Plus de 100 personnes voient le disque cette nuit-là, y compris le père Miller, le nombre de témoins est conséquent.

Le lendemain, les journaux locaux publient des articles sur d'étranges lumières signalées partout à Cincinnati, pas seulement au cours du carnaval. Au moins trois grands journaux de la région présentent des articles sur les faits en question.

Un policier, le Sergent Leo Davidson du département de police de Norwood capture des photographies de l'OVNI en question. Un film est également tourné par le policier, l'ensemble de photographies remplit trois rouleaux de pellicules au total.

Photographie prise avec une caméra Hugo-Meyer F-19 avec téléobjectif, par le Sergent Leo Davidson du département de police de Norwood.

C'est l'une des seules photographies restantes de l'objet, qui a été vu à dix reprises, entre 1949 et 1950. Selon certains articles de journaux, le bureau météorologique local, station de radio, c'est par centaines d'appels que les résidents, déclaraient alarmés, qu'ils le voyaient au-dessus du centre-ville de Cincinnati.

Un témoin oculaire dit ceci : « Cela ressemblait à deux ballons météo, mais ils ne bougeaient pas », ajoutant que le vent soufflait à 40 km/h ce soir-là. « S'il s'agissait de ballons, ils se seraient déplacés », dit-il. Une autre personne a vu deux boules de feu semblant : « Briller faiblement, puis redevenir brillantes ».

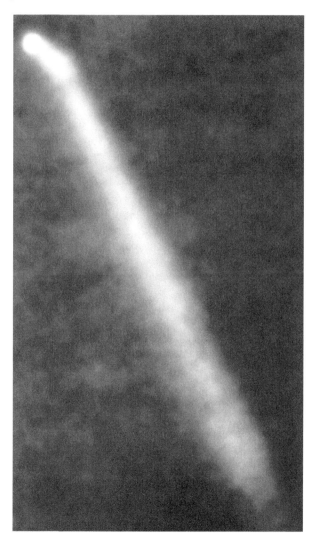

La photographie montre le même objet semblant déformer la lumière du projecteur pour la plier vers lui. Les journaux expliquent l'incident en disant que le théâtre Albee voisin avait également utilisé des projecteurs ce soir-là pour promouvoir une première de film et que les habitants avaient simplement vu les lumières du carnaval et celles du théâtre, interagir dans l'atmosphère. Mais cette affirmation est contredite par les experts présents de Blue Book, pour qui l'appareil volant était massif et de plus de 3 km de diamètre, nous y reviendrons plus loin...

Cette affirmation sur l'identification d'un OVN est assez rare de la part de Blue Book, et méritait d'être soulignée.

Toujours sur le terrain de l'église, une cinquantaine de personnes supplémentaires sont témoins du phénomène le 23 octobre 1949. À l'aide d'un télescope, William Winkler, homme d'affaires, déclare avoir observé l'un des deux groupes de cinq objets plus petits ayant quitté l'objet gigantesque principal, les décrivant comme triangulaires.

Le révérend Miller et son frère, le révérend Cletus Miller, corroborent cette vision et conviennent qu'ils ont la forme du sommet des pointes de flèches indiennes. Robert Linn, rédacteur en chef du Post, admettra plus tard dans une interview qu'il a vu le faisceau du projecteur rebondir sur un objet nettement défini, avec des objets plus petits :

« Quelque chose comme des morceaux brillants, de papier triangulaire ». Linn fut suffisamment inquiet par sa vision pour se joindre au révérend Miller et signaler l'incident auprès de Wright Patterson AFB. L'armée prit le signalement très au sérieux.

Drones triangles ?

De plus petits objets en forme de triangle semblaient sortir d'un grand disque principal et voler indépendamment de lui, environ cinq objets par groupe. Ils descendirent le long du faisceau puis s'éteignirent. Le faisceau lumineux s'est plié, déviant vers le disque lorsqu'il n'était pas sur sa trajectoire, ce fait apparaît sur les photos, la lumière est déviée comme aspirée, en commentant les objets plus petits, Davidson déclare :

« Ils avaient visiblement la taille d'une tête d'épingle mais sans l'intensité nécessaire pour s'inscrire clairement sur le film ». Il souligne, cependant, qu'à l'œil nu, lui et tous les autres personnes présentes ont distingué deux groupes de cinq petits objets quittant l'objet principal, chacun d'eux, avec des halos, plus brillants que le faisceau du projecteur, puis : « Nous avons regardé chaque groupe s'estomper ».

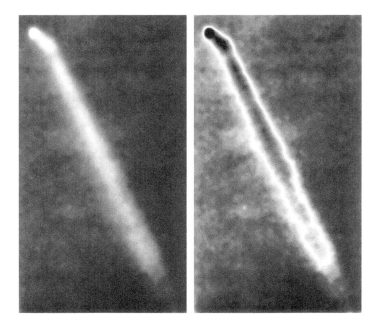

Alors que personne parmi les milliers de Cincinnatiens, y compris les experts, qui ont vu l'objet, ne pouvait deviner son origine, Harry Mayo du Post remplit un article sur le fond de l'affaire le 6 avril 1950 sous le titre : « What Glows on Here? Norwood Muses ». À la fin Mayo écrit : « Le Dr D.A .Wells, professeur de physique à l'Université de Cincinnati, et Paul Herget, professeur d'astronomie à l'Université de Californie, ont jeté un coup d'œil. sur cette affaire, le professeur Herget confirme : « Ce n'est pas un faux. Je crois que cela peut être causé par l'illumination de gaz dans l'atmosphère. Nous avons besoin d'une explication pour calmer les peurs des gens ».

Le même Dr Wells filmait avec sa caméra en compagnie discrète de deux membres de l'OSI, l'United States Air Force Office of Special Investigations ; ses calculs de la taille de l'objet massif et métallique sont confirmés à 3 km de diamètre.

Un OVNI de 3 000 mètres.

Quoi qu'il en soit, deux jours plus tard, l'incident du carnaval est porté à l'attention du Département des Sciences et Tactiques militaires (DMST), où il est examiné de plus près le 25 octobre 1949.

Six mois plus tard, dans son rapport du 27 avril 1950, la commission Soucoupe (Grudge) déclarait que : « la navigation astrale en dehors du système solaire est une quasi certitude. » L'OVNI de trois kilomètres a suffisamment ébranlé les convictions de certains enquêteurs de l'US Air Force : « Nous ne sommes pas seuls dans l'Univers ! »

Selon les documents de l'Agence d'Information des Services Techniques des Forces Armées et du DMST sur l'incident (disponibles en ligne), l'objet est demeuré stationnaire pendant plus de 3 heures, semblant changer de couleur dans le faisceau lumineux du projecteur sous une sorte d'apparence phosphorescente et une couleur bleuâtre lorsqu'il était dans le lumière, mais lorsque le faisceau s'est retiré, l'objet est resté visible comme s'il était auto éclairé par sa propre énergie.

NOTICE: When government or other drawings, specifications or other data are used for any purpose
other than in connection with a definitely related
government procurement operation, the U. S.
Government thereby incurs no responsibility, nor any
obligation whatsoever; and the fact that the Government may have formulated, furnished, or in any way
supplied the said drawings, specifications, or other
data is not to be regarded by implication or other-
wise as in any manner licensing the holder or any
other person or corporation, or conveying any rights
or permission to manufacture, use or sell any
patented invention that may in any way be related
thereto.

Avertissement page n°2
rapport de l'Agence d'Information des Services Techniques des Forces Armées.

Berger et d'autres témoins, y compris le maire de Norwood, ont revu l'objet le 17 septembre, cette fois sur Milford, ce qui est un emplacement de vue différent, puis de nouveau à Norwood les 24 octobre, 19 novembre et 20 décembre, et enfin, l'incident le plus étrange se produit le 23 octobre. Selon les notes du Sergent Berger, le père Miller, un homme du nom de William Winkler, et un rédacteur en chef et journaliste pour deux grands journaux, utilisèrent ses compétences pour orienter le projecteur et repérer l'objet plusieurs fois entre 19h15 et 22h45.

Ces faits furent également rapportés à Wright Patterson AFB.

Il a été documenté, que deux groupes distincts d'objets de forme triangulaire semblaient sortir du disque principal. Chaque groupe avait environ cinq objets descendant de la soucoupe dans la lumière du projecteur, puis se détournant du faisceau répètent la même performance environ une demi-heure plus tard.

Un témoin déclare que la descente des objets était accompagnée d'un sifflement ou gémissement aigu, un autre s'est demandé s'il regardait une base extraterrestre ou un vaisseau mère d'où sortaient de petites navettes d'exploration ?

Pour le Sergent Berger ce soir-là : « Le disque était encore visible quand j'ai éteint la lumière pour la nuit », donc il était auto éclairé.

Fait intéressant, deux membres du service spécial d'enquêtes de l'Air Force, ainsi que deux scientifiques (dont les noms furent censurés), étaient présents lors des observations du 20 décembre. Peu après, trois jours plus tard, le projet Grudge publie son opinion finale sur ces incidents :

« Ce que les habitants ont vu, était un phénomène atmosphérique impliquant des réfractions du faisceau du projecteur. L'objet était simplement le faisceau se reflétant sur une haute couche de minces nuages. »

L'Armée de l'Air n'a plus jamais mentionné cet incident ni fourni d'explication concluante, le rapport est l'un des rares, et peut-être le seul, qui ait jamais été déclassifié par le projet Grudge.

Certains détails demeurent troublants au plus haut point.

Lors de l'observation du 9 mars, Berger rapporte que : « Deux petits objets sont sortis du disque, il semblait que le disque était poussé hors du faisceau, puis en une dizaine de minutes, le disque est revenu dans le faisceau. »

Ces objets figurent sur une photographie principale.

William Winkler écrivit à l'Air Force que le projet Grudge savait parfaitement ce qu'était l'objet, mais gardait le silence parce qu'il s'agissait sans doute un prototype militaire Top Secret. On ne lui répondit pas, même pour tout réfuter en bloc, l'affaire prend des proportions sortant du contrôle strict de l'USAF :

« Deux personnes présentes lorsque les officiels et scientifiques de l'Air Force enquêtaient sur les observations du 20 décembre 1949 rapportent avoir entendu les hommes de l'USAF, discuter de la taille de l'objet. Alors qu'ils le mesuraient à travers leur télescope, les deux témoins ont entendu les agents de l'OSI discuter avec des experts scientifiques de Wright Patterson, sur l'objet mesurant 3 km de large », il s'agissait d'une soucoupe de 3 000 m de diamètre, on les enjoint de garder cette information confidentielle. »

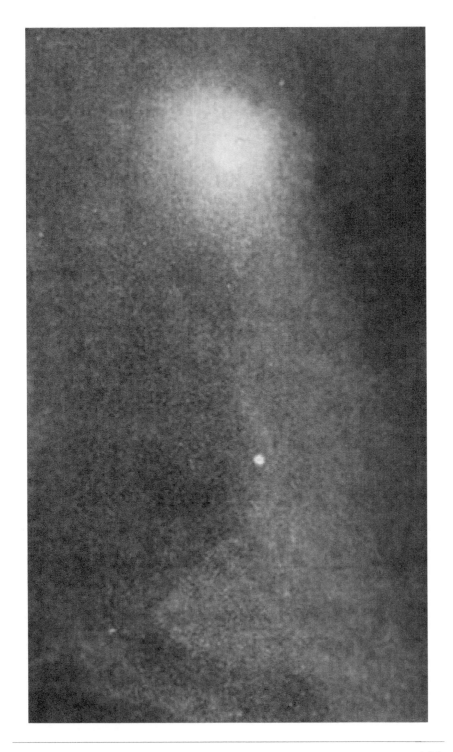

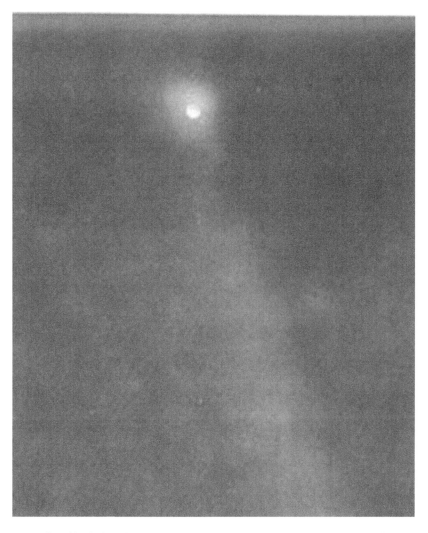

En 1952, le père Miller intervient dans une émission de télévision locale pour discuter de l'incident et fait savoir qu'il possède dix photographies de l'objet ainsi que trois bobines et un film, le caméraman était le Sergent Leo Davidson du département de police de Norwood. Le film en question est montré à plusieurs personnes à la station de télévision ce jour-là en 1952, puis il n'a jamais été revu.

Un représentant du gouvernement l'a-t-il saisi pour partir avec ?

Les employés de la station ne veulent pas répondre !

La ou les seules photographies restantes aujourd'hui, sont issues d'une photocopie de l'image originale contenue dans le fichier du Projet Grudge. Le père Miller déclare : « Tous les autres clichés ont été prêtés à des agences gouvernementales et à de grands organes de presse pour évaluation, ils n'ont jamais été rendus ou déclarés perdus par eux. »

L'enquête de Leonard Stringfield

L'enquêteur sur les OVNIS, Leonard Stringfield, examine ce cas, restituant ses travaux sur WCPO-TV dans une émission sur les soucoupes volantes. Le révérend Miller également présent, s'approche de Stringfield pour lui présenter quelques photos et séquences vidéo des objets dans la salle de projection du studio, l'enquêteur regarde avec étonnement ces preuves visuelles.

Miller informé Stringfield qu'un policier du département de police de Norwood, le sergent Leo Davidson, utilisa sa caméra pour filmer des objets plus petits très visibles à l'œil nu, d'approximativement la taille d'une tête d'épingle le 23 octobre : « Malheureusement, ils ne sont pas apparus sur le film et ont finalement disparu de vue avant de revenir à l'engin principal en forme de disque. » Heureusement, Davidson avait réussit à prendre dix photographies rapprochées, et deux d'entre elles semblaient exposer les objets plus petits existant sous le gros vaisseau, confirmant ses dires.

Ces clichés sont remis à Harry Mayo, journaliste du magazine Time-Life, qui envisage sérieusement de publier un article, jusque là tout va bien, cependant, l'histoire n'a jamais paru. Plus inquiétant encore, malgré des demandes répétées, les photographies n'ont jamais été restituées à leur propriétaire. Stringfield commence à soupçonner que Time-Life a conclu une sorte d'arrangement avec l'Armée de l'Air afin de confisquer les photos. Sur son insistance, le magazine finit par répondre aux courriers : « Il n'y a aucune pression de la part de l'Armée de l'Air américaine, elle ne nous a pas remis les photographies. Malgré la poursuite d'une vérification approfondie des bureaux et dossiers, nous n'avons pas les photographies en notre possession ».

1°) Le plus étrange de tout, était peut-être leur position selon laquelle ils n'avaient jamais été en possession de telles photographies et ne pouvaient en trouver aucune trace, puisqu'à un moment leur journaliste Harry Mayo s'en servit de référence pour le brouillon de l'article qui termina supprimé de la publication.

2°) Time Life dit que l'armée ne lui à pas restitué (remis) les photographies, cela veut bien dire qu'à un moment l'US Air Force en a pris possession auprès du journal.

Flash Back au 10 février 1949

Bien qu'il ait eu lieu plusieurs mois avant le début des étranges observations autour de Norwood, un incident juste au nord de Dayton vers 20h30 le 10 février 1949 mérite notre attention. La nuit en question, un pilote de l'US Air Force, le capitaine Roger Croseclose, ainsi qu'un élève-pilote, le lieutenant Ray Adams, volaient à un peu moins de 2 400 mètres, lorsqu'ils remarquent un objet distinctement blanc avec une étrange lueur bleue à environ 300 mètres, au dessus d'eux. Ils l'ont chacun regardé pendant environ cinq secondes avant qu'il ne se divise en deux parties distinctes et ne se désintègre, selon leurs mots à eux.

Ensuite, le 3 mai 1949

Le matin du 3 mai 1949, vers 9 heures du matin à Sidney, Ohio, un propriétaire de magasin local fut témoin d'un immense objet brillant se déplaçant au-dessus de sa tête. Il a finalement semblé atterrir sur un sentier à proximité au loin. Ce témoin ne s'est cependant pas approché de l'objet. Le jour suivant, vers 18h30 juste à l'extérieur de Maplewood, une femme signale un disque argenté plat similaire, en déplacement dans le ciel. Elle a affirmé que le soleil du début de soirée se reflétait brillamment sur sa surface. Deux jours plus tard, de retour à Sidney vers 8h30 du matin, trois hommes voient qu'un objet brillant passe silencieusement au-dessus d'eux. Ils se rappellent qu'il semblait rond ou circulaire, mais si brillant qu'il était difficile d'en voir sa forme réelle, demeurant en vue pendant environ deux minutes avant de finalement disparaître au loin (Sidney est distante de 64 km avec la base de Wright Patterson.

L'affaire de Norwood n'est pas finie, l'US Air Force va insérer les notes du sergent Donald R.Berger, notamment ses carnets de travail, dans le dossier d'enquête en leur possession, en voici quelques extraits choisis :

11 septembre 1949

« Église Sainte-Gertrude, Madère, Ohio, de 19h15 à 23h15, un objet ramassé dans le faisceau entre 4,6 km et 6 km à 2 600 m d'altitude. L'objet a disparu en quelques secondes, se déplaçant tout droit. Je l'ai repris à une altitude beaucoup plus élevée. Puis, quand j'ai changé les charbons, je l'ai encore perdu jusqu'à 21h15. Dès qu'il est réapparu, j'ai téléphoné à Wright Patterson Field. Le ciel était clair sans nuages ni brume visibles. Plusieurs milliers de personnes ont également vu l'objet. »

17 septembre 1949

« Milford, Ohio. de 19h00 à 20h00 heures, en testant le projecteur au crépuscule, je pouvais voir un objet qui ressemblait à une lueur blanche. Quand j'ai éteint la lumière, je n'ai rien vu. J'ai fait cela plusieurs fois. Dès qu'il est devenu sombre, j'ai allumé la lumière à la même altitude et j'ai attrapé un objet dans le faisceau. »

23 octobre 1949

Saint-Pierre et Paul, Norwood, de 19h15 à 22h45, j'ai allumé la lumière et ramassé l'objet. Parmi les personnes présentes figuraient William Winkler, le père Gregory Miller, Robert Linn (rédacteur en chef du Cincinnati Post) et Leo Hirtl (journaliste du Post). Le révérend Miller et Linn ont téléphoné à Wright Patterson pour signaler l'objet à l'officier du renseignement. Vers 22h00, deux groupes distincts d'objets de forme triangulaire semblaient sortir du disque principal. Chaque groupe comportait environ cinq objets. Ils sont descendus du faisceau puis se sont détournés de lui. La même performance a été répétée environ une demi-heure plus tard. Le disque était encore visible quand j'ai éteint la lumière pour la nuit. »

24 octobre 1949

« Saint Pierre et Paul de 19h15 à 21h00, l'objet est apparu immédiatement dans le faisceau en présence d'un agent de l'ATIC et de Lou Gerhart, avec moi à l'époque. L'objet s'est maintenu dans le faisceau pendant environ une demi-heure jusqu'à ce qu'il soit recouvert de nuages. »

19 novembre 1949

« Norwood, Ohio, de 18h30 à 22h45, diverses observations. Vers 19h15 heures le faisceau de la lumière a clignoté sur l'objet qui ramène la lumière sur lui, celui-ci a ensuite immédiatement disparu. Environ une minute plus tard, je l'ai repris beaucoup plus haut. L'altitude était comprise entre 2580 m et 1590 m en présence de nombreux témoins, dont William Winkler. Le ciel était couvert de nuages assez bas et brisés. À certains moments, plusieurs petits objets apparaissaient beaucoup plus brillants. »

20 décembre 1949

« Norwood, Ohio, de 20h15 à 22h00, j'ai allumé la lumière à 20h15 et immédiatement ramassé l'objet. Au début, c'était faible et petit, mais lorsque la brume s'est dissipée, l'objet s'est éclairci. À 21h30, il est devenu beaucoup plus brillant et s'est élargi presque aussi grand que le faisceau, puis a disparu.

Étaient présents D.A.Wells, physicien de l'Université de Cincinnati, le Dr.Paul Herget, astronome de l'Université de Cincinnati, deux membres de l'OSI, United States Air Force Office of Special Investigations, ainsi que le père Miller, le maire de Norwood K. Ed Tepe et Reginald Myers. »

11 janvier 1950

« Lieu : Norwood, Ohio, de 19h30 à 21h15, j'ai allumé la lumière, mais n'ai pas trouvé d'objet jusqu'à environ 19h45, quand la brume s'est dissipée. Je l'ai observé très clairement pendant environ 15 minutes, puis il s'est estompé. Il a été porté à mon attention que des objets plus petits passaient à travers le faisceau et j'ai personnellement vu au moins deux objets à plusieurs reprises. Étaient également présents William Winkler et les sergents chefs K.Ekleberry et John Savage ainsi que le sergent. W.Pflueger de l'Air National Guard. »

9 mars 1950

« Lieu : Norwood, Ohio de 20h00 à 22h00. Vers 20h00 j'ai ramassé un objet avec la lumière. Vers 20h45. deux petits objets sont sortis du disque et on aurait dit que le disque avait été poussé hors du faisceau. Puis en une dizaine de minutes, le disque est revenu dans le faisceau, le ciel était clair. Onze personnes étaient présentes. »

10 mars 1950

« Norwood, Ohio, de 19h00 à 23h00, l'objet est capturé dans le faisceau, à 19h45, l'objet s'est déplacé vers le haut et à travers le faisceau puis a disparu. Une demi-heure plus tard, il est réapparu dans le faisceau dans la même position. L'objet est resté dans le faisceau jusqu'à ce que j'éteigne la lumière pour la nuit. Étaient présents le père Miller, le capitaine Wilks, K. Myers, W. Winkler et d'autres. Le capitaine Wilks a téléphoné à Wright Patterson Field. Le capitaine Wilks a observé l'objet avec des jumelles pendant que je déplaçais la lumière. »

Le maire de Norwood, R. Ed Tepe, aujourd'hui décédé, a déclaré dans une interview en 1954 qu'il était également présent et a entendu le Dr. Wells confirmer la taille approximative de l'objet 3 km de diamètre à deux officiers de l'US Air Force.

Ed Tepe, a communiqué un rapport impartial de ses observations, croyant fermement que l'objet était un corps solide et rond : « Il avait des crêtes ou nervures, très visibles », puis, « Lorsque le faisceau du projecteur s'est éloigné, la cible a été perdue, le disque est réapparu peu après dans la nuit noire. »

Le Post, un journal de Cincinatti, sort un article le 20 août 1949, il est intitulé : « Des boules de feu pendaient au-dessus de Cincinnati pendant la nuit », citant un responsable du Weather Bureau Météorologique : « Un de nos hommes qui travaillait la nuit dernière les a vues II a dit qu'elles ressemblaient à deux ballons à altitude de plafond météorologique, mais ne bougeaient pas. malgré qu'il y avait un vent de 51 km/h, donc s'il s'était agit de ballons, ils se seraient forcément déplacés ». Un autre témoin mentionné dans l'article deux boules de feu vers 4 heures du matin : « Elles semblaient s'assombrir, puis redevenir brillantes. »

Une autre source dit que le Cincinnati Enquirer fut joint par de nombreux témoins à propos de l'objet Norwood, et bien qu'ils n'aient pas publié l'histoire des activités de la nuit, ils admettent avoir reçu différents témoignages de lumières non identifiées dans le ciel, bien au-delà des environs de Norwood, néanmoins le journal ne les a pas pris en compte, minorant à tort leur importance.

Une photographie de l'objet Norwood est reproduite dans : Inside Saucer Post par L.H. Stringfield en 1957, un des rares clichés qu'il à pu sauver lors de l'entrevue avec le révérend Miller.

Sept ans plus tard, L.H.Stringfield n'a pas abandonné l'affaire, très perspicace, il a minutieusement étudié ce cas pour le Nicap :

« L'explication du ballon météorologique a été écartée car lors de la première observation, au moins, l'objet était totalement immobile, alors qu'un vent variable de 40 à 50 km/h soufflait très fort. Une autre tentative d'explication souligne qu'un théâtre local a également utilisé un projecteur la première nuit, les deux faisceaux auraient pu se croiser et créer un phénomène lumineux. Cette explication est facile à écarter, car elle ne tient pas compte de la durée des observations pendant des mois, notamment pour les plus petits objets éjectés par le plus gros, n'expliquant pas non plus les nombreuses observations visuelles sur la zone. »

Stringfield à aussi découvert un fait peut-être encore plus intéressant, le signalement de l'incident qui s'est produit au-dessus de la base aérienne de Wright Patterson le 8 mars 1950, la veille de la dernière des observations au-dessus de Norwood.

Durant cette période agitée un fait énigmatique se produit...un objet lumineux passe au-dessus de la base aérienne de Wright Patterson !

Selon le rapport du projet Blue Book, vers le milieu de la matinée le jour en question, le capitaine Kerr, pilote de Trans-World Airways, amenait son avion pour atterrir sur l'aéroport municipal de Dayton, lorsque lui et son copilote ont soudainement reçu une notification de la tour de contrôle au sujet d'un objet inconnu volant sur leur trajectoire de vol. On leur demande de le localiser au radar depuis le ciel. Mais ce n'est plus nécessaire, car très rapidement ils le voient de leurs propres yeux, l'objet est beaucoup plus brillant qu'une étoile et plane désormais devant eux. Disparaissant et revenant au fur et à mesure que les nuages en mouvement, s'éclaircissent, suggérant que quelque chose de solide et massif, inévitablement face à eux, à ce moment-là, les opérateurs de l'aéroport l'ont également en visuel et reçoivent dans la foulée, environ 20 signalements de diverses personnes sur cette anomalie aérienne désormais à vue depuis le sol.

Quatre intercepteurs à réaction P-51 sont mandatés à la poursuite de l'engin étrange et brillant que les opérateurs radar ciblent sur leurs écrans, dirigeant avec précision les jets, jusqu'à une altitude approximative de 4,5 km, une fois parvenus sur zone, les avions entrent dans un amas compacte de gros nuages.

À ce stade, les opérateurs de la tour de contrôle, confirment l'approche dangereuse des avions sur la cible, craignant une collision, ils ordonnent de réduire leur allure et de rompre leur formation côte à côte.

Ils s'espacent donc tout en maintenant leur constante ascension, continuant à grimper dans le bloc nuageux qui apparaît de plus en plus épais, compacte et inhabituel. Peut-être plus inquiétant que cela, de la glace commence à s'accumuler sur leurs appareils.

Les opérateurs radar les avertissent, ils sont presque sur l'objet, craignant la collision frontale imminente, ils les font descendre juste en dessous des nuages, directement sous la position écho où se trouve la cible inconnue.

Une fois la manoeuvre réalisée, les pilotes tournent plusieurs fois sous les nuages, avant que la tour de contrôle ne perde le signal de l'OVNI qui s'estompe sur le scope, aussi, peu après, les jets sont finalement rappelés à la base. Le briefing des officiers est vite expédié, et le staff organise une conférence à la hâte un peu plus tard dans l'après-midi : « Il a finalement été déterminé que ce qui a été vu ce matin, n'était rien de plus que la planète Vénus. »

Cependant, les pilotes n'étaient pas du tout d'accord avec cela, déclarant que même si c'était le cas, cette même planète aurait été visible le lendemain, ce qui n'était pas le cas, furieux ils étaient hors d'eux.

Par ailleurs, notons à leur crédit que les planètes n'apparaissent pas souvent sur les écrans radar, surtout Vénus à plus de 41 millions de kilomètres de la planète Terre. Ce n'est pas le seul cas ou Blue Book signe un rapport sur lequel l'Air Force avait capture sur des radars la planète Vénus, cela ne relève pas de l'incompétence mais d'un manque intentionnel total de probité scientifique, devenant la risée des journaux qui ne se privaient pas d'écrire le jour suivant : « Vénus une planète matinale. »

En raison de ce manque de crédibilité, les journaux s'empressent de revenir sur l'affaire du 8 mars 1950 à Wright Patterson.

Le capitaine Robert Howe, est informé dès 7h45 par la tour de contrôle de la base aérienne de Wright Patterson, qu'un objet non identifié arrive rapidement, très haut, au-dessus du terrain d'aviation, les pilotes d'un vol TWA décrivent par radio cet objet de manière très détaillée comme un appareil solide avec un corps élancé, sur une altitude estimée d'environ 3 000 m. Peut-être encore plus intéressante est l'observation de George Barnes, opérateur de tour de contrôle à Dayton, témoin oculaire de l'objet, vers 6h50, l'objet se déplace dans la direction où il fut repéré par les pilotes de TWA. Barnes se concentre dessus en raison de la vitesse à laquelle il se déplace dans le ciel, soudainement cet appareil s'arrête brusquement. À ce stade, Barnes alerte les techniciens en place, les exhortant d'apporter des jumelles pour mieux le voir. Ses collègues décrivent une forme de sphère faite d'un matériau brillant et réfléchissant d'aspect métallique, demeurant fixe sans bouger au même endroit pendant plusieurs minutes, raison pour laquelle, ils joignent les pilotes à bord de l'avion TWA devant réaliser une approche imminente d'atterrissage, l'alerte d'urgence est déclenchée : « **L'OVNI mesure 16 km de diamètre !** »

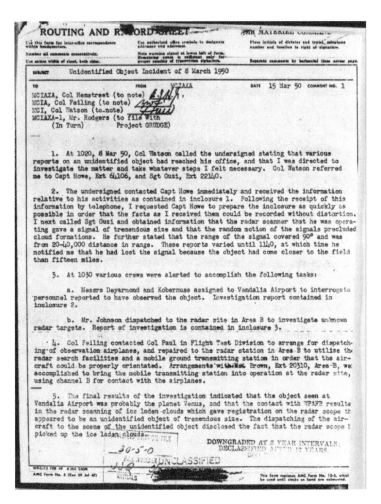

Document du 15 mars 1950 la Planète Vénus sème le trouble dans l'affaire de l'aéroport de Vandalia, le dossier sera classé Secret pendant douze ans.

Voici le témoignage d'Edward Ruppelt :

« Vers le milieu de la matinée à cette date, un avion de ligne de la TWA (le capitaine W.H. Kerr et deux autres pilotes de la TWA) arrivait pour atterrir à l'aéroport municipal de Dayton. Alors que le pilote effectuait un cercle pour entrer dans l'axe de la piste, lui et son copilote ont vu une lumière brillante planer vers le sud-est. Le pilote appelle l'aéroport pour leur parler de la lumière, mais avant qu'il puisse dire quoi que ce soit, les opérateurs de la tour lui ont dit qu'ils l'examinaient également. Ils avaient appelé le bureau des opérations de l'Ohio Air National Guard, qui se trouvait à l'aéroport, et pendant que les contrôleurs aériens parlaient, un pilote de l'Air Guard courait vers un F-51, traînant son parachute, son casque et masque à oxygène. »

« Je connaissais le pilote, et il m'a dit plus tard : Je voulais découvrir une fois pour toutes de quoi il s'agissait avec ces rapports fous sur les soucoupes volantes. »

Pendant que le F-51 s'échauffait, les opérateurs de la tour ont appelé l'ATIC et leur ont parlé de l'OVNI et des endroits où le voir. Les gens de l'ATIC se sont précipités et la voilà, une lumière extrêmement brillante, beaucoup plus éclatante et plus grande qu'une étoile. Quoi que ce fut, c'était haut parce que de temps en temps, c'était masqué par d'épais nuages hauts et dispersés qui se trouvaient dans la région.

Alors que le groupe de personnes se tenait devant l'ATIC et regardait la lumière, quelqu'un est entré en courant et a appelé le laboratoire radio de Wright Field pour savoir s'ils avaient un écho radar sur les ondes. Le personnel du laboratoire ont répondu que ce n'était pas le cas, mais qu'ils pourraient devenir opérationnels rapidement. Ils ont dit qu'ils rechercheraient le sud-est du champ avec leur radar, suggérant que l'ATIC envoie du personnel. Au moment où les employés de l'ATIC sont arrivés au laboratoire, le radar en vol avait une cible dans la même position que la lumière que tout le monde regardait. Le radar captait également le F-51 de l'Air Guard et un F-51 qui avaient été envoyés depuis Wright Patterson. Les pilotes de l'Air Guard et de Wright Patterson pouvaient tous deux voir l'OVNI et ils le poursuivaient. Le sergent-chef qui utilisait le radar a appelé les F-51 à la radio, les a rassemblés et a commencé à les guider vers la cible. Pendant que les deux avions montaient, ils entretenaient une conversation continue avec l'opérateur radar pour s'assurer qu'ils cherchaient tous la même chose. Pendant plusieurs minutes, ils ont pu voir clairement l'OVNI, mais lorsqu'ils ont atteint environ 15 000 pieds, ils entrent dans les nuages et le perdent. Les pilotes ont pris une décision rapide ; comme le radar indiquait qu'ils se rapprochaient de la cible, ils décidèrent de s'écarter pour éviter d'entrer en collision et de remonter à travers les nuages. Ils ont piloté aux instruments et en quelques secondes ils étaient dans le nuage. C'était bien pire que ce à quoi ils s'étaient attendus, le nuage était épais et les avions givraient rapidement.

Ils ont baissé le nez de leurs avions et sont replongés dans le clair, pour tourner un moment, mais les nuages ne se dissipent pas. Quelques minutes plus tard, le sergent-chef sur le radar rapporte que la cible disparaissait rapidement. Les F-51 sont entrés et ont atterri. lorsque la cible a disparu du radar, certaines personnes sont sorties dehors pour rechercher visuellement l'OVNI, mais il a été obscurci par les nuages qui sont restés pendant une heure. Quand tout s'est finalement éclairci pendant quelques minutes, l'OVNI avait disparu.

Une conférence a eu lieu à l'ATIC cet après-midi là, elle comprenait Roy James, spécialiste en électronique d'ATIC expert radar. Roy était allé au laboratoire radio, et avait vu l'OVNI sur le scope. Mais ni les pilotes du F-51 ni le sergent-chef qui utilisait le radar n'étaient présents à la conférence. Les archives montrent que lors de cette réunion, une décision unanime a été prise quant à l'identité des OVNIS. La lumière brillante était Vénus puisque Vénus se trouvait au sud-est en milieu de matinée du 8 mars 1950, et le retour radar était dû au nuage chargé de glace que les pilotes du F-51 avaient rencontré.

Les nuages chargés de glace peuvent provoquer un écho radar. Le groupe de spécialistes du renseignement présent à la réunion a décidé que cela était également prouvé par le fait que lorsque les F-51 s'approchaient du centre du nuage, leur écho radar semblait s'approcher de la cible OVNI. Ils étaient près de l'OVNI et près de la glace, donc l'OVNI devait être de la glace.

L'affaire a été classée selon les propos de Ruppelt :

« J'avais lu le rapport de cette observation mais je n'y avais pas prêté beaucoup d'attention car elle avait été résolue. Mais un jour, presque deux ans plus tard, j'ai reçu un appel téléphonique à mon bureau du Projet Blue Book. C'était le sergent-chef qui faisait fonctionner le radar au laboratoire. Il venait d'apprendre que l'Air Force enquêtait à nouveau sérieusement sur les OVNIS et il voulait voir ce qui avait été dit à propos de l'incident de Dayton. Il est venu, a lu le rapport et a été violemment en désaccord avec la réponse qui avait été décidée. Il a dit qu'il avait travaillé avec des radars avant la Seconde Guerre mondiale, et contribué aux tests opérationnels des premiers radars d'alerte à micro-ondes développés au début de la guerre par un groupe dirigé par le Dr. Luis Alvarez. Il a dit que ce qu'il avait vu sur ce radar n'était pas un nuage de glace, c'était un type d'avion. Il avait vu tous les types imaginables de cibles météorologiques sur son radar, m'a-t-il dit, les orages, nuages chargés de glace, et cibles causées par les inversions de température qu'avaient tous des caractéristiques similaires : la cible était floue, variant en intensité. Mais dans ce cas en question, la cible offrait un excellent retour très net, il était convaincu que cela était dû à la présence d'un objet solide. Et en plus de cela, a-t-il dit, lorsque la cible a commencé à s'estomper sur son télescope, il a augmenté l'inclinaison de l'antenne et la cible est revenue, indiquant que quoi qu'elle fut, elle montait, et les nuages chargés de glace ne grimpent pas, commenta-t-il avec amertume. Le pilote de l'un des F-51 n'était pas non plus d'accord avec l'analyse de l'ATIC. Le pilote qui commandait le vol des deux F-51 ce jour-là m'a dit que ce qu'il avait vu n'était pas une planète. Pendant que lui et son ailier grimpaient, et avant que les nuages ne l'obscurcissent, ils ont tous deux pu observer l'OVNI, et il devenait de plus en plus gros et plus distinct au fur et à mesure qu'ils montaient, la lumière commençait à prendre forme, c'était définitivement rond.

Et si cela avait été Vénus, elle aurait dû être dans la même partie du ciel le lendemain, mais le pilote a dit qu'il avait regardé et qu'elle n'était pas là. Le rapport de l'ATIC ne mentionne pas ce point. »

Signé, capitaine Edward J. Ruppelt.

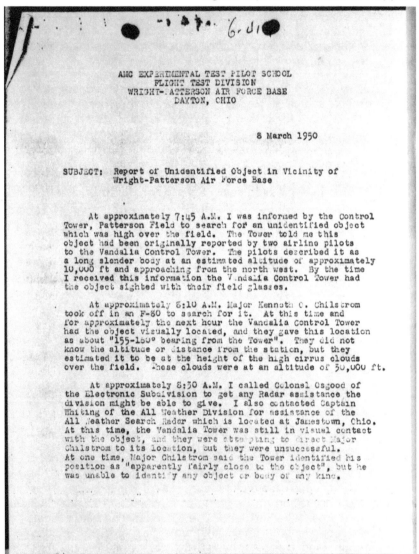

Rapport d'enquête sur un étrange objet au-dessus de l'aéroport de Vandalya page. n°1.

Shortly afterwards, however, a National Guard pilot from
Vandalia, Colonel Shaefer, sighted an object when he was
on the ground, and he took off in an F-51 and attempted
to track it. After he landed, I talked to Colonel Shaefer,
and he reported to me that "he followed it for 20 to 30
minutes and the object did not change its position". Because
of this, Colonel Shaefer thought it might be a "heavenly
body". During all of this time, neither Radar was able to
detect any strange codes of any sort.

At approximately 11:30 A.M. I received a telephone call
from the Electronic Subdivision Radar station. The operator
in charge reported to me that the operators had an unidentified
object in their scope 35 miles east of the station at a
relative bearing of 105° to the station. This object had
an echo 100 mils in width. At this time I called Colonel
Watson, Military Intelligence Division and relayed this
information to him.

I wish to report that I contacted the Base Operations
office at Patterson Field immediately after I attempted
to establish the Radar search and advised the operations
officer on duty to contact any interested organizations
of either the Base or Headquarters, AMC.

At 10:00 A.M. I contacted the Public Relations
Officer of Headquarters, AMC and notified the officer that
a report of an unidentified object had been made. I also
notified this officer that both the Electronics Division
and All Weather Division had assisted in the search for
the unidentified body. To the best of my knowledge, I do
not recall divulging any additional information to the
Public Relations Office.

ROBERT M. HOWE
Captain, USAF
1051sA

2

Rapport d'enquête sur un étrange objet au-dessus de l'aéroport de Vandalya page.n°2.

Extrait du document officiel du 8 mars 1950, sujet :

« Objet non Identifié aux environs de la base de Wright Patterson par le capitaine Robert M.Howe. »

Gardons à l'esprit que l'OVNI est signalé par George Barnes, ses collègues et le vol Trans World Airlines de passagers depuis 6h40-6h50 tôt le matin :

« Vers environ 11h30 du matin, j'ai reçu un appel téléphonique de la Sous Direction Electronique de la Station Radar. Le responsable en chef rapporte que les opérateurs de la tour de contrôle ont un objet non identifié sur leurs scopes (radars) à 56 km à l'ouest d'eux, sur un palier relatif de 100° par rapport à la station.

Cet objet à un écho de 16 km de diamètre, en conséquence, le signataire du rapport contacte le bureau opérationnel de Wrigt Patterson AFB, immédiatement après avoir pris connaissance des informations établies par la recherche radar, et avise l'officier de service aux opérations, de contacter une quelconque organisation dans la base, ou le quartier général de l'Armée. »

Les techniciens de la tour de contrôle rapportent cela au contrôleur de la circulation en chef, Sherman Seydler, qui voit l'OVNI de ses propres yeux :

« L'objet semble mince quand il tourne, bien que je ne puisse pas être certain s'il s'agit d'une réflexion du soleil ».

Pour sa part, M. Stevens du Weather Bureau Météorologique, l'examine depuis la tour de contrôle, vers 7h30 il dit que c'est : « Un disque lumineux qui monte dans le ciel contre le vent », en revanche, le collègue de Stevens, M. Fordham, est certain que ce n'est rien de plus qu'un ballon météo, mais convient que cela ne se peut pas, car le vent le pousserait loin d'eux.

On ne sait pas si l'objet aperçu au-dessus de la base aérienne de Wright Patterson était le même que l'OVNI principal de Norwood plusieurs mois auparavant, cependant la description générale de celui-ci correspond très bien.

Richard Hall directeur adjoint du Nicap : Comité national d'enquête sur les phénomènes aériens souligne qu'en milieu de matinée, la CAA a reçu un rapport du capitaine W.H. Kerr, pilote de Trans-World Airways, selon lequel lui et deux autres pilotes de TWA avaient un OVNI en vue. Un OVNI brillant était visible, planant à haute altitude. La CAA a également réceptionné 20 rapports ou plus sur l'OVNI de la région de Vandalia lorsque Wright Patterson AFB l'a constaté et envoyé quatre intercepteurs P-51.

En 1964, des discussions de haut niveau à la Maison Blanche sur ce qu'il fallait faire si une intelligence extraterrestre était découverte dans l'espace ont eu lieu. En conséquence, le directeur de la CIA, John McCone, a lancé une étude sur la possibilité que les OVNIS puissent représenter une menace pour les États-Unis, durant leur travail d'enquête, les agents de la CIA ont interrogé Richard Hall, qui leur a fourni des données sur les observations d'OVNIS tirées des archives du Nicap, dont les signalements du 8 mars en question qui n'ont pas semblé surprendre ses interlocuteurs.

REPORT OF INVESTIGATION CONDUCTED AT VANDALIA AIRPORT REGARDING SIGHTING OF "STRANGE OBJECT"

1. Two representatives of the Intelligence Department, Hq AMC, W-P AFB, Mr. Albert Deyarmond and Mr. Fred Kobernuss, talked with several people at the Vandalia airport with regard to the sighting of an unidentified object on the morning of 8 March 1950.

2. Names of people who were interrogated with regard to this phenomenon are:

    a. Mr. George Barnes, Airport Traffic Controller;
         CAA (Dayton Tower)
    b. Mr. Sherman Seydler, Chief Airport Traffic Controller;
         CAA (Dayton Tower)
    c. Mr. Stevens; Chief, Weather Bureau
    d. Mr. Fordham; Weather Bureau
    e. Lt Colonel Dale E. Shafer; Chief, Operations Officer,
         National Guard Squadron at Vandalia airport

3.   <u>Interrogation of Mr. Barnes:</u>

    Mr. Barnes stated that at approximately 0650 he sighted an object in the direction of E/NE; that is at a bearing of about 70°. The reason for noticing this object was that it moved rather fast and seemed quite luminous. It appeared bullet shaped and left a vapor trail in its wake. The vapor trail was approximately six times the object's diameter, and the end of the vapor trail remained at the same distance behind the object throughout the course of movement. When the object finally stopped it was at a bearing of approximately 120° (possibly 180°), and in the general direction of S/SW. It took approximately five seconds for the object to travel from the 70° bearing to the 120° bearing. The angle of elevation during this entire move-ment was 15° above the horizon. The "object" diameter seemed to be about two feet. After the object stopped, he decided to call several other people who were at work at that time (about 7:15 A.M.) and requested them to take a look at it through binoculars. Mr. Seydler, Miss J. Kesling, and several others came to the tower and observed the object. The object hovered in the posi-tion for several minutes and seemed to be a sphere. Its brilliance suggested that it could possibly have been made of aluminum. A TWA flight, No. 21, piloted by Captain D. W. Miller, was coming into the Vandalia airport at about the time this object stopped its horizontal travel. The pilot was notified and requested to locate the object, but did not do so until he was told to turn in a direction of S/SW. Pilot Miller radioed in that he had sighted the object but could not determine what it was. At about the same time Mr. Barnes called the Patterson Tower. By that time the object had begun to ascend. It was kept in sight for about 2½ - 3 hours by means of binoculars, and all that time it was ascending at what seemed to be a terrific speed. It was definitely going into the wind while rising, and its size seemed to decrease about one-half from that when it was first sighted. At approximately 10 A.M. the object disappeared due to cloud cover closing in.

Rapport d'enquête sur un étrange objet au-dessus de l'aéroport de Vandalya p.n°3.

Il s'agit d'une sphère brillante sous l'aspect métallique de l'aluminium, observée avec des jumelles par M.Seydler, Mme J.Kesling et de nombreuses autres personnes depuis la tour de contrôle.

M.Barnes appela la tour de contrôle de la base de Wright Patterson, rapportant avoir vu l'objet durant deux ou trois heures à l'aide de jumelles, déclarant que l'objet montait et descendait, volait contre le vent à une vitesse terrifiante.

4. Interrogation of Mr. Seydler:

Mr. Seydler observed the object between the hours of 0800 and 1000. He noted that the sphere seemed to be thin when it turned; however, he believed that sun reflection might have had something to do with this apparition. He claims that the object travelled to a height above 30,000 feet since high cirrus clouds were present at approximately 29,000 to 30,000 feet and he thought that he noticed the clouds to be between the ground and the object. He could not determine the distance of the object in any other way. He further gave information as to the strength of the surface winds at the time. He stated that ground surface winds were south-westerly and blowing at 25 mph. The TWA Flight No. 21 reported high velocity winds at altitude, and the pilot thought they were westerly in direction. Mr. Seydler stated that the captain of the TWA flight saw the object approximately 15 minutes after the object was first called to his (the pilot's) attention. (NOTE: Mr. Barnes omitted this piece of information during his interrogation.) Furthermore, Mr. Seydler also remarked that the pilot did not see the object too clearly and would not definitely describe it as man-powered or of being a type of flying saucer.

5. Interrogation of Mr. Stevens:

Mr. Stevens came into the tower at approximately 0730 and observed the object with binoculars and the naked eye. He stated that it seemed to be a very luminous disk and reminded him of a cosmic balloon. He stated that the object ascended into the wind and was under observation for approximately two and one-half hours until cloud cover obscured it.

6. Interrogation of Mr. Fordham:

Mr. Fordham observed the object a few minutes after it had stopped, (as told to him by Mr. Barnes) and continued to watch its progress as it ascended. His opinion was that a meteor or some other celestial body had come into the earth's orbit and by some means or other became a temporary satellite. He made some mention of the fact that the object resembled a weather balloon of the type he had observed during his past years of weather forecasting experience.

7. Interrogation of Lt Colonel Shafer:

Lt Colonel Shafer observed people rushing past his office at a few minutes before 0800 and therefore decided to see what the excitement was about. He went to the tower in order to observe the object which had been reported to be visible from there. At first sight, it impressed him as being no more than a star although he claims that other people observing the object were observing various details which he could not see. He observed it with both the naked eye and binoculars, and did not notice anything unusual about the object and his opinion did not waver from his original impression; that is, that the object was a bright star. However, since Mr. Barnes, who was the only one to have seen the object move in a horizontal direction, insisted

2

Rapport d'enquête sur un étrange objet au-dessus de l'aéroport de Vandalya p.n°4.

Interrogatoire de Mrs.Seydler, Stevens, Fordham et du lieutenant colonel Shafer.

that this had happened, Colonel Shafer decided to chase the object in an F-51. Colonel Shafer reported to the tower at various times during his climb to altitude and said that at no time during the climb did the angle of elevation (about 40°) between him and the object vary, neither did the azimuth vary. According to Colonel Shafer, the object was at a bearing of 165-170° and no variation in this position was noticed during the entire flight. Colonel Shafer maintains that the object was a star since its angle of elevation never varied (that is, when seen from the ground or from the air), and furthermore, that its bearing of 165-170° did not change. Colonel Shafer stated that he reached an indicated altitude of 38,000 feet but that he could not approach the object and decided to return to the Vandalia airport since his oxygen supply system maintains a pressure altitude of only 35,000 feet within the cockpit. He did remember that as he gained altitude the intensity of the object increased, but this only strengthened his opinion that the object was a star. After returning to his office he decided to call the University of Dayton and consult an astronomer there. The astronomer notified Colonel Shafer that the angle of elevation and the general bearing of the object corresponded with the position of the planet Venus at this time of year.

8. Comments of Intelligence Department Representatives:

It appears that the object observed at the Vandalia airport on 8 March 1950 was the planet Venus. Mr. Barnes, who first observed the object, is on the "graveyard" shift and perhaps was somewhat exhausted from his night duties. A morning mist was present on 8 March and this mist may have caused a refraction of the light rays transmitted by the planet Venus thus giving the appearance of a luminous sphere travelling at a rather high rate of speed. It should be remembered that sunrise was observed before sunrise (at approximately 0650) and that the sky was beginning to become quite bright, and that movement of mist and/or smoke could have given the appearance of vapor trails emanating from the object. After the object had apparently stopped; Mr. Barnes notified several other people so that his story could be confirmed; however, all of these witnesses saw the object at approximately the same bearing; that is, 160-170° and watched it ascend in a direction from N/NE to S/SW. This corresponds to the general celestial path of Venus. It is therefore concluded that the object was, in all probability, the planet Venus, and that some unusual phenomenon such as peculiarities of light rays refraction gave the appearance of a luminous sphere travelling at high speed.

3

Rapport d'enquête et interrogatoire des témoins au sujet d'un étrange objet sur l'aéroport de Vandalia le 8 mars 1950 p.n°5.

Les experts s'évertuent à développer la théorie de Vénus malgré que cette sphère lumineuse se déplace à très grande vitesse.

Mr. A. H. Sullivan   9 March 1950

UNCLASSIFIED

Mr. R. A. Johnson

Investigation of Unknown Radar Targets

1. At approximately 11:30 AM, 8 March 1950, Mr. R. L. James and the writer were informed that unidentified signals of very large amplitude were being received on the SCR-584 in Area B. It was also reported that unidentified objects described as celestial bodies were observed earlier in the day. Mr. James and the writer proceeded to the radar site in order to observe the signals and suggested that, although the signals were undoubtedly weather conditions, it would be advisable to check by performing an air interception. An F-80 aircraft was vectored to the approximate location of the targets and reported back that strips of ice laden clouds running northwest to southeast were visible at approximately 10,000 feet. This information concurred with plots obtained by the radar forming conclusive evidence that the radar targets were in fact reflections from the ice laden clouds.

2. It is believed that the visible sightings may have been due to the early morning sun shining through the ice laden clouds causing an optical illusion.

R. A. JOHNSON

DOWNGRADED AT 3 YEAR INTERVALS.
DECLASSIFIED AFTER 12 YEARS.
DOD DIR 5200.10

UNCLASSIFIED

Rapport d'enquête technique sur les réceptions radar SSR-554 de la base
le 9 mars 1950 sur cibles inconnues.

Les multiples observations sur une période de neuf mois dans et autour de Norwood, Ohio demeurent inexpliquées jusqu'à ce jour et sujettes à débat. Toutefois les rapports classés secrets donnent d'évidence une version sujette à caution, l'affaire de WP AFB le 8 mars 1950, démontre une fois de plus que l'USAF à menti et constitué de faux dossiers d'enquête très éloignés de la réalité des témoignages.

Excerpt from Daily Intelligence Brief - Secret, Auth: CG, AMC, By:
Spencer Whedon, Date: 9 March 1950.

4.   AMC INVESTIGATION OF REPORTS ON UNIDENTIFIED OBJECT (RESTRICTED)

    AMC investigation of reports on the presence of an unidentified
object in the air near Wright-Patterson AF Base, on 8 Mar 50, indicates
that the reports resulted from 2 phenomena: ice-crystal clouds which reflected sunlight and registered on radar scopes; and visibility of the
plant Venus, which is sometimes observed in daylight. Wright-Patterson
pilots, dispatched to search for an object which had been registered
on radar scopes, reported nothing but ice haze and clouds. Another
pilot reported an object believed to have been Venus.

The following was sent in telecon to A-2

    Ref AMC Daily Intelligence Brief dtd 9 March 1950.

    AMC investigation of reports on the presence of an unidentified
object in the air near Wright-Patterson AF Base, on 8 Mar 50, indicates
that the reports resulted from 2 phenomena: ice-crystal clouds which
reflected sunlight and registered on radar scopes; and visibility of the
plant Venus, which is sometimes observed in daylight. Wright-Patterson
pilots, dispatched to search for an object which had been registered on
radar scopes, reported nothing but ice haze and clouds. Another pilot
reported an object believed to have been Venus.

    Extrait du débriefing quotidien classé Secret rédigé par Spencer
Whedon, daté du 9 mars 1950 : « L'objet volant non identifié d'un diamètre
de 16 km sur le radar serait la planète Vénus observée sous conditions de
lumière diurne. Les pilotes dispatchés par WP AFB afin de chercher l'objet
enregistré au radar n'ont rien trouvé, seulement de la glace en haute
altitude et des nuages. » Et : « Les origines retenues résultent donc de
deux phénomènes : Vénus et de la glace sur les nuages en altitude. Un
autre pilote rapporte qu'il lui semblait que c'était la planète Vénus.»

    Ce dernier point est un mensonge, le pilote à dit qu'il s'agissait
d'une sphère immense se rapprochant de la forme d'une soucoupe.

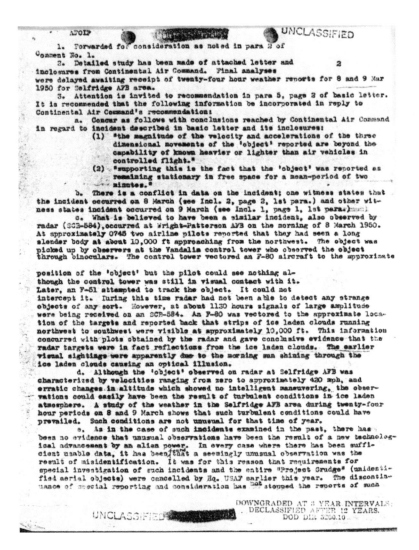

1. Forwarded for consideration as noted in para 2 of Comment No. 1.

2. Detailed study has been made of attached letter and inclosures from Continental Air Command. Final analyses were delayed awaiting receipt of twenty-four hour weather reports for 8 and 9 Mar 1950 for Selfridge AFB area.

3. Attention is invited to recommendation in para 5, page 2 of basic letter. It is recommended that the following information be incorporated in reply to Continental Air Command's recommendation:

     a. Concur as follows with conclusions reached by Continental Air Command in regard to incident described in basic letter and its inclosures:

         (1) "the magnitude of the velocity and accelerations of the three dimensional movements of the 'object' reported are beyond the capability of known heavier or lighter than air vehicles in controlled flight."

         (2) "supporting this is the fact that the 'object' was reported as remaining stationary in free space for a mean-period of two minutes."

     b. There is a conflict in data on the incident; one witness states that the incident occurred on 8 March (see Incl. 2, page 2, 1st para.) and other witness states incident occurred on 9 March (see Incl. 1, page 1, 1st para.)

     c. What is believed to have been a similar incident, also observed by radar (SCR-584), occurred at Wright-Patterson AFB on the morning of 8 March 1950. At approximately 0745 two airline pilots reported that they had seen a long slender body at about 10,000 ft approaching from the northwest. The object was picked up by observers at the Vandalia control tower who observed the object through binoculars. The control tower vectored an F-80 aircraft to the approximate position of the 'object' but the pilot could see nothing although the control tower was still in visual contact with it. Later, an F-51 attempted to track the object. It could not intercept it. During this time radar had not been able to detect any strange objects of any sort. However, at about 1130 hours signals of large amplitude were being received on an SCR-584. An F-80 was vectored to the approximate location of the targets and reported back that strips of ice laden clouds running northwest to southwest were visible at approximately 10,000 ft. This information concurred with plots obtained by the radar and gave conclusive evidence that the radar targets were in fact reflections from the ice laden clouds. The earlier visual sightings were apparently due to the morning sun shining through the ice laden clouds causing an optical illusion.

     d. Although the 'object' observed on radar at Selfridge AFB was characterized by velocities ranging from zero to approximately 420 mph, and erratic changes in altitude which showed no intelligent maneuvering, the observations could easily have been the result of turbulent conditions in ice laden atmosphere. A study of the weather in the Selfridge AFB area during twenty-four hour periods on 8 and 9 March shows that such turbulent conditions could have prevailed. Such conditions are not unusual for that time of year.

     e. As in the case of such incidents examined in the past, there has been no evidence that unusual observations have been the result of a new technological advancement by an alien power. In every case where there has been sufficient usable data, it has been that a seemingly unusual observation was the result of misidentification. It was for this reason that requirements for special investigation of such incidents and the entire "Project Grudge" (unidentified aerial objects) were cancelled by Hq. USAF earlier this year. The discontinuance of special reporting and consideration has not stopped the reports of such

Pourquoi tant d'agitation pour des nuages, de la glace et la planète Vénus ?

Le radar enregistra un déplacement de 420 mph soit 675 km/h, avec des changements d'altitude et d'orientation dans des conditions de turbulences atmosphériques ayant perduré vingt quatre heures entre le 8 et le 9 mars 1950 ce qui n'est pas anormal pour cette période de l'année, les mouvements démontrent cependant une manoeuvrabilité intelligente.

minutes and the object did not change its position.' Because of this
Colonel Shaefer thought it might be a 'heavenly body'. During all
of this time, neither radar was able to detect any strange bodies of
any sort.

"At approximately 11:30 AM I received a telephone call from
the Electronic subdivision radar station. The operator in charge
reported to me that the operators had an unidentified object in
their scope 35 miles east of the station at a relative bearing of
105 degrees to the station. This object had an echo.100 mils in
width. At this time I called Colonel Watson, Military Intelligence
Division and relayed this information to him. "......

"I wish to report that I contacted the base operations office at
Patterson Field immediately after I attempted to establish the radar
search and advised the operations officer on duty to contact any
interested organizations of either the base or Headquarters AMC.

"At 10:00 AM I contacted the public relations officer of
Headquarters AMC and notified the officer that a report of an unidentified object had been made. I also notified this officer that
both the electronics division and all weather division had assisted
in the search for the unidentified body. To the best of my knowledge,
I do not recall divulging any additional information to the public
relations office."

Report by Mr. James and Mr. Johnson, 9 Mar 50:

" At approximately 11:30 AM., 8 March 1950, Mr. A. L. James
and the writer were informed that unidentified signals of very large
amplitude were being received on the SCR-584 in Area B. It was
also reported that unidentified objects described as celestial bodies
were observed earlier in the day. Mr. James and the writer proceeded to
the radar site in order to observe the signals and suggested that,
althoughthe signals were undoubtedly weather conditions, it would
be advisable to check by performing an air interception. An F-80
aircraft was vectored to the approximate location of the targets and
reported back that strips of ice laden clouds running northwest to
southwest were visible at approximately 10,000 ft. This information
concurred with plots obtained by the radar forming conclusive evidence
that the radar targets were in fact reflections from the ice laden
clouds.
"It is believed that the visible sightings may have been due to
the early morning sun shining through the ice laden clouds causing
an optical illusion."

Extrait du document à diffusion restreinte ; telecom n°241 du 18
avril 1950 : « Les signalements sont dus à la présence de nuages chargés
de glace matinale, causant une illusion d'optique. »

Que dire face à ces mensongères allégations officielles ?

1°) La distance de Vénus à la Terre, est de 41 millions de km, et,
jamais de toute l'histoire du monde, une planète de notre système solaire
n'a été capturée au radar, sauf par l'Air Force à Wright Patterson en 1950.

2°) La glace et les nuages créent une illusion d'optique ? Mais comment une illusion peut-elle être enregistrée au radar ?

3°) La glace et les nuages ainsi que Vénus, évoluent en mouvement, stoppent net et repartent-ils dans une direction contraire contre le vent ?

4°) La portée maximale du radar de défense aérienne militaire en 1950, peut dépasser 482 km avec une couverture de relèvement en un cercle complet de 360 degrés, comment à-t-il fait pour enregistrer vénus à 41 millions de km ?

Nous venons de démontrer la volonté de « Tuer dans l'oeuf » l'émergence de ces anomalies OVNIS de la part de l'USAF et de ses enquêteurs, qui, il faut bien le dire avaient beaucoup de pain sur la planche et ne savaient plus où donner la tête, un an et demi plus tard en 1952, 1 225 observations sur lesquelles enquêter étaient posées sur la table.

Quatre cas à expertiser, pour chaque jour de l'année, samedis et dimanche inclus, une goutte d'eau dans l'océan.

Reformulons le fait que le 22 février 1950 l'armée à nié de nouveau l'existence des soucoupes volantes. À la même date, deux soucoupes observées au-dessus d la station d'aéronautique navale de Key West, furent suivies au radar, il fut signalé qu'elles se déplaçaient avec une très grande vitesse à une altitude de 80 000 mètres. L'aviation s'est refusée à tout commentaire, moins de trois semaines plus tard, le 9 mars 1950, un grand disque métallique fut poursuivi par des F-51 et des chasseurs à réaction et aperçu par un grand nombre d'officiers aviateurs à Wright Field, Ohio. Le 18 mars 1950 un porte parole de l'aviation à nié encore l'existence des soucoupes... [54]

La presse n'était pas en reste et les articles éveillèrent l'appétit du public, plusieurs livres aussi, notamment : Flying Saucers From Outer Space (1953) de Donald E.Keyhoe, major à la retraite du Corps des Marines et bientôt chef du Nicap, le Comité national d'enquête sur les phénomènes aériens.

Les histoires d'OVNI étaient monnaie courante non seulement dans les tabloïds sensationnalistes, mais aussi dans les médias d'information grand public, l'Air Force avait désormais un réel problème à solutionner.

---

[54] Donald E.Keyhoe : Les soucoupes volantes existent, une étude de 375 cas, les conclusions des derniers rapports officiels américains, Corrêa, Paris, 5 février 1951. p.10.

La CIA une fois encore exigea de l'armée qu'elle détruise les rapports, mais certains documents sont parvenus jusqu'à nous et pour cause, toute l'année en question et en particulier durant le mois de juin 1954, l'Air Force Intelligence de Wright Patterson AFB reçut 700 rapports par semaine, soit 100 par jour, trier, analyser, classer les dossiers était devenu impossible. Ces chiffres sont donnés par Ruppelt et ne sont pas contestés par l'USAF à ce jour.

Soit : 2 800 signalements d'OVNIS en un mois

Au mois de juin 1954, Wright Patterson rassembla plus de 2 800 signalements d'OVNIS en seulement quatre semaines, selon Edward James Ruppelt, dans les statistiques de l'USAF ce chiffre sera effacé.[55]

Six ans plus tard, dans le rapport de Blue Book du 21 janvier 1960 déclassifié par la CIA, l'ATIC ne recense que 429 cas de signalements OVNIS pour l'intégralité de l'année 1954, alors que dans les témoignages de Haynek et d'Edward J.Ruppelt ce nombre n'est même pas celui enregistré pour le seul mois de juin 1954.

Chacun en tirera les conclusions qui en découlent

On ne peut se dispenser de penser à la fraude, car c'est un fait accompli, que cette marée de signalements d'OVNIS devenant terriblement dérangeante à été effacée purement et simplement des statistiques et bon nombre de dossiers détruits car ils ne seront jamais réapparus sur les listes officielles, aussi ais je dû, non seulement me borner à une analyse circonstancielle mais aussi insister sur les faits prouvant que la CIA avait le dessus sur l'USAF, menant dans l'ombre un travail de destruction pour occulter le sujet ufologique.

1°) Incohérence :

Wright Patterson justifie un travail harassant en raison de 2 800 cas signalés en juin 1954, mais selon leur rapport officiel 429 cas pour toute l'intégralité de 1954.

Pour 1954 seulement 429 cas sont retenus, et 1947 un nombre minime de 79, ce chiffre est multiplié par dix par Ted Bloetcher dans son livre dossier de 1967 lire page 10. Le Dr.James F. McDonald de l'Institute of Atmospheric Physics University de Tucson, Arizona signe l'introduction de l'ouvrage apportant une rectification importante le 23 octobre 1967.

---

[55] Ruppelt, Edward J. : Le rapport sur les objets volants non identifiés, New York : Doubleday & Company, Inc., 1956. Première édition ; Londres, Victor Gollancz, 1956. 2e édition augmentée New York, Ballantine, 1960.

Puisque Bloetcher prend soin d'admettre lui même que ses propres recherches ne peuvent en aucun cas avoir glané exhaustivement jusqu'au dernier signalement d'OVNIS dans les dossiers de presse de 1947, nous pouvons arrondir l'augmentation du nombre réel en toute sécurité. Sa collection d'environ 800 rapports est minime par rapport aux quelques milliers d'observations d'objets non identifiés qui se sont probablement produits aux États-Unis au milieu de l'été 1947, la plupart s'inscrivant dans une crête d'onde assez nettement définie centrée sur le 7 juillet avec plus de 160 cas. Comme le souligne à juste titre Bloetcher, cet épisode marque clairement l'un des vagues d'observation les plus exceptionnelles enregistrées. »

The total number of sightings reported to the United States Air Force since 1947 are as follows:

YEAR	OBJECTS SIGHTED AND REPORTED
1947	79
1948	143
1949	186
1950	169
1951	121
1952	1501
1953	425
1954	429
1955	404
1956	778
1957	1178
1958	573
1959	364
1960 (through 30 June)	173
	6523

Reporting, investigation, analysis and evaluation procedures have improved considerable since the first sighting of unidentified flying object was made on 27 June 1947. The study and analysis of reported sightings of UFO's is conducted by a selected scientific group under the supervision of the Air Force.

Dr. J. Allen Hynek, Head of the Department of Astronomy and Director of the Observatory at Northwestern University, is the Chief, Scientific Consultant to the Air Force on the subject of Unidentified Flying Objects.

The selected, qualified scientists, engineers, and other personnel involved in these analyses are completely objective and open minded on the subject of UFO's. They apply scientific methods of examination to all cases in reaching their conclusions. The attempted identification of the phenomenon observed generally must be derived from human impressions and interpretations because scientific devices or measurements are not available. The data in the sightings reported are almost invariably subjective in nature. However, no report is considered unsuitable for study and categorization.

General categories of identification are balloons, aircraft, astronomical, other, insufficient data, satellites and unidentified.

Approximately 4,000 balloons are released in the U. S. every day. There are two general types of balloons: weather balloons and upper air research balloons. Balloons will vary from types 4 feet in diameter to large types 200 feet in diameter. The majority released at night carry running lights which often contribute to weird or unusual appearances when observed at night. This also hold true when observed near dawn or sunset because of the effect of the slant rays of the sun upon the balloon surfaces. The large balloons, if caught in jet streams, may assume a near horizontal position when partially inflated, and move with speeds of over 200 MPH. Large types may be observed flattened on top. The effect of the latter two conditions can be startling even to experienced pilots.

Many modern aircraft, particularly swept and delta wing types, under adverse weather and sighting conditions are reported as unusual objects and/or "flying saucers." When observed at high altitudes, reflecting sunlight off their surfaces, or when only their jet exhausts are visible at night, aircraft can have appearances ranging from disc to rocket in shape. Single jet bombers

-3-

Document classifié par la CIA.

2°) Incohérence :

L'ATIC : Air Tactical Intelligence de Wright Patterson AFB, nous apprend que dans les années cinquante, 4 000 ballons de tous types étaient lancés aux USA par jour, ce qui porterait leur nombre à 1 460 000 ballons/an.

Je doute que l'USAF ait été capable de produire et d'envoyer dans l'atmosphère un million et demi de ballons par an, entre 1947 et 1960 leur nombre serait ahurissant : 13 140 000 ballons, soit presque un ballon pour dix américains.

General categories of identification are balloons, aircraft, astronomical, other, insufficient data, satellites and unidentified.

Approximately 4,000 balloons are released in the U. S. every day. There are two general types of balloons: weather balloons and upper air research balloons. Balloons will vary from types 4 feet in diameter to large types 200 feet in diameter. The majority released at night carry running lights which often contribute to weird or unusual appearances when observed at night. This also hold true when observed near dawn or sunset because of the effect of the slant rays of the sun upon the balloon surfaces. The large balloons, if caught in jet streams, may assume a near horizontal position when partially inflated, and move with speeds of over 200 MPH. Large types may be observed flattened on top. The effect of the latter two conditions can be startling even to experienced pilots.

Many modern aircraft, particularly swept and delta wing types, under adverse weather and sighting conditions are reported as unusual objects and/or "flying saucers." When observed at high altitudes, reflecting sunlight off their surfaces, or when only their jet exhausts are visible at night, aircraft can have appearances ranging from disc to rocket in shape. Single jet bombers

-3-

Le 13 février 2023 le National Weather Service confirme que chaque jour, près de 1 800 ballons météorologiques sont lancés à travers le monde, dont 92 aux États-Unis, chaque vol dure environ deux heures, pendant lesquelles un ballon dérive jusqu'à 125 milles et peut atteindre une altitude de 100 000 pieds.

Vous avez bien lu 90 ballons en 2023, y compris les 15 de la NASA, on peut donc sérieusement s'interroger sur le nombre de 4 000 en 1947.

Quels que soient les secrets de Wright Patterson, et de Blue Book, beaucoup de personnes ne croient plus aux versions que ses porte parole diffusent, sur le site officiel, nous pouvons lire ceci : « Il existe une théorie selon laquelle des débris ont été expédiés au hangar 18 depuis Roswell, le seul problème. c'est-à-dire que cela n'a jamais existé. Il n'y a jamais eu d'Hangar 18 sur la base aérienne de Wright Patterson. »

En effet ils ont partiellement raison, il en existe plus d'un : A-18, B-18, C-18, D-18, E-18, F-18, G-18, le seul problème dirons-nous est que le Hangar F-18 frigorifique existe bien, et il est question de lui en relation avec les corps récupérés à Roswell.

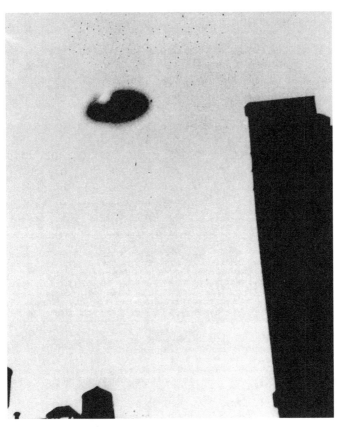

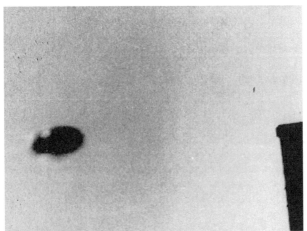

Flying Saucer OVNI photographié au-dessus de New York (1955).
Source originale dossiers déclassifiés de la CIA.

Le Hangar 18 de Wright Patterson fut le centre d'innombrables rumeurs et mythes pour lesquels le gouvernement américain réfute l'existence d'activités extraterrestres ou d'artefacts. Les théories du complot entourant le Hangar 18 restent donc sujettes à débat et ne sont pas confirmées par des sources crédibles, hormis le mensonge lié à son existence par l'USAF qui ne se justifie en rien tant les activités technologiques qui s'y déroulent sont : « Officiellement banales. »

Des OVNIS écrasés et des occupants stockés à la base aérienne de Wright Patterson ?

Parmi les études fixées à l'ordre du jour du bulletin publié par les secrétaire de la Défense James Forestal le 29 décembre 1948, un projet de budget pour le général Curtis E.Lemay alors sous-chef d'état major général à Wright Patterson Air Field, Ohio et à l'ordre du jour du centre d'études aéronautiques de cette base :

« Vols au-delà de l'atmosphère terrestre et moyens d'y vivre y compris les engins et bases interplanétaires et les appareils qui leurs sont nécessaires. »[56] Wright Field travaille dès 1948 sur des appareils volant en dehors de l'atmosphère terrestre, le programme n'a jamais cessé jusqu'à 2023, il est aujourd'hui repris par l'AFIT - Air Force Institute of Technology, Département de l'aéronautique et de l'astronautique, 2950 Hobson Way, Bâtiment : 640, salle : 349, Wrigh Patterson AFB, OH 45433.

Un document du 27 avril 1953 a été trouvé dans les dossiers de l'Air Force Office of Special Investigation, Ohio. Le sujet est : « Rumeurs concernant des soucoupes volantes qui seraient situées dans les locaux de la base aérienne de Wright Patterson », ce document est classifié Top Secret : « Le sergent chef Ralph Brown, a été interviewé par le Capitaine Plandowski de Fort Hayes, Columbus, au sujet d'une réunion qu'il a eue avec un inconnu dans un bar d'hôtel appelé Ionian Room du Deshler-Walleck Hotel. Le sergent chef Brown, relate comment cet homme lui avoua que la base aérienne de Wright Patterson détenait en sa possession trois soucoupes volantes, dont deux en bon état de fonctionnement et une dans un état endommagé. L'inconnu a également déclaré que la WPAFB possède également les corps des hommes qui étaient à bord des soucoupes. »

---

[56]Donald E.Keyhoe : Les soucoupes volantes existent, une étude de 375 cas, les conclusions des derniers rapports officiels américains, Corrêa, Paris, 5 février 1951. p. 130-131.

Par la suite, le Building 18-F, réfrigéré viendra sur la scène de l'enquête, comme le lieu ou les corps furent conservés, nous y reviendrons plus loin.

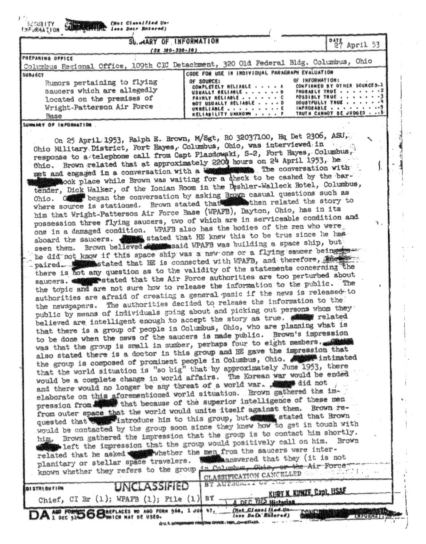

SECURITY INFORMATION (Not Classified Un-less Data Entered)

SUMMARY OF INFORMATION
(SR 380-320-10)

DATE 27 April 53

PREPARING OFFICE
Columbus Regional Office, 109th CIC Detachment, 320 Old Federal Bldg. Columbus, Ohio

SUBJECT
Rumors pertaining to flying saucers which are allegedly located on the premises of Wright-Patterson Air Force Base

CODE FOR USE IN INDIVIDUAL PARAGRAPH EVALUATION

OF SOURCE:
COMPLETELY RELIABLE . . . . . A
USUALLY RELIABLE . . . . B
FAIRLY RELIABLE C
NOT USUALLY RELIABLE . . . . . D
UNRELIABLE . . . . E
RELIABILITY UNKNOWN . . . . . F

OF INFORMATION:
CONFIRMED BY OTHER SOURCES . 1
PROBABLY TRUE 2
POSSIBLY TRUE 3
DOUBTFULLY TRUE 4
IMPROBABLE 5
TRUTH CANNOT BE JUDGED . . . 6

SUMMARY OF INFORMATION

On 25 April 1953, Ralph E. Brown, M/Sgt, RO 32037100, Hq Det 2306, ASU, Ohio Military District, Fort Hayes, Columbus, Ohio, was interviewed in response to a telephone call from Capt Plandowski, S-2, Fort Hayes, Columbus, Ohio. Brown related that at approximately 2200 hours on 24 April 1953, he met and engaged in a conversation with a ████. The conversation with ████ took place while Brown was waiting for a check to be cashed by the bartender, Dick Walker, of the Ionian Room in the Deshler-Walleck Hotel, Columbus, Ohio. ████ began the conversation by asking Brown casual questions such as where source is stationed. Brown stated that ████ then related the story to him that Wright-Patterson Air Force Base (WPAFB), Dayton, Ohio, has in its possession three flying saucers, two of which are in serviceable condition and one in a damaged condition. WPAFB also has the bodies of the men who were aboard the saucers. ████ stated that HE knew this to be true since he has seen them. Brown believed ████ said WPAFB was building a space ship, but he did not know if this space ship was a new one or a flying saucer being repaired. ████ stated that HE is connected with WPAFB, and therefore, there is not any question as to the validity of the statements concerning the saucers. ████ stated that the Air Force authorities are too perturbed about the topic and are not sure how to release the information to the public. The authorities are afraid of creating a general panic if the news is released to the newspapers. The authorities decided to release the information to the public by means of individuals going about and picking out persons whom they believed are intelligent enough to accept the story as true. ████ related that there is a group of people in Columbus, Ohio, who are planning what is to be done when the news of the saucers is made public. Brown's impression was that the group is small in number, perhaps four to eight members. ████ also stated there is a doctor in this group and HE gave the impression that the group is composed of prominent people in Columbus, Ohio. ████ intimated that the world situation is "so big" that by approximately June 1953, there would be a complete change in world affairs. The Korean war would be ended and there would no longer be any threat of a world war. ████ did not elaborate on this aforementioned world situation. Brown gathered the impression from ████ that because of the superior intelligence of these men from outer space that the world would unite itself against them. Brown requested that ████ introduce him to this group, but ████ stated that Brown would be contacted by the group soon since they knew how to get in touch with him. Brown gathered the impression that the group is to contact him shortly. ████ left the impression that the group would positively call on him. Brown related that he asked ████ whether the men from the saucers were interplanetary or stellar space travelers. ████ answered that they (it is not known whether they refers to the group in Columbus, Ohio, or the Air Force

CLASSIFICATION CANCELLED
BY AUTHORITY OF
BY ___ KURT K. KUNZE, Capt, USAF
4 DEC 1975 Historian

DISTRIBUTION
Chief, CI Br (1); WPAFB (1); File (1)

UNCLASSIFIED

DA 1 DEC 51 FORM 568 REPLACES WO AGO FORM 568, 1 JUN 47, WHICH MAY BE USED.

Document classifié du 27 avril 1953.

SUBJECT: Rumors pertaining to flying saucers which are allegedly located on the premises of WPAFB, dtd 27 Apr 53

authorities) are not sure where the "saucer men" originated their travel. When asked if the "saucer men" came from beyond Pluto, ▓▓▓ began to discuss the facts concerning Pluto. HE related that Pluto is the farthest planet from earth and was the last planet to be discovered. Brown related that ▓▓▓ talked as though he were well-versed on the topic of flying saucers. ▓▓▓ quoted speeds at which saucers have flown, altitudes they have attained, and about the abrupt changes in direction which saucers are capable of making. Brown believed that most of the information ▓▓▓ gave concerning speeds, altitudes, and changes in direction ▓▓▓ may have gathered from newspaper accounts of flying saucers, or HE may have gathered the information through official research with the Air Force. ▓▓▓ acted as though it was HIS job to be well-versed on the topic. Brown stated that ▓▓▓ was evasive when questioned for details concerning the saucers. ▓▓▓ stated that Brown would be told more information when the proper time came. HE was very convincing in HIS manner of conversation. Brown stated that ▓▓▓ had no objection to his writing ▓▓▓ name on a piece of paper. Brown gave the following description of ▓▓▓

Age: 30 to 35
Weight: 170 to 175
Height: 5'11"to 6'1"
General Description: ▓▓▓ is a slender, well-built individual with a long oval face. ▓▓▓ has straight brown hair which HE parts on the side. When ▓▓▓ smiles HIS teeth are very prominent and HIS upper teeth are very even. ▓▓▓ has a fair complexion. ▓▓▓ was dressed very neatly in a tan gaberdine suit and a light gray or tan top coat.

Brown stated that ▓▓▓ left the Ionian Room abruptly and was not under the influence of alcohol. ▓▓▓ also refused a drink which Brown attempted to purchase of HIM. After ▓▓▓ departed Brown asked the bartender, ▓▓▓, if he knew ▓▓▓ related that he knew ▓▓▓ and considered HIM a ▓▓▓. Brown believed that ▓▓▓ "d▓▓▓ ▓▓▓" knew HIM. Brown stated must come into the Ionian Room often since ▓▓▓ knew HIM. Brown stated that he waited for what he considered a reasonable amount of time and then attempted to follow ▓▓▓. Brown again met ▓▓▓ in the washroom of the Deshler-Walleck Hotel, but lost HIM after ▓▓▓ departed from the washroom.

(F-6)

Rumeurs sur les soucoupes volantes entreposées à Wright Patterson, les OVNIs viendraient de derrière la planète Pluton..

Il se trouve que ce document sur le crash de Roswell, au Nouveau-Mexique place les restes de l'OVNI dans la base aérienne de Wright Patterson. Ce qui est le plus intéressant ici, c'est qu'ils l'appellent d'abord un disque volant, puis un ballon. Les éléments de « Soucoupe » furent entreposés au hangar P-3 de la Base Aérienne de Roswell, puis transférés dans des caisses au Laboratoire des Rayonnements à Wright Patterson AFB, ceci fut confirmé à Thomas Carey et Donald R. Schmitt, par un témoin : « il y avait des corps[57]. »

---

[57] Édition en Anglais de Thomas J. Carey et Donald R. Schmitt : UFO Secrets Inside Wright-Patterson: Eyewitness Accounts from the Real Area 51, 7 juin 2019.

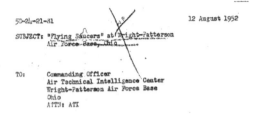

5D-24-21-81   12 August 1952

SUBJECT: "Flying Saucers" at Wright-Patterson
           Air Force Base, Ohio.

TO: Commanding Officer
           Air Technical Intelligence Center
           Wright-Patterson Air Force Base
           Ohio
           ATTN: ATI

    1. The following information was obtained by a Special Agent of
this District Office and is submitted for your information:

    2. A/1C CLYDE E. WHEELER, AF-21238827, 6501st Support Squadron,
Wright-Patterson Air Force Base, Ohio, was interviewed 31 July 1952,
and advised that M Sgt LOYAL R. BUNCE, AF-6832919, 575th Field Maintenance Squadron, Box 19, Selfridge Air Force Base, Mt. Clemens, Michigan,
told him approximately 10 June 1952, that he (BUNCE) knew about the flying
saucers at Wright-Patterson Air Force Base. At this time (approximately
10 June 1952), BUNCE explained in detail that he knew the people at Wright-
Patterson AFB had found some flying saucers and also some bodies inside
the saucers. The saucers and bodies were taken to Wright-Patterson AFB,
Ohio, date unknown. At Wright-Patterson AFB, BUNCE explained officials
at the Radiation Laboratory dissassembled the flying saucers, which
supposedly came from Venus and the bodies inside the saucers were taken
to the Aero Medical Laboratory, Wright-Patterson Air Force Base, for
further study. The discussion of saucers came about as a result of
BUNCE's interest in a project that A/1C WHEELER was working on and also
as a result of BUNCE's knowledge of WHEELER having been at Wright Air
Development Center, Wright-Patterson AFB, Ohio, sometime in January 1952.

    3. A mutual friend of BUNCE, identified as Mr. ████████████,
Sugar Bush Road, North Baltimore, Michigan, verified this story to
WHEELER as related above by BUNCE, concerning the flying saucers.
█████ advised WHEELER that a friend of his, who works at Wright-Patterson AFB,
Ohio, at the present time, is ████████████████████, West Springfield, Ohio, and his friend had related this information to him (████
concerning the flying saucers and bodies now at Wright-Patterson AFB.

                   CLASSIFICATION CANCELLED ████████████
                   BY AUTHORITY OF ████ DIRECTOR OF SEC INT
       SECURITY INFORMATION ████████
                                        1 8 DEC 1974
    UNCLASSIFIED   DATE

Document confidentiel troublant :

Le 12 août 1952, sujet : Soucoupes Volantes à la Base Aérienne de Wright Patterson, à l'attention de l'Officier de l'Intelligence Technique :

« 2°) Clyde Wheeler, AF-21238827, 6501 Support Squadron Wright Patterson Air Force Base, Ohio, a interviewé le 31 juillet 1952 et informé que le sergent Loyal Bunce, AF-683291, 575° Field Maintenance Squadron, Box 19, Salfriedge Air Force Base, Mt.Clemens, Michigan lui a dit vers le 10 juin 1952 Bunce était au courant de l'existence des soucoupes volantes à Wright Patterson Air Force Base... ».

« Bunce a expliqué que les responsables du Laboratoire de Radiation affirmaient qu'ils venaient soi-disant de Vénus et que les corps à l'intérieur des soucoupes avaient été emmenés dans le Laboratoire Aéromédical pour une étude plus approfondie. »

Absolument tous, Blue Book, la presse, le gouvernement n'hésitaient pas à décrédibiliser et démolir les personnes encombrantes.

1°) Le dossier Davidson et la CIA.

Un passionné d'OVNI traque la CIA pour obtenir des informations sur une observation au-dessus de la base aérienne de l'Ohio. Plusieurs dossiers semblaient faire référence au même incident OVNI a à la base aérienne Wright Patterson en 1978.

Il s'agit du Dr. Leon Davidson de l'Université de Columbia ufologue depuis 1949, selon l'Université de Columbia, qui a reçu sa collection de recherches complète en legs après sa mort en 2007, ainsi que des courriers dont l'existence est révélée par la CIA au sujet d'un message radio en provenance du Cosmos, et des corps extraterrestres au laboratoire à Wright Patterson.

Leon Davidson originaire de New York a obtenu un doctorat de la School of Engineering and Applied Science de l'Université Columbia où il fut recruté pour le projet Manhattan. À la fin des années 1950, Davidson est devenu un talent recherché dans le nouveau domaine du développement informatique et il est engagé par la Nuclear Development Corporation de White Plains, New York, puis il travaillé pour IBM et Union Carbide. Mais il est plus connu pour être devenu superviseur de la conception technique à Los Alamos, Nouveau-Mexique, où il a contribué au développement de la technologie atomique à usage militaire.

À peu près à la même époque (fin des années 50), Davidson devient bénévole pour le Civil Defence Filter Center à White Plains, New York, ce centre étudiait et suivait l'activité OVNI dans la région métropolitaine du New Jersey, et devint un ami dérangeant pour la Central Intelligence Agency, comme l'on peut lire sur des pages déclassifiées récupérées par le chercheur John Greenwald Jr., car Davidson ufo-convaincu, rédigeait un article pour un journal que la CIA qualifiait de magazine spatial et cherchait des informations sur une communication venant de l'Espace, que le gouvernement prétendait être du code morse. Très rapidement, la CIA va influer sur lui, réussissant à modifier son opinion et en faire un ufo détracteur.

Le « Case » Davidson se poursuivra durant sept ans.

12 August 1952

SUBJECT: "Flying Saucers" at Wright-Patterson
         Air Force Base, Ohio

TO: Commanding Officer
         Air Technical Intelligence Center
         Wright-Patterson Air Force Base
         Ohio
         ATTN: ATI

   1. The following information was obtained by a Special Agent of
this District Office and is submitted for your information:

   2. A/1C CLYDE E. WHEELER, AF-2123827, 6501st Support Squadron,
Wright-Patterson Air Force Base, Ohio, was interviewed 31 July 1952,
and advised that M Sgt LOYAL R. BUNCE, AF-0832919, 575th Field Maintenance Squadron, Box 19, Selfridge Air Force Base, Mt. Clemens, Michigan,
told him approximately 10 June 1952, that he (BUNCE) knew about the flying
saucers at Wright-Patterson Air Force Base. At this time (approximately
10 June 1952), BUNCE explained in detail that he knew the people at Wright-
Patterson AFB had found some flying saucers and also some bodies inside
the saucers. The saucers and bodies were taken to Wright-Patterson AFB,
Ohio, date unknown. At Wright-Patterson AFB, BUNCE explained officials
at the Radiation Laboratory disassembled the flying saucers, which
supposedly came from Venus and the bodies inside the saucers were taken
to the Aero Medical Laboratory, Wright-Patterson Air Force Base, for
further study. The discussion of saucers came about as a result of
BUNCE's interest in a project that A/1C WHEELER was working on and also
as a result of BUNCE's knowledge of WHEELER having been at Wright Air
Development Center, Wright-Patterson AFB, Ohio, sometime in January 1952.

   3. A mutual friend of BUNCE, identified as Mr. ████████,
Sugar Bush Road, North Baltimore, Michigan, verified this story to
WHEELER as related above by BUNCE, concerning the flying saucers. ████
advised WHEELER that a friend of his, who works at Wright-Patterson AFB,
Ohio, at the present time, is ████████████████████████, West Springfield, Ohio, and his friend had related this information to him (████
concerning the flying saucers and bodies now at Wright-Patterson AFB.

Traduction : **Confidentiel le 12 août 1952**

Sujet : **Des soucoupes volantes à Wright Patterson AFB, Ohio.**

Destinataire :
Officier commandant
Air Technical Intelligence Center (ATIC)
Wright Patterson Air Force Base
Ohio

ATTN-ATI

1°) L'information qui suit a été obtenue d'un agent spécial du
bureau de ce district et vous est soumise pour information.

2°) Clyde E.Wheeler AF-21288827 de l'escadron de support à Wright Patterson AFB a été interrogé le 31 juillet 1952, il dit que le sergent chef Loyal R.Bunce AF-6832919, du 575° Field Maintenance Squadron, Box 19, Selfridge Air National Guard Base, Mt.Clemens, Michigan, lui a dit qu'approximativement le 10 janvier 1952 (lors d'une conversation avec Bunce) qu'il est au courant des soucoupes volantes à Wright Patterson AFB. A cette période approximative du 10 juin 1952, Bunce a expliqué en détail qu'il connaît les personnes qui à WPAFB ont trouvé des soucoupes volantes et également quelques corps à l'intérieur des soucoupes. Les soucoupes et les corps ont été pris à WPAFB vers une date inconnue. Bunce dit que les des officiels du Laboratoire de Radiation désassemblent les soucoupes volantes supposées provenir de Venus, tandis que les corps à l'intérieur des soucoupes volantes furent remis à l'Aero Medical Center de WPAFB pour une étude plus approfondie, la discussion sur les soucoupes volantes résulte de l'intérêt de Bunce pour le projet pour lequel travaille le soldat de 1° classe de l'Armée de l'Air Wheeler et également de la connaissance que Bruce à sur le fait que Wheeler à été au centre de développement de WPAFB en janvier 1952.

3°) Un ami commun de Bunce et M. (Censuré), habitant Sugar Bush Road, North Baltimore, Michigan, à vérifié l'histoire que Wheeler à raconté sur Bunce concernant les soucoupes volantes (Censuré) à informé Wheeler qu'un de ses amis travaillant à WPAFB présent à la même période (Censuré) Test Springfield, Ohio et cet ami lui a confirmé l'information (Censuré) concernant les soucoupes volantes et les corps à Wright Patterson AFB. Déclassifié partiellement le 8 décembre 1975 après censure, demeuré Top Secret vingt-trois ans et rendu public en 1978.

Les radars de l'USAF sont incapables de dire de quoi il s'agit.
Photographie authentique de l'USAF
(reproduite sur le mur du bureau de Fox Molder dans la série X Files).

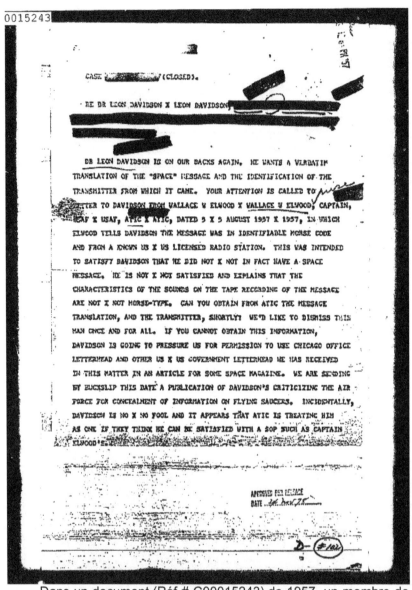

CASE ▮▮▮▮▮▮▮ (CLOSED).

RE DR LEON DAVIDSON X LEON DAVIDSON▮▮▮▮

DR LEON DAVIDSON IS ON OUR BACKS AGAIN. HE WANTS A VERBATIM
TRANSLATION OF THE "SPACE" MESSAGE AND THE IDENTIFICATION OF THE
TRANSMITTER FROM WHICH IT CAME. YOUR ATTENTION IS CALLED TO ▮▮▮▮▮
▮▮TTER TO DAVIDSON FROM WALLACE W ELWOOD X WALLACE W ELWOOD, CAPTAIN,
▮▮▮AF X USAF, ATIC X ATIC, DATED 5 X 5 AUGUST 1957 X 1957, IN WHICH
ELWOOD TELLS DAVIDSON THE MESSAGE WAS IN IDENTIFIABLE MORSE CODE
AND FROM A KNOWN US X US LICENSED RADIO STATION. THIS WAS INTENDED
TO SATISFY DAVIDSON THAT HE DID NOT X NOT IN FACT HAVE A SPACE
MESSAGE. HE IS NOT X NOT SATISFIED AND EXPLAINS THAT THE
CHARACTERISTICS OF THE SOUNDS ON THE TAPE RECORDING OF THE MESSAGE
ARE NOT X NOT MORSE-TYPE. CAN YOU OBTAIN FROM ATIC THE MESSAGE
TRANSLATION, AND THE TRANSMITTER, SHORTLY? WE'D LIKE TO DISMISS THIS
MAN ONCE AND FOR ALL. IF YOU CANNOT OBTAIN THIS INFORMATION,
DAVIDSON IS GOING TO PRESSURE US FOR PERMISSION TO USE CHICAGO OFFICE
LETTERHEAD AND OTHER US X US GOVERNMENT LETTERHEAD HE HAS RECEIVED
IN THIS MATTER IN AN ARTICLE FOR SOME SPACE MAGAZINE. WE ARE SENDING
BY BUCKSLIP THIS DATE A PUBLICATION OF DAVIDSON'S CRITICIZING THE AIR
FORCE FOR CONCEALMENT OF INFORMATION ON FLYING SAUCERS. INCIDENTALLY,
DAVIDSON IS NO X NO FOOL AND IT APPEARS THAT ATIC IS TREATING HIM
AS ONE IF THEY THINK HE CAN BE SATISFIED WITH A SOP SUCH AS CAPTAIN
▮▮ELWOOD'S.▮▮▮▮▮▮▮

APPROVED FOR RELEASE
DATE ▮▮▮▮▮▮▮

Dans un document (Réf #-C00015243) de 1957, un membre de la CIA dont le nom a été censuré a écrit ce qui suit : « Le Dr.Leon Davidson est à nouveau sur notre dos. Il veut une traduction textuelle du message spatial et l'identification de l'émetteur d'où il provient. Votre attention est attirée sur une lettre à Davidson de Wallace W.Elwood, Captain USAF, ATIC C, datée du 5 août 1957, dans laquelle Elwood dit à Davidson que le message était identifiable comme un code morse provenant d'une station de radio connue sous licence américaine.

Cela visait à convaincre Davidson qu'il n'y avait pas en fait de message spatial. Il n'est pas satisfait et explique que les caractéristiques des sons sur l'enregistrement du message ne sont pas de type morse. Pouvez-vous obtenir de l'ATIC la traduction du message transmis, nous aimerions renvoyer cet homme sous peu une fois pour toutes. Si vous ne pouvez pas obtenir cette information, Davidson va faire pression sur nous pour obtenir l'autorisation d'utiliser du papier à en-tête du bureau de Chicago (de la CIA ce qui démontre qu'il à bien travaillé pour eux) et d'autres papiers à en-tête du gouvernement américain qu'il a reçus pour un sujet dans un article pour un magazine spatial. Nous envoyons par Buckslip ce jour une publication de Davidson critiquant l'Air Force pour la dissimulation d'informations sur les soucoupes volantes. Soit dit en passant, Davidson n'est pas un imbécile et il semble que l'ATIC le traite comme tel s'ils pensent qu'il peut se contenter d'une SOP (embobinage-barratinage en argot) telle que celle du capitaine Elwood. »

TRANSMITTER FROM WHICH IT CAME. YOUR ATTENTION IS CALLED TO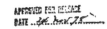
...TTER TO DAVIDSON FROM WALLACE & ELWOOD X WALLACE & ELWOOD, CAPTAIN,
...AF X USAF, ATIC X ATIC, DATED 5 X 5 AUGUST 1957 X 1957, IN WHICH
ELWOOD TELLS DAVIDSON THE MESSAGE WAS IN IDENTIFIABLE MORSE CODE
AND FROM A KNOWN US X US LICENSED RADIO STATION. THIS WAS INTENDED
TO SATISFY DAVIDSON THAT HE DID NOT X NOT IN FACT HAVE A SPACE
MESSAGE. HE IS NOT X NOT SATISFIED AND EXPLAINS THAT THE
CHARACTERISTICS OF THE SOUNDS ON THE TAPE RECORDING OF THE MESSAGE
ARE NOT X NOT MORSE-TYPE. CAN YOU OBTAIN FROM ATIC THE MESSAGE
TRANSLATION, AND THE TRANSMITTER, SHORTLY? WE'D LIKE TO DISMISS THIS
MAN ONCE AND FOR ALL. IF YOU CANNOT OBTAIN THIS INFORMATION,
DAVIDSON IS GOING TO PRESSURE US FOR PERMISSION TO USE CHICAGO OFFICE
LETTERHEAD AND OTHER US X US GOVERNMENT LETTERHEAD HE HAS RECEIVED
IN THIS MATTER IN AN ARTICLE FOR SOME SPACE MAGAZINE. WE ARE SENDING
BY BUCKSLIP THIS DATE A PUBLICATION OF DAVIDSON'S CRITICIZING THE AIR
FORCE FOR CONCEALMENT OF INFORMATION ON FLYING SAUCERS. INCIDENTALLY,
DAVIDSON IS NO X NO FOOL AND IT APPEARS THAT ATIC IS TREATING HIM
AS ONE IF THEY THINK HE CAN BE SATISFIED WITH A SOP SUCH AS CAPTAIN
ELWOOD'S.

APPROVED FOR RELEASE
DATE ....

WA CITE CHGO-9236

SUPPORT ██████ FROM ██████

RE WA-26258 X 26258 AND CASE ██████████ (CLOSED).

WE NEGLECTED TO MENTION IN CHGO-9228 X 9228 THAT OUR CONTACT WITH
LEON DAVIDSON X LEON DAVIDSON WAS PERSON-TO-PERSON. HE WAS IN
CHICAGO FOR A SCIENTIFIC MEETING. DAVIDSON EXPLAINED THAT HE IS DOING
AN ARTICLE FOR A SPACE MAGAZINE. HE WANTS THE TRANSLATION OF THE
MESSAGE AND THE EMITTING STATION PROVING THE SPACE MESSAGE TO BE A
HOAX, OR HE WANTS PERMISSION TO PICTURE GOVERNMENT LETTERHEADS,
OURS AND ATIC'S X ATIC'S, IN HIS ARTICLE SHOWING GOVERNMENT AVOIDANCE
OF HIS INQUIRIES. HE EXPLAINED THAT HE HAD RECEIVED NO X NO
SATISFACTORY ANSWER TO HIS REQUEST OF US AND ATIC X ATIC IN NEARLY A
YEAR. ██████ TOLD DAVIDSON WE WOULD COMMUNICATE WITH HIM SHORTLY
SUPPLYING THE INFORMATION HE REQUESTED IF POSSIBLE, OR EXPLAINING
THAT NOTHING FURTHER COULD BE DONE. RE DAVIDSON'S WISH TO USE
GOVERNMENT LETTERHEAD IN EVENT HE CANNOT GET MESSAGE TRANSLATION,
██████ ADVISED THIS WOULD BE IMPRUDENT AND SUGGESTED HE NOT X NOT
DO IT WITHOUT THE EXPRESS PERMISSION OF THE AGENCIES CONCERNED.
DAVIDSON AGREED THIS WAS BEST. DAVIDSON WAS CALM AND PLEASANT BUT

VERY DETERMINED. IN VIEW OF YOUR WA-26258 X 26258 WE WISH TO BOW
OUT OF THIS THING, BUT URGE THAT HEADQUARTERS, ██████████
██████ AND ATIC X ATIC CONCERN THEMSELVES WITH THIS MAN AND TRY TO
SATISFY HIM. PLEASE DO NOT X NOT LET US DOWN ON OUR AGREEMENT TO
COMMUNICATE WITH HIM. WE ARE COMMITTED.

CN TOT:28/1730Z
IST TOT:28/1941Z

APPROVED FOR RELEASE
DATE

Document de la CIA (peut être le 20 décembre 1957), (Réf. #-
C00015244) daté de 1957, un agent secret de la CIA dit ce qui suit à
propos de Leon Davidson :

« Davidson était calme et agréable mais très déterminé. Au vu de votre WA-2625B, nous souhaitons nous retirer de cette affaire, mais nous demandons instamment à ce quartier général (série de mots supprimés) et l'ATIC depuis presque un an, de s'occuper de cet homme et d'essayer de (...) S'il vous plaît, ne nous laissez pas tomber sur notre accord de communiquer avec lui, nous sommes engagés. »

La CIA écrit que l'ATIC de l'Air Force tente elle même, sans l'aide de la CIA de le satisfaire (avec de fausses informations).

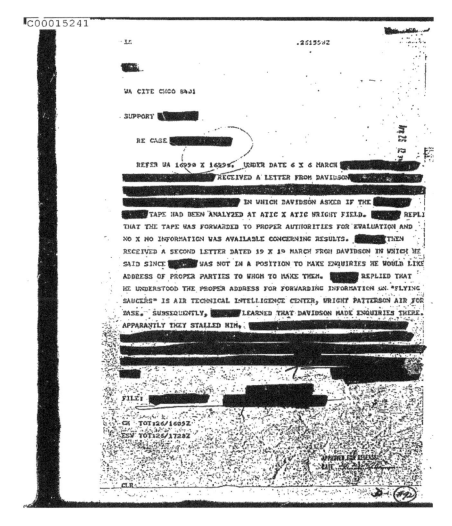

Davidson est trop près de la vérité et des soucoupes volantes situées à Wright Patterson selon la CIA (document du 6 mars, date indéterminée).

Tous les éditeurs refusent le livre de Leon Davidson boycotté par la puissante CIA, pourtant sa réputation de scientifique émérite ayant travaillé pour la CIA sous contrat à Los Alamos est avérée. Outre cela, Davidson fut fondateur du mouvement Disclosure, se résout à s'auto édite lui même, examinant dans son ouvrage sous un regard suspicieux, le dernier rapport Project Blue Book de l'US Air Force n°14, démontrant comment le gouvernement a menti, afin de dissimuler non seulement son propre engin soucoupe expérimental, mais aussi l'existence d'extraterrestres dans la base de Wright Patterson.

Malgré toute attente, Davidson publie le rapport et l'analyse qui l'accompagne, parvenant à vendre, 9100 exemplaires jusqu'à la dernière édition parue en 1976. Les éléments du rapport spécial n°14 du Projet Blue Book furent préparés en 1952 à la demande de la CIA pour être présentés aux scientifiques du Panel Robertson. Le chercheur Keyhoe utilisa certaines informations de ce document le 8 mars 1958 dans une interview avec Mike Wallace de CBS. À l'époque, Keyhoe affirmait que la CIA était impliquée dans le panel Robertson et qu'elle le contrôlait intégralement, et il avait raison. Conjointement, Keyhoe et Davidson écrivent à la CIA et à l'Air Force, leur insistance agace les autorités au plus haut point.

Lors d'une réunion secrète, avec des représentants de l'Armée de l'Air pour discuter de la façon de traiter les demandes telles que celles de Keyhoe et Davidson, les responsables de la CIA ont confirmé leur opposition à la déclassification du rapport Robertson complet, s'inquiétant du fait que Keyhoe ait l'oreille de l'ancien vice-amiral de la DCI Roscoe Hillenkoetter, siégeant au conseil d'administration du Nicap, une organisation civile d'enquête sur les OVNIS.

Mais alors que Keyhoe a été traité avec respect, Davidson a été pointé du doigt pour un traitement plus sévère. L'officier de la CIA Frank Chapin laisse entendre que Davidson pourrait avoir des arrière-pensées, « Certaines d'entre elles n'étant peut-être pas dans le meilleur intérêt de ce pays », il suggère de faire appel au FBI pour enquêter et faire pression sur lui sans que la CIA n'intervienne directement, en tout dans un premier temps. Davidson franchit deux lignes rouges, la première, clamer haut et fort que Wright Patterson et la CIA avaient des OVNIS et des extraterrestres, la seconde, dénoncer Walter B.Smith, directeur de la CIA.

Pour Davidson, il était évident que la CIA était derrière tout cela : « Elle a délégué à l'Armée de l'Air le rôle officiel d'enquêteur pour éviter une réelle instruction publique.

Elle a secrètement parrainé la formation de groupes d'étude sur les soucoupes et de clubs de contact, dont le Nicap sous la direction de T.Townsend Brown, avec qui, incidemment, j'ai eu une correspondance volumineuse. La CIA a créé de nombreux journaux soucoupistes, parrainé la publicité reçue par les livres d'Adamski et d'autres, sponsorisé la vague d'articles sur les soucoupes en 1952 dans Life, Look, etc. Tout fut remonté à Allen Dulles, un autre directeur de la CIA qui au cours des années 1950, s'est activement impliqué dans les travaux de la CIA sur les OVNIS, par effet collatéral, il en a vu l'impact psychologique sur la population et a lancé un plan visant à transformer certains signalements d'OVNIS en armes d'influence médiatique et de guerre psychologique. »

1°) CIA, premier rapport : « (Censuré) a reçu une lettre de Davidson (Censuré) dans laquelle Davidson demande si la bande (censuré) avait été analysée à Wright Field. « (Censuré) a répondu que la bande avait été transmise aux autorités compétentes pour évaluation et qu'aucune information n'était disponible concernant les résultats. (censuré) a ensuite reçu une deuxième lettre datée du 19 mars de Davidson dans laquelle il disait que puisque (censuré) n'était pas en mesure de faire des demandes de renseignements, il aimerait connaître l'adresse des parties appropriées à qui les faire. (censuré) a répondu qu'il comprenait que l'adresse appropriée pour transmettre des informations sur les soucoupes volantes était l'Air Technical Intelligence Center, Wright Patterson Air Force Base. Par la suite, (censuré) a appris que Davidson y avait fait des recherches. Apparemment, ils l'ont bloqué », (ils : l'Air Force et l'ATIC).

2°) CIA, second rapport : En mai de la même année, un autre rapport demandait : « Quels progrès ont été réalisés ? Cette correspondance date de plus d'un mois. Je crains que plus nous tergiversons, plus nous ajoutons de l'huile sur le feu. De plus, les gens de Wright Field retiennent leur souffle en attendant des conseils », (de la part de la CIA).

3°) CIA, premier rapport : date illisible : « Davidson est de nouveau sur notre dos. Il veut une traduction textuelle du message spatial, et l'identification de l'émetteur et d'où il provient. »

4°) Un quatrième rapport indique que l'affaire est classée, l'auteur déclare que Davidson écrivait un article sur l'incident intitulé : « L'armée de l'air et les soucoupes, troisième partie : la Central Intelligence Agency s'implique dans les soucoupes. » Dans ce 4°opus, l'auteur revendique que la CIA lui a effectivement fourni certaines informations, mais ne révèle pas lesquelles, et que la CIA ne répondra plus à la correspondance de Davidson.

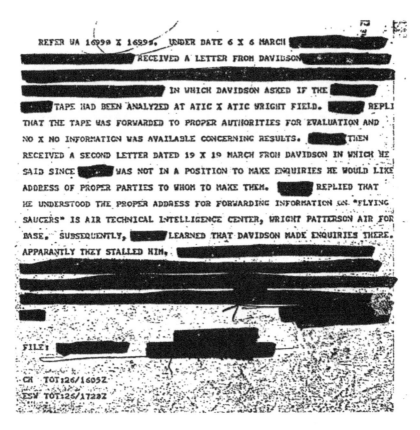

REFER UA 16990 X 16995. UNDER DATE 6 X 6 MARCH ███████████
███████████ RECEIVED A LETTER FROM DAVIDSON ███████████
███████████
███████████ IN WHICH DAVIDSON ASKED IF THE ███████
███████ TAPE HAD BEEN ANALYZED AT ATIC X ATIC WRIGHT FIELD. ██████ REPLI
THAT THE TAPE WAS FORWARDED TO PROPER AUTHORITIES FOR EVALUATION AND
NO X NO INFORMATION WAS AVAILABLE CONCERNING RESULTS. ██████ THEN
RECEIVED A SECOND LETTER DATED 19 X 19 MARCH FROM DAVIDSON IN WHICH HE
SAID SINCE ██████ WAS NOT IN A POSITION TO MAKE ENQUIRIES HE WOULD LIKE
ADDRESS OF PROPER PARTIES TO WHOM TO MAKE THEM. ██████ REPLIED THAT
HE UNDERSTOOD THE PROPER ADDRESS FOR FORWARDING INFORMATION ON "FLYING
SAUCERS" IS AIR TECHNICAL INTELLIGENCE CENTER, WRIGHT PATTERSON AIR FOR
BASE. SUBSEQUENTLY, ██████ LEARNED THAT DAVIDSON MADE ENQUIRIES THERE.
APPARANTLY THEY STALLED HIM. ███████████
███████████
███████████
███████████

FILE:
CH TOT:26/1605Z
ESN TOT:26/1722Z

Plusieurs des dossiers semblaient faire référence au même incident, au cours duquel un possible OVNI avait été aperçu sur la base aérienne Wright Patterson dans l'Ohio en 1978. Les rapports font référence à une personne nommée Dr Leon Davidson qui a fait plusieurs demandes d'informations sur le sujet et ne semble pas avoir reçu de réponse favorable et satisfaisante, pour calmer son insistance.

OSI: Armstrong:mb (29 May 1958)
Distribution:
Orig. - Addressee
1 - Assistant to the Director (Mr. Chapin)
1 - Office of Security
2 - DAD/C/SI
1 - ASD/SI

1624 33rd Street, N. W.
Washington 7, D. C.
29 May 1958

En mai de la même année : « Le dossier en référence (Censuré) et le téléconférence. Quels progrès ont été réalisés dans cette correspondance vieille de plus d'un mois, je crains que la durée d'attente ne rajoute de l'huile sur le feu. »

Dix ans ont épuisé la bonne volonté de l'ufologue, la désinformation de la CIA finit par payer, Davidson devient l'un des premiers opposants à l'hypothèse extraterrestre, soutenant que les OVNIS ne s'expliquent pas comme des engins spatiaux physiques occupés par des extraterrestres, mais comme une campagne gouvernementale sophistiquée de désinformation utilisée pour cacher une technologie militaire expérimentale.

La CIA, le roi du Maroc et le président Gerald Ford

Selon l'Agence, ils n'étaient absolument au courant de rien et n'y accordaient aucune attention, ce document prouve entièrement le contraire.

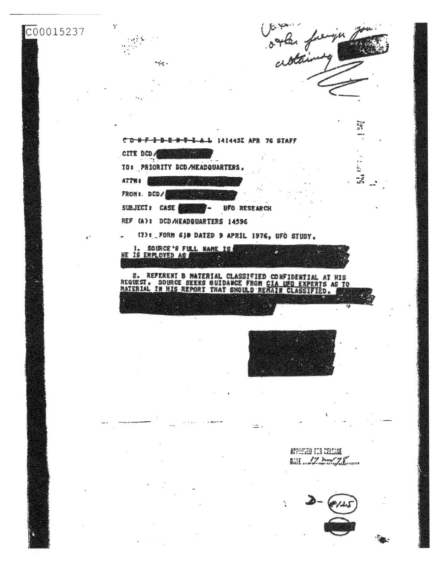

Quarante sept ans après en 2023 le dossier est toujours Top Secret.

Document de la CIA daté du 9 avril 1976, souvenez-vous que devant le Congrès en juillet 2023, des représentants de la CIA ont maintenu sous serment, n'avoir jamais eu connaissance de dossiers OVNIS, l'agence n'aurait participé en aucune manière à un travail sur ces dossiers.

Ce document prouve également la présence de la CIA dans les affaires d'OVNIS. Souvenons-nous que les employés de la CIA ont menti sous serment face au Congres, ce qui est un parjure punissable pénalement.

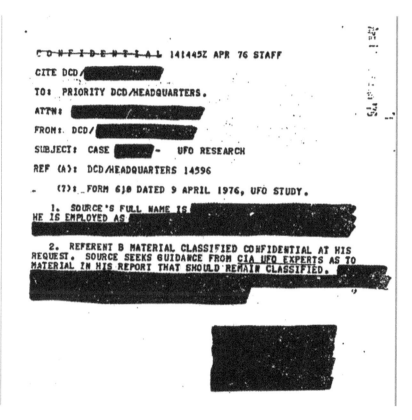

Document de la CIA daté du 9 avril 1976: « les conseils des experts de la CIA au sujet du matériel contenu dans le rapport qui doit rester classifié (secret).

Un tel degré de censure pour des débris de satellite potentiels, des météorites, nous en doutons fort. Quarante-sept ans plus tard, la CIA argumentera qu'il s'agissait de missiles américains, ces propos frisent le ridicule : « Des missiles tirés au-dessus de villes habitées du Maroc, »

```
                                        5.
UNIDENTIFIED FLYING OBJECTS (UFO: 0420-1440, 23 UFO (PROBABLY BALLOONS) MOVED
( FROM WEST OF              PASSED SW OF              AND ENTERED THE
              ALT 66 000-69 000 FT

( :           6. RADAR TRACKING OF UNIDENTIFIED FLYING OBJECTS (UFO): A.
   0715-1410, EIGHT UFO (PROBABLY BALLOONS) MOVED OVER
                                              ALT 66,000-79,000 FT. B.
   0925-1509, NINE UFO (PROBABLY BALLOONS) MOVED SLOWLY FROM
   TOWARD WEST, PASSED                       AND FADED NEAR           (ALT) :
( 66,000-85,000 FT. C. 1046-1344, THREE UFO (PROBABLY BALLOONS) MOVED SLOWLY
   FROM                   TOWARD WEST AND FADED NEAR                       ALT
   72,100-85,300 FT. #0008 NNN

( :
```

Top Secret UMBRA (probablement un dossier de la NSA transmis à la CIA), non daté.

Objets volants non identifiés 0420-1440, 23 OVNIS (probablement des ballons) en mouvement de l'est en provenance de (censuré) sont passés au sud ouest de (censuré) et sont entrés à (censuré), altitude 20 000 - 21 000 m.

Six radars ont suivi des objets volants non identifiés (illisible).

a°) 0715-1410, huit OVNIS (probablement des ballons) en mouvement vers (censuré), altitude 20 000 - 24 000 m.

b°) 0925-1509, neuf OVNIS (probablement des ballons) en déplacement lent depuis (censuré) vers l'ouest sont passés vers (censuré), et montés en altitude vers (censuré) à 20 000 - 26 000 m.

c°) 1046-1344, trois OVNIS (probablement des ballons) en déplacement lent depuis (censuré), vers l'ouest, sont passés vers (censuré), altitude 21 900 - 26 000 m.

N°0008 NNN

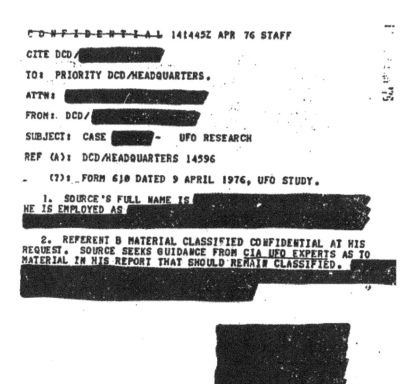

Confidentiel 14 Avril 1976
Cite DCD (censuré),
Destiné en priorité au quartier général du DCD
A l'attention de (censuré)
Envoyé par DCD (censuré)
Sujet ; dossier de recherche OVNI
Ref (A) : DCD, quartier général 14596
Ref (7) : Formulaire 6J0 daté du 9 avril 1976 étude OVNI

1°) Le nom complet de la source est (censuré) employé a (censuré).

2°) Document du référent B classé confidentiel à sa demande. La source demande conseil aux experts de la CIA en matière d'OVNIS quant aux éléments de son rapport qui devraient rester classifiés.

Confidentiel.

Des informations urgentes sur les OVNIS sont remises en main propre au plus haut scientifique de la CIA pour examen en 1976.

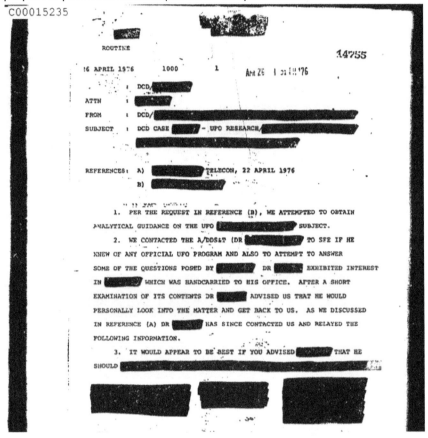

Le rapport fortement censuré ci-dessus décrit des informations apparemment urgentes sur les OVNIS remises en main propre à un directeur adjoint pour la science et la technologie en avril 1976.

Routine 14755 le 16 avril 1976, DCD (Censuré) à l'attention de (Censuré), expédié par DCD (Censuré), sujet Dossier DCD (Censuré) recherche OVNI (Censuré).

Références :
(A) (Censuré) telecom 22 avril 1976
(B) (Censuré)

Le nom du directeur adjoint a également été Censuré, mais les archives de la CIA indiquent que Carl Duckett occupait ce poste à l'époque.

1°) Selon la demande indiquée dans la réf. (B), nous avons tenté d'obtenir des conseils analytiques sur l'OVNI.

2°) Nous avons contacté A/DDS&T Dr (Censuré) pour voir s'il connaissait un programme officiel OVNI et également pour répondre aux questions posées par (Censuré), le Dr (Censuré) a montré de l'intérêt pour (Censuré) qui a été transporté à la main dans son bureau. Après un bref examen de son contenu, le Dr (Censuré) nous a informé qu'il examinerait personnellement la question et nous recontacterait. Comme nous en avons discuté dans la réf. (A) depuis, le Dr. (Censuré) nous a contacté et relayé les informations suivantes.

3°) il semblerait préférable que vous conseilliez à (Censuré) de le faire (Censuré), signatures (Censuré).

Un deuxième document datant de juin 1976 semble demander une mise à jour de l'examen, mais il n'y a aucune trace de la suite donnée.

Trois OVNIS sphères noires à gauche de l'image, un OVNI principal à droite[58].
Albuquerque, New Mexico, space, ISS, NASA, secret, 2021.

---

[58] Lieu de l'observation : Albuquerque, Nouveau-Mexique, Sandia National Labs Date de l'observation : 15 août 2011, un témoin oculaire déclare : « Cet OVNI était au sol, puis il a juste décollé » la photo est extraite d'un film tourné par une caméra embarquée à bord d'une voiture, et peut sembler un peu saccadée, c'est parce que la caméra filme en mouvement.

3°) La CIA, la Zone 51, White Sands et le Maroc ?

L'un des documents mis en avant par le journal DailyMail.com examine le cas OVNI aperçu au Maroc daté du 23 septembre 1976, le menu de la CIA comporte les mots : « Au directeur immédiat - avec demande personnelle d'enquêter sur l'OVNI observé au Maroc. »

Le rapport d'une page entière est couvert de 25 lignes noires qui semblent avoir été tracées directement au stylo pour censurer le contenu lors de la dé classification approuvée 34 ans plus tard en février 2010.

à destination immédiate du directeur (de la CIA)
nom (Censuré)
ref. (Censuré)
1°) (Censuré)
2°) (Censuré)
3°) 23 septembre (Censuré)
avec une demande personnelle d'enquêter sur un signalement OVNI au Maroc
4°) (Censuré)
5°) (Censuré)

Aparté de l'auteur : deux directeurs de la CIA recevaient de tels télex, le directeur central (DCI) et le directeur adjoint pour la science et la technologie à la CIA, Carl Duckett.

En avril 1976 William E.Colby était le DCI[59], et son directeur adjoint du 30 janvier 1976 au 20 janvier 1977, Georges W.Bush futur président des États-Unis.

Le DDR ou directeur du CIA Directorate of Science and Technology (DS&T) est un poste important, je citerai deux directeurs dont les liens troublants avec le monde des OVNIS sont significatifs :

1°) Le Dr Ruth David diplômée de Standford directeur des tests de développement puis directeur des technologies de l'information avancées du laboratoire de Sandia où de nombreux survols OVNIS eurent lieu, fut DDR de la CIA pour la période de septembre 1995 à septembre 1998.

2°) En août 2010, le physicien Donald Kerr, directeur adjoint du FBI en charge du laboratoire criminel du FBI, a été nommé directeur adjoint de la CIA pour la science et la technologie. Kerr a dirigé le Laboratoire national de Los Alamos (LANL) et passé 12 ans dans l'industrie privée avant de prendre le contrôle du laboratoire du FBI en 1997. Kerr a obtenu son doctorat en physique des plasmas à Cornell University et a travaillé au LANL de 1966 à 1976. En 1976, il est devenu directeur adjoint. des opérations du ministère de l'Énergie au Nevada, trois ans plus tard, il fut nommé chef du LANL. En 1985, Kerr a quitté LANL pour devenir président d'EG&G, l'entreprise qui employa Bob Lazar dans la Zone 51, laboratoire S-4.

```
                                            ..ce  vi i icer
Employer's Name
EG&G, Special Projects Inc.
Office mail address (Number and Street)
2755 E. Desert Inn, Las Vegas,
Date of injury          Hour of injury              Date em
 10 | 6 | 90        A.M. 1800 P.M.          ᴹᵒ10
Address or location of accident
Forward Area, Nevada Test Site
What were you doing at the time of the accident?
See Below
```

---

[59]Le directeur du renseignement central (DCI) a été le chef de la Central Intelligence Agency américaine de 1946 à 2005, agissant en tant que principal conseiller en renseignement du président des États-Unis et du Conseil de sécurité nationale des États-Unis , ainsi que coordinateur du renseignement. activités au sein et entre les différentes agences de renseignement américaines (collectivement connues sous le nom de Communauté du renseignement à partir de 1981).

3°) Septembre 1976 l'affaire d'état.

Dossier de la CIA : en 1976, Hassan II, donne l'alerte aux américains.

En septembre 1976, Hassan II, sollicite les Etats-Unis après que la Gendarmerie Royale ait observé d'étranges apparitions tout au long de la côte marocaine, mais Henry Kissinger, alors Secrétaire d'Etat classe l'affaire sans suite.

La réponse d'Henry Kissinger au câble diplomatique expédié par l'ambassade des Etats-Unis à Rabat au Département d'Etat en relation avec la demande urgente d'Hassan II, pour déterminer la provenance des OVNIS observés par la Gendarmerie Royale en septembre 1976 au dessus de sept localités marocaines est lapidaire.

Dans le flot des câbles diplomatiques américains révélés par Wikileaks en 2013, celui d'une requête du Maroc à Washington concernant un OVNI qui a longé les côtes du royaume à très basse altitude est pour le moins singulier.

Dans la nuit du 18 au 19 septembre 1976, plusieurs unités de la Gendarmerie Royale font état à leur commandement général de la présence d'un OVNI survolant de plus de sept localités marocaines. Hosni Benslimane, alors colonel, en est avisé en moins de 24 heures. Il en fait immédiatement état à Hassan II. Celui-ci lui ordonne d'exiger sans tarder aux Américains de lui fournir une explication.

Au même moment dans la nuit du 18 au 19 septembre 1976 à Téhéran une interception entre un chasseur et un OVNI va entrer dans l'histoire de l'ufologie, coïncidence ?

Le 23 septembre, à 10h00 du matin, le commandant de la Gendarmerie Royale, rencontre l'ambassadeur Robert Anderson, après avoir demandé à le voir aux aurores. « Quand il est arrivé, le colonel Benslimane a dit que le roi l'avait envoyé pour discuter de plusieurs observations d'objets volants non identifiés au dessus du Maroc, dans la nuit du 18 au 19 septembre. Selon le commandant Benslimane, la Gendarmerie a reçu plusieurs appels d'Agadir, de la région de Marrakech, de Casablanca, Rabat, Kenitra et d'autres territoires qui rapportent le passage d'OVNIS entre 1h00 et 1h30 du matin », relate l'ambassadeur. Le lendemain, Benslimane dépêche un de ses officiers, le major Mohamed Lissaoui qui, dans un exposé aux diplomates américains ébahis, a fait un rapport circonstancié de l'événement, croquis à l'appui, ayant été lui-même témoin des faits sur la route de Kénitra.

Le 25 septembre, l'ambassade des Etats-Unis à Rabat achemine un câble diplomatique à Margaret P.Grafeld du Département d'Etat. D'après les descriptions de Lissaoui, « L'objet allait généralement du sud-ouest au nord-est, il était argenté, lumineux et de forme circulaire et envoyait des éclats lumineux par intermittence et faisait du bruit », rapporte l'ambassadeur qui précise : « Le colonel Benslimane a dit que le roi était personnellement intéressé. J'ai promis que nous ferions ce que nous pourrions.»

Perplexe, Robert Anderson écrit dans son câble : « Franchement, je ne sais pas quoi faire de ces observations bien que je trouve intrigantes les similitudes entre les différentes descriptions réalisées dans des endroits très éloignés les uns des autres. En tout cas, je souhaite pouvoir répondre rapidement à la demande d'information du roi Hassan II, et je vous serais reconnaissant quoi que vous fassiez pour m'y aider », conclut-il. Le représentant de la CIA au Maroc câble un Telex confidentiel au directeur à Langley, il est Urgent, déclassifié des années plus tard il est suffisamment sensible pour demeurer censuré dans son intégralité, nous le reproduisons dan ce livre en l'état.

Le Secrétaire d'Etat Henry Kissinger répond dix jours plus tard à Robert Anderson lui faisant remarquer que le rapport du Comité Condon avait démontré que tous les OVNIS : « Pouvaient être attribués à des causes naturelles et qu'aucune enquête ne devait être poursuivie ». Kissinger évoque la piste d'un météore ou d'une retombée sur Terre d'une partie d'un lanceur de satellite, alors qu'aucun rapport officiel n'est venu étayer ses dires. Les ufologues ont vite fait de rapprocher ce cas avec l'incident de Téhéran, très médiatisé, qui a vu une interception par un chasseur Phantom F4 iranien d'un OVNI durant la même nuit du 18 au 19 septembre 1976. L'affaire avait par ailleurs donné lieu à un rapport secret puis déclassifié de la DIA, organisation de renseignement militaire du Pentagone.

Des années plus tard, en 2012, le canadien Ted Molczan, spécialiste de la traque de satellites était arrivé à la conclusion que de débris d'une fusée russe qui s'était désintégrée lors de sa rentrée dans l'atmosphère est à l'origine des OVNIS marocains. Curieusement la NASA ne s'est pas prononcée, la CIA non plus et pour cause, un satellite volant à l'horizontale en au-dessus de villes habitées puis repartant en sens contraire, causerait des questionnements auxquels ils ne sauraient répondre. Factuellement, ni la Navy, ni la NASA n'ont jamais communiqué leurs données concernant aucun lancement balistique ou rentrée dans l'atmosphère des restes d'une satellisation ou d'un météorite, et pour cause ils auraient beaucoup de mal à expliquer un vol horizontal changeant de direction ou zigzaguant au-dessus de villes marocaines habitées, avant de remonter vers le ciel et de rejoindre la stratosphère.

Le directeur en charge du dossier était le directeur de la CIA et futur président des États-Unis, George H. W. Bush ; DCI du 30 janvier 1976 au 20 janvier 1977.

Le dossier OVNI au-dessus du Maroc en 1976 demeure encore entièrement censuré et caviardisé, une grande partie n'est même pas disponible elle est : Top Secret.

En 1976, la division des Projets spéciaux d'EG&G exploitait Janet Airlines dans des vols réguliers vers la Zone 51, installation militaire secrète de l'US Air Force située à Groom Lake dans le sud du Nevada, administré par la base aérienne d'Edwards, dans le sud de la Californie.

L'affaire de Kenneth Arnold survient en juin 1947, dix jours plus tard c'est le tour de Roswell en juillet, ensuite le Sénat adopte vingt jours plus tard vers le 25 juillet 1947, un projet de loi, sur un ministère unique de la Défense Nationale le : National Security Council du 26 juillet qui décide de la création de la CIA.

Deux intervenants vont alors opérer secrètement sur les OVNIS :

- L'OSI, Office of Scientific Intelligence de la CIA.

- L'OSI, Office Of Special Intelligence de l'US Air Force, également contrôlé par la CIA.

E.J.Ruppelt ancien chef du projet Blue Book relie création de la CIA en Juillet 1947 à la période sous laquelle le secret absolu fut exigé de la part de tous au sujet des OVNIS, le lien causal était selon lui une évidence.

En 1977, des centaines de documents secrets émanant de la CIA furent déclassifiés, dans cette masse, les chercheurs découvrent une page au contenu étonnant, il y est question d'ordres donnés par la CIA et le National Sécurity Council, sous les auspices avantageux de la loi de 1947, section 2, paragraphes d et c, stipulant que l'Agence (CIA) créait un programme de renseignement et de recherches requises pour résoudre le problème posé par l'identification des objets volants non identifiés[60].

D'autres documents circonstanciés déclassifiés à la même période sont autant de preuves incontestables de la supervision du sujet OVNI par la CIA, qui intoxiqua les médias journalistiques avec de vraies fausses nouvelles destinées à colmater les fuites et soutenir des diversions manipulatrices. Il faut passer beaucoup de temps pour lire, traduire et interpréter l'énorme masse des 2 780 pages déclassifiées par la CIA et récupérées par le site The Black Vault, la patience est payante.

Nous avons abordé 1976, 1977 et 1978 car il s'agit des dates des procès entre la CIA et les associations de citoyens désireux d'accéder aux dossiers secrets OVNIS que la CIA clamait haut et fort devant un juge ne pas détenir. Continuons à remonter le temps au hasard des pages vers 1955, une affaire de soucoupes volantes en URSS, en présence d'un agent de la CIA et d'un sénateur américain.

---

[60] Jean Sider : OVNIS dossier secret, éditions du Rocher, 1994.

Une ancienne histoire survenue le 5 octobre 1955, pas moins de 8 ans avant l'assassinat de Kennedy, mérite notre attention puisqu'elle fut étudiée par la CIA. Vers huit heures du soir, un agent de la CIA, un sénateur et le lieutenant-colonel E.W. Hathaway voyageaient en train à travers le territoire de l'Union Soviétique vers la mer Noire du côté de la Caspienne. Avant d'atteindre Kazi-Magomed, le centre administratif de la région d'Adjikabul en Azerbaïdjan, environ 10 minutes après que le train franchise la gare d'Alyat, presque au bord de la mer Caspienne, les Américains virent successivement deux soucoupes volantes par la fenêtre de leur wagon.

C'est ainsi qu'ils ont appelé les appareils sous la forme de disques lisses avec des renflements au milieu, tournant lentement, dispersant étincelles et flammes, brillant avec quelque chose qui ressemblait à des projecteurs.

Les disques ont lentement grimpé à une hauteur d'environ deux milles (1 800 m), prenant brusquement de la vitesse, puis volant horizontalement en direction du nord.

L'endroit d'où ils sont partis était à deux ou trois kilomètres au sud des observateurs, peu après, comme il est indiqué dans le rapport, les cheminots soviétiques ont baissé les rideaux et leur ont interdit de regarder par les fenêtres. La conclusion se lit comme suit : « Les observateurs américains sont fermement convaincus qu'ils ont vu des soucoupes volantes ». Parvenus quelques jours plus tard à l'ambassade américaine de Prague, via Bakou, Dnepropetrovsk et Kiev ; l'agent, le sénateur et lieutenant-colonel ont déclaré l'incident à l'attaché militaire Thomas S.Ryan qui rédigea un rapport demeuré secret pendant 68 ans.

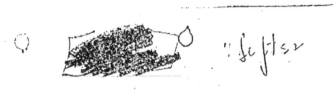

MEMORANDUM FOR: Director of Central Intelligence

THRU   : Deputy Director (Intelligence)

SUBJECT   : Flying Saucers

CURRENT INTELLIGENCE BULLETIN

DOCUMENT NO. 38
NO CHANGE IN CLASS.
☐ DECLASSIFIED
CLASS. CHANGED TO: TS S C
NEXT REVIEW DATE: 2010
AUTH: HR 70-3
DATE: 6 JAN 1980 REVIEWER:

25X1

25X1

DIA and DOS review(s) completed.

Office of Current Intelligence

CENTRAL INTELLIGENCE AGENCY

Bulletin confidentiel Interne à la CIA tirage 100 exemplaires du 12 octobre 1955

lights stationary on top near middle part. Sparks or
flame seen coming from aircraft. No protrusions seen
on aircraft which passed over observers' train. Both
flying disc aircraft ascended relatively slowly to about
6,000 then speed increased sharply in horizontal flight
both on northerly heading. Flying attitude of disc re-
mained same during ascent as in cruise, like a discus
in flight. Two operating searchlights pointing almost
vertical seen near take-off area located about 1-2 miles
south of railroad line. After sighting, Soviet train men
became excited and lowered curtains and refused permission to look out windows. US observers firmly believe these unconventional aircraft are flying saucer or
disc aircraft.

Rapport de l'attaché militaire américain sur les observations d'OVNI en URSS p.4.

25X1A

1. REPORTED SIGHTING OF UNUSUAL AIRCRAFT
   IN USSR

25X1A

The following is an excerpt from a
cable received from the US Air Force:

Three reliable US observers, Senator
Richard Russell, Lt. Col. E. U. Hathaway, Army, Mr.
Ruben Efron, visited Prague 12-13 October. Arriving
direct from Kiev, via Baku, Tiflis, Dnieper Petrovsk,
Black Sea Area, they reported following to USAIRA and
USARMA:

On 4 October 1955 at 1910 hours be-
tween Atjaty (Alyat Station) and Adzhijabul (Kazi Magomed,
40-02 N, 48-56 E), 10 minutes by rail after departing
Atjaty in Transcaucasus Region, two mound (as received)
and circular unconventional aircraft resembling flying discs

25X1A

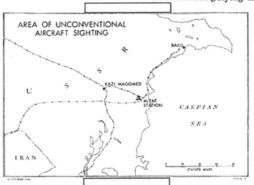

25X1A

or flying saucers were seen taking off almost vertically
one minute apart. Disc aircraft ascended near dusk with
outer surface revolving to the right slowly and with two

OCT 2 1952

MEMORANDUM TO: Director of Central Intelligence

THROUGH: Deputy Director (Intelligence)

FROM: Assistant Director, Office of Scientific
                         Intelligence

SUBJECT: Flying Saucers

 ER -- 3 -- 2672

OCT 2 1952

MEMORANDUM TO: Director of Central Intelligence

THROUGH: Deputy-Director (Intelligence)

FROM: Assistant Director, Office of Scientific Intelligence

SUBJECT: Flying Saucers

1. PROBLEM—To determine: (a) Whether or not there are national security implications in the problem of "unidentified flying objects"; (b) whether or not adequate study and research is currently being directed to this problem in its relation to such national security implications; and (c) what further investigation and research should be instituted, by whom, and under what aegis.

2. FACTS AND DISCUSSION—OSI has investigated the work currently being performed on "flying saucers" and found that the Air Technical Intelligence Center, DI, USAF, Wright-Patterson Air Force Base, is the only group devoting appreciable effort and study to this subject, that ATIC is concentrating on a case-by-case explanation of each report, and that this effort is not adequate to correlate, evaluate, and resolve the situation on an overall basis. The current problem is discussed in detail in TAB A.

3. CONCLUSIONS—"Flying saucers" pose two elements of danger which have national security implications. The first involves mass psychological considerations and the second concerns the vulnerability of the United States to air attack. Both factors are amplified in TAB A.

4. ACTION RECOMMENDED—(a) That the Director of Central Intelligence advise the National Security Council of the implications of the "flying saucer" problem and request that research be initiated. TAB B is a draft memorandum to the NSC, for the DCI's signature. (b) That the DCI discuss this subject with the Psychological Strategy Board. A memorandum to the Director, Psychological Strategy Board, is attached for signature as TAB C. (c) That CIA, with the cooperation of PSB and other interested departments and agencies, develop and recommend for adoption by the NSC a

policy of public information which will minimize concern
and possible panic resulting from the numerous sightings
of unidentified objects.

H. MARSHALL CHADWELL
Assistant Director
Scientific Intelligence

ANNEXES:
    TAB A—Memorandum to DCI, through DDI, Subject: Flying
       Saucers.
    TAB B—Letter to National Security Council with enclosure.
    TAB C—Memo to Director, Psychological Strategy Board with
      enclosure.

CONCURRENCES:

Date: _____

LOFTUS E. BECKER
Deputy Director/Intelligence

ACTION BY APPROVING AUTHORITY:

                            Date: _____

Approved (disapproved): _____

WALTER B. SMITH
Director

- 2 -

1°) Page du mémorandum signé par H.Marshall Caldwell directeur
en second de l'intelligence technologique au sein de la CIA, destiné au
DCI, directeur de la CIA Walter Bedell Smith (ancien ambassadeur en
Union soviétique de 1946 à 1948).

SEP 24 1952

MEMORANDUM FOR: Director of Central Intelligence

THROUGH   : Deputy Director (Intelligence)

SUBJECT   : Flying Saucers

1. Recently an inquiry was conducted by the Office of Scientific Intelligence to determine whether there are national security implications in the problem of "unidentified flying objects," i.e., flying saucers; whether adequate study and research is currently being directed to this problem in its relation to such national security implications; and what further investigation and research should be instituted, by whom, and under what aegis.

2. It was found that the only unit of Government currently studying the problem is the Directorate of Intelligence, USAF, which has charged the Air Technical Intelligence Center (ATIC) with responsibility for investigating the reports of sightings. At ATIC there is a group of three officers and two secretaries to which come, through official channels, all reports of sightings. This group conducts investigation of the reports, consulting as required with other Air Force and civilian technical personnel. A world-wide reporting system has been instituted and major Air Force Bases have been ordered to make interceptions of unidentified flying objects. The research is being conducted on a case basis and is designed to provide a satisfactory explanation of each individual sighting. ATIC has concluded an arrangement with Battelle Memorial Institute for the latter to establish a machine-indexing system for official reports of sightings.

3. Since 1947, ATIC has received approximately 1500 *official* reports of sightings plus an enormous volume of letters, phone calls, and press reports. During July 1952 alone, *official* reports totaled 250. Of the 1500 reports, Air Force carries 20 percent as *unexplained* and of those received from January through July 1952 it carries 28 percent *unexplained*.

4. In its inquiry into this problem, a team from CIA's Office of Scientific Intelligence consulted with a representative of Air Force Special Studies Group; discussed the problem with those in charge of the Air Force Project at Wright-Patterson Air Force Base; reviewed a considerable volume of intelligence reports; checked the Soviet press and broadcast indices; and conferred with three CIA consultants, who have broad knowledge of the technical areas concerned.

2°) Page du mémorandum, paragraphe n°3 : la CIA en relation avec l'ATIC de Wright Patterson dénombre 1 500 rapports de signalements d'OVNIS officiels pour 1952 ainsi que de nombreuses lettres, appels téléphoniques et coupures de presse. Environ sur 1 500 cas, 250 correspondent au mois de juillet 1952. Un quart demeurent inexpliqués par l'US Air Force soit environ 60 cas, et en ce qui concerne la période de janvier à juillet 1952 le nombre grimpe à 26%.

Des directeurs de la CIA dévoilent l'inimaginable.

Le double jeu de la CIA avec les OVNIS dure depuis longtemps, parfois la presse soutient les propos de lanceurs d'alerte, puis le public oublie et passe à autre chose. Le 10 septembre 1966 le journal : Los Angeles Times édite un article, et cette coupure de presse se retrouve dans les archives classifiées par la CIA :

« La Central Intelligence Agency des États-Unis a ordonné à l'Air Force de démystifier les histoires sur les objets volants non identifiés, accuse un physicien de l'Université d'Arizona. Le Dr.James E.McDonald, physicien principal à l'Institut de physique atmosphérique de l'UA, a déclaré que la politique de silence a étranglé toute enquête scientifique sur les objets. Il a ajouté qu'il y avait des raisons de croire que certains objets pourraient transporter des personnes venues de l'espace pour des missions de reconnaissance au-dessus de la Terre. »

CIA et NASA des années de censure démesurée sur les OVNIS.

Los Angeles Times un scientifique dit que la CIA étrangle les rapports sur les OVNIS.

Les aveux de directeurs de la CIA

R.James Woolsey ancien directeur de la CIA sous Bill Clinton dit que les OVNIS sont réels, après avoir déclaré lors de l'enquête du Congrès en 2023, que l'avion d'un ami respecté et à la réputation au-dessus de tout soupçon avait croisé un OVNI une fois à 40 000 pieds (19 000 m). Il est désormais le troisième ancien responsable du gouvernement à faire allusion à cette possibilité.

Un autre ex-officier de la CIA a révélé sa conviction qu'une intelligence non humaine vit actuellement à nos côtés, s'ouvrant sur sa propre rencontre avec des extraterrestres. Jim Semivan a eu une carrière longue de 25 ans en tant qu'agent de la CIA, où il a travaillé au sein du Service National Clandestin. Il est également co-fondateur de To The Stars Academy avec Tom Delonge, une société qui s'intéresse à divers sujets liés aux extraterrestres. Lors d'une apparition sur le podcast Calling All Beings, Semivan a déclaré : « Il y a une entité ici ! Il existe une sorte d'intelligence non humaine qui vit avec nous sur cette planète ! »

Il croit qu'il existe une autre réalité qui nous côtoie et dont nous n'avons pas conscience : « Nous ne sommes pas seuls, et nous n'avons jamais été seuls », a-t-il déclaré. Semivan prétend également avoir lui-même vécu une rencontre avec des extraterrestres. Il affirme que dans les années 90, des êtres sont apparus dans sa chambre, sa femme étant dans la pièce avec lui elle est le second témoin de la rencontre, a-t-il déclaré sur Coast to Coast AM[61].

Les liens entre la CIA et le mystère des OVNIS remontent à 1947. Nous savons que deux officiers chevronnés de la CIA, ont tous deux exprimé un intérêt personnel pour les questions et les cas d'OVNIS UAP, et rejoint George Knapp lors d'une rencontre télévisée, pour discuter du rôle de la CIA dans l'étude des OVNIS, parmi eux, Jim Semivan est apparu en première mi-temps.

Semivan a déclaré qu'il était d'accord avec une remarque faite par Colm Kelleher, chercheur au Skinwalker Ranch, selon laquelle le phénomène OVNI est bien plus que des écrous, des boulons et des machines, car il existe également des éléments psychiques et biologiques qui renforcent la grande étrangeté. L'enquête des Stars sur les méta matériaux ayant des rapports isotopiques impairs, peut-être associés aux OVNIS, était en cours,

---

[61]

https://twitter.com/TheUAPShow/status/1696757107096252814?t=c4hf23i6Vsaoq3sRZNjWOQ&s=04&fbclid=IwAR2ZKvt7_EUevVydrICXxaNq55H1lpr-JeE3GfZTqnUciKqGojlHfES6GrE

Le deuxième vétéran de la CIA, John Ramirez, 25 ans de service, spécialisé dans les systèmes de défense antimissile balistique, a été présenté dans la seconde moitié. Il a rappelé son intérêt de longue date pour l'espionnage et comment il est passé du statut d'officier de la Marine à celui de la CIA en 1984. Il a comparé la collecte d'informations au métier de journaliste pour un service d'information, même si ses sources d'informations étaient généralement clandestines. Comme Semivan, lui aussi a vécu ce qui pourrait être considéré comme des expériences de type enlèvement extraterrestre, notamment le fait d'être placé sur une table d'examen dans un engin circulaire. Il est intéressant de noter qu'un certain nombre de ses homologues de la CIA et de la NSA ont également eu des expériences avec des OVNI, a-t-il révélé. Dans le cadre de son travail lié à la défense antimissile, il a pris conscience de cas où un radar russe détectait des engins inhabituels et, dans un cas, il a déclaré qu'ils avaient tenté d'attirer un UAP pour qu'il atterrisse.

Ramirez a noté que l'historien de la CIA, Gerald Haines, a écrit sur l'étude des OVNIS menée par l'agence de 1947 aux années 1990, pour une division initialement appelée Bureau du Renseignement Scientifique. Ce qui était particulièrement curieux pour Ramirez, c'est que la division comptait parmi son personnel des spécialistes des sciences de la vie et de la médecine, ce qui indique un intérêt possible pour les corps extraterrestres. Il a également décrit comment un pilote de l'armée de l'air à bord d'un avion qui volait près du Kamtchatka pour surveiller les tests russes a observé un énorme mur de lumière blanc laiteux volant vers lui à 6 200 mph, (10 000 km/h) bien que l'armée de l'air ait supposé qu'il s'agissait d'une sorte de contre-mesure de la part des Russes. Concernant les observations militaires d'UAP les « transmoyens » comme les Tic Tac, Ramirez a déclaré qu'il ne croyait pas que la Russie ou tout autre pays étranger ait les capacités de produire ce type de technologie anti gravité.

Le pilote de l'US Air Force, Robert Hopkins, travaillant dans la région du Kamtchatka, a été confronté à un phénomène inhabituel : : « Un mur de lumière a traversé la trajectoire de notre vol puis s'est dirigé vers l'est, laissant derrière lui un ciel nocturne vide et sombre. »

Les scientifiques américains se sont intéressés à la question. Les Américains pensaient que les Russes avaient mis au point un système permettant de masquer les lancements de missiles. Le signal des satellites espions ennemis (américains) a disparu pendant un moment. Cela signifie que le lancement du missile n'a pas pu être détecté à temps. En conséquence, il était impossible de prendre des mesures de protection contre les missiles en temps opportun, les Américains croyaient que l'URSS pourrait vaincre le système de défense antimissile américain en utilisant le « Dôme de Lumière ».

D'étranges sphères venues d'un autre monde.

Robert Hopkins face à un objet inconnu au Kamtchatka.

Deux sénateurs et un orbe similaire en 2023

Le scientifique en chef du Pentagone impliqué dans l'enquête sur les phénomènes anormaux non identifiés (UAP) a riposté aux affirmations faites lors d'une audience au Congrès cette semaine, selon lesquelles son bureau n'était pas totalement transparent dans ses conclusions. De 144 cas d'OVNIS reconnues en 2023 nous sommes passés à 800 après avoir ajouté quelques incidents issus de la Fédéral Aviation Administration.

Plusieurs rapports d'incidents décrivant de récentes observations d'OVNIS par des pilotes américains dans un espace aérien contrôlé traduisent les sérieuses inquiétudes des aviateurs concernant de potentielles collisions avec des objets inconnus, selon le site : The Debrief. Le représentant de Floride, Matt Gaetz, a déclaré que le personnel de l'USAF lui avait récemment montré une image d'UAP qu'il n'était « en mesure d'associer à aucune capacité humaine ».

Les rencontres aériennes non résolues avec ce que le Pentagone appelle désormais des phénomènes anormaux non identifiés, ou UAP, ont été classées sous forme de rapports d'incident auprès du système de rapports sur la sécurité aérienne (ASRS) de la NASA et décrivent des événements survenus dans l'espace aérien américain mettant en évidence des problèmes de sécurité persistants associés à l'apparition d'objets aériens intelligents d'origine inconnue. Le Congrès a reçu le témoignage de trois anciens responsables au sujet de rencontres avec l'UAP et de prétendues récupérations américaines d'engins d'origine non humaine :

« Il y a plusieurs mois, mon bureau a reçu une divulgation protégée de la base aérienne d'Eglin indiquant qu'il y avait eu un incident UAP qui nécessitait mon attention », a ensuite écrit Gaetz dans un article sur X (ex Twitter), le site de médias sociaux anciennement connu sous le nom de Twitter avant son récent changement de nom par Elon Musk.

Gaetz dit qu'après avoir appris l'incident, il a demandé un briefing sur la situation et a amené Burchett et Luna avec lui lors d'une visite à la base. Gaetz aurait vu l'image en 2023, lors d'une visite à la base aérienne d'Eglin, en Floride, où il était accompagné du représentant Tim Burchett (R-TN) et de la représentante Anna Paulina Luna (R-FL) :

« Au début, on nous a refusé l'accès aux images, au radar et aux conversations avec tous les membres de l'équipage de conduite », dit Gaetz. Cependant, après le refus initial, des demandes supplémentaires de la part des représentants concernant la publication d'images ont permis à Gaetz de voir une photographie prise par un membre de l'équipage de conduite impliqué dans la rencontre avec l'UAP.

Selon le récit de Gaetz, le pilote aurait rencontré ce qu'il a qualifié de flotte de quatre UAP « volant en formation de diamant » alors qu'il effectuait un exercice d'entraînement au-dessus du golfe du Mexique. En tentant de caractériser l'objet qu'il a observé sur la photo du pilote, Gaetz a déclaré qu'il ressemblait à : « ce que je ne peux décrire que comme un orbe », ajoutant qu'il ne semblait pas avoir « Une quelconque capacité humaine à ma connaissance. »

1°) Un incident, survenu en avril 2023, décrit une rencontre avec un objet de couleur sombre potentiellement aussi gros qu'un petit avion à réaction de type affaires qui a également été détecté sur le radar du centre de contrôle du trafic aérien le plus proche (ARTCC, ou ATC) considéré comme une menace en raison du risque d'une éventuelle collision en vol : « Pendant la montée au départ », indique une partie du rapport du pilote, « nous avons rencontré un objet volant non identifié ou un phénomène quelconque », qui se serait produit entre les positions géographiques MSLIN et STOMP FIX, « L'objet a été porté à notre attention par l'ATC lorsqu'ils nous ont informés d'une cible radar principale qui se trouvait à notre position à 9 heures à moins d'un demi mile de distance », déclare le pilote dans le rapport, « La proximité de l'avis de circulation a attiré notre attention sur la menace de collision et crash aérien. »

Le pilote déclare que l'objet observé près de la position 8 heures du côté du commandant de bord de l'avion volait à la même altitude de 25 000 pieds au-dessus du niveau moyen de la mer, ou FL250, au moment où le premier contact visuel a été établi. L'objet semblait maintenir sa trajectoire, se déplaçant vers la position 7 heures par rapport à l'avion du journaliste, moment auquel il n'était plus considéré comme une menace potentielle.

L'OVNI, qui n'a pas pu être identifié par le pilote, a été décrit comme étant potentiellement une sorte de gros véhicule aérien sans pilote ou peut-être un avion de combat d'entraînement militaire prototype inconnu, que le pilote a estimé avoir voyagé au moins 200 nœuds (environ 400 km/h). C'est assez lent, car s'il s'agit d'un avion de ligne, la vitesse est en général de 0,7 à 0,8 Mach, c'est à dire environ 900 km/h, et un avion militaire largement au-delà :

« L'ATC était intéressé par le rapport visuel car ils ne parlaient pas avec l'avion, ni n'étaient conscients de sa présence en dehors du petit retour du radar primaire, et il ne transmettait pas de signal ADS-B OUT malgré les exigences de l'espace aérien de classe A », souligne le communiqué. du rapport ; l'incident a été attribué au sein de l'ASRS sous le numéro d'accession (ACN) 1991689.

Depuis la publication des réglementations fédérales aériennes 14 CFR 91.225 et 14 CFR 91.227 en mai 2010, la Federal Aviation Administration (FAA) exige que tout aéronef évoluant dans l'espace aérien de classes A, B et C soit équipé d'un système de surveillance dépendante automatique (ADS- B), détermine sa position par un système de positionnement par satellites (GNSS) informant périodiquement sa position et d'autres informations aux stations sol et aux appareils évoluant dans la zone.

2°) Un autre rapport enregistré avec l'ASRS (ACN 1978900) en février 2023 décrit une observation par plusieurs pilotes d'un objet blanc allongé et se déplaçant rapidement.

Le rapport d'incident indique que le pilote a observé le phénomène inexpliqué à 14 heures, à ce qui semblait être proche de son altitude ou au-dessus : « Je ne suis pas sûr de la distance. Au début, j'ai pensé qu'il s'agissait d'un reflet sur mon pare-brise, mais après avoir bougé ma tête et mon point de vue, l'objet est resté stable, apparaissait rectangulaire ou oblong et d'un blanc laiteux », déclare le pilote. « Mon premier officier (FO) est revenu de l'avant (des toilettes) et a observé l'objet se déplaçant rapidement vers le sud avec moi, après que je lui ai demandé ce que c'était. Il s'est déplacé à vitesse constante vers le sud et a disparu, Je regrette de ne pas avoir pris de vidéo, mais j'ai été captivé par ce que je voyais », ajoute le pilote à propos de cette rencontre éphémère. Quelques minutes plus tard, le pilote a déclaré avoir reçu une communication radio d'un ARTCC voisin lui demandant si quelqu'un avait vu la lumière ou l'objet :

« Un autre vol dirigé par un ami a également été témoin de phénomènes aériens non identifiés (UAP), ainsi que de nombreux autres avions », écrit le pilote, « Je n'ai jamais rien vu de pareil en près de 30 ans de vol. »

Système de rapports sur la sécurité aérienne de la NASA

Depuis plusieurs décennies, l'ASRS fonctionne comme un système de reporting permettant de collecter, d'analyser et de répondre aux rapports d'incidents liés à diverses questions de sécurité aérienne soumis volontairement par les pilotes et autres membres du personnel ou observateurs.

Bien que les informations soient collectées principalement pour être utilisées par la Federal Aviation Administration (FAA), l'ASRS est géré par la NASA, qui fonctionne comme un tiers objectif pour aider à garantir l'anonymat des personnes qui soumettent des informations au système ;

« Les signalements envoyés à l'ASRS sont strictement confidentiels », indique le site Internet de l'ASRS, soulignant qu'aucun journaliste n'a été compromis dans plus d'un million de signalements reçus. Les dates, heures et informations connexes, qui pourraient être utilisées pour déduire une identité, sont soit généralisées, soit éliminées pour garantir l'anonymat des journalistes et ainsi encourager le signalement des incidents aériens sans crainte de représailles ou de litiges qui pourraient autrement en résulter. »

Cette base de données ASRS en ligne rend tous les rapports d'incidents collectés par la NASA via l'ASRS librement accessibles au public.

Suivi aérien de la NASA

En 2021, une première enquête menée par The Debrief a révélé plusieurs rapports d'incidents extraits de la base de données ASRS impliquant des observations d'objets aériens non identifiés avec une caractéristique commune présente dans de nombreux rapports d'incidents, qui s'étendent sur plusieurs décennies : « Le niveau d'inquiétude suscité par les rencontres parmi les pilotes qui ont observé ces phénomènes aériens. »

Objets non identifiables avec mouvements erratiques

1°) Lors d'un autre incident signalé à l'ASRS (ACN 1902497) en mai 2022, un pilote instructeur affirme avoir été contraint de prendre des mesures d'évitement pour contourner une collision dans le ciel avec un objet qu'il n'était pas en mesure d'identifier lors d'un vol d'entraînement de routine :

« Alors que nous dégagions la zone pour une manœuvre, j'ai repéré l'objet non identifié alors que nous nous en approchions rapidement. L'objet apparu très soudainement, semblait planer sans montrer aucun signe de mouvement. J'ai immédiatement pris les commandes et décidé de mesures d'évitement afin d'anticiper un choc en vol », déclare le pilote dans le rapport. « Au départ, j'ai confondu l'objet avec quelque chose de léger ou un drone, car il ne ressemblait ni à un avion ni à un hélicoptère. Alors que nous passions devant l'objet, j'ai pu avoir un aperçu précis ; mais je n'ai pas pu identifier ce que cela pourrait être. J'ai ensuite repris le vol d'entraînement dans une direction sûre, loin de cette rencontre. »

2°) Un autre incident signalé en décembre 2021 **(ACN 1866128)** détaille l'observation d'un feu clignotant inhabituel, dont le mouvement semblait incompatible avec celui d'un avion normal :

« Objet volant non identifié observé depuis le sol avec un schéma de vol très sporadique. Balise clignotante au sud altitude estimée entre 3 000 et 4 000 pieds MSL (900 et 1 200 m). L'objet a disparu deux fois et est réapparu », indique le bref rapport. Le modèle de vol est trop irrégulier et dépasse les capacités des avions traditionnels. La balise clignotait en blanc. Pas de feux de position rouge vert. »

Certaines des observations impliquant des objets non identifiés ont été enregistrées dans l'ASRS en tant qu'incidents impliquant des vols de drones présumés non autorisés, bien que les descriptions de leur apparence et de leurs mouvements curieux, ainsi que de leur proximité dangereuse avec les avions, mettent en évidence les problèmes de sécurité auxquels les aviateurs ont été confrontés ces dernières années et que les altitudes et positionnements soient incompatibles avec les capacités maximales des drones existants.

3°) Lors d'un incident survenu en août 2019 **(ACN 1673603),** un copilote a déclaré avoir observé : « Un objet apparu soudainement dans le pare-brise. Avant même que je puisse communiquer un avertissement, il a survolé notre avion. Pilot Flying n'a pas vu l'objet alors qu'il passait directement au-dessus de lui à moins de 50 pieds. J'ai immédiatement commenté un quasi-accident avec un certain type d'objet non identifié », déclare l'observateur dans le rapport de l'ASRS.

Le pilote offre une description de l'objet, notant qu'il pensait initialement avoir vu un grand type de ballon plat, tout en soulignant qu'il semblait de nature solide lorsqu'il passait devant lui. Les contrôleurs aériens ont par la suite communiqué qu'un drone non autorisé aurait opéré dans la zone, sur la base de rapports similaires indiquant que l'objet inhabituel avait été observé volant à l'est de l'aéroport, au nord de la trajectoire d'approche finale.

Un ballon plat est un terme mesuré pour décrire une soucoupe volante plate qui est venue perturber le trafic aérien au-dessus de l'aéroport lors des atterrissages. La NASA ne se prononce pas sur l'incident malgré un visuel satellite sur zone.

San Diego

4°) Un autre rapport d'incident distinct de novembre 2018 **(ACN 1595625)** décrit également une rencontre avec un avion non identifié qui pourrait être un type de drone observé par des pilotes s'approchant de l'aéroport international de San Diego (SAN) :

« En approchant de SAN, nous avons vu ce qui semblait être un drone ou un avion non identifié traversant notre trajectoire de vol », écrit le journaliste, notant que la rencontre s'est produite à une altitude estimée quelque part entre 5 000 pieds ou 6 000 pieds MSL (1 500 - 1 800 m).

Suite à une communication avec l'ATC au sujet de l'objet, les pilotes rapportent qu'ils ont bouclé un cercle, échangeant des remarques sur la météo au sud de la frontière, tous deux curieux de savoir ce qu'aurait fait un gros drone :

« À environ 5 000 pieds à notre arrivée, on nous a interrogé sur notre trajectoire et demandé si nous avions le champ en vue », conclut le rapport. « Nous avons répondu oui et après l'atterrissage, il nous a été demandé de contacter l'ATC. »

La NASA, le DOD et la FAA s'attaquent aux l'UAP

En octobre 2022, une série d'observations d'objets non identifiés par des pilotes, rapportées par The Debrief a finalement souligné la prévalence d'erreurs d'identification par satellites Starlink et par des pilotes commerciaux.

Bien que des vols de drones non autorisés ou des observations d'autres objets conventionnels ne puissent être exclus comme identifications potentielles de certains des objets détaillés dans les récents rapports ASRS consultés par The Debrief, les dossiers font néanmoins état d'incidents impliquant des objets physiques de quelque sorte, opérant à des distances dangereuses du l'avion où se trouvaient les pilotes observateurs et les membres d'équipage. En juin dernier 2023, la NASA a annoncé son intention de mandater une équipe d'étude qui examinerait les OVNIS en se concentrant sur l'identification des données disponibles, la meilleure façon de collecter les données futures et la manière dont la NASA peut utiliser ces données pour faire avancer la compréhension scientifique des OVNIS ». L'étude a officiellement débutée en octobre 2022, et devant durer neuf mois, fut un vide total.

Étude indépendante UAP de la NASA

Lors d'une réunion publique télévisée de l'équipe d'étude UAP de la NASA le 31 mai 2023, Sean Kirkpatrick, directeur du Bureau de résolution des anomalies dans tous les domaines (AARO) du Pentagone, a déclaré que le lot actuel de rapports d'incidents analysés par son bureau était passé d'environ De 650 cas à plus de 800 après avoir finalement intégré les données de la FAA, la NASA n'en à traité aucun...

La FAA affirme que les observations de phénomènes météorologiques, d'UAP et d'autres problèmes de sécurité potentiels sont généralement signalées à l'agence par les pilotes opérant dans l'espace aérien américain : « Les pilotes sont formés pour se concentrer sur le pilotage de leur avion en toute sécurité », déclare la FAA dans un courriel adressé à The Debrief. « Les pilotes font régulièrement rapport aux contrôleurs aériens sur des événements tels que des turbulences, d'autres conditions météorologiques et des observations de drones et d'autres avions. »

En 2021, la FAA a publiquement reconnu pour la première fois dans une déclaration fournie à The Debrief qu'elle : « Documente les observations de phénomènes aériens non identifiés (UAP) chaque fois qu'un pilote en signale un à une installation de contrôle du trafic aérien.» Alors qu'auparavant, la FAA avait soutenu pendant des années qu'elle ne suivait pas les observations d'UAP par des pilotes professionnels, conseillant plutôt que les observations soient signalées à des agences civiles comme le National UFO Reporting Center (NUFORC) ou le National Aviation Reporting Center on Anomalous Phenomena (NARCAP).

Dans sa déclaration à The Debrief, la FAA ajoute que les rapports de pilotes qui pouvaient être corroborés par des informations complémentaires telles que le radar avaient été transmis à ce moment-là au groupe de travail sur les phénomènes aériens non identifiés, l'organisation qui a précédé les enquêtes actuelles du DOD sous l'égide de l'AARO. Ce dernier n'avait pas rendu l'information publique, occultant une masse de dossiers, signe évident de manque de transparence, avant de se résoudre à confirmer l'existence de 800 cas d'OVNIS en cours d'étude ce qui est très loin des 144, qui furent ensuite portés à 360 signalements. Désormais en moins d'un an ce sont 800 cas que le bureau de Kirkpatrick devra également faire figurer lors de la remise de son prochain rapport public sur les enquêtes UAP du DOD au Sénat avant la fin de l'année 2023. Cependant, Kirkpatrick maintient que ses déclarations précédentes selon lesquelles l'AARO n'a trouvé jusqu'à présent aucune preuve crédible d'une activité extraterrestre, d'une technologie hors du monde ou d'objets qui défient les lois connues de la physique restent exactes, malgré les récentes affirmations des lanceurs d'alerte concernant un programme présumé qui aurait a collecté des technologies exotiques détaillées dans une plainte de l'inspecteur général de la communauté du renseignement rapportée pour la première fois par The Debrief en juin 2023.

Ces affirmations ont été reprises lors d'une audience du Congrès le 26 juillet 2023, au cours de laquelle David Grusch, le lanceur d'alerte révélé publiquement pour la première fois dans l'article The Debrief du 5 juin 2023, alors qu'il se présente aux élus aux côtés des anciens pilotes de chasse de la Marine : David Fravor et Ryan Graves.

Au cours de l'audience du mois de juillet 2023, Graves, qui dirige désormais l'organisation de défense Americans for Safe Aerospace, a souligné la nécessité d'un système de signalement formel que les pilotes pourraient utiliser pour signaler les incidents UAP et les problèmes de sécurité potentiels qui y sont liés :

« Ils ne disposent d'aucun système de rapport vers lequel envoyer ces informations », a déclaré Graves à propos des pilotes militaires et commerciaux qui ont exprimé leur frustration à son organisation de ne pas savoir où ils peuvent signaler leurs observations, « Les pilotes professionnels qui m'ont contacté le font parce qu'ils ne pensent pas qu'il existe un autre moyen sûr de le faire », déclare Graves lors de l'audience. « C'est en fait une parodie que nous n'ayons pas de système pour corréler cela et réellement enquêter », ajoute Fravor, aujourd'hui commandant à la retraite de la marine américaine, qui était auparavant commandant du 41e Escadron de chasseurs d'attaque.

À ce jour, il n'existe toujours pas de système gouvernemental formel de reporting permettant aux pilotes et autres de signaler directement leurs rencontres avec l'UAP à l'AARO, plus d'un an après la création officielle du bureau. Il est évident que l'on freine autant que possible la mise en place de structures et de moyens pour faire jouer la montre et essouffler l'enquête du Congrès dans la durée.

Un rapport basé sur les conclusions de l'étude indépendante de la NASA, qui devait initialement être publié en juillet 2023, est également en retard, bien que la page FAQ officielle de l'étude sur l'UAP de la NASA indique seulement que le rapport sera publié à la mi-2023. Bien que la NASA affirme mener l'étude à des fins scientifiques et de sécurité aérienne propres à l'agence, il reste difficile de savoir si l'équipe d'étude indépendante a analysé les rapports d'incidents UAP récemment obtenus via l'ASRS, ou provenant d'autres sources qui collectent des observations de pilotes similaires. De plus, toutes les données satellitaires demeurent confidentielles, la NASA ne partage rien, il est plus que probable que comme à son habitude, la NASA s'en tienne historiquement à l'écart de tout ce qui concerne les OVNIS avec un déni complet, laissant la question aux autres agences fédérales.

L'Arizona en état d'alerte

Des avions de chasse américains subissent des rencontres aériennes inquiétantes dans les zones d'entraînement au combat aérien de l'Arizona, ce qui s'inscrit dans une tendance plus large avec de petits objets non identifiés, parfois en essaims de huit appareils, volant à des altitudes allant jusqu'à 36 000 pieds (11 000 m) à une vitesse de Mach 0,75 (900 km/h).

Un petit objet a heurté la verrière d'un F-16 Viper et l'a endommagée. Ces incidents, et bien d'autres encore, se sont tous produits à l'intérieur ou aux alentours de divers terrains d'entraînement militaire au combat aérien en Arizona depuis janvier 2020.

Ces événements sont décrits dans des rapports de l'Administration Fédérale de l'Aviation (FAA) déposés sur une période d'environ trois ans. Dans l'ensemble, les données indiquent que ce qui est souvent considéré comme des drones, mais qui sont en fait des objets aériens non identifiés pénètrent dans ces zones militaires restreintes avec une régularité alarmante.

Marc Cecotti, collaborateur de The War Zone, a pu obtenir, par le biais de la loi sur la liberté de l'information (FOIA), des rapports supplémentaires partiellement censurés du centre de sécurité de l'armée de l'air américaine sur un certain nombre de ces incidents, qui fournissent des informations supplémentaires. Cecotti, ainsi qu'Adam Keyhoe, un autre collaborateur du média The War Zone, ont commencé à remarquer un regroupement de rapports sur des rencontres aériennes inhabituelles dans le sud-ouest de l'Arizona en 2021. Un outil interactif en ligne qu'ils ont créé pour The War Zone exploite la base de données publique de la FAA sur les rapports d'incidents liés aux drones a permis de mettre en évidence cette tendance entre 2016 et 2020.

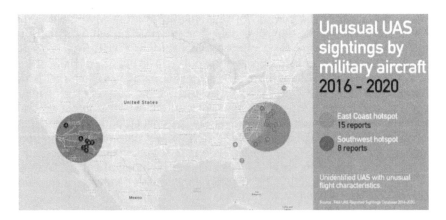

L'Arizona accueille d'importantes zones d'entraînement au combat aérien, dont Luke et Davis-Monthan :

1°) Luke est depuis longtemps un centre d'entraînement majeur pour les pilotes de F-35 et de F-16 de l'armée de l'air américaine et des pays étrangers.

2°) Davis-Monthan accueille des unités pilotant divers aéronefs, notamment des avions d'attaque au sol A-10 Warthog et des avions de guerre électronique EC-130H Compass Call.

3°) Des unités de la Garde nationale aérienne de l'Arizona opèrent également à partir de diverses bases situées dans le sud de l'État. Il s'agit notamment de la Morris Air National Guard Base, à côté de l'aéroport international de Tucson, dans la ville du même nom, qui accueille également le Air National Guard-Air Force Reserve Command Test Center (centre d'essais de la Garde nationale aérienne et du commandement de la réserve de l'armée de l'air).

4°) La Marine Corps Air Station (MCAS) Yuma, une importante base d'essai et d'entraînement accueille plusieurs escadrons de F-35, ainsi que des unités pilotant divers autres aéronefs, à environ 140 miles au sud-ouest de Luke.

5°) En 2016, un hélicoptère de la police de Tucson a rencontré un OVNI aux capacités mystérieuses dans le ciel de la ville. Quelque cinq ans plus tard, un hélicoptère des douanes et de la protection des frontières des États-Unis a été impliqué dans un incident avec un OVNI tout aussi déroutant. Ces rencontres ont été filmées à la caméra infra rouge et circonstanciées en détails.

Le média The War Zone a été le premier à signaler l'apparition inquiétante d'essaims de drones OVNIS au-dessus de la centrale nucléaire de Palo Verde, en Arizona, pendant plusieurs nuits en septembre 2019. Il y a aussi l'affaire des équipages d'un vol American Airlines et d'un jet d'affaires charter de Phoenix Air ; qui ont signalé des rencontres avec ce qui semblait être le même OVNI dans le ciel de la partie sud de l'État, près de la frontière avec le Nouveau-Mexique, l'année précédente. C'est dans cet État qu'a eu lieu, en 1997, la fameuse observation de masse des Phoenix Lights, qui reste encore aujourd'hui un sujet de discussion et d'interrogation chez les ufologues.

Affaires confidentielles 2019-2020

Le média The War Zone enquête, et au-delà de la nature préoccupante ou curieuse de ces incidents et d'autres incidents spécifiques contenus dans les registres de la FAA et les rapports HATR de l'armée de l'air, les données révèlent un certain nombre de tendances générales intéressantes.

La première est l'augmentation apparente du nombre d'incidents. En 2020, The War Zone a reçu 25 rapports d'incidents distincts du Centre de sécurité de l'Armée de l'Air, y compris des rapports Hazardous Air Traffic report (HATR) et d'autres, en réponse à une demande d'informations FOIA sur les rencontres d'avions avec des aéronefs non identifiés, avec ou sans équipage, n'importe où dans le monde entre 2013 et 2019.

En réponse à sa demande FOIA basée sur les données de la FAA, Marc Cecotti a reçu un total de neuf HATR caviardés concernant uniquement des incidents dans le sud-ouest de l'Arizona.

Les HATR obtenus par Cecotti comprennent les six incidents liés aux F-35, ainsi que trois autres qui semblent tous avoir impliqué des variantes du C-130. Ces derniers incidents se sont tous produits en 2021 à des altitudes inférieures à 6 000 pieds (1 800 m), impliquant ce qui a été expressément identifié comme des drones, faute de pouvoir écrire OVNI sans engendrer des problèmes administratifs. Deux d'entre eux ont été classés comme des quasi-collisions dangereuses, soulignant à nouveau les problèmes potentiels de sécurité aérienne découlant simplement de l'augmentation du nombre de drones et mettant en évidence la manière dont des acteurs malveillants pourraient être en mesure d'exploiter cette réalité.

Mais quels drones civils peuvent voler à 2 000 m au-dessus de bases militaires équipées des brouilleurs radio les plus performants ?

Affaires confidentielles 2021

1°) Un incident implique une quasi-collision entre un avion de guerre électronique EC-130H Compass Call de l'armée de l'air et un OVNI le 18 février 2021, tel que relaté dans un rapport HATR de l'USAF.

2°) En ce qui concerne les rencontres à plus haute altitude, les pilotes de deux F-35 ont observé un OVNI bleu-vert alors qu'ils se dirigeaient vers le sud au FL360 vers 36 000 pieds (11 000 m) près de Glendale le 1er mars 2021.

3°) Le 25 mars 2021, les pilotes d'une paire de F-35 volant à proximité de Casa Grande, Arizona, entre Phoenix et Tucson, ont signalé un grand OVNI blanc au FL240 sur 24 000 pieds (7 300 m) : **« L'objet, qui semblait stationnaire, est décrit comme éventuellement un petit avion sans transpondeur ni identification, ce qui est inconcevable, ou un très grand OVNI. »**

Un très grand OVNI disent-ils !

4°) Un certain nombre de rencontres entre des avions militaires et ce qui est décrit comme des groupes d'engins volant ensemble, ont eu lieu au cours des trois dernières années 2020-2023, en Arizona. Par exemple, le 29 mars 2021, deux pilotes de F-35 aux alentours de Buckeye, en Arizona, dans la banlieue de Phoenix, ont signalé la présence de 3 à 4 OVNIS sur leur côté droit, alors qu'ils se dirigeaient vers l'est à 17 000 pieds (5 000 m).

5°) Autre incident lié à un OVNI le 8 avril 2021, les parties non censurées de ce rapport HATR ne précisent pas quel type d'avion de l'armée de l'air était impliqué, mais qu'il était affecté au 55e groupe de combat électronique, qui utilise des EC-130H Compass Calls.

6°) Un incident survient le 17 juin 2021, impliquant un avion de sauvetage HC-130 Combat King de l'armée de l'air, également classé comme une quasi-collision.

7°) Le 28 septembre 2021, un pilote aux commandes d'un F-35 observe un OVNI alors qu'il se dirigeait vers le sud-ouest au FL320 vers 32 000 pieds (10 000 m).

Affaires confidentielles 2022

1°) Le 22 avril 2022, un pilote de F-35 signale « 8 UAP argentés à une altitude comprise entre 16 000 et 20 000 pieds (environ 6 000 m) » dans les environs de Glendale, en Arizona, une autre banlieue de Phoenix.

2°) Le 13 décembre 2022, les données de la FAA indiquent que le pilote d'un F-35 volant à l'extrémité est de R-2301E, une section de l'espace aérien restreint au sein du complexe Barry M. Goldwater Range (BMGR), a fait un rapport sur ce qu'il a décrit comme étant « 4 UAP ». Comme on peut le voir ci-dessous, cette entrée dans les registres de la FAA indique qu'aucune action évasive n'a été entreprise ».

Cependant, un rapport de l'U.S. Air Force Hazardous Air Traffic Report (HATR) que Marc Cecotti a obtenu à propos de cet incident indique que le F-35 a dû effectuer une manœuvre d'évitement pour anticiper le grope de ce qu'il décrit seulement comme quatre petits objets. Il ajoute qu'ils ont été observés au FL200 vers 20 000 pieds (6 000 m) se déplaçant lentement vers l'est.

Il n'est pas clair si le terme observé dans ce cas fait référence à un visuel des objets en question ou simplement au fait que le radar de l'avion les a détectés. D'autres HATR que Cecotti a reçus de l'armée de l'air font clairement la distinction entre les objets observés au radar et ceux identifiés visuellement.

Il convient également de noter que les registres de la FAA concernant les incidents liés aux OVNIS ne sont que des rapports préliminaires, ne précisant pas si les rencontres ont été confirmées ou non par d'autres moyens, et ne fournissent pas de détails sur d'éventuelles enquêtes ultérieures. Les conclusions ou recommandations de tous les rapports que l'armée de l'air a communiqués à Cecotti sont également complètement censurés et inexploitables.

3°) Le rapport de l'armée de l'air sur l'incident du 13 décembre 2022 révèle également que ce n'était pas le seul rapport de ce type ce jour-là. Un deuxième F-35 a également subi deux rencontres distinctes alors qu'il volait dans la zone R-2301E. La description des deux incidents survenus dans la zone R-2301E le 13 décembre 2022, tirée du rapport HATR. USAF via FOIA est très mince :

a°) La première observation a eu lieu au FL210 vers 21 000 pieds (6 400 m) d'un objet unique.

b°) Selon le HATR, la seconde observation a été faite au FL145 vers 14 500 pieds (4 300 m) au sujet d'environ huit petits objets. Les parties non censurées du rapport HATR ne disent pas que le second F-35 a dû manœuvrer de manière évasive dans l'un ou l'autre de ces cas. Les deux avions impliqués dans ces rencontres distinctes avec des groupes d'objets ce jour-là, qui appartenaient à la 56e escadre de chasseurs de l'armée de l'air sur la base aérienne de Luke effectuaient des sorties d'entraînement à l'époque, ont pu rentrer à la base sans autre incident.

4°) Le lendemain, 14 décembre 2022, le pilote d'un autre F-35 de la 56e escadrille de chasse accomplissant une sortie d'entraînement dans la partie sud-est de la zone R-2301E signale la présence d'un petit objet métallique, selon la FAA. Le rapport HATR de l'armée de l'air concernant cet incident indique que le pilote de l'avion a d'abord observé un objet significatif sur le plan radar au niveau de vol 210 vers 21 000 pieds (6 000 m) et qu'il l'a ensuite identifié visuellement un petit objet noir et métallique. Ce rapport n'indique pas qu'une action d'évitement a été nécessaire et que l'avion, qui n'était pas l'un des deux avions impliqués dans l'un ou l'autre des incidents de la veille, est retourné à Luke sans autre perturbation.

5°) Le 15 décembre 2022, les pilotes de deux F-35 de la 56e escadrille de chasse ont détecté, peut-être uniquement par radar, ce que les sections non censurées des HATR de l'armée de l'air décrivent uniquement comme un objet non identifié. Les jets volaient respectivement dans les zones d'opérations de Gladden et de Sells.

Gladden se trouve au nord de la R-2301E, tandis que Sells est situé à l'est. La FAA a enregistré ces deux incidents, mais décrit ce que les pilotes ont rapporté comme étant des OVNIS.

Affaires confidentielles 2023

Les observations d'objets non identifiés se sont poursuivies en 2023.

1°) Le 5 janvier 2023, un F-35 de la 56th Fighter Wing effectuant une sortie d'entraînement dans la MOA de Gladden, établit un contact radar avec un objet non identifié au FL187 vers 18 700 pieds (5 700 m).

2°) Le 19 janvier 2023, un avion de chasse F-16 Viper d'une unité inconnue volant en R-2301E est entré en collision en plein vol avec un OVNI blanc orange.

La FAA indique que l'OVNI aurait heurté la verrière de l'avion de chasse, mais l'étendue des dommages n'est pas précisée. L'entrée complète du journal de bord de la FAA concernant la collision en vol du F-16 avec le drone alors qu'il volait dans la zone R-2301E. FAA

3°) Le lendemain, 20 janvier 2023, l'un des F-35 de la 56e escadre a eu trois autres rencontres avec ce que le HATR qui l'accompagne décrit spécifiquement comme des petits drones ou OVNIS. Le jet effectuait une sortie d'entraînement qui comprenait du temps dans R-2301E, ainsi que R-2304, une autre section de l'espace aérien restreint dans le BMGR, ainsi que la MOA de Sells :

a°) Le premier OVNI est détecté au FL200 à 20 000 pieds (6 000 m) dans la partie nord-est de Sells, se déplaçant vers l'est à une vitesse d'environ 100 nœuds (185 km/h).

b°) Le second a été observé alors qu'il se déplaçait beaucoup plus vite et plus haut que les deux autres. Il a été détecté au FL330 vers 33 000 pieds (10 000 m) dans la partie nord-est du R-2301E, se déplaçant vers l'ouest à 0,75 Mach.

c)) Le troisième a été détecté au FL260 dans le R-2304, se déplaçant vers l'est à environ 100 nœuds.

La capacité de voler à environ 100 nœuds à une altitude de 20000 pieds ou plus est déjà bien supérieure aux performances généralement associées aux petits drones commerciaux et même à certains types militaires. À titre de comparaison, le RQ-20 Puma d'Aerovironment, petit drone populaire en service dans l'armée américaine et ailleurs dans le monde, a une vitesse maximale déclarée de 45 nœuds et une altitude de fonctionnement typique d'environ 500 pieds.

Pouvoir atteindre 0,75 Mach à 33 000 pieds est encore plus inhabituel, peu de drones peuvent y parvenir mise à part un système très performant, probablement propulsé par un jet, qui vole à environ 500 miles par heure. Selon le média War Zone, les registres de la FAA accessibles au public et les données récemment publiées par l'armée de l'air font état d'un nombre croissant de rencontres inquiétantes et potentiellement dangereuses avec des drones et d'autres objets aériens non identifiés, y compris ceux qui sont manifestement très dangereux. Il s'agit notamment d'objets qui constituent manifestement un danger très réel, comme le prouve la collision en vol entre le F-16 et le drone, dans un espace aérien militaire très fréquenté en Arizona.

Cela s'ajoute aux preuves antérieures selon lesquelles les terrains d'entraînement militaire sur les côtes est et ouest des États-Unis ont été des points focaux pour l'augmentation des rencontres avec des drones et d'autres objets non identifiés au cours de la dernière décennie. The War Zone a largement fait état d'incidents impliquant des aéronefs de la marine américaine opérant dans des champs de tir le long de la côte est du pays, ainsi que d'essaims de drones très préoccupants autour des navires de la marine dans des zones situées au large des côtes de la Californie méridionale.

Il semble que les installations situées en dehors de la zone continentale des États-Unis et à l'étranger remarquent également cette tendance générale.

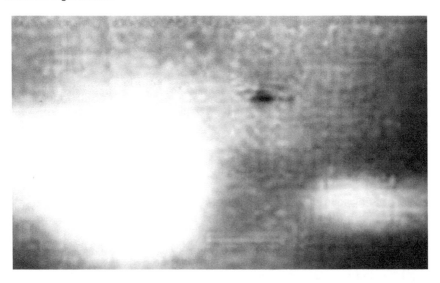

Ufo research Qeensland, Australie 2 mars 1966 Bellaburra, Ouest de Sydney.

Hangar P-3, et les corps de Roswell : déclaration « affidavit » sous serment scellé de Wanter G.Haut le 26 décembre 2002 devant le notaire Beverlee Morgan :

(1) Mon nom est Walter G. Haut

(2) Je suis né le 2 juin 1922

(3) Mon adresse est 1405 W. 7 ème rue, Roswell, NM 88203

(4) je suis retraité.

(5) En juillet 1947, j'étais en poste à la base aérienne militaire de Roswell, au Nouveau-Mexique, comme officier de relations publiques. Je venais de passer le week-end du 4 juillet (samedi 5 et dimanche 6) à ma résidence privée à environ 10 milles (16 km) au nord de la base, située au sud de la ville.

(6) J'ai appris, au milieu de la matinée de mon retour au service, le lundi 7 juillet, que quelqu'un avait fait état de restes d'un engin qui s'était écrasé. J'ai été informé que le Major Jesse A. Marcel, chef du renseignement, avait été envoyé par le Commandant de la base, le Colonel William Blanchard, pour enquêter.

(7) En fin d'après-midi le même jour, j'ai appris que de nouveaux rapports civils relatifs à un second emplacement au nord de Roswell étaient arrivés. J'ai passé le reste de l'après midi à mes tâches quotidiennes, sans noter d'éléments nouveaux.

(8) Mardi matin, le 8 juillet, j'ai assisté à la réunion habituelle du personnel à 7h30. En plus de Blanchard et Marcel il y avait également le Capitaine Sheridan Cavitt du CIC (Service de Contre-espionnage) ; le Colonel James I. Hopkins, Chef des Opérations ; le Lieutenant Colonel Ulysse S. Nero, officier d'Approvisionnement ; et de Carswell AAF de Forth Worth au Texas, le chef de Blanchard.

Le général de Brigade Roger Ramey et son chef d'équipe, le Colonel Thomas J.Dubose, étaient également présents. Le sujet principal de la discussion initiée par Marcel et Cavitt concernait un champ de débris dans le comté de Lincoln à environ 75 miles (120 km) au nord-ouest de Roswell.

Nous avons eu droit à un briefing préliminaire de Blanchard au sujet du deuxième emplacement à environ 40 miles (65 km) au nord de la ville. Quelques débris ont été passés autour de la table.

Je n'avais jamais vu un tel matériau de toute ma vie. Des morceaux qui ressemblaient à des feuilles métalliques, de l'épaisseur d'une feuille de papier mais extrêmement résistants, et des morceaux avec des inscriptions inhabituelles sur leur longueur circulaient de mains en mains tandis que chacun donnait son avis. Personne ne fut capable d'identifier les débris du crash.

(9) L'une des principales interrogations était de savoir si nous nous devions rendre publique ou pas la découverte. Le Général Ramey a proposé un plan qui, je crois, avait été conçu par ses supérieurs au Pentagone. L'attention devait être détournée de l'emplacement plus important au nord de la ville, tout en confirmant l'autre endroit. Trop de civils étaient déjà impliqués et la presse était déjà au courant. Je n'étais pas complètement informé de la manière dont l'affaire serait conduite.

(10) Vers 9h30, le Colonel Blanchard a téléphoné à mon bureau et a dicté le communiqué de presse déclarant que nous avions en notre possession un disque volant provenant d'un ranch au nord-ouest de Roswell, et disant que Marcel expédiait le matériel par avion vers le quartier général. Je devais livrer le communiqué aux stations de radio KGFL et KSWS, et aux journaux le Daily Record et le Morning Dispatch.

(11) Au moment où le communiqué de presse fut transmis, mon bureau a été inondé d'appels téléphoniques du monde entier. Les messages s'empilaient sur mon bureau, et le Colonel Blanchard a suggéré que je rentre chez moi pour me "planquer" plutôt que d'affronter les médias.

(12) Avant de quitter la base, le Colonel Blanchard m'a emmené personnellement au Bâtiment 84 (connu sous le nom de hangar P-3), un hangar pour les B-29 situé du côté est du tarmac. En approchant du bâtiment, j'ai observé qu'il était étroitement gardé, aussi bien au-dehors qu'à l'intérieur. Une fois à l'intérieur, j'ai été autorisé, à une distance de sécurité, à observer pour la première fois les objets récupérés juste au nord de la ville. Cela faisait environ 12 à 15 pieds (3,5 à 4,5m) de longueur, pas autant en largeur, environ 6 pieds (1,8m) de haut, et plutôt en forme d'oeuf. L'éclairage était faible, mais sa surface m'a semblée métallique. Aucune fenêtre, ni hublot, ni aile, ni section de queue, ni même un train d'atterrissage n'étaient apparents.

(13) Toujours à distance, j'ai pu voir deux corps sous une bâche en toile. Seules les têtes dépassaient de la bâche, et je ne pouvais rien voir du reste des corps. Les têtes m'ont semblées plus grandes que la normale, et la disposition de la bâche suggérait qu'ils avaient la taille d'un enfant de 10 ans. Plus tard, dans le bureau de Blanchard, il étendra son bras à environ 4 pieds (1,2m) au-dessus du sol pour indiquer leur taille.

(14) J'ai été informé qu'une morgue provisoire avait été installée, pour y garder les corps récupérés.

(15) J'ai été informé que l'épave n'était pas chaude (radioactive).

(16) A son retour de Fort Worth, le Major Marcel m'a raconté avoir apporté les débris au bureau du Général Ramey, puis être revenu de la salle des cartes pour constater que des morceaux de ballon météo et de cible radar leur avaient été substitués. Marcel a été très contrarié de cette situation. Nous n'en avons plus discuté.

(17) J'ai été autorisé à faire au moins une visite à l'un des sites de récupération pendant le nettoyage militaire. Je suis retourné à la base avec quelques débris que j'ai alors exposés dans mon bureau.

(18) J'ai été informé que deux équipes distinctes reviendraient périodiquement sur chaque emplacement plusieurs mois après à la recherche d'indices restants.

(19) Je suis convaincu que ce que j'ai observé était une sorte de vaisseau et son équipage venus de l'espace

(20) Je n'ai pas été payé et n'ai reçu quoi que ce soit de valeur pour faire cette déclaration, et c'est la vérité selon mes souvenirs.

Signé : Walter G. Haut le 26 Décembre 2002

Signature constatée par le témoin : Chris Xxxxxxx.

Le lieutenant Walter G. Haut était chargé des relations publiques sur la base militaire de Roswell en 1947. Dans les entretiens remontant aux années 80, il a dit qu'il était la plupart du temps en dehors du coup. Ce n'est que bien des années plus tard, qu'il parle du matin du 8 juillet, quand le Colonel William Blanchard, Commandant de la base, lui avait dicté un communiqué de presse selon lequel un disque volant avait été récupéré près d'un ranch de la région, et que celui-ci était expédié par avion vers un QG plus important.

En 2000. Walter G. Haut raconte longuement son histoire face aux chercheurs Wendy Connors et Dennis Balthauser, qui l'enregistrent, il sollicite néanmoins de leur part, que l'entrevue ne devait pas être révélée avant sa mort. Lors de l'entrevue, Haut a tout reconnu sous serment : avoir vu la l'engin et les petits corps dans un des hangars. Il a également révélé que le général Roger Ramey, l'un des artisans de la couverture de désinformation en utilisant la théorie des ballons météo, était venu par avion pour assister à la réunion matinale du personnel du 8 juillet, et contribué aux décisions sur la façon de gérer la situation.

En décembre 2002, Haut a complété ses allégations par une déclaration sous serment faite et certifiée devant notaire puis scellée, ne devant pas être révélée au public avant son décès, qui survient trois ans plus tard en 2005, à la suite de quoi, une première copie de l'affidavit apparut dans le livre : Témoin de Roswell, de Tom Carey et Don Schmitt, en juin 2007.

Une nouvelle fois Haut affirme avoir vu l'objet et les corps dans le hangar 84 dit P-3. Le Colonel Blanchard, qui fut un ami proche tout au long de sa vie, l'avait effectivement conduit là-bas. Il avait personnellement manipulé les débris au cours de la réunion du matin, et selon son appréciation, c'était différent de tout ce qu'il avait vu auparavant, et d'en avoir rapporté des morceaux à son bureau. Il a également indiqué un second site d'accident, avec un appareil et des corps, se situant à environ 40 miles (65 km) au nord de Roswell, découvert par des civils le 7 juillet. Il a été informé pour la première fois des deux emplacements d'accidents en question au cours de l'après-midi du lundi 7 juillet, lors de sa reprise de service après le week-end du 4 juillet[62].

Le Général Ramey voulait détourner l'attention de l'emplacement principal du crash et des corps, en reconnaissant l'autre site de débris, plus à l'écart et moins accessible, mais n'a pas donné plus de détails. Haut croyait que Ramey agissait sous les ordres de ses supérieurs. Ils ont donc débattu pour savoir s'il fallait révéler toute la vérité au public, mais il en a été décidé autrement, c'est ainsi que débuta un mensonge qui se perpétue jusqu'à ce jour. Autre témoin attestant de la présence d'extraterrestres et des restes d'une soucoupe, Miriam Andrea Bush secrétaire de l'administrateur de l'hôpital qui vit un humanoïde encore vivant à la peau grisâtre ou tirant vers le brun, petit comme un enfant avec une très grande tête et des yeux immenses[63].

Nick Redfern s'ouvre aux médias en 26 mars 2022 :

« Il y a quelques jours à peine, j'ai mentionné qu'il y avait une réelle possibilité que certaines personnes connaissant les secrets de quelques incidents OVNI aient perdu la vie de manière très suspecte et sinistre. Aujourd'hui, je partage un autre exemple de la façon dont une vie a pu être étouffée à cause de sa connaissance des OVNIS et des extraterrestres...

---

[62] L'excellent livre de Gildas Bourdet : OVNIS, vers la fin du secret, éditions JMG, de 2010 est complet, dévoilant l'affaire des crashs multiples dans le dossier Roswell.

[63] Édition en Anglais de Thomas J. Carey et Donald R. Schmitt : Witness to Roswell, p.284-285.

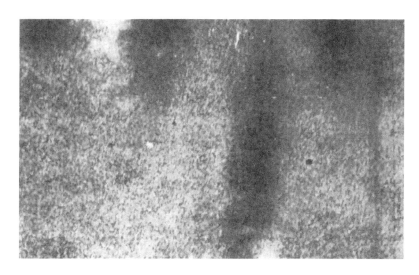

Photo 4 juillet 1947 prise par le Garde Côte US, Franck Ryma, vers Seattle, Washington.

Source : Mantle & Hesemann Beyon Roswell : Beyond Roswell: The Alien Autopsy Film, Area 51, and the U.S. Government Coverup of UFOs, Da Capo Press, 1998 design de D. Randle et R..Schmitt, : Aliens de Roswell, p. 49. (San Rafael Public Library, Californie (consulté le 3 avril 2002).

Cela dit, commençons : Miriam Bush était quelqu'un qui savait exactement ce qui s'était passé au Foster Ranch au début de 1947 et a payé cette connaissance de sa vie. Miriam Bush a parfois été décrite à tort comme simple infirmière à l'hôpital militaire de l'aérodrome de l'armée de Roswell. Bush travaillait comme secrétaire exécutif à la base, la distinction peut sembler petite, mais le fait est que la position de Bush signifiait qu'elle évoluait dans une position privilégiée lorsque les corps mutilés arrivent secrètement à la base.

Le supérieur immédiat de Bush était le lieutenant-colonel Harold Warne qui a joué un rôle important dans les autopsies.

Il n'est guère surprenant, étant donné les circonstances et les avertissements ultérieurs adressés à Bush et à d'autres personnes del'hôpital de la base à l'époque, que Miriam Bush soit devenue profondément paranoïaque avec une peur justifiée pour sa vie.

Des hauts gradés lui ont dit de ne jamais, discuter de ce qu'elle avait vu, mais Bush a secrètement choisi de se confier à sa famille, en les avertissant de ne jamais dire à personne ce qui s'était passé et ce qu'elle savait. Selon les informations de Gildas Bourdais :

« A l'hôpital, Miriam « Andrea » Bush, âgée de vingt-sept ans, était la secrétaire de l'administrateur de l'hôpital, le lieutenant-colonel Harold Warne. Selon son frère George et sa sœur Jean, elle est revenue un soir en état de choc. Elle a fini par dire qu'il y avait à l'hôpital du personnel médical qu'elle ne connaissait pas. Warne l'avait emmenée dans une pièce d'examen où elle avait vu plusieurs corps, petits comme des enfants. L'un d'eux était vivant. Leur peau était grisâtre ou tirant vers le brun, et ils avaient une grande tête et de grands yeux. Le lendemain, elle a déclaré que personne ne devait plus rien dire sur cette histoire. La famille a eu l'impression qu'elle avait été sévèrement menacée. »

Pour Miriam Bush, les choses ont atteint un point critique, et une fin choquante, suspecte, un jour de décembre 1989, elle part précipitamment pour San José, en Californie, et s'enregistre dans un motel local sous le nom de sa sœur, une action étrange qui suggère qu'elle craignait d'être surveillée.

L'affaire prend un tournant dramatique.

Dès le lendemain, Miriam Bush est retrouvée morte dans cette même chambre de motel avec un sac en plastique autour de son cou. Il avait été étroitement lié et des marques sur ses bras indiquaient qu'une bagarre s'était produite à un moment donné elle fut maintenue jusqu'à son étouffement, malgré les preuves suggérant qu'elle a été assassinée, la conclusion officielle fut le suicide. Quoi que Miriam Bush sache vraiment de l'affaire Roswell, et quelle que soit l'étendue de son rôle spécifique dans les événements de 1947, tout est parti avec elle dans la tombe. Lorsqu'un témoin décède brutalement dans de telles circonstances, ses propos revêtent une importance capitale, de plus, ses fonctions d'Executive Secretary Under Chief Medical Officer, Lt. Col. Harold Warne la positionne de facto sur le lieu de l'autopsie des extraterrestres en question[64]. Le chercheur Antony Bragalia souligne qu'une seconde personne peut avoir été impliquée dans le laboratoire médical, Eileen (Adeline) Fanton 1er lieutenant qui fut très brièvement attachée à l'hôpital de la station d'aviation de l'armée de Roswell en tant qu'infirmière générale du 26 décembre 1946 au 4 septembre 1947, mais il ne dispose pas de son témoignage. Stanton Friedman interviewa le 5 août 1989 Glenn Denis employé à la morgue de Roswell, une amie infirmière de la base lui dit qu'elle avait été dans une pièce, où elle avait vu trois étranges corps humanoïdes en cours d'examen. Elle a eu la nausée à cause de la puanteur nauséabonde. Lorsque le témoignage de Glen est rendu public par Fredman en 1989, Miriam Bush, devient anxieuse et dépressive, et finit assassinée peu après.

---

[64] Witness to Roswell, Revised and Expanded by Thomas J Carey and Donald R. Schmitt.

4. Prior to his (WHEELER's) transfer to Wright-Patterson AFB, Ohio (11 July 1952), BUNCE approached him and wrote out eleven (11) questions for him (WHEELER) to find the answers. A photostatic copy of the questions is attached to this correspondence as Inclosure #1. Also, BUNCE suggested to WHEELER that they correspond in code concerning this matter and WHEELER admits helping BUNCE write a code system, of which a photostatic copy was made and is attached to this letter as Inclosure #2.

5. According to WHEELER, a civilian employee at Wright Air Development Center, at the Radiation Laboratory, identified only as ▓▓▓▓, is a good friend of ▓▓▓▓ and is supposed to have supplied the information to ▓▓▓▓ concerning the flying saucers being disassembled at the Radiation Laboratory and the information concerning the bodies that were taken to the Aero Med Laboratory. On 13 July 1952, WHEELER typed a statement, a photostatic copy of which is attached to this letter as Inclosure #3.

6. Approximately 20 June 1952, WHEELER claims he wrote a complete report concerning the above captioned matter and gave this report to 2nd Lt GEORGE H. JANCZEWSKI, who is Intelligence Officer at Headquarters Squadron, 10th Air Force Selfridge Air Force Base, Michigan. At the time WHEELER gave the report to the Intelligence Officer, he was instructed by the Intelligence Officer to listen to BUNCE, ▓▓▓▓, or anyone else, who had knowledge of flying saucers and report back to him (Intelligence Officer) any information he might obtain concerning this subject.

7. During the month of June, WHEELER claims he went to the Base Library (Selfridge AFB) and drew a book entitled "Behind the Flying Saucer," by FRANK SCULLY. This was first suggested by Sgt BUNCE, WHEELER claims, and after reading the book, he found it contained the same information as related to him by Sgt BUNCE concerning the flying saucers with this exception: In the book there was no mention made of the Flying Saucers being disassembled at Wright-Patterson AFB at the Radiation Laboratory and no mention made about the bodies inside the saucers being taken to Aero Med Laboratory, Wright-Patterson for further study.

8. A review of File No. 24-21 at Headquarters, 5th OSI District, reflected a photostatic copy of the statement to the Intelligence Office, Selfridge AFB, mentioned above, and also reflected a letter of transmittal from the Air Provost Marshal, Selfridge AFB, Michigan, wherein the Provost Marshal stated it is his belief A/1C WHEELER may be attempting to draw attention to himself to further his invention or a possible security leak may exist in the Flying Saucer Program. The letter of transmittal with inclosure (Special File of WHEELER) is attached hereto as Inclosure #4.

SECURITY INFORMATION

-2-

Selon Wheeler, un employé civil du Wright Air Development Center au Radiation Laboratory, identifié uniquement comme (Censuré) est un bon ami de (Censuré) et reçoit l'information de (Censuré) concernant les soucoupes volantes en cours de démantèlement au Laboratoire des radiations et les informations concernant les corps qui ont été transportés au Laboratoire Médical Aérien.

Le 13 juillet 1952, Wheeler tapa une déclaration dont une copie photo statique est jointe à cette lettre dans l'annexe n°3.

Laboratoire Medical Aérien en 1991, Wright-Patterson Air Force Base, (Area B, Building 29, Aero Medical Laboratory, Off Third Street on Northeast side of Area B, Dayton, Montgomery County), une pièce du puzzle ?

Vers le 20 juin 1952, Wheeler prétend avoir rédigé un rapport complet concernant l'affaire ci-dessus sous-titrée et a remis ce dernier au 2° Lieutenant Georges H.Janczewsky, officier du renseignement au quartier général de l'Escadron de la 10° Air Force Salfridge base au Michigan.

À l'époque, Wheeler a remis le rapport à l'officier du renseignement, et a été chargé par l'officier du renseignement de le transmettre à Bunce, ou à toute autre personne, qui avait connaissance des soucoupes volantes et de lui rapporter (à l'officier du renseignement) toute information qu'il pourrait obtenir concernant le sujet.

Wheeler était électricien, il raconte ces faits à sa fille.

Le laboratoire actuel de dosimétrie des rayonnements de l'USAF 2510 5th Street, Area B, Bldg 0840, Wright Patterson AFB.

Le général Arthur Exon qui deviendra le commandant de la base de Wright Patterson, en août 1964, était lieutenant colonel en 1947 au Quartier Général du Commandement du Matériel Aérien où il a servi comme chef de la section des données de maintenance, il ne cache pas ce dont il est au courant, propos recueillis par l'écrivain Leonard Stringfield :

« Mes collègues étaient chargés de tester d'étranges matériaux apportés de Roswell et des cadavres. » Ses descriptions recoupent bien celles des autres témoins, de plus, tous les essais techniques possibles furent tentés, compression, corrosion, flexibilité, composition chimique, résistance à l'étirement, perçage, les feuilles étaient faites d'un matériau inhabituel dont l'Air Force n'arrivait pas a déterminer l'origine ou la composition.

Le général Exon est le témoin de premier plan le plus haut gradé ayant rapporté ces données, dans ses interviews il ajoute que seul un comité secret restreint de personnes avait accès à l'expertise du matériau de Roswell aidé par des experts pour assister aux essais et un dernier niveau, centralisant et réalisant les études des analyses techniques.

A ce niveau de compétence requise, il s'agissait d'un ensemble de personnes qui pouvaient se compter sur les doigts d'une main.

Leonard Stringfield et Tom Deuley accumulent de multiples témoignages de personnes travaillant à la base de Wright Patterson, ayant à un moment donné eu accès ou contact avec les corps et les débris en question, la suite de leur enquête est pleine de rebondissements.

En 1949, un officier est sanctionné par l'Air Force pour avoir dit la vérité.

Marvin Miles, écrivain de Los Angeles se rendit au terrain d'essais de White Sands pour enquêter et rencontrer McLaughin, nous rapportant un constat éloquent :

« La force ascensionnelle d'un tel appareil serait prodigieuse, considérablement supérieure à celle de n'importe quel avion normal. Aucune créature vivante ou humaine ne pourrait résister à l'effroyable accélération, il faudrait donc envisager un appareil télécommandé sans pilote, pouvant diriger ce disque dans n'importe quelle direction en l'inclinant convenablement. Le disque pourrait de même planer, monter et descendre verticalement atteindre des vitesses considérables mais quels composés techniques et métalliques supporteraient ces changements de cap, décélérations brutales, accélérations fulgurantes, sans se désintégrer ? »

L'AMC, Aïr Materiel Command, ne l'expliquait pas non plus, et ne souhaitait pas que l'on en parle, et pour cause, Bob McLaughin accompagné par trois techniciens surveillait un ballon météo à l'aide d'un théodolite et d'un chronomètre quand une forme elliptique de soucoupe passa devant leur champ de vision à une altitude de 90 km pour une vitesse extraordinaire de 29 000 km/h pour un diamètre de trente mètres, volant sans nuage de condensation ni dégagement de traînée, pas lumières aucun bruit : « Je suis convaincu que c'était une soucoupe volante », dit McLaughin, « Ces engins viennent d'une autre planète et sont dirigés par des êtres vivants doués d'une grande intelligence. »

La revue : True, publie ses paroles, l'armée le convoque et attribue une nouvelle affectation au capitaine de frégate R.B.McLaughin, on lui confie le commandement d'un navire, l'éloignant des médias sur les mers en guise de sanction. C'est aussi le magasine True qui en premier formula l'explication interplanétaire, publiant le rapport dans son numéro du mois de mars, l'altitude calculée au plus bas était de 50 km et la vitesse estimée à plus de 8 km/seconde, presque 600 km/minute, selon D. Keyhoe 28 968 km/h[65] :

« La soucoupe en forme d'ellipsoïde avait été suivie à une hauteur de 56 miles, sa vitesse de 5 miles par seconde. C'était 18 000 miles (28 968 km/h) à l'heure, encore plus rapide que ce que Redell avait dit. L'engin étrange, de 105 pieds de long (32 m), avait grimpé aussi rapidement que Marvin Miles l'avait décrit, une augmentation d'altitude d'environ 25 miles (46 km) en 10 secondes.

---

[65] D.Keyhoe : Les Soucoupes Volantes existent, Correa, Paris, 1951, p.193-194.

L'US Air Force réagit et s'avise d'urgence par tous les moyens à sa disposition, de minimiser à la baisse les calculs, et pourtant, là encore cela pose toujours problème, on parle de 28 968 km/h, toutefois : « 40 km en 10 secondes font 16 560 km/h.

Comme nous le constatons les chiffres ont varié, 29 000 km/h, 14 000 km/h, 16 560 km/h, parfois 32 000 km/h, l'Air Force à du mal à contenir son émotion, sous l'impression globale de perdre pied, chaque service s'estimant autorisé à recalculer la trajectoire sous son point de vue, le mal est fait, semant le doute raisonnable parmi la population.

Deux drones OVNIS de reconnaissance.

Le commandant McLaughlin, parfaitement convaincu que l'objet était un vaisseau spatial d'une autre planète, piloté par des êtres animés et intelligents, décrit deux petits objets circulaires, d'environ vingt pouces de diamètre, qui se sont glissés à côté d'un missile à haute altitude de la Marine. Après avoir manœuvré autour de lui pendant un moment, les deux disques ont accéléré, dépassé le missile rapide de la Marine et disparu.

Selon l'opinion du Commandant McLaughlin, les soucoupes viennent de Mars, une autre civilisation est venue a nous[66].

Au final et à contre coeur, le ministère de la défense diffuse le rapport McLaughin avec chiffres et faits précis quoi que minimisés lors d'une longue communication officielle radiophonique diffusée dans tous le pays, cet instant solennel servit à l'US Air Force de présentoir pour opposer ses dénégations habituelles encore une fois. La soucoupe volante de White Sands posait un sérieux problème éthique, d'aspect ovale elle paraissait elliptique, exécutant subitement une montée en chandelle, si verticale qu'aucun organisme humain ou matériel technique n'aurait pu y résister. Selon Marvin Miles dans une conversation avec D. Keyhoe, elle aurait plus de 30 mètres, selon le capitaine de frégate R.B. McLaughlin 35 mètres. Voici la lettre du capitaine R.B.McLaughlin au Dr.James A.Van Allen,détaillant les observations d'OVNI au terrain d'essai de missiles de White Sands :

US Naval Unit
White Sands Terrain D'essais
Las Cruces, Nouveau Mexique
Courrier aérien 12 mai 1949

---

[66] https://www.sacred-texts.com/ufo/fsar/fsar01.htm : Chapitre XV.

Dr J.A.Van Allen
Laboratoire de physique appliquée
Université Johns Hopkins
Silver Spring, Maryland

Cher Van:

« Vous avez sans doute lu quelques-uns des rapports dans les journaux et magazines sur ces soi-disant soucoupes volantes. Nous avons eu la chance il y a quelques semaines de ramasser un de ces objets dans un théodolite et de le suivre pendant une période de près d'une minute. L'homme qui faisait le suivi était MCB Moore de l'Université de New York, maintenant avec la General Mills Company de Minneapolis, Minnesota. M.Moore a probablement piloté plus de ballons (sic) que tout autre homme vivant. En plus de cela, il est une autorité reconnue en matière de météo et actuellement employé par le Project Skyhook. En plus de cela, il avait été chef du projet Mogul pour l'armée de l'air. Selon ses mots, l'objet n'était pas un nuage, avion, oiseau, ballon ou météore. Il est assez affirmatif à ce sujet. Il était blanc comme s'il avait été peint, a parcouru le ciel à une traversée d'environ cinq degrés par seconde, d'abord été aperçu à l'ouest, il s'est élevé à une élévation d'environ 45 degrés, voyageant vers l'est à une altitude d'environ 25 degrés, puis a pris une soudaine accélération et a disparu à une altitude d'environ 29 degrés. Le temps de 25 degrés à 29 degrés où il a disparu était d'environ dix secondes. Un balistique attaché au groupe Skyhook a fait quelques calculs sur le missile et a estimé que la vitesse était de l'ordre de trois à cinq miles par seconde (5,55 è 8 Km/ seconde soit 20 000 à 28 800 km/h), l'altitude entre 35 et 40 miles. Cela rendrait l'objet de 500 à 1000 pieds de diamètre à partir de l'échelle de Mill sur le théodolite.

L'objet a semblé être quelque peu en forme d'oeuf avec un bord d'une couleur orange pâle ou brun brûlé. Un balistique attaché au groupe Skyhook a fait quelques calculs sur le missile, estimant que la vitesse était de l'ordre de trois à cinq miles par seconde, l'altitude entre 35 et 40 miles. Cela donnait un objet de 500 à 1000 pieds de diamètre à partir de l'échelle de Mill sur le théodolite. Par coïncidence, il y a quelques jours, j'ai moi aussi réussi à voir une de ces soucoupes volantes avec trois autres officiers lors d'un tir de WAC B. Bien que l'objet soit passé à quelques degrés du soleil, j'ai clairement pu voir le contour blanc de l'objet à l'œil nu.

Cet objet est apparu presque directement au-dessus du terrain d'essai de White Sands, gagnant progressivement une vitesse vers l'ouest et disparaissant dans une vitesse aveuglante vers l'ouest. N'ayant pas de théodolite je ne pouvais naturellement pas dire s'il suivait le plan de l'elliptique ou non.

Tout cela, bien sûr, m'a beaucoup intéressé et j'ai fait quelques recherches pour savoir qui, pourquoi, où et quoi. Ma première hypothèse m'a conduit à la conclusion que l'objet doit avoir des moyens pour s'accélérer. La deuxième hypothèse est naturellement que personne sur cette planète n'est suffisamment avancé pour piloter un tel objet.

Le prochain meilleur pari semble être la planète Mars. Par un étrange caprice du destin, la planète Mars était proche de la terre le 16 juillet lorsque la première bombe atomique a explosé dans le désert du Nouveau-Mexique. En fait, la bombe a dû illuminer tout le côté du globe comme une enseigne au néon selon Clyde Tombaugh. Incidemment, M.Tombaugh est le découvreur de la planète Pluton et est une personne assez pointue. Sa spécialité en astronomie est l'observation de la planète Mars depuis une quinzaine d'années.

Le 27 août 1941, M.Tombaugh a vu un éclair à la surface de la planète Mars, attribuant cet éclair à une sorte d'explosion atomique. Tout cela semble probablement assez farfelu et fou à ce stade. Cependant, je pense que les informations dont je dispose justifieraient une légère réflexion sur la question. Étant dans le secteur des fusées, ma première préoccupation était de savoir comment diable pouvaient-ils réussir à propulser un objet aussi gros dans l'espace libre.

Je me suis souvenu d'un dispositif d'intensité lumineuse dont je me souvenais quand j'étais enfant. Cet appareil était argenté d'un côté, noirci de l'autre, mis en rotation dans le vide au moyen d'une pression radiante. Il semble que ce serait certainement bien mieux que n'importe lequel de nos moyens actuels pour nous donner un coup de pouce dans une telle situation.

J'imagine que les rayons sont probablement très haut dans la région ultraviolette au-delà de la gamme optique. Quoi qu'il en soit, une partie de cela est matière à réflexion. Faites-moi savoir si vous avez des idées sur ce sujet. »

J'espère vous voir ici bientôt.

Cordialement : R.B.McLaughin

U. S. NAVAL UNIT
WHITE SANDS PROVING GROUNDS
LAS CRUCES. NEW MEXICO

AIR MAIL

12 May 1949   JUL 8 - 1969

Dr. J. A. Van Allen
Applied Physics Laboratory
Johns Hopkins University
Silver Spring, Maryland

Dear Van:

No doubt you have read some of the reports in the papers and magazines about these so-called flying saucers. We were fortunate enough a few weeks ago to pick up one of these objects in a theodolite and tracked it for a period of almost one minute. The man doing the tracking was Mr. C. B. Moore of the New York University, now with the General Mills Company of Minneapolis, Minnesota. Mr. Moore has probably flown more balloons than any other living man. In addition to which he is a recognized authority on weather and is so employed at the present time by Project Skyhook. In addition to this, he had been head of Project Mogul for the Air Force. In his words the object was not a cloud, a plane, a bird, a balloon, or a meteor. He is quite positive about this. It was white as if it had been painted, traveled across the sky at a traverse of about five degrees per second, and it was first sighted to the west, rose to an elevation of about 45 degrees, traveled to the east to an elevation of about 25 degrees and then took on a sudden burst of speed and disappeared at an elevation of about 29 degrees. The time from 25 degrees to 29 degrees where it disappeared was approximately ten seconds. A ballistics man attached to the Skyhook group made some calculations on the missile and figured the velocity to be in the order of three to five miles per second, altitude between 35 and 40 miles. This would make the object 500 to 1,000 feet in diameter from the Mill scale on the theodolite. The object appeared to be somewhat egg shaped with one edge a faint orange or burnt brown color.

By coincidence, a few days ago I too managed to see one of these flying saucers along with three other officers during a Wac B firing. Although the object passed within a few degrees of the sun I was clearly able to see the white outline of the object with the naked eye. This object appeared almost directly overhead at the White Sands Proving Ground, gradually gaining a velocity to the west and disappearing in a blinding burst of speed to the west. Not having a theodolite I could naturally not tell whether it followed the plane of elliptic or not.

Page n°1
Original de la lettre, déclassifiée secrète le 8 juillet 1969 soit vingt ans plus tard.

Dans ce contexte les ufologues ont cherché dans les archives du FBI, découvrant qu'il a détruit des milliers de rapports d'OVNIS, Cette activité est décrite dans une ce mémo envoyé le 16 août 1949 à J Edgar Hoover, par un agent anonyme du FBI à San Antonio, Texas, confirmant que le bureau a détruit les rapports d'OVNIS, au motif qu'ils sont arrivés en trop grand nombre et ne contenaient rien d'intéressant pour le FBI : « Le dépôt de ceux-ci entraînerait l'accumulation rapide de dossiers très volumineux.» Les documents font partie d'un lot d'articles liés aux observations d'OVNI qui ont été mis à disposition via le site The Vault, sur une base de données d'enregistrements déclassifiés en ligne du FBI.

JUL 8

All of this, of course, has been very interesting to me and I have done a little research along the lines of finding out who, why, where and what. My first assumption led me to the conclusion that the object must have means of accelerating itself. The second assumption naturally is that no one on this planet is sufficiently far advanced to fly such an object. The next best bet seems to be the Planet Mars. By some strange quirk of fate the Planet Mars was quite close to the earth on July 16 when the first atomic bomb was exploded in the New Mexico desert. As a matter of fact, the bomb must have made the whole side of the globe light up like a neon sign according to Clyde Tombaugh. Incidentally, Mr. Tombaugh is the discoverer of the Planet Pluto and is a pretty sharp person. His specialty in astronomy has been observation of the Planet Mars for a period of about fifteen years. On August 27, 1941 Mr. Tombaugh saw a flash on the surface of the Planet Mars and now ascribes this flash to an atomic explosion of some sort.

All of this probably sounds pretty far fetched and crazy at this point. However, I feel that the information at hand would justify a slight amount of thought on the matter. Being in the rocket business my first concern was how in the world could they manage to propel such a large object in free space. I then recalled a light intensity device which I remembered as a child. This device was silvered on one side, blackened on the other and was caused to rotate in a vacuum by means of radiant pressure. It looks like that certainly would be a lot better than any of our present means of giving ourselves a push under such a situation. I imagine the rays are probably way up in the ultraviolet region beyond the optic range. How in the world they can get enough photons together at one time to give themselves a push is slightly beyond my comprehension but at least it is an idea and possibly there might be something to it.

Anyway, some of this is food for thought. Let me know if you have any ideas along this subject.

Hope to see you out here soon.

Best regards,

Bob

(R. B. McLaughlin)

2

Page n°2
Original de la lettre, déclassifiée secrète le 8 juillet 1969

Chaque affaire sortant de l'ordinaire est précieuse pour nous, le 24 avril 1949 un Objet Non Terrestre à bien survolé White Sands.

Marvin Miles, écrivain à Los Angeles, spécialiste des questions d'aviation s'est rendu sur le terrain de White Sands et s'est entretenu avec le technicien de la marine s'occupant des projets de projectiles téléguidés, il déclara à Miles qu'il avait vu quatre soucoupes dans cette région. Donald E.Kehoe discuta avec Marvin Miles à ce sujet, puis rencontra un ingénieur de la base : « Il confirma le renseignement, me donna les chiffres, tous les moindres détails. La première soucoupe fut suivie au théodolite par les observateurs, on étudia ensuite les données obtenues pour les comparer avec les lois de la balistique. »

L'un des témoins était un savant bien connu appartenant au laboratoire de recherches aéronautiques du général Mills à Mineapolis qui travaillait en liaison avec la marine, l'objet était à une altitude de 80 000 mètres et il parcourait plus de 28 000 km/h. Cette soucoupe mesurait plus de 300 m, vue a 140 km de distance, car un avion d'une envergure de 30 m, n'aurait ressemblé qu'à un point à cette distance, et sous la pression de la hiérarchie, Mc Laughlin déclara qu'elle avait seulement 35 mètres. Sa déclaration fut faussée intentionnellement, faisant partie d'un plan général de camouflage de l'affaire. » Les propos de Mc Laughlin furent exploités par le journal : True du mois de mars : « Soucoupe en forme d'ellipsoïde, altitude de 50 000 m, à 8 m/seconde, vitesse de 28 000 km/h, avec élévation soudaine en altitude de 40 000 m en 10 secondes. »[67]

OVNI Tic Tac en haut au centre 1° cliché Le Lac des Cygnes, Swan Lake New York, 1965.

OVNI Tic Tac au centre à droite 2° cliché, Crédit Blue Book.

---

[67] Donald E.Keyhoe : Les soucoupes volantes existent, une étude de 375 cas, les conclusions des derniers rapports officiels américains, Corrêa, Paris, 5 février 1951. p. 147 à 149 et 194 à 195.

OVNIS au-dessus de Wright Patterson source CIA Top Secret.

Employés de Blue Book au travail à WPAFB source ATIC, Air Force Base Wright Patterson.

La commission : « Soucoupe » dans son rapport du 27 avril[68] 1949, envisageait sérieusement que : « La navigation astrale en dehors du système solaire est une quasi certitude. »

Le 22 février 1950

Grudge est dissous le 17 décembre 1949 et à peine deux mois plus tard, l'US Air Force nie comme elle en à l'habitude, l'existence des soucoupes volantes, toutefois à la même date, deux soucoupes sont observées au-dessus de la station d'aéronautique navale de Key West, elles sont suivies au radar, se déplaçant à une altitude de 90 km par très grande vitesse supérieure à 2 700 km/h.

Une fois de plus les propos de l'Air Force sont balayés par de nouveaux incidents avec des OVNIS.

Le Colonel Wayne Otto Matson témoigne qu'en 1959, stationné à McDill AFB près de Tampa, Floride, lors d'une mission d'entraînement à bord d'un bombardier B-47 Stratojet, volant cap au nord, il observe deux objets traversant son écran radar de gauche à droite et en avant et en dessous de leur position : « Ils filaient à plus de 2 700 km/h, à aucun moment je n'ai pu les voir. »

---

[68] Grudge Report, M-26-49, Preliminary Studies on Flying Saucers, 27 april 1949.

Le 9 mars 1950

Un grand disque métallique est poursuivi par des F-51 et des chasseurs à réaction, un grand nombre d'officiers aviateurs à Wright Patterson, Ohio en furent témoins. L'US Air Force ne peut expliquer l'objet qu'ils poursuivirent : « Il s'agissait d'une Soucoupe Volante », disent-ils.

Le 18 mars 1950

Un porte parole de l'US Air Force renouvelle la le communiqué officiel : « il ne s'agit pas d'avions américains, appareils téléguidés ou satellites, ni d'OVNIS nous ne savons pas ce que cela pourrait être. »

Trois jours plus tard, l'équipage d'un avion cargo commercial de Chicago aperçut un disque volant à grande vitesse près de Stuttgart, dans l'Arkansas, l'engin circulaire, rayonne d'une étrange lumière bleu pâle décrivant un arc de cercle à une vitesse prodigieuse, les deux pilotes distinguent, dirent-ils, des ouvertures éclairés dans la partie inférieure, au moment où la soucoupe monte en chandelle au-dessus d'eux : « Les lumières avaient une fluorescence très douce et ne ressemblaient à rien de ce nous avions pu voir jusque là. »

Aucune tentative ne fut faite pour empêcher les deux pilotes de parler comme cela s'était produit lors de nombreux cas précédents, l'United Press organise rapidement une interview afin de diffuser la publication dans tout le pays. Le capitaine Jack Adams et son second G.W.Anderson, soutiennent des propos surprenants : « Nous savons que l'aviation nie qu'il existe quoi que ce soit dans ce genre, mais nous sommes des pilotes expérimentés et nous ne nous laissons pas facilement abuser. »[69]

Les 16-17-18 mars 1950

Famington, 175 km seulement, à vol d'oiseau des grandes installations atomiques de Los Alamos, des objets volants ont semblé se livrer à quelque mystérieuse démonstration très haut dans le ciel.

---

[69] D.Keyhoe : Les soucoupes volantes existent, Corrêa, Paris, 1951,p. 21-22.

Par moments ils accéléraient et disparaissaient dans l'espace atmosphérique à des vitesses prodigieusement incroyables. Une triangulation topographique permit d'établir que cette vitesse était parfois de l'ordre de 1 600 km/h, et que les soucoupes volantes avaient un diamètre à peu près deux fois plus grand que l'envergure d'une forteresse volante B-29 soit supérieure à 80 mètres de diamètre.

C'était des OVNIS mesurant plus de 80 à 100 m de diamètre.

Ruppelt comprend que lui et son équipe sont là, pour sauver les apparences face à une technologie bien supérieure à la notre, il à commis l'ultime maladresse, de tenter de faire un travail sérieux, sa prise d'opinion sur l'existence des OVNIS, suggérant qu'ils pourraient ne pas être terrestres, agace au plus haut point ses supérieurs à Dayton. Face à cette vague déferlante incessante de signalements qu'ils ne contrôlent plus, l'USAF est engluée dans des événements qu'elle ne maîtrise pas, la décision de tout nier en bloc, telle une fuite éperdue est prise. L'ATIC ainsi que l'Air Material Engineering font face à une problématique incontournable, la résistance thermique, frein incontournable au déplacement à grande vitesse, car la limite est la capacité du matériau à résister au frottement des molécules d'air provoquant l'échauffement du métal. Même si une frontière inaccessible avait été franchie par des appareils observés allant de 10 000, 35 000 à 100 000 km/h ce qui relèverait de la science fiction, l'impossibilité d'un corps vivant tel que nous le concevons, à supporter des arrêts nets et accélérations à virages angulaires sans decelerer ni faire de virage, passant de 0 km/h à 30 000 km/h en deux ou trois secondes, est un processus létal imparable.

Autre aspect : « Quel avion peut-il voler à 8 500 km/h à plus de 10 000 ou 15 000 m d'altitude ayant un volume supérieur à la taille d'un ou deux porte avions ? » UFO larger than two aircraft carriers : le terme est déjà éloquent pour les années 50-60 mais le phénomène se reproduit trente-six ans plus tard : le mercredi 17 novembre 1986 à 17h11 heure locale, le commandant Kenju Terauchi assure la liaison du vol JAL n°1628 entre Paris et Tokyo en compagnie de son co-pilote Takamori Tamefuji. Lorsqu'ils survolent l'Alaska en direction sud-ouest, à 10 675 m d'altitude, ils croisent un OVNI volant au moins à 1850 mètres devant leur avion, ses dimensions sont gigantesques.

Dans toutes mes recherches dans les papiers de Blue Book, j'ai consacré une attention particulière à ce qui ne figure pas, c'est à dire, expertise cinétique, évaluation des changements brutaux d'altitude et de vitesse avec les considérations de résistance métallique aux accélérations et décélérations, impacts radars qui ne peuvent être la planète Vénus à 41 millions de km, un ballon ou nuage qui ne peuvent se déplacer à 30 000 km/h ou monter de 0 m à 75 000 m en dix secondes. J'ai donc été déçu par le manque de professionnalisme des « experts » de Blue Book.

Le projet Blue Book récemment crée, doit faire face à une presse survoltée, le public est en haleine, depuis un certain temps, Il y avait eu des visions collectives d'objets étranges dans le ciel de Farmington, jusqu'au véritable choc du 12 avril 1952, quand un pilote expérimenté et son élève pensèrent qu'ils allaient entrer en collision frontale avec un objet étrange arrivant droit sur leur trajectoire : « Le pilote, Kenny Pingel, membre de la famille qui exploite Farmington Airmotive, pensait sa dernière heure arrivée. »

Détail étrange, à environ 65 kilomètres d'Aztec se trouve Farmington, l'incident de Farmington est sans doute lié au cas de crash d'Aztec plus qu'il ne semble, le contexte géographique et temporel est évident.

Sur un vol d'entraînement vers Saint-Louis, Marvin Colyer, et le pilote, Kenny Pingel voient un objet jaunâtre blanc cassé, près de French Village, avec ce qui semble être une onde de chaleur ou de choc devant droit sur eux. Désireux de se débarrasser de cet importun qui perturbe l'ordre des choses dans son couloir aérien, Kenny Pingel tente son approche finale à l'aéroport de Farmington et à cet instant précis, l'objet est de nouveau réapparu directement face à eux à 500 pieds, il était d'une lumière très brillante, presque comme un phare d'atterrissage d'avion, semblant s'arrêter dans les airs, avant de se renverser et s'éloigner d'eux.

Plus tard, mercredi au soir, deux étudiants du Mineral Area College virent quelque chose dans le ciel de Flat River, ils photographient avec un Polaroid, une forme typique de soucoupe[70].

Tout à coup, l'insolite s'érige en vainqueur triomphant, si grandiose en volume et en incompréhensibilité, que l'on peut l'ajouter aux merveilles du monde connu et inconnu depuis la nuit des temps, tout Farmington est soudainement en effervescence.

Ron Short, exploite Dicus Drugstore à Farmington et dirige la Commission de planification et zonage de la ville pour l'urbanisme de construction, était sceptique quant aux OVNIS, individu calme, alerte, observateur, et s'exprimant bien, il à vu des OVNIS, il en est désormais convaincu. Ron Short a une expérience considérable de contrôleur d'aviation à St. Louis Lambert Field, il s'y connaît en avions. En compagnie de sa famille, ils sont sortis pour une manger une glace jeudi soir, lorsque depuis leur voiture ils voient arriver une lumière très brillante sortant du nord-est, sans bruit de moteur.

---

[70] Source : Edward J.Ruppelt : The Report of Unidentified Flying Objects, Blue Book Archives, p.76.

La lumière est comme celle d'un phare d'atterrissage d'avion, sauf que lorsque l'objet survole là où ils étaient garés, elle n'a pas disparu ou diminué, mais demeurée à pleine puissance.

L'objet, que Short estime à environ 300 à 400 mètres de distance de lui, plane au-dessus de la route pour rebondir ensuite vers le nord-est, il s'est déplacé instantanément d'un bond extraordinaire. Perplexe et ébranlé, il rentre chez lui chercher des jumelles, appareil photo, et le reste de la famille pour repartir au même endroit, rejoint illico par ses voisins, Leo et Dick Dugal et les Beabout.

Monsieur Beabout, regarde sa montre, il était à 21h02, l'objet vient sur lui vers 250 degrés et repart à 30 degrés nord-est, lui aussi pense qu'il ressemble à un phare d'atterrissage, mais trop brillant pour discerner la forme véritable de l'objet, demeurant à vue pendant neuf minutes[71].

Le lundi soir de cette semaine étrange, Chuck Pingel, Tom, Walt et Steve Schmitt à bord, repérèrent une étrange lumière près de Fredericktown. Ce n'était pas assez grand ou assez proche pour faire le genre de rencontre vécue par Kenneth Pingel, Marvin Colyer, les Shorts, Dugals ou Beabouts, mais assez bizarre que les Schmitt rentrent chez eux apeurés, en se demandant de quoi il en retournait[72]. Selon l'Albuquerque Journal du mercredi 26 juin 2019, et Garry Herron : « À Farmington, on estimé qu'environ 85 % des habitants ont observé d'une simple poignée de soucoupes argentées, dirigées par une plus grande rouge, jusqu'à l'arrivée de centaines d'entre elles le lendemain. »

Le Farmington Daily Times, dans son édition du 18 mars 1950, rapporte dans un article en première page : « La moitié de la population de cette ville est encore certaine aujourd'hui qu'elle a vu des vaisseaux spatiaux ou des avions étranges, des centaines filant dans les cieux. »

Farmington était une communauté provinciale modeste à cette époque, comptant alors entre 3 600 et 5 000 personnes, le nombre des témoins avoisinait donc 3 500 à 4 000 habitants :

« Ces objets ronds et plats, volant en formation coordonnée, maintenant un espace de sécurité raisonnable et constante entre eux, volant entre 1600 et 2000 km/h ne passent pas inaperçus. »

---

[71] Source : F.Scully, Le mystère des Soucoupes Volantes, les Editions Mondiales,1951, p.28 - 29.
[72] Source : Farmington Daily Journal.

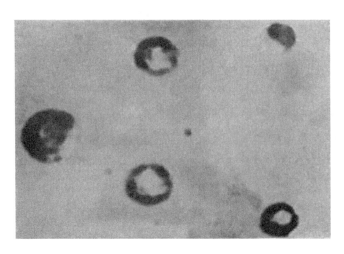

Cette photo de 1950 montre plusieurs objets d'une énorme escadrille
en déplacement dans le ciel au-dessus de Farmington, Nouveau-Mexique.

Patty Tharp de la Société historique du comté de San Juan est la nièce de l'un des témoins de l'incident, Clayton Boddy, directeur commercial du Daily Times en 1950. Elle se souvient que son oncle parlait régulièrement de l'observation lorsqu'elle était enfant : « L'histoire de l'armada d'OVNIS est bien connue des résidents plus âgés du comté. »

Le récit du Daily Times en 1950, rapporte comment les piétons le long de Main Street pouvaient les voir en regardant vers le ciel, les pointant du doigt, le journal aurait été inondé d'appels de lecteurs signalant les objets qui semblaient jouer au chat et à la souris, voyageant à des vitesses incroyables. Le journal citait Boddy, ancien capitaine de l'armée, se marchant sur Broadway Avenue lorsqu'il a pris conscience du phénomène :

« Tout d'un coup, j'ai remarqué quelques objets en mouvement haut dans le ciel, quelques instants plus tard, des centaines d'entre eux sont apparus. »

Boddy refuse d'estimer la taille ou la vitesse des objets, il en est incapable, toutefois, il estime qu'ils semblent voler à une altitude d'environ 15 000 pieds, leur nombre atteint 500 appareils distincts.

Clayton J.Boddy, 32 ans, directeur commercial de Farmington Times, ancien capitaine des ingénieurs de l'armée US en Italie, fut l'un de ceux ayant vu les objets surprenants, il n'en croyait pas ses yeux.

Boddy était sur la chaussée quand tout à coup il remarque quelques objets en mouvement haut dans le ciel, son récit a été confirmé par Joseph C. et Francis C.Kelloff, épiciers au détail d'Antonito, Colorado, venus à Farmington pour inspecter le site d'un nouveau magasin proposé par Bob Foutz et John Burrell de Farmington. Les Kelloff ont tout vu, déclarant que : « Les objets semblaient voler en formation. »

L'un des récits les plus impressionnants nous parvient d'Harold F.Thatcher, chef du service de conservation des sols à Farmington, il réalise une triangulation sur l'un des nombreux engins volants :

« S'il s'agissait d'un B-29, il aurait 2 000 pieds de hauteur et parcouru plus de 1 000 milles à l'heure, je ne suis pas un ingénieur professionnel », dit Thatcher, « mais j'ai des ingénieurs qui travaillent sous moi, et je sais comment élaborer une triangulation approximative sur un objet. »

4 avril 1950

Le président Harry S.Truman, déclare dans une conférence de presse le 4 avril 1950 :

« Je puis vous assurer que les Soucoupes Volantes, étant donné quelles existent, ne sont pas construites par quelque puissance terrestre que ce soit. »

Un autre président États-Unis parle d'extraterrestres et encore une fois cette information est minimisée par les médias, l'arrière petite fille du Président Eisenhower, Laura Magdalene Eisenhower, dans une interview à ExopoliticsTV avec Alfred Lambremont Vebré et la cosmologiste Laura Magdalena Eisenhower déclare qu'une :

« L'invasion extraterrestre s'est déjà produite et que les gouvernements ne veulent pas que nous le sachions. »

Son grand père, le Général Dwight David Eisenhower était d'accord avec cela, d'ailleurs, elle et reviendra sur ce point sur des propos de son grand-père, datant du 19 décembre 1954 :

« Selon des renseignements dignes de foi, il est désormais prouvé qu'entrent périodiquement dans notre atmosphère des objets mécaniques voyageant à très grande vitesse, telle qu'aucun mobile aérien des États-Unis ou d'Union Soviétique, n'est capable de les rattraper.

De longs rapports d'observateurs hautement qualifiés précisent que les objets en question volent souvent en formation et accomplissent des manoeuvres qui semblent indiquer qu'ils ne sont pas entièrement contrôlés par un appareillage automatique. Leur comportement fait penser au contraire, que nombre d'entre eux sont pilotés. Ces appareils apparaissent incontestablement comme étant le résultat de longues recherches et d'un ensemble de conditions technologiques exceptionnelles. En principe, en procédant par élimination, leur origine extraterrestre ne peut être niée à priori. Ce qui ne veut pas dire pour autant que nous devions la postuler sans plus ! De même, on ne peut exclure, à priori, que quelque nation ait fait des pas de géant en aéronautique, jusqu'à distancer considérablement les techniques des autres pays, mais cela est très improbable. »

Son opinion est soutenue devant le Congrès des États-Unis par le sénateur Barry Goldwater, républicain, ancien candidat à la présidence :

« Les soucoupes volantes, objets volant non identifiés, ou quel que soit le nom que vous leur donnez, existent bien. »

Avec eux, le premier directeur de la CIA, Roscoe H.Hillenkoetter contredit à demi-mot les communiqués de son agence selon lesquels les OVNIS n'existent pas : « Les objets volants inconnus, sont sous contrôle intelligent. » Mais il ne franchit pas le pas pour prononcer le mot extraterrestres. En 2023 face au Congrès, le Pentagone et la CIA parlent à nouveau d'une : « Présence intelligente non terrestre. »

Très économe sur les propos publics, dix ans plus tard, en juin 1960, le contre-amiral Roscoe H. Hillenkoetter, troisième directeur du renseignement central sous l'administration Truman et premier à diriger la nouvelle agence centrale de renseignement -la CIA) créée en vertu de la loi sur la sécurité nationale de 1947, a une fois de plus rendu publique son point de vue sur les OVNIS :

« Je sais que ni la Russie ni ce pays n'avaient quoi que ce soit approchant même des vitesses et des manœuvres aussi élevées. »

Souvenez-vous, lors des premiers pas de l'homme dans l'ère atomique, en 1949, l'expert en fusées, le Colonel Mac Laughlin est d'accord avec ce point de vue :

« j'ai vu plusieurs fois des disques volants suivre et dépasser des missiles en vol à la base expérimentale de White Sands au Nouveau Mexique, où, comme on le sait, la première bombe atomique américaine à été testée. »

17 avril 1950

Le journal : Time, interviewe dans son numéro du 17 avril 1950 le contre amiral Daniel V.Gallery ayant dirigé les recherches sur les projectiles télécommandés au centre d'essais de White Sands, Nouveau Mexique, ce dernier confirme que le capitaine de frégate McLaughin avait vu une soucoupe volante à quatre vingt dix kilomètres au nord-ouest du terrain de Sands, alors qu'il procédait à un relevé de conditions météorologiques dans les couches supérieures de l'atmosphère, et le lui avait rapporté alors que le contre amiral se trouvait à plus de 5 000 km de là à Washington, Gallery dit à McLaughin : « Quelle sorte de Whisky avez vous bu ? », et ne l'a pas cru à l'époque, l'accusant même d'un manque de sobriété.

Faits confirmés quelques années plus tard par Hermann Julius Oberth, physicien et ingénieur considéré comme l'un des pères fondateurs de la fusée et de l'astronautique, dans une conférence de presse à Insbrück, en juin 1954, rapportée par : The American Weeckly le 24 octobre 1954 : « Ces objets sont conçus et dirigés par des êtres intelligents au plus haut point. Ils ne viennent probablement pas de notre système solaire, peut être même pas de notre galaxie. »

27 avril 1950

Près de Goshen, Indiana, le 27 avril 1950, un disque orange rouge vif suivait un transport de passagers DC-3 Trans World Airways, devant l'équipage inquiet et de nombreux passagers. L'OVNI s'est approché de l'avion sous leurs regards stupéfaits : « Cela ressemblait à une grande soucoupe volante rouge qui roule. Chaque fois que le pilote se déplaçait vers l'objet, il s'éloignait comme s'il était contrôlé par un radar à répulsion. Lorsque le pilote a tourné, le disque a plongé, présentant alors sa vue latérale, accélérant vers le nord en direction de South Bend. »

Le Capitaine Richard Adickes, pilote de la Trans World Airlines (qui fusionna avec American Airlines en 2021), son équipage et sept passagers virent un OVNI les accompagnant avec insistance durant leur vol près de Southbend, USA, il s'en souvient en ces termes :

« Auparavant, les rapports sur les soucoupes volantes ne m'avaient pas convaincu, maintenant je sais qu'elles existent. »

L'incident sur le vol vers Chicago plus en détails.

Le 27 avril 1950, près de South Bend et Goshen, Indiana, vers 20h25, le pilote du vol 117 de Trans World Airlines, le capitaine Robert Adickes ainsi que Robert F. Manning, se dirigeaient vers l'ouest, route sur Chicago à bord d'un DC-3 à environ 200 mph et 2 000 pieds d'altitude, quand ils voient sur sa droite, bien à l'arrière, un objet brillant, en forme de disque rouge, d'un rapport largeur/hauteur de 5/1 à 10/1, pas de traînée, avançant en roulant sur le bord verticalement (soit sur la tranche, l'assiette droite) et sur une trajectoire parallèle à son plan de vol, les dépassant progressivement, pour en environ 2 minutes de temps, se positionner légèrement au-dessous de 2 000 pieds d'altitude jusqu'à ce qu'il atteigne environ 100° de relèvement relatif à environ 1/2 mile de distance. Adickes, ainsi que l'hôtesse de l'air Gloria Henshaw et au moins onze passagers, dont les ingénieurs de Boeing C.H.Jenkins et D.C.Bourland, les cadres E.J.Fitzgerald, S.N.Miller, l'ont parfaitement vue. Ensuite, lorsque l'avion de ligne vire vers l'objet, il a dévié à 400 mph, tombant à environ 1 500 pieds direction N (ou NNW), présentant sa vue latérale, disparaissant en quelques minutes. Le capitaine Manning, voit en premier cette chose, c'est un ancien pilote de l'Air Force avec six ans d'exercice pour TWA, son temps de vol comptabilise plus de 6 000 heures, garantissant un sérieux professionnalisme dans le pilotage.

Quand il voit la soucoupe pour la première fois : « Elle semblait d'une couleur plus brillante que lorsqu'elle volait à côté de nous. Apparemment, la réduction de puissance au fur et à mesure que ralentissait le rythme du DC-3, diminuait l'effet thermique apparent sur elle, avec une diminution de luminosité de la soucoupe volante. »

Il convient également que l'appareil inconnu échappe avec intelligence, aux tentatives de s'en approcher : « C'était comme voler en formation avec un autre avion. La chose a semblé glisser quand nous nous sommes tournés vers elle. Sa taille est difficile à dire, car nous ne pouvions que deviner sa distance, elle devait être assez grande. Quand je l'ai vue pour la première fois, la chose était près de l'horizon, peut-être à dix miles de distance. Même alors, elle (la soucoupe) était assez grande pour se démarquer dans le ciel. »

Le capitaine Adickes était d'accord avec Manning sur tous les points principaux : « Une chose est sûre, ce n'était pas rouge cerise, comme certains journaux l'ont dit, c'était de la couleur du métal chaud incandescent. »

En plus d'essayer de se rapprocher de la soucoupe, Adickes avait également tenté de la dépasser :

« Chaque fois, elle s'éloignait, comme si elle était contrôlée par un radar à répulsion. Et quand je suis allé droit dessus, la chose s'est éteinte en un éclair. Manning et moi avons estimé son diamètre à 50 pieds ou plus. Quand j'ai essayé de foncer vers elle, elle s'est éloignée à deux fois notre vitesse, mais même alors, il a fallu plusieurs minutes pour qu'elle s'estompe de vue. Elle devait donc être assez grande, peut-être beaucoup plus grande que 50 pieds (15 m). »

Manning conclut :

« Alors que nous tournions, l'objet a semblé s'éloigner de nous dans une direction juste au nord-ouest, vers la zone de l'aéroport de South Bend. Il a semblé descendre alors qu'il augmentait sa vitesse, et en quelques minutes a été perdu de vue. »[73] Il arrive en outre, que lors de confrontations aériennes, l'OVNI perturbe les instruments de bord (essentiellement électro magnétiques), l'obligeant au minima à franchement dévier de sa trajectoire, afin d'éviter d'autres circonstances pouvant aller jusqu'à l'arrêt des appareillages embarqués et la perte de l'avion avec son équipage (ici, ce ne fut pas le cas).

Le 30 avril 1950

Mme Albert Goelitzer habitant au Mont Rainier, Washington, dit avoir aperçu huit objets plats et cylindriques, volant au-dessus de Centralia, Washington, la presse s'interroge : « étaient-ils les mêmes que ceux qui avaient été vus par Kenneth Arnold trois ans plus tôt ?

Cherchaient-ils le neuvième qui avait eu un ennui mécanique et serait tombé près d'Aztec, dans le nouveau Mexique ? : « Il est incontestable qu'un engin extraterrestre fut récupéré par des agents du gouvernement US à proximité d'Aztec, Nouveau-Mexique, en mars 1948, et qu'il fut transporté en vue d'un examen classifié »[74].

---

[73] Sources : Donald E. Keyhoe : Soucoupes volantes de l'espace extra-atmosphérique, pages 145-148.

Sparks ; McDonald 1968 ; Projet 1947.

Keyhoe 1953 ; archives du Nicap, 1953 et notes de Fran Ridge.

Sparks - McDonald 1968 ; Projet 1947 : Adickes TWA DC-3 Case.

Dr.James E.McDonald : Déclaration sur les objets volants non identifiés, Page 46-47, Audiences, 1968.

[74] Stanton T.Friedman, physicien nucléaire l'expose dans le livre : UFO Crash at Aztec, il ne fait qu'égratigner la surface de ce secret, mais réveille l'intérêt du public pour cette affaire.

Sans l'ombre d'un doute, un vaisseau d'origine inconnue s'écrasa sur la mesa, à dix-huit kilomètres au nord d'Aztec, puis fut récupéré par une équipe secrète de militaires, scientifiques et agents de sécurité, pour être transféré dans une base secrète pour examen :

« Ce livre s'avéra être un des plus importants écrits au XXIème siècle », dit William S.Bill Steinman 13 Avril 2015, « Ramsey et Rank Thayer révèlent l'endroit précis où le vaisseau se posa, montrant comment le disque large de 30 mètres de diamètre fut transféré jusqu'à un laboratoire. Des témoins de l'incident affirment que les militaires leur firent prêter serment de garder le secret. Les auteurs révèlent les noms des scientifiques qui ont travaillé sur le vaisseau après sa récupération. Roswell n'est plus le seul et unique cas prouvé de récupération d'OVNI que nous connaissions. Les auteurs Scott et Suzanne Ramsey et Frank Thayer sont les meilleurs spécialistes du crash d'Aztec aux USA. Ce livre est le plus récent et le plus complet sur ce dossier », selon la préface du physicien Stanton Friedman.

Des 16 au 18 mars 1950, Farmington Case :

Vers 10h15 et durant l'heure qui suivit, toute une série de signalements se corroborant entre-eux, suivis par une seconde vague massive observée à partir de 15 heures.

John Eaton, employé d'une société immobilière et Edward Brooks, mécanicien travaillant dans un garage automobile, furent les premiers à signaler que l'une des soucoupes était de couleur rouge. Brooks, ancien mitrailleur d'un B-29, affirme que ces engins n'étaient pas des avions modernes : « Ils étaient beaucoup trop maniables. »

John Bloomfeld, employé de garage estime que ces objets atteignaient une vitesse dix fois supérieure à celle des avions à réaction (10 000 km/h), soulignant qu'ils prenaient souvent des virages à angle droit : « Ils volaient l'un vers l'autre et la collision semblait inévitable, mais à la dernière seconde, l'un d'eux montait brusquement à angle droit, tandis que l'autre, piquait à angle vif vers le sol. »

Marlow Webb en dit ceci : « Vus depuis la terre, ces disques semblaient avoir les caractéristiques d'une assiette ordinaire, ils volaient dans un plan vertical ou inclinés suivant n'importe quel angle, changeant souvent de direction à angle droit. »

La une du journal local

Marlo Webb, alors directeur du département des pièces détachées du garage Perry Smoak Chevrolet sur la rue principale Main Street au centre-ville de Farmington, était également cité dans l'article du Daily Times :

« Webb déclare qu'il travaillait chez le concessionnaire Chevy appartenant à son beau-père en face du théâtre Totah le 17 mars 1950, lorsque quelqu'un lui a dit qu'il avait vu des objets en forme de soucoupe dans le ciel. Webb est allé voir, et quand il a tourné les yeux vers le nord, il a dit qu'il pouvait distinguer 12 à 20 objets. Ils étaient vaguement disposés, certainement pas en formation de vol, mais se déplaçant régulièrement d'est en ouest. »

Le Farmington Times a compilé le déroulement des observations :

1°) 10h00, signalement de cent OVNIS vus à l'ouest de la ville.

2°) 10h00, trois objets organisent un combat aérien au-dessus de la ville.

3°) 10h15, cinq à neuf soucoupes survolent le quartier des affaires de la ville pendant 10 minutes avant de disparaître vers le nord-est.

4°) 10h30, des soucoupes rouges sont aperçues au-dessus de la ville.

5°) 11h00, vue rapprochée d'un grand nombre de soucoupes.

6°) 11h30, toutes les soucoupes ont disparu.

7°) 15h00, flotte de centaines de soucoupes, volant en formation vers le sud-ouest depuis le nord-est.

Le Las Vegas Daily Optic, expose à la une, le phénomène de Farmington sur un titre en huit colonnes : « Des engins aériens font sensation. » L'Air Force commente les faits : « Les Soucoupes Volantes sont imaginaires », à certains égards il ne sera du reste pas inutile pour beaucoup, de se rendre compte du peu de crédit des autorités pour un phénomène curieux semant la panique dans une petite ville de province dont la population a les nerfs à vif. L'Air Force ment depuis 1947..., en juillet 2021, le sénateur Marco Rubio, ancien président par intérim du Comité spécial du renseignement, a parlé sur CBS News de mystérieux objets volants dans un espace aérien restreint. « Nous ne savons pas ce que c'est, a-t-il déclaré, et ce n'est pas à nous. »

En décembre, dans une interview vidéo avec l'économiste Tyler Cowen, l'ancien directeur de la CIA John Brennan avouait, un peu tortueusement, qu'il ne savait pas trop quoi penser : « Certains des phénomènes que nous allons observer continuent d'être inexpliqué et pourrait, en fait, un type de phénomène résultant de quelque chose que nous ne comprenons pas encore et qui pourrait impliquer un certain type d'activité qui, selon certains, constitue une forme de vie différente. »

Un autre récit d'observation d'OVNI se produit le 17 mars 1950, à Tucumcari, un événement suscité l'intérêt des journalistes dans l'édition du 18 mars 1950 au : Tucumcari Daily News : « Un capitaine de l'Air Force et deux sergents techniciens à la base aérienne de Kirtland à Albuquerque, rapportent avoir vu trois objets étranges dans le ciel cet après-midi-là. »[75] L'armée allait bien malgré elle, fournir des informations sur trois OVNIS de grande envergure (vaisseaux mères ?) au même moment que les faits de Farmington, aujourd'hui nous dirions qu'une gigantesque escadrille de drones partirent en reconnaissance ou exercice à partir de ces gros vaisseaux porteurs.

20 janvier 1951

Tremonton : dossier secret Blue Book, The Cigar Case, du 20 janvier 1951. Le 20 janvier 1951, le capitaine Lawrence W.Vinter, des Mid Continent Alrlines, reçut l'ordre de la tour de contrôle de Sioux City, d'aller examiner au plus près, une vive lumière au-dessus du terrain d'aviation. Mid-Continent Airlines était une compagnie aérienne qui a opéré dans le centre des États-Unis des années 1930 à 1952, date à laquelle elle a été acquise et fusionnée avec Braniff International Airways. Winther décolle aux commandes d'un DC-3 avec pour copilote F.Bachmeler, tous deux engagés dans la poursuite jusqu'au moment où celle-ci plonge subitement sur leur DC-3 et le dépasse dans un total silence à seulement 60 m d'eux. Tellement rapide, qu'ils ont à peine recouvré leurs esprits, se demandant quelle direction cette chose avait prise après avoir opéré un virage à 180 degrés, virant de bord en quelques secondes, sans se préoccuper de l'inertie ni des contraintes aérodynamiques.

---

[75] Cette affaire figure sur la liste du : Comprehensive Catalog of 1,700 Project Blue Book UFO Unknowns: Database Catalog (Not a Best Evidence List) – NEW: List of Projects & Blue Book Chiefs Work in Progress (Version 1.27, Dec. 20, 2016) Compiled by Brad Sparks © 2001-2016.

Blue Book Case n°344, March 16, 1950. Farmington, New Mexico. 10-11 a.m. 2 USNR pilots plus many others. (Sparks; BB Microfilm Roll 91 pp. 385-6, 392-3, 469-470; McDonald 1968).

Avec un grand étonnement ils découvrent alors un immense cigare aux dimensions égales à celles d'un B-29, volant parallèlement à eux à une distance relative de 50 à 60 mètres. La lumière blanche semble venir du fond du cigare qui se lasse de les observer après avoir volé en parallèle, perdant de l'altitude au bout de quelques secondes, glissant en dessous d'eux et finalement disparaissant sans demander son reste. Un agent de renseignement de l'armée de l'air était le troisième passager à bord du DC-3, et il put observer l'OVNI sans contraintes, il confirme la description des pilotes.[76] Affaire close et étouffée, avant que le gouvernement ne retourne sa veste par une volte face en pirouette, et n'admette après un demi-siècle de démentis et dénégations officielles dans tous les médias que : « Oui OVNI il y a ! »

Samedi 10 février 1951

Le lieutenant Graham Bethune se trouve aux commandes d'un transporteur R7V-2 Super Constellation de l'US Navy assurant la liaison entre la ville de Keflavik en Islande et la base aéronavale d'Argentia à Terre Neuve. Il est 0h55 quand à environ 145 km au sud-ouest de Gander, Terre Neuve, le pilote aperçoit une lueur jaune orangée rasant les flots à quelques 55 ou 65 km droit devant son appareil. Leur avion s'approche de cet objet à la vitesse de 220 km/h, c'est un cercle formé de plusieurs lumières blanches qui brusquement s'éteignent. Après une minute ou deux d'obscurité totale, à l'endroit précis où le cercle lumineux venait de disparaître, les témoins, dont plus de trente et un passagers et quatre membres d'équipage observent un halo jaune à la surface de l'océan.

Le halo vire à l'orange puis au rouge flamboyant, ensuite, pendant son mouvement en direction de leur avion, ses contours semblent se préciser graduellement. Lors de cette approche le halo change pour une teinte rouge bleutée. Puis instantanément l'OVNI fonce dans une accélération estimée par le lieutenant Bethune supérieure à 1670 km/h, le commandant de bord désenclenche le pilote automatique pour plonger sous l'objet en piqué afin d'éviter la collision imminente. Mais contre toute attente, la manoeuvre se révèle inutile, l'objet s'est arrêté net pour stationner à 45 degrés du nez de leur avion sur sa droite à une soixantaine de mètres en contrebas.

La plus grande partie du pare-brise droit est masquée par un OVNI aux dimensions exceptionnelles, il s'agit d'une soucoupe volante aux reflets métalliques cernée d'un anneau brillant rouge violacé, d'environ 100 m de diamètre, semble-t-il.

---

[76] Johannes Von Buttlar : OVNI Nous ne sommes pas seuls, Presses de la cité p.77.

Ce disque oscille d'avant en arrière, les instruments de bord se dérèglent, en particulier les compas magnétiques durant au moins une minute, le temps que l'objet s'éloigne d'eux, rebroussant chemin à environ 170 degrés de son cap d'approche tout en continuant à s'incliner, pour bientôt se trouver hors de vue en quelques secondes. Cet à cet instant que compas et radio retrouvent leur fonctionnement normal. Le lieutenant Bethune laisse alors les commandes, cédant alors place à son copilote John Meyer et au second, le lieutenant AL Jones, celui-ci lance un appel radio au centre de contrôle du trafic aérien de Terre Neuve qui lui confirme : « Nous avons quelque chose sur l'écran à proximité de votre avion. » Graham Bethune à croisé une soucoupe de 100 m de diamètre !

10 septembre 1951

Près d'une installation radar de la côte à Fort Monmouth, New Jersey, des membres de l'US Air Force au sol, sont témoins d'OVNIS à grande vitesse.[77] Des aéronefs rapides et non identifiés voyagent à haute altitude. Moins d'une demi-heure plus tard, deux avions militaires volant à proximité observant un étrange objet en forme de disque. Après avoir commencé à le poursuivre inutilement, il les a rapidement évités et s'est envolé vers la mer. Ce surprenant incident de Fort Monmouth est totalement rejeté par le projet Grudge de l'US Air Force, le prédécesseur immédiat du projet Blue Book, comme : « Dû à une erreur de l'opérateur et d'une partie du personnel de l'installation radar, en raison d'un ballon observé par les deux pilotes et mal interprété par les techniciens au sol ». Mais l'affaire est plus complexe, il s'agissait de plusieurs OVNIS suivis au radar, fait intéressant, les témoins, pilotes, signaleurs, radaristes, officiers et militaires n'en démordaient pas, ils étaient furieux contre leur hiérarchie.

Le coeur du secret

L'affaire de Fort Monmouth débute par un événement décisif à 11h18 par le lundi 10, par un matin clair de septembre 1951. Un jeune étudiant opérateur radar de l'Army Signal Corps, Eugent A.Clark, vient de repérer une cible inconnue volant à basse altitude se déplaçant plus rapidement que le mode de réglage automatique de son ensemble radar AN/MPG-1 ne pouvait le tracer. Par coïncidence, un certain nombre d'officiers de l'armée en visite se trouvaient derrière Clark à ce moment-là, tous témoins de l'étrange événement qu'Ils regardent avec étonnement. En à peine quelques instants, le curieux signal radar traverse la côte à une vitesse estimée d'au moins 1 100 km/h, puis se perd hors de portée près de la péninsule côtière de Sandy Hook, non loin au sud de New York.

---

[77] http://www.Nicap.org/510910monmouth_dir.htm

Ce suivi radar provoque beaucoup d'excitation, bien qu'en 1951, les jets aient atteint des vitesses élevées, ils volaient avec transpondeur et loin de villes habitées. Dix-sept minutes plus tard, l'histoire devient encore plus bizarre. Juste au sud de Sandy Hook, à 11h35, un avion d'entraînement à réaction T-33 piloté par le lieutenant Wilbert S.Rogers, avec le major Edward Ballard Jr. sur le siège arrière, rencontre un objet complètement méconnaissable. Ils volent vers le nord à 20 000 pieds (6 000 m) au-dessus de Point Pleasant, New Jersey (sud de New York), en direction de Sandy Hook[78], à cet instant, Rogers repère sur sa gauche un objet terne et argenté passant loin en dessous sur une trajectoire parallèle opposée. Il se dirige vers le sud depuis la péninsule côtière de Sandy Hook et semble être à environ 12 000 pieds (3 650 m) en dessous d'eux. Rogers effectue une pré approche directe en sur Mitchel AFB, New York, pour atterrissage et souhaite que le major Ballard jette un coup d'œil sur cet étrange appareil avant qu'ils descendent se poser sur le sol.

Ballard, était à la radio, alors Rogers s'est légèrement tourné vers la gauche, attendant qu'il termine sa communication radio. Quarante-cinq secondes plus tard, Ballard l'a enfin aperçu à son tour, au moment auquel l'OVNI entre dans un virage en forme d'arc descendant sur le point de couper leur trajectoire de vol pour passer sous eux. À ce moment, les conversations affolées des pilotes sont entendues par le contrôle au sol, via leur micro ouvert.

Les enregistrements montrent que les pilotes étaient excités alors que les deux hommes regardaient une silhouette en forme de disque poursuivant son virage.

Alors Rogers continue à tourner à gauche avec lui pour l'empêcher de passer sous son aile, l'objet continue à descendre plus bas, hors de vue un moment, alors que Rogers baisse le nez de son jet pour finalement terminer une manœuvre descendante à 360 degrés et 3 000 pieds (900 m), juste pour le reprendre en visuel.

Rogers et Ballard estiment que l'engin mesure environ 15 mètres de diamètre, difficile à dire en mouvement, se déplaçant peut-être jusqu'à 1 000 km à l'heure. À ce moment-là, les pilotes savent qu'ils ne poursuivent certainement pas un ballon parce que cette chose non seulement s'incline vers la gauche, offrant le flanc d'une soucoupe terne argentée, mais dépasse aussi leur avion, malgré que Rogers accélère de 724 km/h à 885 Km/h. À ce moment-là, l'objet effectue un virage à 90 degrés et s'éloigne de la côte, voyageant au-dessus de l'océan, vol en palier proche de la vitesse du son à environ 5 000 pieds.

---

[78] Ne pas confondre avec, Point Pleasant est connue pour une affaire de créature ailée mystérieuse qui aurait été observée à Point Pleasant dans l'État de la Virginie-Occidentale, à l'est de Washington, en 1966 et 1967.

Rogers tente vainement de suivre sa trajectoire à partir de son altitude actuelle de 17 000 pieds (5 200 m) alors que l'OVNI continue d'augmenter sa vitesse vers la mer couvrant 60 km/h environ, pendant la courte période de deux minutes puis passant en une minute de 1100 km/h à 1680 km/h. Rogers, pilote de chasse expérimenté de la Seconde Guerre Mondiale, sera été interrogé par un journaliste sur ce qu'il pensait avoir vu ce jour-là. Il haussa les épaules et dit que l'objet était quelque chose qu'il n'avait jamais vu auparavant dans sa vie, ce n'était certainement pas un ballon car non seulement il descendait ou montait à volonté, mais se déplaçait à grande vitesse, quel ballon volerait à 1700 km/h ? Ajoutant que l'objet avait l'air parfaitement rond et plat avec le centre de l'objet quelque peu surélevé d'une sorte de coupole.

Une parfaite soucoupe volante.

Deux mois plus tard, quand Edward Ruppelt reprend la tête de l'ancien projet Grudge de Jerry Cummings, il diffuse soigneusement les informations qui avaient été recueillies sur l'affaire. Ruppelt était aussi intrigué que quiconque par ce dossier fantastique, et personne plus que lui-même ne respectait l'expérience de pilotes vétérans comme Rogers et Ballard au point que mettre en doute leur probité était impensable. Pourtant, Edward J.Ruppelt place l'objectivité au premier plan, et licencié trois assistants de son projet qui sont devenus trop partiaux dans leur approche des enquêtes. C'est l'un ses adjoints les plus fiables, Henry Hank Metscher, qui propose ce qu'il considère comme un argument solide selon lequel l'observation de Point Pleasant et les données radar de Fort Monmouth pourraient être attribuables aux lancements de ballons. Ruppelt s'appuie sur la formation d'ingénieur plus chevronnée de Metscher et sur une analyse minutieuse pour rédiger un rapport de situation spécial du 30 novembre destiné au Pentagone, il indiquait : « A environ 11h12, le 10 septembre 1951, deux ballons ont été largués du laboratoire de signalisation d'Evans, New Jersey, et se seraient déplacés dans une position presque alignée avec Point Pleasant. » Des illustrations de ce rapport tracent les ballons et le parcours du jet T-33. Les archives de l'Air Force prouvent que les ballons se trouvaient dans la même zone au même moment que le T-33, mais les estimations placent leur altitude à 18 000 pieds (5 500 m), par opposition au plafond de 5 000 pieds (1 524 m) argumenté par Rogers pour l'OVNI, conforme à la détection radar au sol et du T-33.

Par un rebondissement extraordinaire, l'Air Force détruit d'un seul coup les considérations de Blue Book et de Ruppelt : « Ce n'était pas des ballons », car ces mêmes enregistrements montrent également que tous les ballons ont a éclaté à une hauteur de 10 000 pieds (3 000 m) : « Il ne peut donc en aucun cas s'agir d'eux ! »

Ruppelt rapporte cet incident minimisé dans un manuscrit non édité peu avant qu'il ne publie son ouvrage de 1956 : The Report on Unidentified Flying Objects. Ce paragraphe n'a jamais fait partie de son livre publié, il détaille comment l'ATIC considérait le cas à l'époque :

« Avec un peu plus de calculs, Hank a démontré comment chaque mouvement signalé de l'OVNI aurait pu être dû au déplacement relatif entre le ballon et le T-33, et à l'incapacité de l'observateur à estimer avec précision les distances, car ils ne savaient pas quelle était la taille réelle de leur OVNI. Le colonel Rosengarten a dit qu'en compagnie du lieutenant Jerry Cummings, ils avaient personnellement interrogé Rogers et Ballard. Bien qu'il ait également beaucoup respecté leurs années d'expérience de vol, Rosengarten est assez convaincu après leur avoir parlé qu'ils ont simplement vu un ballon dans des circonstances inhabituelles. Il estime également qu'un ballon avec des réflecteurs en feuille dessus, représenté les premières observations radar. Après que des informations sur l'incident du pilote ont été divulguées dans les journaux, des responsables de la police d'État ont été interrogés par des journalistes, mais aucun témoignage corroborant n'a pu être trouvé pour étayer l'observation d'un objet inhabituel durant cette période. »

C'est assez rare pour être souligné, pour une fois, l'Air Force est convaincue de la présence d'un OVNI au sens propre du terme, car un autre incident se produit le même après-midi du 10 septembre 1951. Encore une fois, le radar de Fort Monmouth, New Jersey, détecte une cible étrange à 18 milles au-dessus de la terre, voyageant lentement. Bientôt, les observateurs au sol confirment le contact visuel, même si tout ce qu'ils peuvent voir est un point argenté dans le ciel.

Alors que Cummings s'efforce de prouver de manière concluante que l'observation est attribuée à un lancement de ballon, d'autres observations radar inexpliquées perturbent ses conclusions le lendemain même. Le 11 septembre 1951, un bref résumé de l'observation du T-33 est envoyé à l'ATIC par le 148e groupe d'intercepteurs de Dover AFB, Delaware, où Rogers et Ballard sont basés. Le jour suivant, Wilbert Rogers lui-même enchaîne avec un autre résumé beaucoup plus soigneusement détaillé adressé à nul autre que le général commandant de AMC : Air Material Command, à Dayton. Fort Monmouth qui transmet à son tour des comptes rendus sur les incidents radar anormaux, l'ensemble des rapports constituent désormais un dossier bien documenté. Enfin, avant même d'avoir abouti a une quelconque évaluation, l'ATIC porte un faux jugement sur les faits qui relèvent de sa compétence contre l'opinion de l'USAF, cette erreur va devenir du pain béni pour les journalistes.

Peu après, les deux pilotes sont débriefés à Stewart AFB, Newburg, New York, le 17 septembre 1951 par des responsables du quartier général de l'Eastern Air Defence Force, le 21 septembre 1951, ils expédient un compte rendu de toutes les observations à l'ATIC ainsi qu'au quartier général de l'ADC à Colorado Springs suivant la procédure administrative standard, conformément à plusieurs réglementations officielles de l'époque exigeant le signalement d'objets aériens non identifiés quels qu'ils soient

Procédure comprenant la lettre 200-1 du commandement de la défense aérienne du 11 avril 1951 exigeant le signalement des aéronefs non conventionnels et une directive de l'Eastern Air Defence Force du 19 février 1951, stipulant la même chose.

Parallèlement à ces nouvelles réglementations, la directive du Commandement de la Défense Aérienne Continentale dans une version antérieure de 200-1 datée du 22 février 1951 exigeait que tous les rapports soient classés confidentiels. Cependant, comme cela sera détaillé, ces mêmes documents ont apparemment été placés dans une pile de dossiers perdus, et ne sont pas parvenus au général de division Cabell, chef du renseignement de l'armée de l'air (AFOIN) en temps opportun.

Ce fait devient la base de l'histoire, notamment parce que la nouvelle de l'observation du T-33 fut d'abord divulguée à la presse. Cette fuite est survenue bien avant que Cabell n'ait eu la chance d'être correctement informé de ces événements apparemment fantastiques difficilement explicables à l'époque.

Au cours de leur entretien, Brewster présente à l'équipage des croquis, peut-être d'avions expérimentaux. Pourtant, les deux pilotes répondent à Brewster et Johnson qu'ils n'ont vu aucune indication d'unités militaires sur le fuselage, d'échappement ou de propulsion, et l'OVNI ne correspondaient pas aux photographies posées sur la table.

Les archives de l'ATIC expliquent que le 11 avril 1951, l'officier de l'information publique de l'Air Materiel Command, le colonel Taylor, a obtenu un résumé de l'observation du pilote de la part de son homologue à Mitchel AFB, le Major John B.Barron. Taylor résumé communiqué au colonel Dunn, via Rex Smith, assistant PIO de l'AMC, le même jour. Malgré la masse importante de documents et une liste de témoins exhaustive conséquente, le Pentagone n'a jamais reçu d'enquête de suivi, l'ATIC vient purement et simplement d'étouffer l'affaire malgré l'insistance de l'USAF.

Rosengarten et Cummings, désireux de mener une enquête détaillée et objective, s'envolent directement pour New York et le lendemain matin, ils se rendent dans le New Jersey à la station radar du G-2 Signal Corps de Fort Monmouth. Pendant leur séjour, ils bénéficient d'une excellente coopération de la part du personnel bienveillant à leur enquête. Le lieutenant-colonel Rosengarten enregistre les interrogatoires, fixant avec rigueur date, heure, circonstances afin de trouver quelque chose de valeur exploitable. Ensuite, les deux pilotes, le major Ballard et le lieutenant Rogers, sous l'autorité du général commandant de la base radar de Fort Monmouth, tapent un télex par transmission spéciale d'urgence au Bureau des enquêtes spéciales, il est 3h30 du matin.

Très étrange déploiement d'énergie et de galons, pour de simples ballons gonflables, Ruppelt rappelle que cela avait soulevé un sérieux tracas au sein de l'ATIC.

Le lieutenant Wilbert Rogers, pilote de l'avion, et le major Edward Ballard Jr., qui était sur le siège arrière, volaient à plus de 6 km au-dessus de Point Pleasant, New Jersey, en direction du nord. Ils étaient en route vers Sandy Hook lorsqu'ils ont croisé un objet non identifié qu'ils ont poursuivi sur plus de 50 km, selon eux, il se déplaçait à une vitesse de plus de 1 500 km/h. Rodgers a ensuite déclaré :

« Je ne sais pas si c'était une soucoupe volante, mais c'était définitivement quelque chose que je n'avais jamais vu auparavant. » Lui et Ballard étaient sûrs d'avoir vu quelque chose d'extraterrestre, « Quand je l'ai vu pour la première fois, je dirais qu'il était de 1,5 à 2,5 km au-dessus de Sandy Hook, semblant descendre et se stabiliser en vol juste au nord de Red Bank, continuant à la même altitude jusqu'à ce qu'il disparaisse. Dans notre formation et pratique quotidienne de pilotes intercepteurs, nous devons relater avec précision les moments de contact avec l'objet d'interception, et je l'ai automatiquement fait lorsque je l'ai vu pour la première fois au-dessus de Sandy Hook notant qu'il était environ 11h35, le 10 septembre 1951. »

L'OVNI serait allé sous l'eau et pas au loin, rappelant l'affaire des TIC Tac de la Navy en 2004 et incidents suivants :

« J'étais tellement étonné de la vitesse de l'objet que j'ai immédiatement commencé à tourner à gauche et j'ai attendu que le major Ballard termine l'appel pour attirer son attention sur l'objet, nous l'avons tous les deux regardé tourner à 90 degrés vers la gauche et ensemble nous l'avons observé jusqu'à ce qu'il parcoure environ 30 km et disparaisse dans la mer », dit le lieutenant Wilbert Rogers.

Plus d'observations d'OVNI à Fort Monmouth.

La seconde observation eut lieu quelques heures après l'incident du matin du 10 septembre 1951. Le rapport de Ruppelt indiquait que vers 15h15, quand le centre de contrôle radar de Fort Monmouth réceptionne un appel impatient, presque urgent, du QG. Ils reçoivent l'ordre de capturer une cible au même endroit où l'objet mystérieux avait précédemment été localisé : « Et ils ont reçu l'ordre de rapidement capturer cet objet non identifié ».

Lorsque l'OVNI a finalement été découvert, se déplaçant lentement à une altitude de 10 km, de nombreux policiers sont sollicités pour tenter de faire une identification visuelle depuis le sol, étonnamment, l'OVNI est longtemps visible comme un point argenté dans le ciel diurne. Deux autres observations radar ponctuent le lendemain, car en raison de leur vitesse, aucun des deux OVNIS n'a pu être suivi automatiquement : « Les deux objets grimpent, se stabilisent, remontent, plongent, se relevant ensuite verticalement, pour monter presque sur un angle vif droit ».

Lorsque le journaliste écrivain de : Life, Bob Jinnah rend visite à Wright Paterson en avril 1951, il remarque les défauts évidents du dossier, perspicace, il trouve une note confidentielle : « Le rapport spécial Grudge n°1 du 28 décembre 1951 attribue l'observation du T-33 à un lancement de ballon par Evans Signals Laboratory, mais cela est contredit par des tentatives d'interception de l'OVNI lancées par l'USAF, cette partie est passée sous silence. »

Nous comprenons maintenant le désarroi de l'ATIC en 1951, l'année 1952 va être bien pire pour leurs services.

L'incident de Spokane, 20 janvier 1952

Le 20 janvier 1952, à sept heures vingt du soir, deux sergents-chefs, spécialistes du renseignement, marchaient dans une rue de la base aérienne de Fairchild, près de Spokane, Washington. Soudain, ils remarquent un grand objet blanc bleuâtre de forme sphérique s'approchant de l'est. Ils s'arrêtent pour observer attentivement l'objet, car plusieurs de ces OVNIS avaient été signalés par des pilotes de la base aérienne au cours des derniers mois.

Les sergents avaient rédigé les rapports sur ces premières observations en question, mais n'avaient jamais été au contact direct avec les phénomènes, jusqu'à ce moment où un objet se déplace à une vitesse modérément rapide sur une trajectoire horizontale face à leurs yeux. Alors qu'il passe au nord de leur position et disparaît à l'ouest, les sergents notent qu'il laisse une longue queue bleue.

A aucun moment ils n'ont entendu le moindre bruit, notant certains points de repère que l'objet avait traversés puis estimant le temps nécessaire pour franchir les bornes de repères et dès le lendemain, mesurer les angles entre eux, afin de les inclure dans leur rapport.

Lorsque l'ATIC reçut le rapport voici ce qu'ils en dirent :

« Notre première réaction a été que les sergents-chefs avaient vu un gros météore. » Ruppelt soutient tout le contraire : « D'après les preuves, j'avais totalement exclu les météores sur tous les précédents rapports d'OVNI similaires de cette base aérienne. Celui des sergents, cependant, contenait une information qui changeait complètement la donne précédente. Au moment de l'observation, il y avait eu un solide ciel couvert entre 6 000 pieds (1 828 m) d'épaisseur et 4 700 pieds (1 432 m). Et les météores ne descendent pas si bas, et ne volent pas à l'horizontale pour s'arrêter net en chemin.. Quelques rapides calculs aboutirent à une réponse plutôt déconcertante. Si l'objet était juste à la base des nuages, il aurait été à 10000 pieds (1828 m) des deux observateurs et aurait parcouru 1 400 miles par heure (2 253 km/h). Mais quelle que soit la vitesse, l'histoire demeurait toujours fantastique. L'objet n'était pas un avion à réaction car il n'y avait pas de son sur son passage, verdict de Blue Book : « Origine inconnue. »

Au cours d'une période de six mois en 1952, 148 des principaux journaux du pays publièrent un total de plus de 16 000 articles sur les OVNIS. Culminant en juillet 1952, quand les soucoupes volantes aperçues au-dessus de Washington, DC, supplantèrent la Convention Nationale Démocrate d'un précieux espace dans les gros titres pour sa campagne à la quarante-deuxième élection présidentielle américaine.

Le 5 juillet 1952

Une nouvelle se répand, plusieurs pilotes avaient aperçu un engin en forme de disque à proximité de l'usine atomique de Richland vers Washington.

Le 12 juillet 1952

Un message télétype arrive à Washington, comme les précédents il fut étouffé. Le même jour à 21h00, une soucoupe isolée, nimbée d'une lueur bleuâtre passa en trombe au-dessus de l'Indiana. A Indianapolis à peu près à 48 km au sud est de la ville, arrive un engin d'origine inconnue volant à environ 480 km/h et 4 500 m d'altitude, soudain il changea de cap, descendit et se précipita vers un avion de transport civil, une fois parvenu sensiblement au même niveau que l'avion piloté par Richard Case et de ses passagers, il prit la direction du nord-ouest.

Cinq autres pilotes confirment l'observation ainsi qu'une foule nombreuse qui déambulait dans les rues d'Indianapolis.[79]

La série d'OVNIS ne s'interrompra pas durant tout 1952 : Kirkville, Missouri une soucoupe vole à 2 700 km/h, plus grosse qu'un bombardier B-629. Puis ce sera le dossier du DC-4 de Nash à quelques kilomètres de Newport, des soucoupes paraissant incandescentes comme du métal en fusion.

Mercredi 16 juillet 1952

Il est environ 9h35 du matin à l'US Coast Guard Air Station de Salem, de Winter Island, Massachusetts, quand Shell W.Alpert, jeune matelot de vingt ans effectuant son service militaire comme photographe, est en train de classer des négatifs assis devant son bureau. Il tourne sa tête en direction de la fenêtre grande ouverte et aperçoit une formation d'objets lumineux en V de couleur blanche côté ouest dans le ciel. Les OVNIS sont juste à droite de la centrale électrique : Salem Power Company, leur éclat similaire à arc électrique semble osciller. Le jeune militaire est incapable de dénombrer leur quantité exacte avec précision, ni leur altitude et dimensions.

C'est instinctivement qu'il se saisit de l'appareil photo posé sur son bureau et dont il s'apprêtait justement à nettoyer l'objectif.

Il n'est pas tout à fait certain que l'appareil soit encore chargé, il effectue la mise au point mais juste au moment où il désire enclencher l'obturateur, l'intensité des lueurs faiblit. Craignant qu'il ne soit l'unique témoin de cette apparition fugace, Alpert sort de la pièce et se précipite à l'infirmerie voisine espérant y trouver quelqu'un, par chance, il tombe sur un jeune infirmier affairé à remplir des formulaires, le matelot de 1° classe Thomas E.Flaherty, qui accepte immédiatement de le suivre.

Revenant en courant, ils pénètrent dans le local photo, Alpert constate que les lumières ont totalement recouvré leur brillance, sans rien dire, il saisit l'appareil et appuie une fois sur le déclencheur en 1/50° de seconde. A ce moment-là, lui et le second matelot assistent à un grand flash, tel un éclair dans le ciel, puis plus rien, les lueurs viennent de disparaître.

---

[79]Donald E.Keyhoe : Le Dossier des Soucoupes Volantes, Hachette, 1954, p. 44-45.

Le cliché est développé dans la foulée au labo photo adjacent, les lueurs paraissent plus volumineuses, brillantes et nombreuses qu'Alpert ne l'aurait cru, il en compte au moins quatre. Ensuite, il porte la photographie au commandant de la base, le lieutenant Cdr.J.D.Hudgins à 10 heures du matin. L'officier écoute très attentivement le récit du matelot photographe et décide de réunir le personnel de l'US Coast Guard Air Station, le document est désormais classifié confidentiel, rien ne doit transpirer de cette affaire, tout le personnel de la base est assigné à résidence avec privation de sortie durant les deux jours qui suivirent jusqu'à ce que cette affaire soit tirée au clair.

Vers 11h45, le commandant général de l'Air Materiel Command à Wright Patterson AFB est informé de l'événement, puis quelques heures plus tard le 29 juillet, peu après l'affaire du ballet d'OVNIS sur Washington DC, il décide de rendre enfin public l'incident de Salem lors d'une conférence de presse le 1° août au local de la Douane de Boston. Le major Dewer Fourniret du bureau de l'Air Force Intelligence détaché auprès du Pentagone transmet le précieux cliché au capitaine Edward Ruppelt du projet Blue Book, l'expertise démarre.

Un mois plus tard, l'analyse officielle qui en sera faite le 29 août par le colonel Delwin B.Avery, responsable du laboratoire d'interprétation photographique de l'US Air Force, rend des conclusions négatives concernant l'authenticité de l'image, simplement à cause de l'absence de reflets sur les automobiles à l'arrêt visibles au premier plan. Il lui a fallu quatre semaines pour parvenir à ce résultat banal. Une question se pose à nous, pourquoi une seconde expertise fut-elle réalisée en octobre 1963 ? L'Air Force aboutit sans surprise à une surenchère de trucages possibles divers et variés de la part du photographe, mais un paragraphe est entièrement noirci, caviardisé pour censurer, ce qu'ils ne voulaient pas que l'on sache.

19 au 20 juillet 1952

Vers minuit le 19 au 20 juillet 1952, huit contrôleurs de trafic et le contrôleur en chef Harry G.Barnes voient arriver sur leur cadran plusieurs OVNIS depuis le sud-ouest ; la vitesse passe en quatre secondes de 200 à 800 km/h, accomplit un virage à 90 degrés, puis lorsque le balayage de l'écran termine tour, une autre soucoupe apparaît au-dessus du trait que la première vient de tracer, en quelques secondes elle évolue à 160 km/h avant de stopper pile puis opère un changement complet de direction en cinq secondes. Tout à coup une autre soucoupe circule sur l'écran à une rapidité prodigieuse, traversant l'écran de bout en bout, passant au-dessus d'Andrews Field, fonçant directement en direction de Riverdale. Quand les tracés des soucoupes ont disparu, la vitesse enregistrée par les instruments de mesure donne 3 200 mètres seconde soit 11 500 km/h.

Les avions à réaction n'eurent pas le temps de décoller à leur poursuite, il n'avaient pas encore pris l'air, que des soucoupes volantes tournaient sur le ciel de Washington DC par une sorte de raid de reconnaissance. Peu avant trois heures du matin, les chasseurs de l'US Air Force atteignent Washington, mais les soucoupes ont instantanément fui peu avant leur arrivée, pour revenir cinq minutes après le départ des avions de chasse, se manifestant et se répandant de nouveau au-dessus de la capitale. Caché derrière une grande tache blanche, un vaisseau mère porteur, une des soucoupes arriva rapidement sur un avion et le suivit jusqu'à la proximité immédiate de l'aérodrome, avant de repartir vers le ciel avec une intensité et vitesses extraordinaires.[80]

1°) Affaire divulguée par Albert M.Chop à Donald E.Keyhoe :

Air Defense Command, section d'Osceola, Wisconsin fait remonter un dossier à Blue Book, le 23 juillet 1952, à 2h30 du matin, le radar du centre d'interception au sol, décèle la présence de plusieurs objets inconnus. De même qu'à Washington, la vitesse initiale des soucoupes n'était pas la même que celle constatée au cours des évolutions. La plupart des engins volaient à 100 km/h ce qui est lent, mais tout changea dès que les avions à réaction prirent l'air. Peu après, un OVNI passe de 100 à 1 000 km/h dans une accélération immédiate. Parvenu à 7 500 m d'altitude, le pilote de l'intercepteur le plus rapproché, distingue plusieurs lueurs qui se déplacent rapidement à l'est de Saint Paul, Minnesota, le cap était celui indiqué par la station radar au sol. Un autre avion du Ground Observer Corps, les identifia au même instant.[81]

Autre cas ; le 26 juillet 1952 au soir, une lueur rougeâtre sillonne le ciel au-dessus du centre naval aérien de Key West, des centaines de témoins voient une soucoupe volante, mais aucun communiqué officiel ne fut rendu public. Les autorités furent prises de court, quand le soir même à 21h05 exactement, une formation de soucoupes fit une nouvelle apparition au-dessus de Washington. Les objets venaient à une très haute altitude et ne furent pas aperçus par les habitants. Les services de renseignement réagirent aussitôt. Le major Dewey Fournet Jr., du Pentagone, Albert M.Chop et un officier spécialisé dans les radars se rendirent sur les lieux où on avait observé le phénomène et deux heures durant, ils suivirent des yeux les taches de lumière laissées par la soucoupe.

Des OVNIS similaires à Fort Monmouth ont été vus un an plus tard !!!

---

[80]Donald E.Keyhoe : Le Dossier des Soucoupes Volantes, Hachette, 1954, p. 58.

[81]Donald E.Keyhoe : Le Dossier des Soucoupes Volantes, Hachette, 1954, p. 83-84.

L'après-midi du 29 juillet 1952, à Passaic, New Jersey, un habitant, George Stock photographie un objet presque identique à celui rapporté par les deux pilotes du T-33 en 1951, un total de cinq photographies est réussi. L'engin est presque trop beau pour être vrai, en forme de disque avec un dôme surélevé au sommet et au milieu. George le décrit comme solide et métallique, avec un dôme translucide partiellement en saillie. sur l'extérieur bleu et gris, curieusement, sous un déplacement complètement silencieux. Lors de l'observation, qui a eu lieu vers 16h30, le témoin oculaire était accompagné d'un ami : « L'objet, volant relativement lentement, s'est arrêté et attardé un moment, puis soudain, comme dans d'autres cas, l'OVNI à décollé à grande vitesse. »

Les observations d'OVNIS à Fort Monmouth ne sont-elles qu'une coïncidence ? Une question se pose là encore, un canular fut-il imaginé en 1952 pour profiter d'un peu de publicité dans les médias ? On en parle beaucoup en effet.

Los Alamos 29 juillet 1952

Depuis 1947 le général Samford savait que l'US Air Force avait à plusieurs reprises essayé de démontrer l'inexistence des soucoupes volantes. Peu après une de ses conférences, dans la nuit du 29 juillet 1952, à 21h30, une soucoupe produisant une lumière jaune s'était montrée à l'improviste au-dessus de Los Alamos, il s'agissait de la seconde qui dans la même année, se manifestait au-dessus du centre de l'énergie atomique. Elle fut aperçue par un colonel de réserve de l'aviation, la machine paraissait évoluer au-dessus de la base. Dans la mesure où l'éclat lumineux lui permettait de distinguer, les détails, le témoin estima que l'objet avait une forme circulaire ou ovale[82].

2°) Affaire divulguée par Albert M.Chop, à Donald E.Keyhoe :

Le 1° août 1952 à 10h15 du matin, des techniciens radar d'une station d'interception au sol repèrent une soucoupe évoluant à grande vitesse. Elle effectuait apparemment un vol de reconnaissance au dessus du terrain d'aviation de Wright Patterson, car elle volait assez haut, mais, malgré tout à peu de distance de la base. A peu près à la même heure, l'objet fut aperçu au sol par plusieurs civils non loin de Bellefontaine. l'engin paraissait arrondi et briller d'un éclat métallique.

---

[82]Donald E.Keyhoe : Les soucoupes volantes existent, une étude de 375 cas, les conclusions des derniers rapports officiels américains, Corrêa, Paris, 5 février 1951, chapitre n°17. p. 82-83.

Les pilotes James B.Smith et Donald J.hemer ayant reçu l'ordre de rejoindre l'engin grimpèrent jusqu'à 9 150 m et virent évoluer au-dessus d'eux un objet rond et très brillant. Les services de radar au sol confirmèrent la vitesse de la soucoupe volante à 790 km/h.[83]

1952, Blue Book Case classé : Confidentiel non identifié.

Il est 10h10 ce vendredi 1° août 1952, des radaristes du centre de contrôle et d'interception au sol du Ground Control Intercept - GCI du 664 AC W Squadron détectent un écho sur leurs cadrans.

Ce cas, très étrangement, ne figure pas sur les listes d'objets volants identifiés de Blue Book.[84]

Plusieurs habitants de Bellefontaine, ville abritant le centre de contrôle concerné, confirment visuellement cette observation, dans le ciel, un objet rond d'apparence métallique les survole. Les contrôleurs déclenchent l'intervention de deux chasseurs F-86 Sabre avec aux commandes, le major Smith et le lieutenant Hemer, basés à Wright Patterson AFB qui sont à ce moment en vol à 16 km au sud-ouest de la cible détectée, ils sont guidés par radio sur cet objectif afin d'établir un contact visuel, identifier cet avion et le forcer à atterrir de force.

Vers 10h55 c'est chose faite, alors qu'ils atteignent une altitude de 9 100 m ils confirment : « C'est un objet rond métallique au-dessus de nous. » Déviant de leur trajectoire ils grimpent à plus de 14 500 m, mais doivent décrocher avant de refaire une nouvelle tentative sur la même altitude. Le major estime la distance de l'objet entre 3 600 et 6 100 m au dessus de lui, les données de mesure confirment des dimensions comprises entre 7 m 30 de diamètre (à 18 300 m d'altitude) et 12 et 20 de diamètre (à 20 720 m d'altitude), c'est imprécis et par moments on se demande qui poursuit l'autre, l'OVNI ou les chasseurs.

Il est maintenant 11h13, l'OVNI réalise une extraordinaire accélération, quittant en quelques secondes le champ de vision des pilotes, qui pourtant suaient de tous leurs efforts pour gagner et écourter la distance avec leur cible en mouvement.

---

[83]Donald E.Keyhoe : Le Dossier des Soucoupes Volantes, Hachette, 1954, p. 92-93.

[84] https://ufologie.patrickgross.org/htm/blulst.htm#explained

3°) Affaire divulguée par Albert M.Chop, à Donald E.Keyhoe :

Le 3 août 1952 deux énormes disques argentés évoluent au-dessus de la base aérienne d'Hamilton, ils apparurent venant de l'est, le premier à les voir est le lieutenant D.A.Swimley. Depuis le sol, les pilotes observent le phénomène quand soudain, ils voient le disque supérieur descendre en piqué et se positionner au niveau de l'autre. Ensuite, les deux soucoupes se mirent à tournoyer au-dessus de l'aérodrome, se comportant comme des chasseurs en plein combat aérien. Entre-temps, le radar d'une station d'interception au sol, avait repéré des taches sur son écran. Tandis que les pilotes de chasse se hâtaient vers leurs F-86, six autres disques se joignirent aux deux premiers. Réunis en formation, les OVNIS prirent de l'altitude et avaient déjà disparu.

4°) Affaire divulguée par Albert M.Chop, à Donald E.Keyhoe :

Albert M.Chop parle à Donald E.Keyhoe d'un cas qui s'est déroulé le 5 août 1952 ; peu avant minuit, une soucoupe volante se détachait sur une très brillante lueur s'était lentement approchée de l'aérodrome. Les opérateurs de la tour de contrôle braquent aussitôt leurs jumelles sur le mystérieux objet. Ils aperçurent sur la zone lumineuse, une silhouette sombre, de forme circulaire, son diamètre était quatre fois supérieur à celui de la partie éclairée. Une lumière plus petite, moins nette que la première, brillait sur la face inférieure obscurcie et de forme arrondie de l'étrange machine. Les occupants de la tour de contrôle avertirent alors la station d'interception au sol. Pendant quelques minutes la soucoupe tourne à proximité de la tour, puis brusquement, elle fait demi-tour à une vitesse considérable. Lorsque la station au sol releva sa trace, un phénomène insolite se produisit. le mystérieux aéronef se scinda en trois sections, comme si la première avait brusquement donné naissance à deux autres soucoupes volantes. Tandis que, stupéfaits, les témoins les suivaient des yeux, les trois engins s'éloignèrent tout en conservant leurs distances, à une vitesse estimée à 555 km/h. Lançant un appel radio à un avion de transport C-54 Skymaster qui évoluait dans les parages, les opérateurs tentèrent de le diriger vers les trois soucoupes. Mais trop lent (334 km/h), l'appareil de transport n'avait aucune chance de les rattraper, et quelques secondes plus tard, les mystérieux engins disparaissent dans le ciel. Le rapport réalisé par les enquêteurs des services secrets porte la date du 21 août, il leur fallut donc seize jours pour décider du sort de la vérité avant de rédiger quelques lignes[85].

---

[85] Donald E.Keyhoe : Le Dossier des Soucoupes Volantes, Hachette, 1954, p. 79-80.

5°) Affaire divulguée par Albert M.Chop, à Donald E.Keyhoe :

Dans la matinée du 20 août 1952, des opérateurs radaristes, d'une station de défense aérienne, observaient le trafic aérien, tout est normal, quand, tout à coup, un trait lumineux produit par un objet non identifié apparaît sur le cadran. Une soucoupe volante évolue à 98 km de la station radar. Les techniciens constatent aussitôt qu'elle se déplace à une vitesse effarante. En l'espace de quelques secondes, le temps que le repère finisse un tour de cadran, et toute une rangée de points largement espacés apparaît sur le tube cathodique puis sort du scope au moment où les opérateurs commençaient à peine à suivre sa trace. Avant la disparition du dernier point, les observateurs eurent le temps d'estimer sa vitesse et se regardèrent confondus. L'engin inconnu progressait à une vitesse de 6 500 km/h. Pendant un instant, un des opérateurs eut l'intention d'agir, mais il se ressaisit, comprenant qu'il était inutile de donner l'alarme. L'objet s'éloignait à la vitesse de 112 km à la minuté, soit dix fois la vitesse d'un avion d'interception. Et même si on alertait les bases situées à des centaines de kilomètres à la ronde, les pilotes d'appareils à réaction n'apercevraient guère qu'un vague traînée, si tant ils réussissaient à se rapprocher de l'engin. Dans la conclusion de son rapport, le service de renseignement ne se donna même pas la peine de commenter le fait, quelque chose avait sillonné le ciel de la Caroline du Sud, et l'ATIC avouait franchement son incapacité à expliquer le phénomène, de plus, le radar fonctionnait parfaitement.[86]

6°) Affaire divulguée par Albert M.Chop, à Donald E.Keyhoe :

Le camp militaire de Fort Drum, comté de Jefferson, près de la frontière ouest du nord de l'État de New York, subit un incident troublant au cours de la nuit du 22 septembre 1952, durant trente minutes, l'officier de service et un petit nombre de soldats observèrent évoluant au-dessus de la base, un objet de forme arrondie rouge orangé. A au moins trois reprises ils entendirent un bruit qu'ils devaient plus tard comparer au bourdonnement d'un générateur ou d'un disque aimanté animé d'un mouvement de rotation. Durant cette demi-heure, la mystérieuse machine vola, opérant des virages serrés, accélérant, montant, descendant à une altitude assez faible, car le bourdonnement fut perceptible depuis le sol.[87] Le bourdonnement similaire à un transformateur électrique revient dans de nombreuses autres affaires d'OVNIS.

Des OVNIS au-dessus de New York est-ce possible ?

---

[86] Donald E.Keyhoe : Le Dossier des Soucoupes Volantes, Hachette, 1954, p. 80-81.
[87] Donald E.Keyhoe : Le Dossier des Soucoupes Volantes, Hachette, 1954, p. 135.

Le 8 avril 1956

Un avion commercial suit un OVNI au-dessus de New York, le capitaine Raymond Ryan d'American Airlines est aux commandes de ce transport de passagers avec 44 personnes à bord, quand il reçoit l'ordre de détourner son vol par la tour de contrôle de Griffiths AFB. Il doit suivre un OVNI entre Albany et Syracuse et maintenir un rapport radio constant de ce qu'il voit : « C'était absolument vrai, je suis convaincu qu'il y avait quelque chose de fantastique la haut, une lumière volant entre 800 à 1000 milles à l'heure. »

Le cas en détail :

Le récit suivant de l'observation est extrait d'un programme d'interview enregistré dans un récit global de l'observation rendu public dans d'un programme enregistré sur bande magnétique : Meet the Millers puis diffusé en podcast à la radio sur WBEN TV, Buffalo, New York le 16 avril 1956 (cassette archivée au Nicap) : « Une lumière très brillante a été suivie à travers l'État de New York par un avion d'American Airlines. Les pilotes étaient le capitaine Raymond Ryan et le premier officier William Neff. La poursuite a été décrite par radio à l'Air Force et aux opérateurs civils de la tour de contrôle, l'OVNI vole à plus de 1700 km/h. » Sur l'insistance de Donald Keyhoe, la CAA a enquêté sur l'affaire en 1957, on trouve également trace de ce cas dans le projet Blue Book et dans le livre de Menzel : Le monde des soucoupes volantes, qui mentionne l'enquête mais sans les rapports originaux. Sans surprises, Blue Book torpille ce cas : « Ryan n'avait jamais dévié de sa route et avait atterri à Syracuse plus tôt que prévu. » L'Air Force à menti, pressée de questions l'ATIC modifie en urgence sa version.

L'ATIC et Blue Book font volte face pour se contre dire, confirmant que le pilote avait bien suivi un OVNI, mais s'était trompé, finissant par déterminer que Ryan avait poursuivi la planète Vénus, installée vers 22h45 dans une direction nord-ouest, mais sans expliquer comment la planète faisait pour changer de direction et faire mouvement. La raison majeure, et probablement la plus importante, de rejeter l'explication de Vénus faite par l'Air Force, était que Ryan et Neff ont déclaré que l'objet, à un moment donné, avait été vu sur leur aile tribord, puis il avait filé vers l'avant de l'avion, avant de refaire d'autres manoeuvres rapides. Ils ont également déclaré que l'objet était au-dessus de Schenectady lorsqu'ils ont décollé, et Vénus distante de 41 millions de kilomètres, n'aurait pas pu se déplacer à 90 degrés d'azimut en trois secondes.

Après deux mensonges l'ATIC était satisfait, mais comment ont-ils pu croire qu'en affirmant que le vol était arrivé à destination en avance sur son horaire ils berneraient le public, sans que tout le monde ne découvre la supercherie juste en lisant le tableau des arrivées ? Amateurisme ? Ou certains membres de l'ATIC souhaitent attirer l'attention sur ce qu'on leur demande de faire contre leur volonté ? Depuis le 10 avril 1956, deux jours après l'incident, ce cas d'OVNI est resté confidentiel, toutes les demandes de détails supplémentaires ont été refusées à plusieurs reprises par l'Air Force, à American Airlines et au capitaine Ryan lui-même[88]. En 2009, Joel Carpenter proposé un lien avec l'affaire Ryan, et l'emplacement des laboratoires Knolls Atomic Power (KAPL) ayant signalé que l'OVNI planait au-dessus de leurs installations (Naval Nuclear Labs Energy Government Contractors Plant). Malgré les années qui se sont écoulées, l'Air Force n'a pas permis d'accéder au dossier original.

1957, Matthew Van Winkle évite la collision avec un OVNI.

Le 11 mars 1957, le vol 257 de Pan Am Airlines reliant New York à San Juan, Porto Rico, a frôlé l'inconnu : à quatre heures trente du matin, alors que les passagers dormaient ou discutaient tranquillement entre eux, le pilote, le capitaine Matthew Van Winkle, a été contraint d'effectuer une violente manœuvre d'évitement pour éviter une collision avec un étrange bolide qui se dirigeait droit vers l'avion de ligne.

Le Centre de Contrôle de l'Aviation Civile, reçut un message Flash Urgent du contrôle du trafic aérien de Miami : « Douglas 6A PAA Vol 257 afin d'éviter un objet volant non identifié voyageant d'est en ouest, le pilote à fait une action d'évasion violente. L'objet semblait avoir un centre blanc verdâtre brillant avec un anneau extérieur qui reflétait la lumière au milieu. La description ci-dessus, correspond à ce que sept autres vols ont vu. Miami ne rapporte aucune activité de missile. Les rapports originaux d'activité de jets sont réduits. »

La manoeuvre d'évitement et aussi brusque que brutale, l'avion de ligne est piloté par le capitaine Matthew Van Winkle, l'observation a lieu à 03h30, à 150 milles à l'est de Jacksonville, Floride. Plusieurs passagers sont blessés et accueillis par des ambulances à l'aéroport SJU Miami San Juan.

---

[88] Richard Hall, Preuve d'OVNI, 1964.

History Chanel : http://www.nicap.org/ufoe/section_5.htm

CIA :Rapport NICAP : https://www.cia.gov/readingroom/docs/CIA-RDP81R00560R000100010001-0.pdf

En 1957, le FBI reçut une lettre manuscrite d'un homme remettant en question la légitimité du Nicap. Ce courrier demandait confirmation des informations divulguées par le Nicap lors d'une conférence donnée en Floride deux ans plus tôt. Bien que le contenu de la conférence ne soit pas présent dans le dossier, le Nicap, tout au long des années 1950 et au début des années 1960, a régulièrement publié du contenu affirmant que l'USAF et d'autres agences dissimulaient au public des informations sur les OVNIS, le dossier Van Winkle en faisait partie. Le FBI répondit à leurs questions en déclarant que les informations contenues dans ses dossiers OVNIS : « Sont confidentielles et disponibles uniquement pour un usage officiel. » confirmant donc l'existence officielle des OVNIS et que le FBI était parfaitement au courant de cela.

1°) En 1947 la vague OVNI s'amplifie régulièrement, nous avons insisté sur cette période cartes à l'appui puis en 1952, plus de mille observations sont rapportées au-dessus de villes, aéroports, bases militaires, centre d'étais atomiques secrets, centrales nucléaires, la Maison Blanche, Washington, New York, Albuquerque. Le chef des renseignements des forces aériennes, le général Samford s'offusquait : « Ils étaient de simples mirages, et plusieurs centaines de reconnaissances aériennes n'ont permis de confirmer aucune des observations », ses propos sont infondés, pire, mensongers.

Ce niveau de mensonge donne le ton des difficultés que l'on aura pour apprendre la vérité tôt ou tard.[89] Le colonel Bryan de l'USAF, ancien assistant spécial du secrétaire des Forces Aériennes au moment des opérations massives d'OVNIS entre 1947 et 1954, écrit au sujet de ce travail de dissimulation de la CIA, du FBI et de l'Air Force réunis : « Les OVNIS sont des engins interplanétaires manoeuvrés directement ou contrôlés à distance. L'information sur les OVNIS est officiellement différée, cette politique est dangereuse. »

2°) En 1957 deux agents secrets de la CIA ont obligé le conseiller du Nicap Ralph Mayher de leur remettre un film sur un OVNI. Ils ont promis que l'USAF renverrait le film accompagné de son analyse technique. Lorsque Mayher reprit possession de la pellicule, il reçut une bande tronquée, d'où les meilleurs clichés avaient été enlevés. Aucune analyse, pas la moindre note des Forces Armées, une enveloppe simple et un film dupliqué avec des clichés flous et inexploitables.[90]

La CIA sabote des preuves et les rend inexploitables !

---

[89] Donald H.Keyhoe : Les Etrangers de l'Espace, éditions France Empire, 1973, p.83.
[90] Donald H.Keyhoe : Les Etrangers de l'Espace, éditions France Empire, 1973, p.107.

Dossier secret source, Blue Book : The Movie Case, du 2 juillet 1952.

Le 2 juillet 1952, il est 11h10 du matin, l'officier de la marine D.C. Newhouse se promenait en compagnie de son épouse dans la région du Lac Salé, il avait avec lui sa caméra 16 mm à téléobjectif avec laquelle il allait filmer douze ou quatorze objets volants sur quelques 13 mètres de pellicule. Avant d'interrompre son enregistrement, il braque le téléobjectif sur l'un des objets qui se détaché du groupe principal, pour voler subitement dans la direction opposée, quand Newhouse revient avec l'objectif de sa caméra sur la formation, celle-ci a totalement disparu du ciel en quelques secondes dans un silence absolu[91].

Tulsa 1947, que se passa-t-il réellement ce jour la ?

---

[91]Johannes Von Buttlar : OVNI Nous ne sommes pas seuls, Presses de la cité, 1979, p.77-78.

Delbert Clement Newhouse conduisait sa voiture en compagnie de Norma, sa femme et leurs deux enfants Anne et Delbert Jr. (12 et 14 ans) entre Washington, DC, et Portland, sur une autoroute déserte malgré les vacances, la famille ne s'en plaignait pas. Le soleil brillait dans un ciel sans nuage alors qu'ils traversaient paisiblement Tremonton, à cet instant, Norma remarqua des objets étranges volant dans le ciel. S'arrêtant sur le bas coté de la route (précisément à Tremonton), il regarde ébahi.

Newhouse, officier de la Marine, essaya de déterminer ce qu'ils regardaient, des avions si groupés avec des distances disparates entre eux lui sembla étrange : « Il y en avait environ 12, tournant autour d'une formation ronde, se dirigeant vers l'ouest, ne ressemblant à rien de ce que j'avais jamais vu auparavant, même si j'ai enregistré environ 2 000 heures de vol. Ils étaient tous identiques en apparence », dit-il[92]. Il a poursuivi son récit, expliquant que les objets étaient d'une couleur argentée brillante avec la forme de deux soucoupes, l'une inversée sur l'autre : « Je n'avais aucun moyen d'estimer l'altitude. Elles m'ont semblé de la taille d'un B-29 à 10 000 pieds (3 000 mètres)», a-t-il déclaré. Essayant de sortir rapidement son appareil photo, Newhouse se rend compte que le film est dans un autre sac. Au moment où il réussit à charger la pellicule, les objets sont beaucoup trop éloignés. Néanmoins, il tourné avec sa caméra amateur, jusqu'à ce que le reste de la famille assiste à la disparition des objets vers l'horizon oriental, alors que lui même les avait déjà perdus sur son champ de vision avec le téléobjectif.

OVNIS de Tremonton

[92] https://ufoac.com/classic-ufo-video-near-tremonton.html#gsc.tab=0

Un peu plus tard, Newhouse estime à forte raison que le film une fois développé, s'avère bien décevant, et dans une interview, filmée par Greene-Rouse Productions destinée à être incluse dans le documentaire : Objets volants non identifiés, il s'exprime franchement : « Le film est bien en deçà de ce que j'ai vu à l'œil nu, en raison du retard à mettre la caméra en marche et de mon erreur d'exposition. Si j'avais eu cet appareil photo sur le siège à côté de moi, chargé et prêt à partir, il n'y aurait pas eu besoin de se poser de questions. »[93]

Ce 2 Juillet 1952 à 11h00 du matin, à 7 miles de Tremonton, Utah, pose de sérieux problèmes à l'Air Force. Delbert Clement Newhouse roulait en voiture avec Norma, son épouse, et leurs deux enfants Anne et Delbert Jr. de Washington, D.C, à Portland, pendant des vacances de famille. Il va tourner un film d'OVNIS évoluant dans le ciel à 11 km de lui et au moins à 1 600 km/h, cette pellicule fut reconnue authentique par les experts militaires et le général Samford s'est fait projeter trois fois le film, et l'existence de ce dernier, pose un sérieux problème.

L'Air Force disposait d'autres films sur des soucoupes volantes mais Albert M.Chop ne reconnut devant Donald E.Kehoe qu'une second, tournage sur êllicule au Montana en 1950, montrant deux objets ronds et brillants. Le colonel Harold Watson qui était à cette époque, chef des services de renseignement d à Dayton à prétendu qu'il s'agissait d'effets lumineux dus à la réfraction de la lumière dans une pièce d'eau. [94]

Durant cette période, des pilotes expérimentés ont mesuré des vitesses de 16 000, 24 000, 28 000, 30 000, 100 000 km/h. A Terre Haute, Indiana, deux contrôleurs aériens aperçurent une soucoupe filant au-dessus de l'aérodrome ils estimèrent après avoir vérifié leurs calculs et mesures à 67 500 km/h. Donald E.Keyhoe interroge le général Sory Smith, l'officier du bureau de presse de l'Air Force, le major Kesse Stay et le major Jerry Boggs, l'un des témoins de la soucoupe signalée par M.Laughlin était l'ingénieur Charles B.Moore, directeur de la commission navale à Minneapolis, travaillant sur les rayons cosmiques : « Il a confirme la première observation qui fixait l'altitude à 90 000 mètres et la vitesse à 28 800 km/h. » Les trois officiers le confirment et ajoutent : « Nous pensons qu'il s'est trompé. ».

---

[93] Extrait du film :
http://skepticversustheflyingsaucers.blogspot.com/2015/11/the-delbert-newhouse-ufo-footage.html
[94] Donald E.Keyhoe : Les soucoupes volantes existent, une étude de 375 cas, les conclusions des derniers rapports officiels américains, Corrêa, Paris, 5 février 1951, chapitre n°17. p. 197-198.

Ce film en question fut examiné puis présenté lors des audiences devant le 90e Congrès du Comité sur la Science et l'Astronautique le 29 juillet 1968, le Dr. Robert L.Baker explique à son sujet,: » L'analyse préliminaire exclue la plupart des phénomènes naturels, et une étude plus détaillée indiquera indubitablement que seul les oiseaux en vol semblent la réponse la plus factuelle à ce cas, car la région de Salt Lake est connue pour la présence de mouettes blanches. »

Malgré leurs estimations cavalières, les laboratoires de l'armée travaillent durant mille heures (au moins 140 jours à plein temps, soit 5 mois), les militaires exclurent les mouettes volant en formations géométriques[95]. Mais qui se soucie de la vérité ? Le Dr.Robert L.Baker avait menti à la commission du Congrès Américain, nous apprendrons sans surprises pour nous, que le film fut expertisé par les techniciens de l'Air Force ainsi que par des experts de la Navy dans un autre service. Tous conclurent à l'authenticité absolue de la pellicule tournée, de plus, ce fut le PIL - Marine Photo Interprétation Laboratory, qui consacra plus de mille heures dans l'analyse. Dans son rapport écrit, le PIL, conclut sans aucun doute possible et de façon affirmative, que les objets étaient bien des OVNIS obéissant à un contrôle de vol intelligent.

Par un rebondissement imprévu assez coutumier de l'US Air Force, les premières analyses de la pellicule, alors classée Top Secret, menées par l'United States Air Force et l'US Navy, fuitent, alors on les déclassifie en toute hâte, suite à leur parution dans le documentaire de Greene-Rouse Productions en 1956. Le chercheur Francis Ridge, du site Web officiel du Nicap, rend public le texte de cette première analyse classée secrète : « Ce film n'a pas pu être dupliqué dans des conditions simulées. Les objets semblent être une source de lumière plutôt qu'une lumière réfléchie. Tous les objets semblent être de la même taille et de forme circulaire. À une distance de cinq miles, avec le mouvement perpendiculaire à la ligne de mire, la vitesse moyenne est de 653,5 mph (1 051 km/h). De même, à 2,5 miles (4 km), la vitesse moyenne est de 326,75 mph (526 km/h). Le mouvement en vol semble suivre un schéma elliptique ou circulaire, au sein du groupe. Bien que les objets ne soient pas identifiés, les possibilités suivantes ont été éliminées : ballons, avions, oiseaux !

La structure de l'image et les manœuvres éliminent tout type d'avion. Les examens microscopiques montrent que les objets sont nets et 1/6 à 1/10 de la taille de la pleine lune à l'œil nu.

---

[95] Vidéos du projet Blue Book :

https://ufomotion.xyz/Galerie_Videos/Videos_Blue_Book.html

Des expériences photogrammétriques ont montré que les images ne peuvent être associées à aucun type d'observation d'oiseaux à n'importe quelle distance que ce soit. » Nous comprenons que des oiseaux ne peuvent pas voler à 1 051 km/h, malgré ce que le Dr. Robert L.Baker semble clamer au monde entier. Le film tourné en 1952 par Delbert C.Newhouse fut diffusé à la commission Robertson, devenant malgré lui, le révélateur des véritables réactions de la CIA face à des témoignages valables. Le film montre des appareils inconnus volant à 16 km de l'objectif ainsi qu'une ombre géante en forme de soucoupe, nous devons garder à l'esprit que le laboratoire photo de l'USAF à Wright Patterson et le GSW procédèrent à des analyses complètes et poussées, puis transmirent la pellicule au Nav Pic (Naval Photographic Interpretation Center d'Anacostia, Maryland. C'est lui qui au bout de 1 000 heures d'étude ne trouva aucune conclusion satisfaisante pour réfuter la thèse des OVNIS :

« Les objets semblent être des sphères lumineuses éclairées de l'intérieur, voyageant à plus de 12 000 km/h, leur origine est inconnue, toute fraude est exclue. »

Les membres de la commission Robertson décortiquèrent le film et les expertises sous toutes les coutures, impossible de nier l'évidence. Mais 12 000 km/h pose de sérieux problèmes, quel appareil terrestre aurait pu atteindre de telles limites, poussant la CIA à réagir immédiatement. Face au premier film prouvant une existence d'appareils non Terrestres, la CIA, très en colère et en conséquence directe de cette affaire, forme son NIPC : National Photographic Interpretation Center qui centralisera par la suite tous les documents anciens et récents sur les OVNIS, les extrayant des bases de données de l'USAF et de la Navy.

Tremonton les soucoupes et une ombre étrange comme un vaisseau mère dans le ciel.

Todd Zechel (décédé le 14 novembre 2006) expliquait ainsi la situation :

« Il y a un lien direct entre le travail du Nav Pic sur le film de Tremonton et la décision que prit la CIA de placer ce centre de recherche sous son contrôle direct. » En d'autres termes, c'est parce que les conclusions du Nav Pic s'approchaient trop dangereusement de la vérité, que la CIA le transférera à son quartier général. » On comprend maintenant, comme le soulignera Todd Zechel : « Pourquoi Blue Book à été si vite expédie, sabordé, ce n'était qu'une façade utile pour les relations publiques. » Expliquant aussi que le projet n'obtint jamais les fonds, soutiens et moyens nécessaires pour mener à fin ses investigations, car les véritables recherches se poursuivaient ailleurs, permettant à la CIA, en totale concurrence déloyale de poursuivre ses enquêtes sur les OVNIS en toute impunité sans en faire part aux autres agences gouvernementales, surtout pas à l'USAF.

La question que l'on se pose comporte différentes variantes, la voici, elle est primordiale, savoir si les passagers des OVNIS viennent de l'espace ou du futur, cherchaient-ils à nous contacter ou avaient-ils déjà établi le contact à notre insu, nous a t-on tout caché depuis le début ?[96] L'affaire de Tremonton bouscule la quiétude des négationnistes de l'Air Force, alors en toute hâte, dans une perte de contrôle totale de la situation, l'ATIC et donc Blue Book éditèrent un bilan qui se résumait en l'occurrence à la constatation que les OVNIS n'existaient pas :

« Après des enquêtes approfondies et analyses minutieuses, aucun élément du dossier ne prouve que les OVNIS sont des vaisseaux spatiaux représentant une menace pour la sécurité nationale ou qu'ils peuvent être d'une quelconque importance scientifique. » Si parfois le temps était un long fleuve tranquille au sein de Blue Book, souvent il fallait faire face à l'imprévu au quotidien sans s'embarrasser de la vérité sur le chemin des enquêtes. Ainsi, vers la mi juillet 1952, Ruppelt est débordé, lui et son équipe d'analystes croulent sous les dossiers, 40 rapports par jour. Puis, le clou s'enfonce le 19 juillet avec l'affaire des OVNIS sur Washington DC.

Le 29 juillet, une conférence de presse est organisée au Pentagone, à laquelle participe, entre autres, Edward J. Ruppelt, chef du projet Blue Book.

---

[96] Johannes Von Buttlar : OVNI Nous ne sommes pas seuls, Presses de la Cité, 1979, p.77-78.
https://ufologie.patrickgross.org/htm/tremonton.htm

Selon lui : « L'origine du phénomène serait une inversion de température dans le ciel de Washington provoquée par le conflit entre une couche d'air, chaude, prise en tenaille entre deux couches d'air plus froides. Ce qui aurait eu pour effet de provoquer un effet de mirage, en réfléchissant des ondes radar et en réfractant des rayons lumineux venus du sol. Les spécialistes du radar expliquent que ce phénomène est à l'origine de faux échos radar. »

Soucoupes de Tremonton

Cas sur Washington D.C. lors de la vague OVNI de 1952.
Un OVNI vaisseau mère est bien visible en haut et à gauche.

Cas sur Washington D.C. issu des fichiers Blue Book, Washington le 4 février 1959 : « L'objet photographié au-dessus du Capitole le 4 février 1959 par AS Frutin a été évalué par l'Armée de l'Air comme un avion.

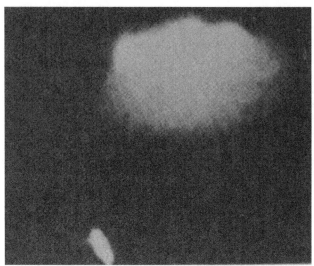

Washington DC cliché classé Top Secret par la CIA.

Voir gros plan en dessous, la partie agrandie de la photographie montrait une lumière supplémentaire sous l'objet principal au-dessus de Washington. »

Blue Book parle bien d'un Objet.

Nous voyons un vaisseau mère et un cigaroïde en plus des soucoupes observées sur la capitale, ainsi qu'une nébuleuse mystérieuse.

24 juillet 1952, le bombardier et l'escadrille OVNI.

Le 24 juillet 1952, deux colonels de l'Air Force, aux commandes d'un B-25, décollent d'Hamilton Air Force Base, près de San Francisco, pour Colorado Springs, Colorado. La journée était claire, pas un nuage dans le ciel, ils venaient de traverser la Sierra Nevada entre Sacramento et Reno, volant vers l'est à 11 000 pieds (3 300 m) sur Green 3, l'autoroute aérienne vers Salt Lake City. A 15h40, au-dessus de la zone Carson Sink. Nevada, l'un des deux colonels pilotes, remarque trois objets devant eux, un peu sur leur droite. A prime abord, ces appareils ressemblent à trois avions F-86 volant en formation serrée de V. Mais s'il s'agissait de F-86, ils auraient dû être plus bas, selon la réglementation aérienne civile. En quelques secondes à peine, les trois appareils étaient suffisamment proches du B-25 pour être distinctement vus, il s'agissait de trois engins argentés brillants, à aile delta, sans queue ni verrière de pilotage.

La seule chose qui brisait la surface supérieure propre et bien nette de l'aile triangulaire, était une crête définie qui allait du nez à la queue. En une seconde de plus, les trois deltas ont infléchi une légère inclinaison à gauche laissant sur place le B-25 à une vitesse époustouflante. Les colonels estiment que cette accélération était au moins trois fois supérieure à celle d'un F-86, d'après leurs observations les trois deltas passèrent en rase-mottes à moins de 400 à 800 mètres du B-25. Plus tard, lorsqu'ils atterrissent à Colorado Springs, les pilotes sont invités par les services de renseignement du quartier général du commandement de la défense aérienne pour leur débriefing complet. Une suggestion leur est proposée d'emblée : « Ils auraient pu voir trois F-86, tout simplement. »

1°) Problème : il n'y avait pas d'avions militaires sur ce secteur à cet instant.

Les colonels ont rapidement répondu que si les objets avaient été des F-86, ils auraient été facilement reconnus et identifiés comme tels. Ils savaient à quoi ressemblaient les modèles en question.

Le commandement de la défense aérienne n'insiste pas d'avantage et transmet leur rapport au projet Blue Book, l'enquête commence, voici la première trame : « Le Flight Service autorisant tous les vols d'avions militaires, n'avait aucune trace d'aucun appareil quel qu'il fut sur la zone de Carson Sink à 15h40. »

Comme les colonels mentionnaient des avions à aile delta, et que l'Air Force et la Navy en avaient probablement quelques-uns de type Convair F-102 Delta Dagger, ils vérifient cette éventualité mais les deltas potentiels de la marine étaient tous sur la côte est, du moins tous ceux couleur argent l'étaient.

Quelques autres Convair F-102 Delta Dagger peints en bleu marine traditionnel, se reposaient dans des hangars sur la côte ouest, mais pas près de Carson Sink. Il y avait bien quelque part un autre delta de l'Air Force temporairement cloué au sol pour avarie et réparations, de plus, les Corvair étaient des avions de forme traditionnelle.

2°) Problème : ces trois appareils inconnus avaient survolé le ciel sans transpondeur et nul ne savait ce qu'ils étaient.

Rien n'a été trouvé, alors on vérifie très rapidement les antécédents militaires des deux colonels, révélant qu'ils étaient tous les deux des pilotes de commandement et que chacun possédait plusieurs milliers d'heures de vol, qui plus est, Ils étaient stationnés au Pentagone. Leurs affectations hautement classifiées étaient telles qu'ils seraient en mesure de reconnaître tout ce que les États-Unis savaient faire voler n'importe où dans le monde.

Les deux hommes avaient des amis qui avaient vu des soucoupes volantes à un certain moment, mais tous deux avaient ouvertement exprimé leur scepticisme à ce sujet. Dans l'impossibilité de les discréditer, on suggère donc aux colonels de se taire et de modifier leur version pour satisfaire aux exigences de l'USAF : « Ils n'avaient rien vu de significatif », le rapport fut détruit.

12 et 13 août 1953, Rapid City, une soucoupe sème la panique

Les 12 et 13 août 1953, une affaire que l'ATIC ne put nier. Tout débute le 12 août peu avant la tombée de la nuit, la station de DCA d'Ellsworth à l'est de Rapid City reçoit une demande urgente du Bureau Central du service de surveillance :

« A Black Hawk, à une quinzaine de kilomètres à l'ouest d'Ellsworth, une femme aperçoit une lumière extrêmement brillante dans la direction du nord-est. » Au même moment, un radar qui suit un avion volant dans une autre zone, enregistre un signal d'alarme venant de localiser un OVNI dans ce secteur. L'appareil évolue à 4 800 mètres d'altitude, aussi, un sous-officier joint la témoin au téléphone, cet appareil à une forme précise et bien compacte,

il vient de stopper net pour se réorienter vers le sud-est sur Rapid City. Le sous-officier demande une identification à la jumelle et deux soldats sortent du poste de contrôle pour effectivement lui confirmer un objet en visuel d'aspect bleuâtre faisant mouvement vers Rapid City. Aucune identification transpondeur sur le radar. Au cours des minutes suivantes, trois stations radar distinctes le localisent pendant qu'il évolue au-dessus de la ville pour revenir à l'emplacement initial qu'il occupait dans le ciel.

Il est décidé d'un « Emergency takeoff for flight identification », par un heureux concours de circonstances, un F-84 effectuant une patrouille à l'ouest de la base est immédiatement mandaté pour identification et interception. Il se dirige vers l'objet toujours statique à 4800 mètres d'altitude, l'ayant repéré au radar et en visuel il s'oriente vers lui : « Contact établi confirmé. » Mais au même moment l'objet commence à bouger et se déplacer, ce mouvement est confirmé par les radaristes au sol, la dame témoin et le pilote en vol aussi.

Cette concordance de trois sources distinctes prouve bien qu'il s'agit du même objet unique, augmentant sa vitesse rapidement, prend de la hauteur et s'oriente vers le nord avec le F-84 à sa poursuite.

Le pilote signale l'augmentation significative de sa luminosité en relation avec sa vitesse et ne peut à aucun moment s'en approcher, selon les radaristes, la distance entre l'OVNI et l'intercepteur ne fut pas inférieure à 5 500 mètres constants, comme s'il était équipé d'un appareillage répulsif lui permettant d'adapter sa cette distanciation suivant sa volonté, maintenant à l'écart le F-84.

La poursuite perdure vers le nord et au-delà de Rapid City, l'avion talonne l'OVNI sur 200 kilomètres avant d'être contraint de faire demi-tour car sa réserve de carburant s'épuise, l'intercepteur le sait, bientôt il n'aura plus assez de carburant pour rentrer à la base et atterrir. Au sol, le radar militaire reprend le F-84 sur son scope, et voit arriver l'OVNI à une quinzaine de kilomètres sur ses arrières, tel un jeu du chat et de la souris.

La base déclenche l'alerte, un autre F-84 aux commandes d'un vétéran de la seconde guerre mondiale et de Corée décolle, s'approchant rapidement de sa cible, une lumière bleutée, reprenant de l'altitude pour se diriger vers le nord-est.

Ensuite, après avoir sérieusement ralenti, l'objet se retrouve au-dessus de l'avion, le pilote cabre et pique vers cet inconnu, mais ce dernier recommence la manoeuvre d'évitement, le pilote s'approche plus près à quelques 5 000 mètres de distance de cette cible, mais constate que l'OVNI change une nouvelle fois sa vélocité, elle devient plus élevée que précédemment. Le pilote est totalement incapable de l'atteindre, et demande à la tour de contrôle confirmation pour cesser la mission.

L'OVNI ne le suit pas comme ce fut le cas pour le F-84 précédent, l'inconnu se détourne de lui, pendant que les postes de contrôle de Fargo confirment la détection et identification en visuel de cette lumière en déplacement rapide sur l'est de leur position.

Parmi tous les cas classifiés dans les archives de l'ATIC, celui-ci est considéré comme l'un des plus mystérieux de l'histoire des objets volants non identifiés signalés par l'armée américaine.

29 août 1954 au Canada

Diane Amstrong rédige un article pour : The Daily Express le 21 octobre 2020 car des questions persistent sur l'observation d'un OVNI en 1954 dans le nord de l'Ontario au Canada.

Permettez-moi de vous ramener à l'année 1954 au-dessus de la base de la Royal Canadian Air Force à North Bay, devenue aujourd'hui le 22 Air Wing. Au total. Il n'y avait que deux aéroports dans le nord de l'Ontario, à Porquis Junction et à Earlton, l'autoroute 11-B maintenant n°101, se terminait à Timmins devant de vastes étendues de néant lointain. Dans ces espaces perdus où peu d'habitants acceptent de vivre, le Canada manquait cruellement de personnel.

C'était l'époque de la guerre froide, au cours de laquelle le gouvernement fédéral décida de créer le Ground Observer Corps pour que des membres fiables du public, scrutent le ciel à l'occasion, et donnent l'alerte si d'aventure, les soviétiques envisageaient de survoler la région. En raison de cela, le personnel de l'Ontario Hydro et d'autres employés du gouvernement locaux rapportaient à la base de l'ARC de North Bay, la description, heure et caractéristiques, de tous les avions volant au-dessus de leur secteur considérés comme espions soviétiques. Toutefois, dans les faits il ne se passait rien, au-dessus de leurs terres sauvages.

Signalons un détail qui toutefois son importance : après la guerre, le Canada a continué à soutenir l'armement nucléaire, fournissant du plutonium aux Laboratoires de Chalk River, qui se trouvaient en Ontario, non loin de là. Coïncidence ou pas, les lacs et bois de l'Ontario devenaient une secteur convoité par l'espionnage soviétique potentiel.

En 1954, une petite colonie faisait vivre la centrale Wawaitin d'Ontario Hydro, au sud-ouest de Timmins. Les familles des employés d'Hydro et celles vivant au sommet de la colline, travaillaient toutes pour le Ministère des Terres et Forêts et se rencontraient souvent le soir, car il n'y avait pas de télévision accéssible là bas en 1954, les soirées sociétales entre voisins et amis meublaient le temps qui passe lentement.

La soirée du dimanche 29 août était une telle nuit consacrée aux banalités d'usage, lorsque le garde forestier en chef George Sheridan avec sa femme Gloria, Don Ouimet, opérateur pour Ontario Hydro et sa femme Lois, dînent à la maison de Ken et Shirley Cuisine.

Ken était également opérateur pour Hydro, c'était comme une réunion à bâtons rompus entre collègues et leurs familles, quand soudainement, vers 21h30, George court en criant : « Venez vite, voulez-vous voir quelque chose d'étrange, c'est peut-être juste une soucoupe volante ! »

Il observait un phénomène depuis trois ou quatre minutes déjà, quand, rapidement, les trois couples sont sortis avec une paire de jumelles pour voir l'étrange boule de lumière brillante rouge orange volant à environ 13 ou 16 km de distance.

L'objet continuait à naviguer en dents de scie de haut en bas, tout en plongeant au-dessus des arbres, pour en ressortir avec nonchalance. Après environ 20 minutes Ouimet s'étonne : « Cela va trop lentement et c'est ce qui m'étonne. Vous entendez toujours des rapports sur quelque chose comme ça voyageant très vite. C'était si lent ! L'objet, quel qu'il soit, a lentement disparu vers le sud-ouest au-dessus du lac Kenogamissi. L'incident fut également vu par l'adjoint des pompiers, Jack Russell, c'est donc tout naturellement que le directeur régional du Ground Observer Corps, James Morton, ait été avisé, tout comme l'ARC à North Bay. »

La soirée se termine sans autre fait notable, il fait chaud et tous se demandent s'ils n'ont pas eu une poussée d'imagination collective, personne parmi eux ne croit aux OVNIS.

Le lendemain matin, une observation similaire est signalée par Henry Durdie, vétéran de la Marine Royale Canadienne, employé à la base militaire de North Bay, selon lui : « Une grande boule de lumière rougeoyante a plané au-dessus de la base de l'ARC tout en lançant d'énormes étincelles comme les aiguilles à tricoter de la foudre.»

Durdie dit qu'il avait d'abord eu peur, avant d'appeler Tony McLeod, Leo Blais, George Noble et Manley Bailey pour qu'ils regardent avec lui et partagent le moment présent tout en formulant leur opinion sur ce qui se passe.

À peine quatre mois plus tard, le 26 décembre 1954, un résident de Cobalt, John R.Hunt, journaliste pour le journal : North Bay Nugget, reçoit un appel téléphonique de Willis St.Jean, en service de quart de travail pour la soirée à la mine Agaunico (Agnico) :

« John, pour l'amour de Dieu, viens ici ! Il y a une soucoupe volante au-dessus de nos têtes qui crache de la lumière partout ! »

Hunt se rend promptement à la mine, située sur la rive du lac Temiskaming et trouvé un St.Jean excité pointant l'index vers le ciel, « La chose est descendue très bas et m'a effrayé », dit-il.

Dans son article au North Bay Nugget le lendemain, Hunt décrit cette soucoupe : « De la lumière émanait d'un disque rotatif géant de lumière pure qui ne tournait pas seulement, mais volait en cercles. Le cône de lumière s'est soudainement inversé et le disque a envoyé sa lumière aveuglante vers le ciel, puis il s'est déplacé d'est en ouest et s'est arrêté immobile, directement au-dessus de nos têtes. Nous avons regardé la lumière aller et venir, danser dans le ciel, planer et s'élancer comme aucun avion, ni étoile, ni météore ne s'est jamais comporté. »

L'observation est corroborée par l'épouse de St.Jean, ainsi que William Montgomery de West Cobalt, Hugh et Annette Montgomery, en visite de Kitchener. La lumière et les circonvolutions ont été vues par les six personnes pendant plus d'une heure ce qui est un laps de temps très long. L'article de journal North Bay Nugget se termine par un paragraphe sur ce que ce journaliste avait vu la nuit précédente : « J'étais sobre comme une pierre, tout comme les autres qui ont été témoins du phénomène. En ce qui me concerne, une soucoupe volante a survolé la mine et je l'ai vue. »

L'affaire déborde et atteint les États-Unis, car 4 mois auparavent, le jeudi 29 avril 1954, Fort Meade, siège de la National Security Agency est survolé par un objet métallique brillant qui se livre à quelques manoeuvres erratiques non conventionnelles, mais le chef du quartier général de la défense aérienne de la côte ordonne de faire silence total sur cette affaire :

« Le 29 avril 1954, à 22h11, un objet illuminé non identifié a été observé au-dessus de la deuxième station radio de l'armée à Fort Meade, par l'opérateur radio superviseur et deux collègues, le caporal Flath et le soldat de première classe Hough. Cet objet décrit comme de forme ronde, brillant de la couleur du soleil, et trois ou quatre fois la taille d'une grande étoile, est apparu du ciel depuis le sud-ouest à une vitesse indéterminée.

La lumière émise par l'objet clignotait alors qu'il se déplaçait dans le ciel en ligne droite. Quand il est arrivé au-dessus de la station de radio de la deuxième armée, il a cessé de clignoter et a commencé à disparaître en montant tout droit et en devenant plus petit. L'observation entière a duré sept minutes. »

Signé : Colonel Charles L.Odin, chef d'état-major.

(Le commandement de la défense aérienne de l'Est ainsi que le renseignement de l'armée ont été informés. Le personnel de l'armée reçut des ordres stricts de ne pas discuter de leurs observations avec des parties non autorisées, comme le montre l'ordre suivant.)

P.S. : « Les personnes impliquées dans les observations ne discuteront ni ne diffuseront ces informations à des personnes ou à des agences autres que leurs officiers supérieurs et d'autres membres du personnel autorisés par le chef d'état-major par intérim, G-2, ce quartier général. »

1954, va devenir une année noire pour l'Air Force !

L'ordre de détruire les rapports fut donné, mais n'a apparemment pas permis d'effacer tous les documents puisque certains sont parvenus jusqu'à nous et pour cause, toute l'année en question et en particulier durant le mois de juin 1954, l'Air Force Intelligence de WPAFB reçoit 700 rapports par semaine, soit 100 par jour, trier, analyser, classer les dossiers est devenu impossible, des piles pages s'amoncellent inexorablement. Dans le rapport de Blue Book du 21 janvier 1960 déclassifié par la CIA : l'ATIC ne recense que 429 cas de signalements OVNIS en 1954 alors que dans les témoignages de Haynek et d'Edward J.Ruppelt ce nombre n'est même pas celui enregistré pour le seul mois de juin 1954 portant sur 2 800 cas, chacun en tirera les conclusions qui en découlent.

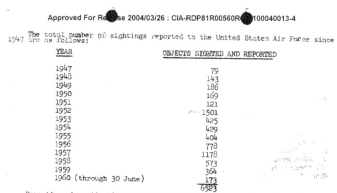

The total number of sightings reported to the United States Air Force since 1947 are as follows:

YEAR	OBJECTS SIGHTED AND REPORTED
1947	79
1948	143
1949	186
1950	169
1951	121
1952	1501
1953	425
1954	429
1955	404
1956	778
1957	1178
1958	573
1959	364
1960 (through 30 June)	173
	6523

Reporting, investigation, analysis and evaluation procedures have improved considerable since the first sighting of unidentified flying object was made on 27 June 1947. The study and analysis of reported sightings of UFO's is conducted by a selected scientific group under the supervision of the Air Force.

Dr. J. Allen Hynek, Head of the Department of Astronomy and Director of the Observatory at Northwestern University, is the Chief, Scientific Consultant to the Air Force on the subject of Unidentified Flying Objects.

The selected, qualified scientists, engineers, and other personnel involved in these analyses are completely objective and open minded on the subject of UFO's. They apply scientific methods of examination to all cases in reaching their conclusions. The attempted identification of the phenomenon observed generally must be derived from human impressions and interpretations because scientific devices or measurements are not available. The data in the sightings reported are almost invariably subjective in nature. However, no report is considered unsuitable for study and categorization.

General categories of identification are balloons, aircraft, astronomical, other, insufficient data, satellites and unidentified.

Approximately 4,000 balloons are released in the U. S. every day. There are two general types of balloons: weather balloons and upper air research balloons. Balloons will vary from types 4 feet in diameter to large types 200 feet in diameter. The majority released at night carry running lights which often contribute to weird or unusual appearances when observed at night. This also hold true when observed near dawn or sunset because of the effect of the slant rays of the sun upon the balloon surfaces. The large balloons, if caught in jet streams, may assume a near horizontal position when partially inflated, and move with speeds of over 200 MPH. Large types may be observed flattened on top. The effect of the latter two conditions can be startling even to experienced pilots.

Many modern aircraft, particularly swept and delta wing types, under adverse weather and sighting conditions are reported as unusual objects and/or "flying saucers." When observed at high altitudes, reflecting sunlight off their surfaces, or when only their jet exhausts are visible at night, aircraft can have appearances ranging from disc to rocket in shape. Single jet bombers

-3-

MORE

Dans ce contexte de déni, l'ATIC nous apprend que 4 000 ballons de tous types étaient lancés aux USA par jour. Cela portait le nombre à 1 460 000 ballons/an, je doute que l'USAF ait été capable de produire et d'envoyer dans l'atmosphère un million et demi de ballons par an, entre 1947 et 1960 leur nombre serait ahurissant : 13 140 000 ballons, soit presque un ballon pour dix américains, mais bon s'ils le disent ce doit être vrai... ?[97]

General categories of identification are balloons, aircraft, astronomical, other, insufficient data, satellites and unidentified.

Approximately 4,000 balloons are released in the U. S. every day. There are two general types of balloons: weather balloons and upper air research balloons. Balloons will vary from types 4 feet in diameter to large types 200 feet in diameter. The majority released at night carry running lights which often contribute to weird or unusual appearances when observed at night. This also hold true when observed near dawn or sunset because of the effect of the slant rays of the sun upon the balloon surfaces. The large balloons, if caught in jet streams, may assume a near horizontal position when partially inflated, and move with speeds of over 200 MPH. Large types may be observed flattened on top. The effect of the latter two conditions can be startling even to experienced pilots.

Many modern aircraft, particularly swept and delta wing types, under adverse weather and sighting conditions are reported as unusual objects and/or "flying saucers." When observed at high altitudes, reflecting sunlight off their surfaces, or when only their jet exhausts are visible at night, aircraft can have appearances ranging from disc to rocket in shape. Single jet bombers

Approved For Release 2004/03/26 : CIA-RDP81R00560R000100040013-4
-3-
MORE

La liberticide CIA contre l'Air Force et les OVNIS

L'adoption du National Security Act en 1947 conféra à la CIA des privilèges exceptionnels, la désengageait de rendre des comptes à aucune autorité politique y compris le Congrès : « La CIA a pleins pouvoirs pour exercer toute autre activité sans rapport direct avec le renseignement. » Dans les faits, depuis lors, l'Agence ne rend jamais compte de l'utilisation des budgets qu'elle obtient du Congrès. Par la suite : « La Loi Fédérale des États-Unis promulguée en 1949 sur l'Agence Centrale de Renseignement n°L.81–110, prévoit l'administration de la Central Intelligence Agency, établie en vertu de l'article 102, National Security Act de 1947 : « Le renseignement et la protection de la sécurité nationale ainsi qu'à d'autres fins. » Ce : « à d'autres fins », désigne des domaines très étendus, l'ufologie en fait partie. Toutes les méthodes furent utilisées à ces fins, intimidation de témoins, menaces, discrédit et ridiculisation publique. Le Major Dewey Fournet agent de liaison entre Blue Book et le Pentagone déclara : « La CIA nous a abusés, ses agents, maîtres du jeu tenaient les savants sous leur coupe. » La CIA sait manipuler, certains de ses représentants intervinrent au cours de la nuit du 22 février 1960, quand le Pentagone autorisa la diffusion à la télévision un documentaire sur les OVNIS et les enquêtes menées à leur sujet depuis 1947, l'émission se termina par cette confirmation surprenante :

---

[97] https://www.cia.gov/readingroom/docs/CIA-RDP81R00560R000100040013-4.pdf

« D'après une information officielle du Ministère de la Défense, il n'y a aucun doute sur la réalité des OVNIS qui ne sont pas d'origine terrestre et dont les équipages sont constitués d'êtres doués d'intelligence. »

Nous croyons rêver la CIA parle de la réalité des OVNIS en 1960 !

Presque trente ans plus tard, le journaliste du New York Times William J.Broad, publie un article en ce sens, le 3 août 1987 : « La CIA admet que le gouvernement a menti sur les observations d'OVNI. Les observations inhabituelles étaient en fait des vols d'espionnage, attribuées à des phénomènes atmosphériques comme les cristaux de glace et les inversions de température, les ballons sondes, les Soucoupes Soviétiques. » Choquant à lire !!! Depuis quarante ans le Congrès était convaincu de l'existence des OVNIS, et c'est justement la CIA qui soutenait le contraire, s'activant à une guerre non dissimulée contre tous les services gouvernementaux. L'agence négligerait ces ingérences dans la sécurité nationale avec des capacités technologiques supérieures à celle de l'armée ? Presque vingt-quatre ans de plus, et en en 1994, la CIA assurait toujours : « Ce n'est aucune menace méritant que l'on y porte une quelconque attention, les OVNIS n'existent que dans l'imaginaire collectif. »

Radioactivité imaginaire ?

Vers la mi juillet 1952, l'état major de l'USAF supposait que le pourcentage d'observations réellement signalées aux Etats Unis n'était seulement que de 10 %, ors, il se trouvait devant 9 000 rapports d'OVNIS, selon le Nicap à supposer que la proportion de 10% soit exacte, cela représentait plus de 90 000 observations effectives[98]. Tandis que les déclarations faites aux journaux, comme en témoigne le Morning News ne portaient que sur 633 cas OVNIS demeurés inexpliqués. Si l'affirmation est juste on se demande comment l'USAF, à pu traiter 9 000 ou même 90 000 dossiers en moins de six mois...stupéfiante capacité de travail...Certaines affaires comportaient des mesures de radioactivité importantes après le passage de l'OVNI. En 1956, le capitaine Ruppelt révéla qu'un terrain d'essai des Forces Aériennes avait accusé des radiations anormales après le passage d'un OVNI, on ne sait pas s'il s'agit de White Sands ou de Wright Field, il ne l'a pas précisé. Presque dix ans plus tard, en décembre 1964, un atterrissage d'OVNI près de Grottoes, Virginie, apporta de nouveaux éléments en ce sens. L'armurier Horace Burns circulait en voiture dans la campagne quand un vaisseau métallique descendit du ciel pour se poser au sol à environ cent mètres de la route.

---

[98] Donald E.Kehoe : Les étrangers de l'espace, éditions France Empire, Paris, 1975, p. 134

Avant son départ, Horace Burns nota une sorte de bande bleue fluorescente à la base de l'engin. Il signala les faits à la police et le site fut inspecté par Ernest Gehnan professeur du Madisson Collège d'Harrisonburg. Le compteur Geiger accusa des radiations importantes, aussi il fut décidé une contre expertise par deux ingénieurs de Dupont, venus du siège de la compagnie à Waynesboro, l'ingénieur Lawrence Cook attesta que : « La zone était très radioactive, nous avons passé quarante-cinq minutes sur les lieux et le contrôle à été fait avec beaucoup de précision. » Selon United Press International, le personnel de la base radar de la péninsule de Keewenav à rendu compte du repérage de dix objets non identifiés volant en formation en V sur le Lac Supérieur, route au nord-est à la vitesse d'environ 15 000 km/h : « Sept autres objets ont été repérés au-dessus de Duluth, les chasseurs à réaction les ont pris en chasse, mais ne pouvaient maintenir une vitesse suffisante, ont été rapidement distancés. »[99]

Le Pentagone savait tout, la CIA et la Navy aussi.

Début 1962 l'amiral Del Fahrney à la retraite et membre du Nicap, communiqua le rapport du capitaine James Taylor au cours d'une nuit : « Un quadrimoteur de transport de la Navy survolait l'Océan Atlantique cap à l'ouest, altitude 6 000 m avec le capitaine de frégate George Brent (nom d'emprunt pour garder l'identité de la personne confidentielle), pilote depuis dix ans pour la Marine aux commandes. Brent avait traversé l'Atlantique plus de deux cents fois, et au cours de cette traversée, il ramenait deux équipages d'aviateurs qui avaient effectué des missions en Europe, y compris son propre équipage à lui, au total cela faisait plus de vingt-cinq pilotes, navigateurs, ingénieurs et mécaniciens présents à bord.

L'appareil était à environ quatre-vingts kilomètres de l'aéroport de Gander à Terre-Neuve, quand Brent aperçut un groupe d'objets éclairés, droit devant. Ils semblaient posés sur l'Océan, ou très près de sa surface, alors le commandant fit un cercle au-dessus d'eux, pour mieux voir et identifier ces objets inconnus, mais soudain, toutes les lumières s'obscurcirent et l'ensemble des OVNIS disparurent, à l'exception d'un seul qui fonça droit sur l'avion de la Navy, il atteignait en quelques secondes la même altitude, désormais parfaitement visible, un grand disque, plus précisément, une véritable soucoupe volante au contour éclairé.

---

[99] Donald E.Kehoe : Les étrangers de l'espace, éditions France Empire, Paris, 1975, p.134-135.

Dans le cockpit l'équipage est stupéfait et s'attend à la collision qui ne saurait tarder, inévitablement, car la vitesse fulgurante du disque ne leur laisse pas le temps de lui échapper. Mais au dernier instant, la soucoupe s'incline sur la tranche, vire brusquement de côté, réduit sa vitesse, fait volte face et repart en arrière, offrant un spectacle extraordinaire et surréaliste aux 24 aviateurs américains. La soucoupe volante était géante plus de deux cents mètres, dans la lueur répandue sur tout le pourtour, l'on pouvait voir les surfaces réfléchissantes apparemment lisses et métalliques. Il suivit l'avion durant une dizaine de secondes, puis bascula, prit une vitesse fantastique dont l'accélération fut mesurée par les témoins à plus de 3 500 km/h puis disparut à une vitesse qu'aucun engin terrestre ne pourrait atteindre. Brent ayant appelé la tour de contrôle de Gander, un opérateur lui dit que l'engin avait été enregistré au radar, et à l'atterrissage, tous les militaires furent débriefés par les officiers du renseignement des forces Aériennes. A leur destination, la base aéronavale de Patuxent dans le Maryland, Brent, son équipage et les passagers furent encore interrogés par le Renseignement de la Marine. on leur demanda de rédiger des rapports complets de ce qu'ils avaient vu. Quelques temps après, un expert scientifique gouvernemental probablement envoyé par la CIA, montra confidentiellement à Brent des photographies Top Secrètes, l'une d'elles montrait un disque exactement semblable à celui rencontré par lui au-dessus de l'Atlantique. Finalement, le capitaine de frégate dut se présenter pour un entretien avec des officiers du Renseignement Technique de l'Air à Wright Patterson. Mais personne, ni la Marine, ni l'USAF et encore moins les agents secrets et les experts scientifiques qu'il rencontra ne voulut répondre à aucune question sur les OVNIS. Ce cas fut présenté au Congrès milieu des années soixante.[100]

En antarctique

Le 3 juillet 1965, un énorme disque volant fut repéré, suivi au radar et photographié depuis une station scientifique argentine sur l'île de la Déception. pendant vingt minutes, le grand vaisseau spatial manoeuvra à une vitesse terrifiante au-dessus de la base antarctique. Savants et personnel de la station avaient pu le suivre à loisir dans leurs jumelles. Des photographies couleur furent réalisées dans de bonnes conditions de prises de vue, montrant l'OVNI en position immobile au-dessus du terrain de la base. Son apparition s'accompagna de fortes perturbations radio et déviation des instruments mesurant le magnétisme terrestre.[101]

---

[100] Donald E.Kehoe : Les étrangers de l'espace, éditions France Empire, Paris, 1975, p. 112, 113.
[101] Donald E.Kehoe : Les étrangers de l'espace, éditions France Empire, Paris, 1975, p. 130-131.

Australian Flying Saucer Revew Victorian Eedition n°1 mai 1964.
Expédition Australienne en Antarctique Heard Island altitude 3 000 m et 6 000 m.

La Nasa dans la confidence

Le 23 juin 1966, l'ingénieur du projet Apollo de la Nasa, Julian Sandoval, ancien navigateur des Forces Aériennes et plusieurs autres personnes, apercevaient un OVNI d'environ 100 m de long près d'Albuquerque, Nouveau Mexique. Ce vaisseau prit 6 mach d'accélération, soit 7 500 km/h, avant de disparaître. Il fut rendu public, il s'en suivit un autre coup dur pour l'USAF, leur conseiller, le docteur Hynek, affirmait que l'US Air Force avait en main des rapports radar possession des rapports radars et des photographies d'OVNIS auxquels aucune explication n'avait pu être fournie, de plus, dans un contexte de multiplication des observations d'OVNIS depuis le début de 1965, il réclamait la fin des campagnes destinées à ridiculiser les témoins, et il précisait que les rapports les plus troublants venaient de personnes sensées, équilibrées, instruites et souvent de solide formation scientifique.

La première réaction du Pentagone fut violente, le docteur Hynek principal conseiller de Blue Book, fut mis à pied[102].

---

[102] Donald E.Kehoe : Les étrangers de l'espace, éditions France Empire, Paris, 1975, p. 141.

Jusqu'à ce que la Navy n'admette en 2004, quelle disposait d'une vidéo d'OVNIS, la CIA tenta de faire barrage : « La diffusion publique des images nuirait à la sécurité nationale, car elle révélerait des informations précieuses concernant les opérations et les capacités du Pentagone aux ennemis de l'Amérique. » Cette déclaration a été faite en réponse à une demande de compléments d'information, suivant le Freedom of Information Act, par le site : The Black Vault. L'incident du Nimitz concerne une rencontre radar et visuelle entre des pilotes de chasse américains du 11e groupe d'attaque aéronaval en 2004 et un objet volant non identifié (OVNI). La rencontre comporte notamment un engagement de l'OVNI par le commandant du 41e escadron de chasseurs d'assaut et son officier de systèmes d'armes. La première rencontre a eu lieu au cours d'un exercice d'entraînement au combat qui se déroulait dans l'océan Pacifique, au large des côtes du sud de la Californie, le 14 novembre 2004, et des observations apparemment liées ont eu lieu dans les jours précédant et suivant cette rencontre. Une vidéo de l'incident circule sur Internet à partir de 2007, huit ans plus tard en 2015, l'incident est décrit en détail sur un site d'aviation, avant qu'en 2017, la vidéo soit diffusée, accompagnée de deux autres observations d'OVNIS par des pilotes en 2014 et 2015 en plein océan Atlantique. L'entreprise : To the Stars et de nombreux médias américains s'en emparent, quatre années s'écoulent encore et en 2019, le Département de la Défense confirme l'authenticité des trois vidéos de « phénomènes aériens non identifiés ». En 2020, elles sont republiées par le Département de la Défense, qui parle d'Intelligence non Humaine. Parmi les films existants sur les OVNIS, celui comprenant 40 à 48 images prises en 1952 par Ralph Mayher membre de Ground Saucer Watch, alors caméraman pour KYW-TV à Cleveland n'est pas pris en considération par l'AARO en 2023. En effet, l'All-domain Anomaly Resolution Office, n'a pas l'intention d'éclaircir quoi que ce soit dans le passé et probablement rien dans le présent, juste un peu de fumée supplémentaire pour calmer le Congrès des États-Unis. Nous savons que l'Air Force emprunta le film en 1957 et ne l'a jamais rendu (elle le transmit à la CIA) : « La conclusion officielle est que l'objet est un météore », déclare M.Spaulding.

Ufo Report 3 juillet 1977 p.29-29 et 60.

« Ralph Mayher, Miami, Floride. En utilisant un film 16 mm exposé à 24 images par seconde, Mayher obtient de bonnes images d'un OVNI à grande vitesse. Les calculs effectués par un physicien de l'Université de Miami ont révélé que l'objet mesurait environ 27 pieds de diamètre et se déplaçait à environ 7 550 mph (12 158 km/h). Conservant quelques images pour une étude personnelle, Mayher a soumis la partie principale du film à l'Air Force pour analyse. Le film n'a jamais été restitué et aucun rapport d'analyse n'a jamais été publié. (Pour l'histoire et les photos, voir le magazine PIC, juin 1954). Les agrandissements de quelques images montrent un objet enflammé à peu près circulaire, symétrique. »

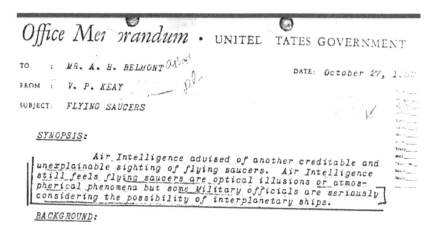

Dans un mémorandum du FBI daté du 27 octobre 1952, le synopsis résume que l'ATIC de l'Air Force crédite les signalements de soucoupes volantes d'illusions d'optique ou phénomènes atmosphériques mais que : « Certains officiers militaires considèrent sérieusement la possibilité de vaisseaux interplanétaires. »

Le FBI ira jusqu'à formuler l'impact du film de Newhouse vers Tremonton, pourtant les deux dossiers sont distincts et concernent des objets qui n'on rien en commun alors qu'est-ce qui peut les unir ?

Le fait qu'ils soient authentiques ?.

Ralph C.Mayher déclare qu'il a observé l'objet depuis une maison de Miami Beach et qu'il prit 40 pieds de film, mais seulement huit images montraient l'OVNI avec netteté. Les photographies ont été prises vers 21h35, l'objet n'avait pas de bords diffus il était très clair. Autre témoin, M. Blum qui revenait d'un vol à destination de Tampa, qui déclare avoir vu l'OVNI vers 21h50 pendant seulement quelques secondes et l'a décrit d'un bleu très profond, rond, grand et très lumineux.

Gardner et Mills, volant ensemble de Fort Myers à Miami, ont vu l'objet à peu près au même moment que Blum : « C'était évidemment au-dessous de l'horizon se dirigeant vers le sud-est et vers le bas. Au début, je pensais que c'était un météore mais il volait sur une trajectoire convergente vers et sous nous. Je l'ai vu pendant cinq ou 10 secondes. Blum dit que l'objet semblait se trouver à 15 ou 20 miles de là, voyageant sur une trajectoire diagonale à une vitesse époustouflante jusqu'à ce qu'il atteigne son altitude de 2 000 pieds, mais qu'il ne l'avait vu que quelques secondes.

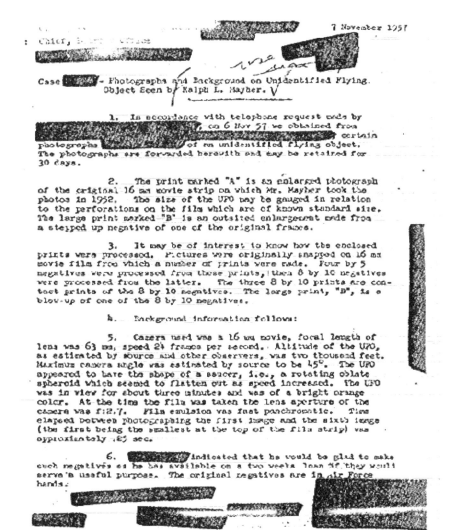

Fiche confidentielle de la CIA sur l'affaire Mayher.

Blue Book avait déjà traité des films tournés par des pilotes, mais ils finissent classés en ballons, oiseaux ou effets météorologiques, un cas fut répertorié comme ballon malgré plusieurs détections radar distinctes confirmant sa nature métallique, de plus sa vitesse contre le vent allait de 750 à 800 km/h. Il est 10h51 le 1° août 1952 lorsque les radaristes du centre de contrôle et d'interception au sol Ground Control Intercept, GCI, du 664° AC&W Squadron détectent un écho sur leurs écrans. Tout indique qu'une cible non identifiée survole à grande vitesse et à haute altitude, une zone située à une trentaine de kilomètres de la base aérienne de Wright Patterson. Leurs mesures sont confirmées par plusieurs résidents de Bellefontaine, ville qui abrite de contrôle radar concerné, tous aperçoivent simultanément dans le ciel, un objet rond d'apparence métallique.

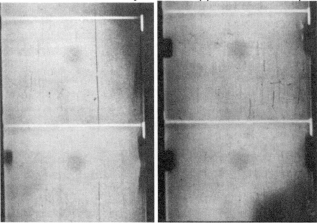

Les contrôleurs aériens contactent alors deux pilotes de chasseurs F-86E Sabre avec aux commandes, le major Smith et le lieutenant Hemer, basés à Wright Patterson AFB qui évoluent dans le ciel en ce moment à 16 km au sud ouest de la cible détectée. On les guide vers l'objet afin d'établir un contact et comme dans tous les cas de ce genre sommer l'appareil de s'identifier ou le soumettre à atterrir. Le contact se fait à 10h55, alors que les pilotes, le major James B.Smith et le lieutenant Donald J.Hemer, atteignent l'altitude de 9 100 m leur constat est le suivant : « Objet rond d'apparence métallique un peu au-dessus de nous, similaire aux observations des témoins de Bellefontaine depuis le sol. »

Pour mieux voir l'objet, ils dévient de leur trajectoire pour monter jusqu'à 14 500 m (leur plafond maximal est à 15 000 m), cette première tentative échoue car ils on préjugé de leurs capacités en poussant leur puissance au maximum de ses capacités. Alors ils retentent une seconde fois l'ascension, c'est au cours de cette dernière que le major Smith capte un faible écho sur son viseur télémétrique. Il parvient enfin à estimer la distance de l'OVNI, entre 3 660 et 6 100 m au-dessus de lui. Curieusement le radar du second avion de chasse n'est toujours pas activé.

Les dimensions de l'OVNI sont comprises entre 7,30 et 12,30 m de diamètre vers 20 720 m d'altitude. Pour confirmer son estimation, il vérifie rapidement avec son viseur télescopique et découvre qu'il couvrait tout juste l'OVNI. Mais avant qu'il puisse mieux le voir, l'objet a rapidement accéléré, disparaissant à une vitesse fulgurante. Plus tard, en utilisant les données du radar et du viseur optique, Smith a soigneusement calculé la taille de l'OVNI. S'il avait été à 12 000 pieds au-dessus de lui, alors il aurait un diamètre d'environ 24 pieds. S'il était à 20 000 pieds, son diamètre n'était pas inférieur à 40 pieds. Après dix minutes de tentatives infructueuses pour identifier l'énorme sphère ou disque d'argent, parce qu'il ressemblait parfois à un disque (propos de Ruppelt lors de l'enquête e Blue Book), l'un des pilotes a hissé le nez de son F-86 et a exposé plusieurs pieds de pellicule de la caméra. Juste au moment où il faisait cela, le voyant d'avertissement de son viseur radar s'est allumé, indiquant que quelque chose de solide se trouvait devant lui, il ne photographiait pas une hallucination ou une lumière réfractée.

Il est maintenant 11h15 et les deux F-86E Sabre s'évertuent à raccourcir la distance, gagnant quelques centaines de mètres, mais subitement, l'objet amorce une extraordinaire accélération et quitte en quelques secondes le champ de vision des deux pilotes qui interrompent l'interception, l'objet est trop haut et trop rapide pour eux, ils reviennent vers Wright Patterson, mais lorsqu'ils ont soudainement réalisé qu'ils étaient toujours au nord-ouest de la base, presque au même endroit où ils se trouvaient lorsqu'ils avaient commencé l'interception dix minutes plus tôt. L'OVNI avait manifestement ralenti par rapport à la vitesse mesurée par le radar, 525 milles (544 km/h), jusqu'à ce qu'il plane presque complètement immobile.

Dès que les pilotes furent au sol, la pellicule de l'appareil photo sont transportés au laboratoire photo et développée. Les photos ne montraient qu'une goutte ronde et indistincte, aucun détail, mais elles étaient la preuve qu'un certain type d'objet volant non identifié métallique se trouvait dans les airs au nord de Dayton. Le film vidéo tourné par la caméra de Smith est de médiocre qualité, l'objet qui se détache sur la partie supérieure droite n'est pas net, il est même flou, paraissant se diriger vers l'angle opposé.

C'est principalement le lieutenant Andy Flues assistant du capitaine Ruppelt au Projet Blue Book, l'étude officielle des OVNIS de l'US Air Force, qui a travaillé sur le dossier. Au départ, il n'a pas pu trouver d'explication convaincante sur les observations et il l'a classée dans la catégorie inconnu, dans la terminologie de Blue Book, cela équivaut à :

« Aucune explication des faits à moins qu'il ne s'agisse d'un objet volant inconnu sur cette terre. »

Sans surprise la version du ballon météo prédomine dans le rapport de Blue Book, il n'en demeure pas moins que l'OVNI demeure immobile avec un vent à 55 km/h, et que des relevés de déplacement contre le sens du vent ont donné des tracés de 544 à 750 km/h, avec des montées à près de 21 000 m d'altitude et pour finir, il s'échappe de ses poursuivants avec une accélération du double de la vitesse maximale des avions turboréacteurs F-86E Sabre 1 085 km/h (Mach 0,89) c'est à dire 2469,6 (Mach 2). Des capacités bien étranges pour un ballon météo me semble-t-il.

Revenons sur 2023, car du passé, il n'y aura rien de nouveau, comme cela se confirme, ces anciennes affaires ne seront pas rouvertes. Fondé en 2021, AARO dépendant du pentagone dévoile son nouveau site Web en septembre 2023, permettant au personnel militaire et gouvernemental américain de déposer des rapports d'observations d'OVNIS (UAP) afin de solliciter une enquête officielle. Le ton est lancé, les affaires du temps de Blue Book ou autres ne seront pas revues et ne serviront même pas d'éléments comparatifs.

Le rapport du Congrès d'août 2023 indique que : « Les menaces transmédianes inter domaines contre la sécurité nationale des États-Unis connaissent une expansion exponentielle ». Selon la définition du Pentagone, cette menate inconnue peut se déplacer depuis l'eau jusqu'à l'air puis à l'espace d'une manière que nous ne comprenons pas. Le rapport indique également que les phénomènes aériens non identifiés, terme utilisé par le gouvernement pour désigner les OVNIS, seront désormais reclassés comme phénomènes aérospatiaux et sous-marins non identifiés. Le chercheur sur les OVNIS Douglas Johnson a souligné ce qui pourrait tout aussi bien être la toute première admission du gouvernement américain selon laquelle des observations spécifiques d'OVNIS ont des origines non humaines, selon le média : Vice, qui recentre notre attention sur le terme utilisé par le Congrès et le Pentagone « Intelligence non humaine », si les OVNIS ne sont ni terrestres ni humains, qui sont-ils réellement ?[103].

Un témoin, Aaron Rodgers récapitule dans l'article du 6 septembre 2023 pour Par Randi Richardson et le média Today, le repérage présumé d'un OVNI en 2005 : « Nous sommes restés là, incrédules. » Le joueur professionnel américain de football américain évoluant au poste de quarter back dans la National Football League Aaron Rogers est serein, il dit que lui et deux autres personnes ont été témoins d'une observation d'OVNI il y a près de 20 ans.

---

[103] https://www.vice.com/en/article/3adadb/congress-admits-ufos-not-man-made-says-threats-increasing-exponentially

Le quart arrière des Jets de New York a raconté ce qui s'est passé dans un épisode de : Hard Knocks pour HBO, affirmant qu'il se trouvait chez son coéquipier universitaire Steve Levy en 2005 lorsqu'ils ont vu un gros objet OVNI dans le ciel :

« Je me mettais au lit quand j'ai entendu cette alarme se déclencher au loin. Cela ne semblait tout simplement pas normal, puis j'ai entendu des bruissements en bas, alors je me suis levé et je suis descendu. C'était une belle nuit, Steve, mon frère et moi même, sommes sortis.

Dans les nuages, nous avons entendu ce son et nous avons vu cet objet extrêmement grand se déplacer dans le ciel. C'était comme une scène du Film Independence Day, lorsque les vaisseaux entrent dans l'atmosphère et créent ce genre d'incendie de type explosion dans le ciel. Nous venons de voir cet objet incroyablement grand de nos propres yeux et nous nous sommes figés, immobiles, comme n'importe qui le ferait. Puis ce que nous avons a finalement disparu, nous étions trois et sommes restés sur place sous le choc, sans prononcer un mot. Très vite, 30 secondes plus tard, nous avons entendu ce qui ressemblait à des avions de combat pourchassant l'OVNI. Et encore une fois, nous sommes restés là, incrédules, pendant encore quelques minutes. Personne n'a dit un mot, puis nous nous sommes tous regardés en nous disant : est-ce que nous venons de voir ce que nous pensons avoir vu ?

Qu'est-ce que c'était ?

Nous avons tenté de nous endormir environ 20 minutes plus tard sans y parvenir tellement cette expérience bizarre que nous avions vécue nous à choqués. Nous avons regardé dans les journaux, toute la presse les jours suivants, mais il n'y avait rien à ce sujet. »

Le média Today.com contacte Levy pour vérifier ses dires, après tout c'est une célébrité du sport et son témoignage sur les OVNIS ne risque-t-il pas de nuire à sa réputation mentale ?

Today affirme que : « Tout ce qu'Aaron a dit à propos de la rencontre était 100% authentique », à l'exception d'une chose, Rodgers a déclaré que cela s'était produit au domicile de Levy dans le New Jersey alors que la maison était en fait à New York, sans doute pour ne pas voire débarquer une nuée de fans devant sa porte).

Les repérages d'objets volants non identifiés signalés par des avions militaires de 2004 à 2021 s'élevaient à 144 cas, selon un rapport de 2021 publié par le Bureau du directeur du renseignement national. Rogers n'a pas indiqué si ce qu'il avait vu faisait partie du lot.

Il dit avoir fait des recherches sur les OVNIS par lui-même et pense qu'ils se trouvent souvent à proximité d'énergie nucléaire, de volcans ou de centrales électriques : « La sirène ou l'alarme provenait de la centrale nucléaire située à environ 15 kilomètres de là, bien sûr je ne peux pas confirmer avec certitude qu'il s'agissait d'un OVNI sans preuves, mais il volait réellement, Steve et moi, grands amis, coéquipiers avons été témoins de tout ce qui s'est passé, c'était définitivement un gros objet. Nous avons entendu ce son dans les nuages, puis vu cet objet extrêmement gros se déplacer dans le ciel. Ensuite après avoir vu cet objet incroyablement grand, nous nous sommes figés de stupéfaction, comme n'importe qui le ferait. »

Ce qui renforce sa croyance en ce qu'il a vu, c'est l'alarme de la sirène de la centrale nucléaire à neuf milles de la maison où il résidait. Rodgers affirme également avoir parfaitement entendu des avions de combat passer, apparemment à la poursuite de l'objet. Le Pentagone classe cet incident dans la catégorie confidentielle, et les médias n'ont pas été invités à en parler publiquement. Lors d'audiences publiques du Congrès Américain en mai 2022, la Marine a révélé au Congrès l'existence de 400 rapports de phénomènes aériens non identifiés ces toutes dernières années, constituant une menace nationale potentielle très sérieuse, contre laquelle l'armée ne pouvait rien en raison de capacités technologiques inconnues sur Terre. Quelle surprise de constater que tous ces cas ne figurent même pas sur les documents secrets sur les OVNIS déclassifiés par la CIA sur ces 70 dernières années, la CIA ne serait donc au courant de rien, et ne s'occuperait de rien ? Oserais-je dire : la Nasa non plus ?

Photo source NASA, une série de sphères voyageant conjointement mais dans des directions distinctes, filmées devant la Lune.

1) Première affaire : le samedi 24 juillet 1948, un équipage d'Eastern Airlines, signale un risque de collision avec un objet volant, ressemblant à un fuselage inhabituel sans ailes, long de 30 m environ, d'un diamètre du double de celui d'un B-29 (plus de 86 m). Le commandant de bord Clarence Chiles et son second John Witted, mentionnent la présence autour de l'objet volant, d'une lueur bleu foncé auréolée de flammes rouges à l'arrière (en tout cas flammes ou source de chaleur potentielle). A la suite de cet incident, un rapport est rédigé au service alors chargé de ces dossiers, l'actuel : Accident & Incident Data de l'U.S. Department of Transportation, Federal Aviation Administration, afin qu'ils enquêtent sur cette mésaventure de circulation aérienne impliquant un transport de passagers, c'est l'usage habituel en de telles circonstances.

Une des très rares photographies des locaux de l'ATIC et du Projet Blue Book, base de Wright Patterson, années 1950.

Malgré d'intensives recherches, durant presque un an, aucun prototype balistique, avion ordinaire ou expérimental de l'armée ou civil, ne s'est jamais trouvé sur ce secteur à cette date, alors, le 5 août 1948, les analystes de l'Air Force estiment la situation dans leur rapport d'enquête concluant à une origine : « Extraterrestre Probable. » C'est une des très rares affaires très peu documentées pour lesquelles l'USAF confirma l'existence d'un OVNI : « **Extraterrestre probable !** »

Sans surprise, cette affirmation sera rejetée sans appel ni explication par le Général Vandenberg, directeur de la CIA, furieux, il ordonne la destruction immédiate de tous les exemplaires des documents de l'Air Force sur ce dossier.

2°) Seconde affaire : deux ans plus tard, le 30 juillet 1950, des objets de forme circulaire sont observés au-dessus de la Centrale Atomique de Hanford, volant à une altitude estimée d'environ 4 500 m. La poursuite engagée par des avions de chasse F-82 ne parvient pas les atteindre sur une si grande vitesse. La tentative demeurant infructueuse, l'importance de l'incident est fortement minorée, des pages d'enquête effacées ou détruites par la CIA, il est constaté dans un feuillet restant oublié que : « Le taux de radioactivité ambiante à augmenté lors de la présence des soucoupes volantes sur la Centrale Nucléaire. »

La CIA souligne : Soucoupes Volantes d'origine non terrestre.

3°) Troisième affaire très importante : sept à dix témoins observent une formation d'au moins huit soucoupes volantes, l'USAF ment, déforme leurs propos, échafaude une version absurde : « C'était cinq avions militaires », ors il n'y eut jamais aucun vol ce jour là, l'Air Force s'est compromise dans un faux et usage de faux. Ceci est une des observations les mieux documentées des dossiers Blue Book impliquant des vitesses extrêmement élevées, et un changement brutal de direction, pour laquelle, la CIA mit tout en oeuvre pour démonter ce dossier compromettant.

L'observation de Chesapeake Bay le 14 juillet 1952 à 20h12, à peu près une semaine avant les fameuses détections d'OVNIS par radar et visuelles au-dessus de Washington, un DC-4 de la Pan Am volait en direction du Sud le long de la côte Est à une altitude de 8000 pieds (2 400 m) en route vers New York, parti de l'aéroport de San Juan en Floride. La nuit est totalement claire, avec une excellente visibilité, quand, vers 20h10, le capitaine William B.Nash et son officier en second William Fortenberry voient soudainement six objets rouges brillants s'approcher rapidement de leur appareil, à une altitude inférieure à la leur. Le capitaine Nash confirmera plus tard les détails de son observation auprès du National Investigations Committee on Aerial Phenomena, son compte-rendu paraît dans le magazine : True, en Octobre 1952, ainsi que dans un numéro spécial de True concernant les OVNIS en 1967[104].

---

[104] L'observation de Hill est parue dans l'ouvrage The UFO Evidence du NICAP, Washington, 1964, p. 57.

Nash confirme son observation au NICAP, et rapporte son histoire dans le numéro du magasine True d'Octobre 1952.

Air Intelligence Report Information de john H.Sharpe, major USAF,
Wing Intelligence Officer, incident de Chesapeake Bay le 14 Juillet 1952.

Au-dessus du siège de la CIA, 6 grands objets ronds d'un rouge lumineux en formation à 1 500 m réalisent un virage serré pour se placer dangereusement sous le DC-4 de la Pan Am rempli de passagers.

Les six disques se présentent par la tranche et sont vite rejoints par deux autres semblables, avant d'accélérer et enfin disparaître, à une vitesse estimée de 19 500 km/h.

Des Soucoupes volantes survolent la CIA !

Nash/Fortenberry 1952] Nous avons survolé des soucoupes volantes avec William H. Fortenberry, The True report on flying saucers, Octobre 1952, N°65, pp. 110-112.

Does the Air Force Have Hardware from Outer Space ? The Saucerian, 1955, N°3, pp. 29-31).
Bio-Science, volume 17, numéro 1, 1967, pages 15-24. Cet extrait est ce qui a été soumis par le Dr. Frank B. Salisbury, chef du service de la science des végétaux, Université d'Etat de l'Utah, en tant que récapitulation de ses vues sur les OVNIS, aux audiences congressionnelles sur les OVNIS aux USA en 1967.

Newport News, Virginie, Etats-Unis, 14 Juillet 1952.

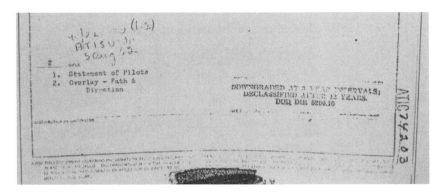

Tandis que Nash et Fortenberry discutent encore du sujet, les lumières d'un avion de ligne orienté nord arrivent en vue sur une trajectoire à 1 000 pieds (3 000 m) au-dessus d'eux. Normalement cette approche de face de deux avions de ligne à 500 miles/h (805 km/h) semble plutôt rapide et sérieusement périlleuse. Mais cette fois-ci, comparée à la vitesse fusante des disques 19 500 km/h., l'avion qui arrivait semblait quasiment immobile.

Finalement après ce stress intense, les pilotes atterrissent à l'aéroport international de Miami juste minuit passée, peu après, entrant dans le bureau des opérations, ils trouvent une copie du message qu'ils ont transmis aux militaires par radio via Norfolk, avec un ajout : « Informer l'équipage que 5 jets étaient dans la zone à ce moment là. » Cependant l'information ne s'applique pas exactement aux choses qu'ils ont vues, un nombre de 8 soucoupes volantes en tout, Nash comme Fortenberry sont absolument sûrs qu'il ne s'agissait pas de jets et s'énervent un peu. Le récit des évènements par le témoin William B. Nash perturbe les autorités :

« Leur forme était bien définie et ils étaient incontestablement circulaires, ils n'avaient rien de flou ou de phosphorescent. »

Les surfaces supérieures des disques étaient d'un rouge orangé brillant. Les pilotes virent immédiatement que les disques volaient en formation échelonnée, un alignement parfait avec un leader au point le plus bas et un autre disque à son arrière un peu plus haut. Brutalement, le leader ralentit, et les deux disques suivants hésitent un peu, presque sur le point de dépasser leur leader, avant de freiner brutalement. Les disques étaient à près d'un mile en dessous de l'avion, à une altitude d'à peu près 2000 pieds, d'une taille d'une centaine de pieds (609 m, soit une altitude très basse). Quand ils arrivèrent quasiment sous l'avion de passagers, et un peu sur sa droite, les disques furent légèrement moins visibles, et renversèrent brutalement leur course.

UNITED STATES AIR FORCE
THE INSPECTOR GENERAL
OFFICE OF SPECIAL INVESTIGATIONS
REPORT OF INVESTIGATION

FILE NO.
DATE 27 July 1952

REPORT MADE BY
C. L. WATKINS, S/A

REPORT MADE AT
DO 27, MacDill AFB

PERIOD
15 July 1952

OFFICE OF ORIGIN
DO 27, MacDill AFB

STATUS
CLOSED

TITLE
SIGHTING OF EIGHT (8) UNCONVENTIONAL TYPE AIRCRAFT IN VICINITY OF LANGLEY AFB, VIRGINIA, BY TWO (2) PILOTS, PAN AMERICAN WORLD AIRWAYS 2012 HOURS, 14 JULY 1952

CHARACTER
SPECIAL INQUIRY

REFERENCE
AFOSI ltr no. 85, and 23 Oct 1950.

SYNOPSIS

Investigation initiated by District Commander, 7th OSI District (IG), USAF, MacDill Air Force Base, Tampa, Florida, upon receipt of information from Commanding Officer, 435th Troop Carrier Wing, Miami International Airport, Miami, Florida, that two (2) pilots of Pan American World Airways had sighted eight (8) unconventional type aircraft. First Pilot ████████████████, ████████████████ Biscayne Key, Florida, and Co-Pilot W████████████████, ████████████, Miami 33, Florida, both employed by Pan American World Airways, in DC-4 number 83901, en route from New York City, New York, to Miami, Florida, observed one (1) formation of six (6) unconventional aircraft and two (2) unconventional type aircraft which joined original formation at 2012 hours (EST), 14 July 1952. Pan American Airways DC-4 at 8000 feet, 24 miles north of Norfolk, Virginia, flying true heading 200 degrees. Unconventional aircraft originally observed approximately ten (10) miles out at 2000 feet with sixty (60) degrees true heading. Continued course to approximately under DC-4; banked ninety (90) degrees then recovered and changed direction instantly by one-hundred-fifty (150) degrees with true heading two-hundred-seventy (270) degrees and were climbing when they disappeared. Approximate speed estimated 1000 plus miles per hour. Objects had a brilliant reddish amber glow, were circular in shape with estimated diameter of one-hundred (100) feet and thickness of ten (10) feet. Length of sighting time approximately fifteen (15) seconds.

DISTRIBUTION
OI, SAC(Attn: ECIS) ... 2
(Incl)
DO 27, Langley AFB ... 2
(Incl)
Hq OSI(Incl) ... 2
File (Incl) ... 2

ACTION COPY FORWARDED TO
Commanding General, ARDC
ATTN: ECIS

FILE STAMP

APPROVED
JAMES S. DUNCAN
Lt. Colonel, USAF

DOWNGRADED AT 3 YEAR INTERVALS;
DECLASSIFIED AFTER 12 YEARS.
DOD DIR 5200.10

AFHQ FORM
15 JAN 65 O-208

Le capitaine Nash rapporte : « Ils oscillèrent et nous présentèrent leur dessus, bien que nous n'ayons pas bien pu voir en détails, ils nous semblait que seul le dessus était brillant. Le pourtour exposé ne brillait pas, semblant mesurer une épaisseur de 15 pieds (5 m), la surface du dessus semblait plate. En proportions et en formes, ils ressemblaient à des pièces de monnaie. » Quand les soucoupes finirent leur manoeuvre, elles parurent de nouveau plus brillantes, et sans virage, sans transition, tout en restant en formation, changèrent brusquement de trajectoire, empruntant une route qui faisait un angle brusque par rapport à leur route initiale. Immédiatement, deux autres disques identiques apparurent en dessous et en arrière de l'avion et se hâtèrent de rejoindre la formation principale.

L'équipage communiqua l'observation par radio à l'US Air Force, fait pour lequel, tôt le lendemain matin, Nash et Fortenberry furent sérieusement interrogés par des inspecteurs : « Les enquêteurs nous apprirent qu'ils disposaient déjà de sept autres rapports relatifs à des formations de disques volants ayant les mêmes capacités pour changer brutalement leur course. »

Sept autres rapports totalement classifiés : Top Secret.

Un calcul soigneux des temps et distances observées indique que les OVNIS voyageaient à une vitesse de l'ordre de 12 000 miles par heure (19 300 km/h), pour cette raison, le cas discuté ici a été classé comme n'ayant pas d'explication conventionnelle par le Projet Blue Book.

Deux jours plus tard à proximité du lieu de cet incident, Paul R. Hill, ingénieur en aéronautique, fit depuis le sol une observation, quatre objets de couleur ambrée manoeuvraient en formation dans le ciel : « Leur capacité de changer de cap brutalement était époustouflante. »

Enquête succincte vite expédiée par l'USAF : « A 7h00 des enquêteurs de l'Air Force téléphonent et un rendez-vous est fixé pour une interview plus tard dans la matinée. Le major John H.Sharpe, officier de renseignement de l'escadrille de l'USAF et quatre officiers du 7ème Bureau de District de l'OSI rencontrent Nash et Fortenberry à l'aéroport. Dans des pièces séparées, les pilotes sont interrogés pendant 1h45 et après cela pendant 30 minutes ensemble. Les pilotes sont impressionnés par la compétence de leurs interrogateurs. »

Les questions sont préparées à l'avance et posées individuellement aux deux pilotes afin d'évaluer leur souvenir. Des cartes recoupées et complétées d'un rapport météo complet pour la zone, coïncident avec le plan de vol de la nuit précédente : nuages 3/8 Cirrus à environ 20000 pieds (6 000 m), aucune inversion, une nuit particulièrement claire, incident probablement causé par de l'air instable, la visibilité était meilleure qu'à l'habitude. »

Selon Blue Book, de l'air instable par nuit claire se transforme en soucoupes volantes volant à 20 000 km/h changeant de direction et d'altitude. Je laisse juge le lecteur, chacun est libre de juger en conscience de l'absurdité météorologique prononcée.

Suite à l'interrogatoire, les enquêteurs indiquent aux pilotes avoir déjà reçu sept signalements supplémentaires de personnes ayant témoigné d'incidents semblables en 30 minutes et dans la même région, ce qui surprend Nash et Fortenberry.

Le meilleur signalement est celui d'un lieutenant commandant et de sa femme ayant décrit depuis le sol, une formation de disques rouges voyageant à haute vitesse et procédant à des changements de direction immédiats sans rayon de virage.

Etrangement, aucun de ces rapports n'apparaît dans les archives officielles de Blue Book, bien que trois rapports archivés par l'ATIC en août, décrivent des objets multiples au-dessus de Washington D.C. à 9h00, le matin de l'observation de Nash et Fortenberry. Le NICAP conserve des copies de certains faits de la soirée du 14 juillet 1952 largement publiés dans les journaux du Norfolk journal de Virginie. Bien qu'aucun ne semble décrire de manoeuvres identiques à celles observées par les deux pilotes, cela ajoute un peu plus de mystère à cette journée.

Un témoin indique qu'elle et un ami étaient assis sur un banc dans les Jardins de Stockley lorsqu'ils virent ce qui semblait être des soucoupes volantes : « Faisant des cercles au-dessus d'eux puis partant au nord. »

Elle dit en avoir vu 7 ou 8 soucoupes volant ensemble : « Les trois premières blanches et les autres jaune et rouge. »

Dans une lettre au rédacteur en chef du Norfolk Virginian-Pilot, l'officier naval du croiseur Roanoke, apparemment mentionné à Nash et Fortenberry durant l'enquête de l'OSI, signale avoir vu 8 lumières rouges en direction de Point Comfort qui procédèrent en ligne droite puis disparurent. Il vit les objets vers 20h55, environ 15 minutes avant l'observation des pilotes de la Pan Am, alors qu'il roulait vers la base navale pour un rendez-vous à 21h00.

Deux jours plus tard Paul R.Hill fera également une observation similaire en tous points : « A 20h12, juste après la tombée de l'obscurité, une lueur rouge brillante est soudainement apparue à l'Ouest, six objets en forme de pièce de monnaie volant dans une formation en ligne. »

On estime après coup, que les soucoupes étaient incandescents avec une couleur rouge orange brillante sur le dessus, de 100 pieds (30,5 m) de diamètre et de 15 pieds d'épaisseur (4,6 m). Elles bougent en déplacement rapide vers l'avion, rompant à un moment légèrement leur formation parfaite pendant que les second et troisième objets suiveurs hésitaient légèrement et débordaient presque l'objet leader en tête. Elles tournent à l'unisson sur leur bord et renversent leur position dans la formation, le dernier objet se déplaçant jusqu'à la position avant avec les autres le suivant, tel un leader de tête. L'ensemble des OVNIS inverse brutalement sa direction, s'écartant légèrement vers la droite avec l'objet originalement en tête qui se repositionne de nouveau en position d'éclaireur ouvrant la formation :

« Le virage est exécuté presque comme celui de balles rebondissant contre un mur sans hésitation ou ralentissement visible. A ce moment, deux autres objets arrivent à grande vitesse par en dessous de l'avion et se fixent dans les positions sept et huit de la formation, diminuant de luminosité juste avant de réaliser le virage serré, de plus, les objets sept et huit étaient de loin les plus lumineux quand ils ont approché la formation, pendant un bref instant tous les huit OVNIS, se sont éteint puis de nouveau rallumés. »

Sous cette configuration de vol coordonnée, les soucoupes filent au loin, s'élevant à une altitude supérieure au-dessus de celle de l'avion, puis l'une après l'autre dans un ordre aléatoire, leurs lumières s'éteignent, peut après l'observation prend fin. En répétant mentalement leur observation, les pilotes estiment qu'elle a duré 12 à 15 secondes : « Dans la nuit du 14 Juillet, nous naviguions à bord d'un DC-4 de la Pan American Airlines de New York vers Miami avec un équipage de trois personnes, le capitaine Fred Koepke, nous-mêmes, et dix passagers, du personnel de notre compagnie et leurs familles. La nuit était claire et la visibilité illimitée. Les seuls nuages, pratiquement invisibles pour nous, ont été de minces cirrus, à 20.000 pieds (6 000 m). Occupant les sièges de pilote et de copilote, nous volions à 8.000 pieds (2 400 m), à vitesse normale sous pilotage automatique au-dessus de la baie de Chesapeake, tandis que nous approchions Norfolk, en Virginie, qui s'étendait à environ 20 miles devant nous sur notre cours de compas magnétique de 200 degrés, un peu au sud-ouest. Nous devions passer au-dessus de la station radio de V.R.F. de Norfolk dans six minutes et leur soumettre un rapport de position par radio à ce moment. Le soleil s'était couché une heure avant, et bien que nous pouvions encore distinguer la ligne de la côte, la nuit était presque totalement sombre. Les lumières éloignées des villes étaient parfaitement visibles, sans que la moindre brume de les rende floues. L'un de nous a indiqué à l'autre la ville de Newport News, qui s'étendait en avant de nous et vers notre droite. »

Les documents de l'époque sont confidentiels, avec une impressionnante liste de destinataires, sous un intérêt particulier puisqu'il est mentionne sur la fameuse observation de Nash et Fortenberry, qu'elle n'était pas une observation isolée ce jour là, et très proche de Langley où se situe le siège du quartier général de la CIA.

Les enquêteurs de l'unité connue aujourd'hui sous la dénomination d'Air Force Office of Special Investigations Detachment n°340, Macdill AFB, Floride, rédigent une note classée secrète : « Huit objets circulaires lumineux non identifiés, volant en formation, dans le voisinage de Langley AFB, Virginie ont été vus par le Capitaine Frank Koepko, Pilote de la Pan American Airways alors qu'il volait de New York à San Juan.

Les objets ont été vus le 14 Juillet 52, à environ 21h00 heures. Témoignages additionnels W.B.Nash, copilote et Bill Fortenberry, mécanicien de bord. Les membres de l'équipage ont déclaré que les objets circulaires ont effectué un virage pour éviter la collision avec leur avion de ligne. Vitesse estimée, 1 607 km/h. Les membres de l'équipage sont interrogés par l'OSI à Miami, Floride. »

Top Secret : Air Force Office of Special Investigations.

La CIA détruit les annexes du dossier, pour les principales pages il est trop tard, la presse s'en est emparée.

4°) Autre affaire représentative de cette main mise de la CIA, le jeudi 29 avril 1954 : Fort Meade, siège de la National Security Agency, est survolé par un objet métallique brillant se livrant à quelques manoeuvres erratiques non conventionnelles. Le chef du quartier général de la défense aérienne de la côte Est, ordonne de faire silence total sur cette affaire très proche de la capitale Washington :

« Le 29 avril 1954, à 22h11 heures, un objet illuminé non identifié est observé au-dessus de la deuxième station radio de l'armée de Fort Meade par l'opérateur radio superviseur et deux collègues, le caporal Flath et le soldat de première classe Hough. Cet appareil décrit comme de forme ronde, brillant de la couleur du soleil, de trois ou quatre fois la taille d'une grande étoile, est apparu depuis le sud-ouest à une vitesse indéterminée. La lumière émise par l'objet clignotait alors qu'il se déplaçait dans le ciel en ligne droite. Quand cet OVNI est parvenu au-dessus de la station de radio de la Deuxième Armée, il a cessé de clignoter et a commencé à disparaître en montant tout droit, devenant plus petit. L'observation entière dure sept minutes. »

Le commandement de la défense aérienne ainsi que le service du renseignement de l'armée sont informés de l'incident en toute hâte. Le personnel de l'armée reçut des ordres stricts de ne pas discuter de leurs observations avec des parties non autorisées, comme le démontre l'ordre signé par le colonel Charles L.Odin, chef d'état-major :

« Les personnes impliquées dans les observations ne discuteront ni ne diffuseront ces informations à des personnes ou à des agences autres que leurs officiers supérieurs et d'autres membres du personnel autorisés par le chef d'état-major par intérim, G-2, ce quartier général. »

Classifié Top Secret.

La CIA une fois encore exige de l'armée qu'elle détruise les rapports existants, mais certains sont parvenus jusqu'à nous et pour cause, toute l'année en question et en particulier durant le mois de juin 1954, l'Air Force Intelligence tentait de gérer, trier, analyser, classer cent dossiers par jour, c'était peine perdue d'avance.

Cent affaires d'OVNIS toutes les 14 heures...

Dans les témoignages d'Haynek et de Ruppelt il est fait mention de cette insistance supérieure de l'Agence de Renseignements Américaine qui presse l'Air Force de résoudre non pas l'explication des OVNIS, mais d'effacer toute affaire qui nuit au calme national, la population n'a pas besoin de savoir. Tout ce qui déstabilise la nation est une nuisance qui profite à l'Union Soviétique.

Insistons lourdement sur ce point, en 1954, mois de juin, Wright Patterson rassemble plus de 2 800 signalements d'OVNIS en un seul mois, selon Edward James Ruppelt, dans les statistiques de l'USAF ce chiffre sera purement et simplement effacé, pour ensuite, six ans plus tard, ne recenser que 429 cas OVNIS pour l'intégralité de l'année 1954 dans le rapport de Blue Book du 21 janvier 1960.

Rapidement la CIA déclassifia ce document avec de fausses statistiques qui convenait bien à l'Agence.

On ne peut se dispenser de penser à la fraude, car c'est un fait accompli, cette marée de signalements d'OVNIS devenant terriblement dérangeante à été effacée des statistiques et bon nombre de dossiers détruits car ils ne sont jamais réapparus sur les recensements officiels, aussi nous bornerons-nous à une analyse circonstancielle en insistant sur les faits prouvant que la CIA avait le dessus sur l'USAF, menant dans l'ombre un travail de destruction pour occulter le sujet ufologique.

Is the CIA Stonewalling? (La CIA fait-elle de l'obstruction ?).

Selon le New York Times du 24 juin 2021, selon l'article du journaliste Julian E.Barnes :

« Une étude historique réalisée en 1997 par la CIA a révélé que si ses tromperies étaient justifiées, elles ont alimenté les théories du complot ultérieures. L'intérêt compréhensible de l'agence à dissimuler son rôle dans certaines des premières enquêtes sur les OVNIS s'est finalement avéré si contre-productif, qu'il n'a fait qu'alimenter des accusations ultérieures de complot et de dissimulation », déclare le Dr. David Roberge, historien sur la CIA.

Chapitre n°17 : La CIA face à ses fausses allégations

En mai 1979, un article paraît dans la revue : Second Look, Vol 1, n°7, intitulé : CIA and the cult Of Intelligence, il est co-signé par Victor Marchetti, faisant suite à la parution d'un livre du même titre en 1974, l'auteur confirme que les :

« OVNIS récupérés et leurs occupants sont classés au plus haut niveau de confidentialité au-dessus du Top Secret et la CIA est prête à déployer tous ses moyens pour empêcher d'avoir accès aux informations. »[105]

La CIA et le culte de l'intelligence, est un livre de 1974 écrit par Victor Marchetti, ancien assistant spécial du directeur adjoint de la Central Intelligence Agency, et John D.Marks, ancien officier du Département américain du renseignement. C'est le premier ouvrage que le gouvernement fédéral des États-Unis à tenté d'interdire, n'y parvenant pas, la CIA alla devant un tribunal pour censurer des passages entiers avant publication après jugement. Victor Marchetti ancien assistant exécutif du directeur adjoint de la CIA, est l'une des personnalités les plus importantes qui ont animé la discussion sur les OVNIS auprès du public, selon lui :

« La CIA à caché et détruit des informations sur les OVNIS. »

Marchetti, dans un article de 1979, intitulé : Comment la CIA voit le phénomène OVNI, les agences de renseignement américaines gardent à tout prix ce qu'elles savent sur les OVNIS hors du domaine public, expliquant également les raisons derrière cela : « Je ne sais pas, d'après ma propre expérience, s'il y a des OVNIS. Je n'en ai jamais vu. Je n'ai pas non plus vu de preuve concluante, empirique ou physique qu'ils existent vraiment. Mais, je sais que la CIA et le gouvernement américain sont préoccupés par le phénomène OVNI depuis de nombreuses années et que leurs tentatives, passées et récentes, de minimiser l'importance du phénomène et d'expliquer le manque apparent d'intérêt officiel à son égard ont toutes les caractéristiques d'une dissimulation classique du renseignement. Ma théorie est que nous avons, en effet, été contactés, peut-être même visités par des êtres extraterrestres et que le gouvernement américain, en collusion avec d'autres puissances nationales de la Terre, est déterminé à cacher cette information au grand public.

---

[105] Second Look - The Illustrated Newsletter, Special Issue, Vol. 1, n°7.

Texte intégral :

https://priory-of-sion.com/biblios/links/marchetti.pdf

Le but de la conspiration internationale est de maintenir une stabilité viable entre les nations du monde et pour elles, à leur tour, de conserver le contrôle institutionnel sur leurs populations respectives. Ainsi, le fait que ces gouvernements admettent qu'il y a des êtres de l'espace extra atmosphérique essayant de nous contacter, des êtres avec des mentalités et des capacités technologiques évidemment bien supérieures aux nôtres, pourrait, une fois pleinement perçu par la personne moyenne, éroder les fondements de la structure de pouvoir traditionnelle de la Terre. »

Comment s'étonner de l'aura complotiste lorsqu'un ancien directeur de la CIA parle de conspiration au sujet des OVNIS, mais qu'est ce que cela représente face à l'amnésie historique du Pentagone. Le 17 mai 2022, le House Intelligence Counterterrorism, Counterintelligence and Counterproliferation Subcommittee convoqua deux témoins du Ministère de la Défense à témoigner devant lui à propos des UAP ou phénomènes aériens non identifiés. Il s'agissait de la première audience du Congrès en 54 ans, malgré un événement similaire d'une journée en 1968 sans impact au niveau public. Il sembla que lors de l'audience, Ronald Moultrie, le plus haut responsable du renseignement du Pentagone, et Scott Bray, directeur adjoint du renseignement naval, semblaient souffrir d'une amnésie complète à propos de l'histoire du phénomène OVNI.

La CIA n'était au courant de rien comprenez-vous ?

À les entendre le dire, ils savaient peut-être une chose ou deux sur le projet Blue Book, ainsi que quelques coupures de presse, mais tout ce qui se passait avant ou après ne semblait jamais être parvenu jusqu'à eux malgré un programme de recherches sur les OVNIS qui consomma 22 millions de dollars. Pour eux, toute l'affaire des UAP semblait commencer, vers 2004 avec le désormais célèbre incident de Nimitz. Ils prétendaient n'avoir aucune connaissance sur aucun rapport ou enquête au sujet des OVNIS, comble de la mauvaise foi face au Sénat Américain. Les agences de renseignement ont très tôt, dès la première heure, fait en sorte que le phénomène soit contenu, maintenu sous contrôle d'opinion autant que faire se peut, et, lors de cas dérangeants, ordonné la destruction de preuves sans en référer aux membres du gouvernement en place quelles que soient les tendances politiques du moment. Cela fait des décennies que Pentagone, CIA, USAF pratiquent la politique de la terre brûlée sur les OVNIS.

Edward J. Ruppelt confirme un dossier détruit en 1950

Dans son livre : The Report on Unidentified Flying Objects, Edward J.Ruppelt signe des pages qui sidèrent par leur sincérité, oui l'ATIC savait que les OVNIS étaient réels, l'analyse des caractéristiques techniques de ces appareils ne leur laissait aucun doute.

L'USAF censurait de l'intérieur les officiers menant les enquêtes, et la CIA faisait pression sur l'armée pour l'obliger à démystifier, dans une supervision élitiste se considérant au-dessus des processus normaux de la société, avec sa propre raison d'être et sa justification, au-delà des contraintes de la Constitution Américaine.

Edward J.Ruppelt se souvient d'un cas en particulier où la censure militaire fut violente et inappropriée :

« Un jour, vers dix heures du matin, un radar près d'une base militaire, avait ramassé une cible non identifiée. C'était une cible étrange dans la mesure où elle est arrivée très rapidement, environ 700 miles/h (1126 km/h), puis ralenti à environ 100 miles/h (161 km/h). Le radar a montré qu'elle était située au nord-est de l'aérodrome, au-dessus d'une zone peu habitée. Malheureusement, la station radar ne disposait d'aucun équipement de recherche d'altitude. Les opérateurs connaissaient la direction de la cible et sa distance par rapport à leur station, mais pas son altitude. Ils signalent la cible, à deux F-86 qui décollent sur le champ. Le radar capte les F-86 peu après leur décollage et les dirige vers leur cible lorsqu'elle commence subitement à s'estomper sur le radar scope.

A l'époque plusieurs de ces opérateurs pensaient que ce fondu était dû à la perte rapide d'altitude de la cible et sa capacité passer sous le faisceau du radar. Certains autres opérateurs pensaient qu'il s'agissait d'un niveau élevé inatteignable pour une cible volante ordinaire et qu'elle s'estompait simplement parce qu'elle était si haute, aussi, on ordonna aux F-86 d'aller jusqu'à 40 000 pieds (12 000 mètres).

Mais avant que les avions n'atteignent cette altitude, la cible avait été complètement perdue sur le radar scope, les F-86 continuent néanmoins à fouiller la zone à 40 000 pieds, sans rien voir, avant que passées quelques minutes, le contrôleur au sol appelle pour faire descendre l'un sur 20 000 pieds (6 000 m), l'autre 5 000 pieds (1 500 m), les enjoignant de poursuivre les recherches, Obéissants, les deux font un rapide descente, un pilote s'arrêtant à 20 000 pieds, le second à 5 000 pieds, ce dernier commence d'ailleurs tout juste à arriver sur ce palier, lorsqu'il remarque un éclair en dessous et devant lui. Il réduit un peu son piqué pour se diriger vers lui et remarque soudain ce qu'il pensé être un ballon météo au premier abord.

Se rendant compte quelques secondes plus tard, qu'il ne pouvait pas s'agir d'un ballon parce qu'il restait fixe devant lui. Tout un exploit pour un ballon, puisqu'il avait accumulé beaucoup de vitesse dans son plongeon et qu'il volait maintenant presque droit et à plat à 3 000 pieds (900 m), à la vitesse Mach subsonique sur une horizontale parfaite.

Encore une fois, le pilote pousse le nez du F-86 vers le bas, course l'objet assez rapidement, jusqu'à ce qu'il atteigne environ 1 000 mètres où désormais, il découvre un bon aperçu de l'objet.

Bien qu'il ait ressemblé à un ballon vu d'en haut, une perspective de vue plus rapprochée démontre une structure distinctement en forme de soucoupe ronde et plate, que le pilote décrit comme un beignet sans trou.

Alors que sa distance d'approche commençait à se réduire, le pilote sut que l'objet réduisait sa vitesse pur lui, et il se plaça sur l'arrière de l'OVNI, commençant à le suivre. À peu près à ce moment-là, le pilote s'inquiéta un peu.

Que devait-il faire d'autre ?

Il tenta d'appeler son collègue au-dessus de lui quelque part dans la zone à 20 000 pieds, puis a nouveau deux ou trois fois, sans obtenir aucune réponse. Ensuite, il essaye le contrôleur au sol, mais il était trop bas pour que sa radio porte aussi loin. Une fois de plus, il appelle son collègue à 20 000 pieds, mais cette fois encore, pas de chance.

A présent, il maintient le suivi l'objet environ deux minutes et pendant ce temps il réduit l'écart entre eux à environ 500 mètres. Mais ce n'ést que momentané, car soudain, l'objet commence à s'éloigner, lentement d'abord, puis plus rapidement ensuite. Le pilote réalisant qu'il ne pourra jamais l'attraper, se demande encore une fois, quoi faire ensuite.

Lorsque l'objet a parcouru environ 1 000 mètres supplémentaires, le pilote prend une ultime décision, la dernière chose pour tenter sa chance. Chargeant rapidement ses armes, il fait feu avec toute la puissance dont il dispose, moins d'une seconde, à peine un instant plus tard, l'objet s'est mis en montée et en quelques secondes disparaît, pendant que les tirs se perdent dans le ciel. Le pilote se hisse à 10 000 pieds (3 000 m), appelle l'autre F-86, qui lui répond, les deux jets peuvent enfin se rejoindre, avant de retourner bredouilles à leur base.   Dès l'atterrissage, un pilote entre au centre d'opérations pour débriefer son histoire à son commandant d'escadron. Le simple fait qu'il ait tiré avec ses armes suffisait à exiger de lui un rapport détaillé, c'était une procédure de routine standard certes, mais les circonstances dans lesquelles les tirs ont effectivement eu lieu, créent un incident notable à la base ce jour-là.

Après que le commandant de l'escadron eut entendu l'histoire, il fit venir le colonel et l'officier du renseignement, le ton verbal prend alors une connotation déplaisante.

Devant l'officier de renseignement, le commandant déchire le rapport, accusant le pilote de perdre ses nerfs et tirer avec ses armes simplement pour le plaisir, utilisant l'histoire saugrenue d'OVNI comme couverture pour sa déviance.

Le ton monte sur une violente altercation verbale, entre le pilote et le commandant, selon les dires de l'officier du renseignement qui ne peut les calmer. Finalement, ils convoquent le second pilote, il leur avoue qu'il surveillait le canal radio mais n'avait pas entendu d'appels du F-86, volant à basse altitude, il n'a rien vu et rien entendu. Le commandant saute triomphalement sur ce point pour enfoncer le clou rendant le débriefing très désagréable pour tous. L'officier du renseignement rédige son rapport sur l'incident, mais à la dernière minute, juste avant de l'envoyer, le commandant le saisit, un peu mécontent de cette tournure des événements, il lui demande pourquoi il avait décidé de retarder l'expédition au projet Blue Book, ils discutent alors tous deux ouvertement des réactions possibles au rapport, cela causerait inutilement beaucoup d'excitation, pourtant, si le pilote avait réellement vu ce qu'il prétendait, cela relevait d'une importance majeure et le commandant devait prendre sa décision après entretien avec son général. Finalement, un peu plus tard, ils décidé de ne pas envoyer le rapport, ordonnant sa destruction. Edward J.Ruppelt s'entretint un peu plus tard avec l'officier du renseignement qui refuse de taire l'incident et passe par dessus la hiérarchie militaire :

- Qu'en pensez-vous ?

- Étant donné que l'évaluation du rapport semblait s'articuler autour de conflits entre le pilote et son commandant, Je ne pouvais me risquer à aucune opinion, sauf que l'incident constituait un rapport d'OVNI fascinant que je n'avais jamais vu. Je connais les personnes impliquées, et je ne pense pas que le pilote était fou. Je ne peux pas vous donner le rapport, parce que le colonel m'a dit de le détruire. Plus tard, il a brûlé le rapport », (sa copie à lui).

L'US Air Force à intentionnellement réduit en cendres un rapport sur les OVNIS ! Et l'officier de renseignement conserva ses notes personnelles, comme l'on s'en doute.

ATIC-Blue Book matérial : Readix computer
initialement installé au building 263 puis transféré au 863.

Pour moi, rien de nouveau, nous savons tous que la commission Grudge (1949-1952) perpétuait cette pratique de destruction de ce qui la dérangeait au sujet des OVNIS depuis des années. Grudge a été créé pour écarter l'existence des OVNIS et discréditer toute allégation d'implication extraterrestre sous couvert d'enquête, le fait que des documents aient été éliminés, explique que leur contenu bouleverse les hauts responsables militaires, au point qu'ils décident de mesures aussi drastiques. La CIA faisait de même, et l'US Air Force ne dérogeait pas à la règle, et nous attendons que 76 ans plus tard en 2023, la Congrès parvienne à savoir la vérité sur les OVNIS et sur Roswell ?

Le seul rapport que le projet Grudge avait officiellement publié faisait 600 pages, on le rendit public en 1949, sans surprises, les OVNIS ne sont pas la preuve d'un développement scientifique avancé, d'origine extraterrestre ou d'une menace étrangère pour la sécurité nationale terrestre. Toutes les observations, sont soit des cas d'identifications erronées, des canulars issue de personnes souffrant de troubles mentaux. Les détections radars, films et photographies n'entraient pas en considération. Au lieu d'étouffer l'intérêt du public pour le sujet, comme l'avait espéré l'Air Force, cela l'a plutôt aiguisé. Le public se demande pourquoi les responsables iraient si loin pour nier l'existence de phénomènes extraterrestres tout en continuant leur enquête, la presse fracasse le gouvernement et l'Air Force dans des articles assassins.

Certains journalistes demandent des comtes : « Des soucoupes volantes survolèrent Fort Monmouth le 10 septembre 1951, de nombreux disques ont été vus par des pilotes dans la région et captés au radar, le Project Grudge en fut informé. Le matin du 10 septembre 1951, une démonstration de radar était en cours pour un certain nombre de dignitaires de l'armée, lorsque le technicien radar qui utilisait l'équipement repére une cible inconnue volant à basse altitude se déplaçant plus rapidement que le mode de réglage automatique de son radar AN/ MPG-1 ne pouvait tracer. »

Cela signifiait qu'il volait à plus de 700 milles par heure, ce qui était exactement la capacité supérieure des avions à réaction à l'époque. Environ 15 minutes plus tard, deux pilotes d'avion d'entraînement T-33, volant près de Sandy Hook, dans le New Jersey, repèrent un gros objet argenté volant au-dessous d'eux, semblant se déplacer de manière indépendante. Les pilotes estiment que l'objet avait un diamètre de 40 à 50 pieds, avec une vitesse de plus de 700 milles à l'heure (1 126 km/h).

Le lieutenant Gerry Cummings, l'un des derniers officiers travaillant à Grudge à titre officiel et le lieutenant-colonel N.R.Rosegarten sont affectés à l'affaire. Ils passent la journée du 13 10 septembre 1951 à interroger des témoins et rassembler des preuves dans le New Jersey.

En fin de compte, ils conviennent que les disques semblaient se déplacer comme s'ils étaient sous contrôle intelligent et non identifiables. À l'époque, le général de division Charles P.Cabell était responsable de la section régissant Rancune (Grudge). Lorsque Cummings et Rosegarten sont arrivés à la réunion dans laquelle ils devaient divulguer leurs conclusions, ils découvrent qu'elle était déjà en cours avec une atmosphère pesante. Cummings a finalement été autorisé à exprimer ses propres opinions sur le projet, découvrant que quelle que soit le résultat, l'affaire serait détruite par Grudge.

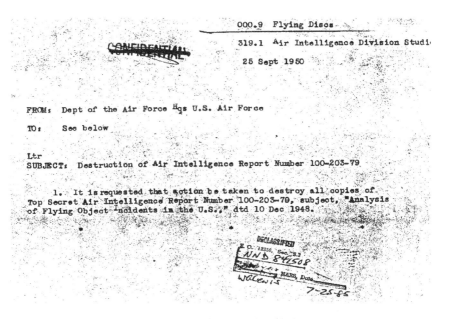

Rapport du 26 septembre 1950.

Gerry Commins referma son dossier avec le dossier de l'année précédente à l'intérieur, un rapport datant du 26 septembre 1950, qui selon lui devait faire jurisprudence dans son préambule, mais désormais plus rien n'avait plus d'importance ;

Rapport : 26 septembre 1950 : Confidentiel

000.9 Disques Volants
319.1 étude de l'Air Intelligence Division
26 septembre 1950, émetteur :
     Département du Quartier Général de l'USAF

Voir ci-dessus :

Sujet : destruction du rapport de l'Air Intelligence n°100-203-79

1°) il est demandé que des mesures soient prises pour détruire toutes les copies du rapport Top Secret de l'Air Intelligence numéro 100-203-79, sujet : Analyse des incidents d'objets volants aux États-Unis du 10 décembre 1948.

2°) Déclassifié le 25 juillet 1985, déposé sous : 313.6 Enregistrements Détruits le 17 Octobre 1950 : Confidentiel, extraits du contenu des documents détruits :

Top Secret

Analyse des incidents d'objets volants aux États-Unis, résumé, et conclusions.

Problème :

1°) Examiner le modèle des soucoupes volantes (ci-après dénommées objets volants) et développer des conclusions quant à la possibilité de leur existence.

2°) Une discussion détaillée des informations portant sur le problème tel qu'énoncé ci-dessus est jointe en annexe "A". Les principaux points qui y sont établis sont résumés ci-dessous.

3°) La fréquence des incidents signalés, la similarité de plusieurs des caractéristiques attribuées aux objets observés et la qualité des observateurs considérés dans leur ensemble, soutiennent l'affirmation qu'un certain type d'objet volant a été observé.

Environ 210 incidents ont été signalés. Parmi les observateurs qui signalent de tels incidents figurent du personnel formé et expérimenté de l'US Weather Bureau, des officiers qualifiés par l'USAF, des pilotes civils expérimentés, des techniciens associés à divers projets de recherche et des techniciens employés par des compagnies aériennes commerciales.

4°) La possibilité que les observations signalées d'objets volants au-dessus des États-Unis aient été influencées par des observations précédentes de phénomènes non identifiés en Europe, en particulier au-dessus de la Scandinavie en 1946, et que les observateurs rapportant de tels incidents aient pu être intéressés à obtenir une publicité personnelle a été considérée comme explication possible.

Cependant, ces possibilités semblent improbables lorsque l'on examine certains rapports choisis comme celui de l'US Weather Bureau à Richmond. Pendant les observations de ballons météorologiques au Bureau de Richmond, un observateur bien entraîné a aperçu d'étranges disques métalliques à trois reprises et un autre observateur a aperçu un objet similaire à une occasion.

La dernière observation d'objets non identifiés date d'avril 1947. À chacune des quatre occasions, le ballon météorologique et les objets non identifiés étaient visibles à travers le théodolite. Ces observations au Bureau de Richmond ont eu lieu plusieurs mois avant que la publicité sur les soucoupes volantes n'apparaisse à nouveau dans un journal américain.

5°) Les descriptions des objets volants se divisent en trois catégories de configuration : (1) en forme de disque (2) en forme de cigare rugueux (3) en boules de feu. Des conditions variables de visibilité et des différences d'angles auxquels les objets peuvent avoir été observés, introduisent la possibilité qu'un seul type d'objet ait pu être observé plutôt que trois types différents. Cette possibilité est encore étayée par le fait que dans les zones où de tels objets ont été observés, le rapport des trois configurations générales est approximativement le même.

6°) Donc, il semble qu'un objet a été vu, cependant, l'identification de cet objet ne peut pas être facilement accomplie sur la base des informations rapportées sur chaque incident. Il est possible que l'objet ou les objets aient été des dispositifs lancés localement tels que des ballons météorologiques, des fusées, des aéronefs à voilure volante expérimentaux ou des phénomènes célestes. Il est nécessaire d'obtenir des informations sur une telle activité banale pour confirmer ou infirmer cette possibilité. Selon le degré avec lequel cela peut être accompli, les dispositifs étrangers doivent alors être considérés comme une possibilité.

7°) Le modèle des observations est définissable. Les observations ont été les plus intenses dans les États bordant les côtes de l'Atlantique et du Pacifique, ainsi que dans les États centraux de l'Ohio et du Kentucky. Une carte indiquant l'emplacement des observations est jointe en annexe B

Top Secret

8°) L'origine des appareils n'est pas vérifiable. Il y a deux possibilités :

(1) Les objets sont des appareils ordinaires, et si tel est le cas, leur identification ou leur origine peut être établie par une enquête sur tous les lancements d'objets aéroportés. Les aéronefs domestiques de type aile volante observés dans divers aspects du vol pourraient être responsables de certains signalements d'objets volants, en particulier ceux décrits comme des disques et des formes de cigares rugueux. Voir les annexes C et D. Parmi ceux qui ont été opérationnels ces dernières années figurent le XF5U-1 (Flying Flapjack) développé par Chance-Vaught, le Northrup B-35 et le turboréacteur propulsé Northrup YB-49. L'existence actuelle d'un aéronef de type à aile volante développé confidentiellement, n'a pas été déterminée, mais l'un de ces aéronefs, le monoplan sans queue Arup, était opérationnel à South Bend, Indiana, avant 1935.

(2) Les objets sont étrangers, et si tel est le cas, il semblerait plus logique de considérer qu'ils sont de source Soviétique. Les Soviétiques possèdent des informations sur un certain nombre d'avions allemands de type aile volante tels que le Gotha P60A, le bombardier à réaction à longue portée et à grande vitesse Junker EF-130 et le chasseur biréacteur Horten-229, qui ressemble particulièrement à certaines descriptions d'avions non identifiés, d'objets volants, voir annexe D. Dès 1924, Tscheranowsky a développé un avion Parabola, une conception entièrement à ailes, qui était le résultat d'une expérimentation soviétique considérable avec des planeurs de la même forme générale.

9°) Le fait que les Soviétiques s'intéressent actuellement aux avions de type à aile volante est suggéré par leur emploi du Dr Guenther Bock qui, à la fin de la Seconde Guerre Mondiale, était en charge du programme d'aile volante en Allemagne (voir annexe A, paragraphe 3, page 4. Les réalisations satisfaisantes pour l'URSS sont indirectement indiquées par la reconnaissance personnelle qu'il aurait reçue en URSS Récemment, il a été signalé que l'URSS, envisageait de construire une flotte de 1 800 avions à voilure volante Horten. Des informations de faible évaluation ont été reçues indiquant qu'un régiment de chasseurs de nuit à réaction, le modèle Horten XIII, se trouve à Kuzmikha, une base aérienne à deux milles au sud-ouest d'Irkoutsk. Kuzmikha est identifié comme l'un des nombreux aérodromes pour la protection d'une centrale à énergie atomique d'Irkoutsk.

10°) En supposant que les objets pourraient éventuellement être identifiés comme des dispositifs étrangers ou parrainés par l'étranger, les raisons possibles de leur apparition aux États-Unis doivent être prises en considération. Plusieurs explications possibles semblent intéressantes, à savoir :

a) Pour saper la confiance des États-Unis dans la bombe atomique en tant qu'arme de guerre la plus avancée et la plus décisive.

b) Effectuer des missions de reconnaissance photographique.

c) Tester les défenses aériennes américaines.

d) Effectuer des vols de familiarisation au-dessus du territoire américain.

Top Secret

Conclusion :

11°) Puisque l'Air Force est responsable du contrôle de l'air dans la défense des États-Unis, il est impératif que toutes les autres agences coopèrent pour confirmer ou réfuter la possibilité que ces objets aient une origine nationale. Sinon, s'il est fermement indiqué qu'il n'y a pas d'explication banale, les objets sont une menace et justifient des efforts plus actifs d'identification et d'interception.

12°) Il faut accepter qu'un certain type d'objets volants ait été observé, bien que leur identification et leur origine ne soient pas discernables. Dans l'intérêt de la défense nationale, il serait imprudent d'ignorer la possibilité que certains de ces objets puissent être d'origine étrangère[106].

Top Secret

Voila pour le rapport que la commission Grudge trouva dérangeant.

---

[106] http://www.project1947.com/fig/1948air.htm

http://www.project1947.com/fig/1948back.htm

Comprehensive Catalog of 1,700 Project Blue Book UFO Unknowns: Database Catalog (Not a Best Evidence List) – NEW: List of Projects & Blue Book Chiefs Work in Progress (Version 1.27, Dec. 20, 2016) Compiled by Brad Sparks © 2001-2016 :

http://www.cisu.org/wp-content/uploads/2017/01/Sparks-CATALOG-BB-Unknowns-1.27-Dec-20-2016.pdf

Ce suivi radar de Fort Monmouth le 10 septembre 1951, vers 11h18, a suscité beaucoup d'enthousiasme. En 1951, bien que les avions à réaction aient atteint de telles vitesses lors d'essais spéciaux, ils étaient loin de voler à ces capacités de manière régulière ou même soutenue.

Dix-sept minutes plus tard, l'histoire est devenue encore plus bizarre quand juste au sud de Sandy Hook, à 11h35, un avion d'entraînement à réaction T-33 piloté par le lieutenant Wilbert S.Rogers, avec le major Edward Ballard Jr. sur le siège arrière, rencontré un objet complètement méconnaissable alors qu'ils volaient vers le nord à 20 000 pieds au-dessus de Point Pleasant, dans le New Jersey, en direction de Sandy Hook.

À ce moment-là, Rogers repéra à sa gauche un objet terne et argenté passant loin en contrebas sur une trajectoire parallèle opposée. Il se dirigeait vers le sud depuis la péninsule côtière de Sandy Hook et semblait se trouver à environ 12 000 pieds en dessous d'eux. Rogers était en pré approche directe d'un atterrissage à Mitchel AFB, à New York, mais voulait que le major Ballard y jette un coup d'œil.

Ballard, cependant, était à la radio, alors Rogers se tourna légèrement vers la gauche pour s'attarder et attendit qu'il termine sa communication. Quarante-cinq secondes plus tard, Ballard l'avait aperçu, l'OVNI entrait dans un virage en forme d'arc descendant qui était sur le point de couper leur trajectoire de vol. À ce moment-là, les conversations des pilotes ont été entendues par le contrôle au sol via un micro ouvert.

Les archives montrent que les pilotes étaient excités alors que les deux hommes surveillaient l'objet. Ce faisant, il révéla une silhouette en forme de disque tout en poursuivant son virage. Rogers a donc continué à tourner à gauche avec lui pour l'empêcher de passer sous son aile et donc hors de vue. Tandis que l'objet continuait de descendre, Rogers a piqué son avion pour finalement effectuer une manœuvre de descente à 360 degrés et 3 000 pieds, juste pour le garder en vue. Rogers et Ballard ont estimé que l'engin mesurait environ 30 à 50 pieds de diamètre et se déplaçait peut-être aussi vite que 700 milles par heure. À ce moment-là, les pilotes savaient qu'ils ne poursuivaient définitivement pas un ballon, car non seulement cet objet s'inclinait vers la gauche, mais dépassait à ce moment-là la vitesse de leur avion que Rogers avait augmenté de 450 à 550 milles à l'heure ! À cet instant précis, l'objet avait réalisé un virage à 90 degrés et s'éloignait de la côte, voyageant au-dessus de l'océan en vol palier proche de la vitesse du son, à environ 5 000 pieds. Rogers a vainement tenté de suivre sa trajectoire à partir de son altitude actuelle de 17 000 pieds alors que l'OVNI continuait d'augmenter sa vitesse vers la mer, parcourant 35 milles au cours de la courte période de deux minutes de l'observation.

Un journaliste a ensuite demandé à Rogers, un pilote de chasse expérimenté de la Seconde Guerre Mondiale, ce qu'il pensait avoir vu ce jour-là. Il haussa les épaules et dit seulement que l'objet était quelque chose qu'il n'avait jamais vu auparavant de toute sa vie, et que ce n'était certainement pas un ballon car il ne se contentait pas de descendre mais se déplaçait à grande vitesse. Il a ajouté que l'objet semblait parfaitement rond et plat, avec un centre quelque peu surélevé.

L'analyse du chercheur Jan L. Aldrich sur l'affaire :

« La conclusion qu'un certain type d'objet volant a été observé au-dessus des États-Unis semble être justifiée. On ne sait pas pour le moment si ces observations sont des erreurs d'identification d'appareils lancés au pays, de phénomènes naturels ou d'aéronefs étrangers non conventionnels. Il est, par conséquent, impossible de faire une explication fiable de leur apparition au-dessus des États-Unis ou des tactiques qu'ils peuvent employer si les objets observés incluent des développements étrangers dans les domaines aéronautiques. Il est également impossible à l'heure actuelle de contenir les discussions sur les caractéristiques de performance ou les tactiques possibles dans les limites de la raison pratique. »

Les incohérences du projet Grudge

Un document intéressant, issu des Dossiers Grudge, affirme qu'ils n'avaient trouvé aucune preuve au sujet des OVNIS, voici un texte qui contredit cette affirmation, il provient de leurs propres dossiers d'enquête la Commission de l'Energie Atomique ayant étudié le rapport Grudge, s'étonne de ne pas voir y figurer les incidents de survols de Los Alamos par des OVNIS et par extension le Nouveau-Mexique.

Observation de l'auteur :

Edward James Ruppelt fut le directeur du Projet Grudge de la fin de l'année 1951 jusqu'à ce qu'il soit nommé par le lieutenant-colonel N.R.Rosengarten pour prendre le management du Projet Blue Book en mars 1952, jusqu'à la fin de 1953.

Ruppelt était ouvert d'esprit à propos des OVNIS et en juillet 1952 suite à l'affaire de Nash et Fortenberry le lundi 14 juillet 1952, l'un de ses conseillers scientifiques lui prédit que : « Dans les jours à venir, vous allez avoir à faire face à la plus importante de toutes les observations d'OVNIS », il avait prédit juste, deux semaines plus tard il y eut le carrousel OVNI sur Washington durant les nuits du 19 et 26 juillet 1952.

Ruppelt rédigea un ouvrage d'importance ; The Report on Unidentified Flying Objects dans sa 1° version du 17 novembre 1956 (éditions Doubleday), puis quatre ans plus tard, quelques mois avant sa mort, la version 2, augmentée de 20 chapitres, (Doubleday & Co) : « Peu importe ce que vous voyez ou entendez, n'y croyez pas ». dit Ruppelt qui avait également été amené à écrire en 1956 : « Cette période de changement d'avis (de la part des autorités et membres du projet de recherche sur les OVNIS) me dérangeait et ce changement dans la politique opérationnelle du projet UFO était si prononcé que, comme tant d'autres personnes, je me suis demandé s'il y avait une raison cachée à ce changement. Était-ce en fait une tentative d'entrer dans la clandestinité - de rendre le projet plus secret ? »[107]

CONFIDENTIAL

AFOIV-TC
Maj Boggs/bjm/5867
24 May 1950

MEMORANDUM FOR RECORD

PROBLEM:

1. To reply to an Atomic Energy Commission (AEC) library request for microfilm files on Project Grudge during 1949.

FACTS AND DISCUSSION:

2. The librarian for technical information, AEC, in a letter dated 14 March 1950, to Air Materiel Command (AMC) has requested the microfilm file for 1949 pertaining to Project Grudge for use by one of AEC's major laboratories.

3. AEC letter has been referred to Hq. USAF by AMC with comment that these microfilms are the detailed incident investigations. AMC states that they can forward them to AEC if Hq. USAF instructs that it be done but that they can see no useful purpose in doing so.

4. During the period that Project Grudge was active, AFOIV was in contact with AEC (through ID, GSUSA) on the incident reports from the Los Alamos, New Mexico, area. Later, when the project was concluded, Major Boggs, AFOIV, conferred with Dr. Kramish, Division of Intelligence, AEC, on the findings of Project Grudge. Copy of final report on Project Grudge was sent to the Library of AEC on 2 February 1950. This report contains conclusions which are based on the detailed investigations contained in the microfilm which AEC is now requesting.

5. Project Grudge has been concluded by the USAF but the microfilm files are a record of discontinued activity; however, there is no objection to their being used by AEC on a loan basis. Most of these records remain classified because of personal data on witnesses collected by OSI investigators and will not be downgraded.

6. 1st Indorsement to basic letter has been prepared to Commanding General, AMC, instructing that microfilm files be furnished AEC on a loan basis to be used under their present classification.

ACTION RECOMMENDED:

7. Approval, signature, and forwarding.

COORDINATION:

None

Declassification IAW
EO 13526
by the Air Force Declassification Office
Date: 7/6/11 Reviewer# 70

CONFIDENTIAL

Confidentiel, Mémorandum pour Enregistrement :

[107] Ruppelt 1956, p. 58.

Problème :

1°) Pour répondre à une demande de la bibliothèque de la Commission de l'Energie Atomique (AEC) de fichiers microfilms sur le projet Grudge en 1949.

Faits et discussions :

2°) Le bibliothécaire des renseignements techniques de l'AEC, par lettre du 14 mars 1950, à l'Air Material Command (AMC) demande le fichier microfilm de 1949 relatif au projet Grudge à l'usage d'un des grands laboratoires de l'AEC.

3°) La lettre de l'AEC a été renvoyée au siège de l'USAF avec un commentaire indiquant que ces microfilms sont détaillés. Les enquêteurs de l'AMC déclarent qu'ils peuvent ensuite les transmettre à l'AEC si le Quartier Général de l'USAF ordonne que cela soit fait, mais cela doit avoir un but utile pour le faire.

4°) Pendant la période d'activité du projet Grudge, l'AFOIV était en contact avec l'AEC (via ID, GSUSA) dans les rapports d'incidents de la région de Los Alamos, Nouveau-Mexique. Plus tard, lorsque le projet a été conclu, le Major Rogers, AFOIV, s'est entretenu avec le Dr Kramish, Division of Intelligence, AEC, sur les conclusions du Projet Grudge. Une copie du rapport final sur du Projet Grudge a été envoyée à la bibliothèque de l'AEC le 2 février 1950. Ce rapport contient des conclusions basées sur les investigations détaillées contenues dans le microfilm que l'AEC demande maintenant.

5°) Le projet Grudge a été conclu par l'USAF mais les fichiers sur microfilm sont un enregistrement d'activité interrompue, cependant, il n'y a aucune objection à ce qu'ils soient utilisés par l'AEC sur une base de prêt. La plupart de ces enregistrements restent classifiés en raison des données personnelles sur les témoins recueillies par enquêteurs de l'OSI et ne seront pas déclassifiés.

6°) Le 1er avenant à la lettre de base a été préparé pour le général commandant, AMC, ordonnant que les fichiers sur microfilm soient fournis à l'AEC sur la base d'un prêt pour être utilisés sous leur classification actuelle.

Action Recommandée :

7°) Approbation, signature pour expédition.

Remarque de l'auteur :

Contrairement à ce qui est écrit, le microfilm de l'Air Force en question, comprend bien des séquences découpées et non ininterrompues, cachées intentionnellement, les informations furent censurées en fonction de leur niveau de classification et risquent forcément d'empêcher une expertise exhaustive par le laboratoire d'experts de la Commission Atomique.

Nous retrouvons cette information dans les archives de la Commission Atomique, n'en déplaise à l'Air Force. Grudge cache un microfilm, nous aurions pu en rester, là, mais, la CIA avoue à demi mot, qu'il n'y a aucune raison d'occulter la substance sur la nature des signalements OVNIS, pourtant malgré ce mensonge, au final il existe plus de 100 microfilms officiels, et nous ne savons pas combien d'autres furent extraits à la connaissance du monde, la CIA et l'USAF n'ont pas validé leur déclassification à ce jour.

Fichiers Blue Book, New York, 20 mars 1950, objet brillant en forme de cigare
au-dessus de la ligne d'horizon de New York
cliché d'Irving Underhill le 20 mars 1950,
communiqué au colonel Wendelle C. Stevens, USAF après une conférence.

Blue Book sera la dernière enquête ouverte sur les OVNIS par l'US Air Force, elle succéda au projet Grudge en 1952, jusqu'en décembre 1969. Disposant à cette époque de près de 12 618 rapports d'observation recueillis par les trois projets combinés Sighn, Grudge, Blue Book (sur 45 000 recensés par Ruppelt). Environ 700 cas restèrent inexpliqués (selon les statistiques de l'Air Force). Cependant, il est à noter que des centaines d'autres ont été étiquetés expliqués sans justification adéquate et souvent de manière contraire aux faits connus. Des milliers de rapports ont reçu des explications conditionnelles (par exemple, ballon possible, aéronef probable). Mais lorsque les statistiques annuelles ont été compilées, les qualificatifs ont été abandonnés et les ballons préalablement possibles, devinrent définitifs, comme si ces réponses spéculatives pouvaient devenir des faits établis sans autre forme de procès. Au centre du Mystère : Ruppelt meurt en 1960 à 37 ans, d'une seconde crise cardiaque.

Le projet Blue Book fut clôturé fin 1969, concluant que la poursuite du projet ne peut se justifier : « Pour des raisons de sécurité nationale ni dans l'intérêt de la science. » Promptement, un panel de l'Académie Nationale des Sciences souscrit à ses points de vues, en conséquence, l'armée de l'air n'a trouvé aucune raison de remettre en question cet aboutissement d'un travail laborieux. Le mémorandum recommandant cette action indiquait clairement que le système qui avait longtemps traité des rapports d'OVNIS pouvant affecter la sécurité nationale, continuerait à être traité par les procédures standard de l'Armée de l'Air conçues à cette fin, à savoir comme il l'avait toujours été : séparément et dans le secret.

Après la période de déni entre 1947 et 1969, nous entrions dans l'époque du Top Secret Absolu, après la fin du Projet Blue book, ses dossiers ont été ouverts au public aux Archives de l'Armée de l'Air, puis retirés en 1974, avant de reparaître en partie aux Archives Nationales.

Où sont les fichiers et microfilms Blue Book maintenant ?

Si vous visitez le site, www.nara.gov, des Archives Nationales des États-Unis, vous apprendrez ceci : « L'armée de l'air des États-Unis a remis sous la garde des Archives Nationales ses dossiers sur le projet Blue Book relatifs aux enquêtes sur des objets volants non identifiés. Le projet Blue Book a été déclassifié et les dossiers sont disponibles pour examen dans notre salle de recherche. Le projet est clos en 1969 et nous n'avons aucune information sur des observations après cette date. »

Ce qui est un mensonge puisque le Pentagone fut obligé de reconnaître publiquement devant le Congrès en 2023, que l'enquête n'à jamais cessé.

Les enregistrements textuels du projet Blue Book, la documentation relative aux enquêtes sur les objets volants non identifiés, à l'exclusion des noms des personnes impliquées dans les observations, sont désormais disponibles pour la recherche dans le bâtiment des Archives Nationales. Les enregistrements comprennent environ 2 pieds cubes de projet non rangés ou dossiers administratifs, 37 pieds cubes de dossiers de cas dans lesquels les observations individuelles sont classées chronologiquement, et 3 pieds cubes des dossiers relatifs au Bureau des Enquêtes Spéciales (OSI), dont certaines parties sont classées par ordre chronologique par district OSI et par commandement de l'outre-mer. En outre, un dernier pied cube de documents comprend environ 2 000 pages. Les instruments de recherche pour ces dossiers comprennent une liste de fichiers pour les dossiers du projet et un index des observations individuelles, entrés par date et lieu. Chaque pied cube fait entre 30 et 50 kg, la mesure de poids et volume étant juste donnée à titre d'indication par les Archives Nationales et ne correspond pas à un mesure rigoureuse, soit pratiquement deux tonnes de pages environ.

L'accès aux documents textuels Blue Book, se fait au moyen de 94 rouleaux de microfilms 35 mm (T-1206) dans la salle de lecture des microfilms des Archives Nationales. Le premier rouleau de microfilms comprend une liste du contenu de tous les rouleaux et des instruments de recherche. Les photographies dispersées parmi les documents textuels ont également été filmées séparément sur les deux derniers rouleaux. Les films cinématographiques, enregistrements sonores et certaines images fixes sont conservés par la Motion Picture & Sound & Video Branch (NNSM) et la Still Picture Branch (NNSP). Le terme images fixes utilisé par l'administration veut dire photographies.

Fichiers Blue Book, Colorado, 1950 : Le colonel GD Carter de l'USAF,
a pris cette photographie en 1950 dans le Colorado.
Trois soucoupes drones s'emblent sortir sur la droite.

C O P Y

HEADQUARTERS FIFTH ARMY
1660 EAST HYDE PARK BOULEVARD
CHICAGO 15, ILLINOIS

ALFGB-I   25 April 1950

SUBJECT: "Flying Saucer"

TO   : Commanding General
         Wright-Patterson Air Force Base
         Dayton, Ohio
         ATTN: MCI

1. In compliance with letter, Department of the Army, GSUSA, CSGID
452.1, dated 25 March 1948, subject: Unconventional Aircraft, control
number A-1917, the following information received from the Fifth Army
Regional Office, Indianapolis, Indiana, is forwarded.

"On 12 April 1950, an agent interviewed Mr. Earl F. Baker,
1310 North McCann Street, Kokomo, Indiana, sheet metal
fabricator with the Continental Steel Corporation, 1200
West Markland, Kokomo, Indiana, Informant stated that,
upon being awakened by his dog at 0200, 8 April 1950, he
saw an 'object' about two hundred feet in the air, almost
directly overhead. This 'object' was a grayish metal disc
approximately fifteen feet in diameter and fifty feet in
circumference, shaped approximately like a child's toy top.
On the top bulge of the 'object' he saw a small conning
tower as the whole thing tilted occasionally. The 'object'
rotated slowly on its perpendicular axis, and informant saw
three small port holes on the outer rim. These port holes
showed a blue-white light from within. After hovering for
approximately two minutes the 'object' rose soundlessly and
without tilting moved away to the north at a speed approxi-
mating that of a conventional type of aircraft at take-off.
Informant could furnish no further information as to size or
appearance of the apparition."

2. Since the referenced letter is more than two years old this
office desires to know if continued compliance is still requested.

        FOR THE COMMANDING GENERAL:

Declassification IAW
EO 13526
by the Air Force Declassification Office
Date: 7/6/1/Reviewer# 70

                        /s/ ROBERT P. BELL
                        /t/ ROBERT P. BELL
                            Colonel, GSC
                            AC of S, G-2

Document issu des dossiers Grudge, que nous devons aborder :

Confidentiel et Restreint

« Quartier Général de la 5° Armée, 1660 East Hyde Park Boulevard, Chicago n°15, Illinois, le 25 avril 1950, sujet : Soucoupe Volante, à destination du Commandement Général à Wright Patterson Air Field Base, ATIN, MCI :

1°) Conformément à la lettre du Département de l'Armée, OSUSA, CSGID 452.1, datée du 25 mars 1948, pour objet : avion non conventionnel, numéro de contrôle A-1917, les informations suivantes reçues du bureau régional de la Cinquième Armée, à Indianapolis, sont transmises : « Le 12 avril 1950, un agent a interrogé Mr. Earl F.Baker, 1310 North McCAin Street, tôlier chez Continental Steel Corporation, 1200, West Markland, Kokomo Indiana. L'informateur a déclaré qu'après avoir été réveillé par son chien à 02h00, le 8 avril 1950, il a vu un objet environ à deux cents pieds dans les airs, presque directement au-dessus de sa tête. Cet objet était un disque de métal grisâtre d'environ 15 pieds de diamètre et de 50 pieds de circonférence, ayant la forme approximative d'une toupie d'enfant. Sur le renflement supérieur de l'objet, il a vu une petite tour conique alors que l'ensemble s'inclinait occasionnellement. L'objet a tourné lentement sur son axe perpendiculaire, et le déclarant, a vu trois petits hublots sur le bord extérieur. Ces hublots ont montré une lumière blanche bleue de l'intérieur. Après avoir hurlé pendant environ deux minutes, l'objet s'est élevé sans bruit et sans inclinaison s'est éloigné vers le nord à une vitesse se rapprochant de celle d'un avion de type conventionnel au décollage. L'informateur n'a pu fournir aucune autre information sur la taille ou l'apparence de l'apparition. »

2°) Étant donné que la lettre référencée date de plus de deux ans, ce bureau souhaite savoir si le maintien de la conformité est toujours demandé.

Pour le Commandement Général
Signé : Robert P.Bell
Colonel GSC
Ac de s, G-2.

Remarque de l'auteur :

Le disque ferait un peu plus de 4 cm x 15 cm de haut estimation de cet objet à 60 m de distance approximativement. Il conviendrait de ramener ces mesures par rapport à la distance de l'observateur pour avoir une idée exacte de cette toupie avec des hublots volant à environ 250 km/h (vitesse se rapprochant de celle d'un avion de type conventionnel au décollage).

Le signalement est tellement irréel que le Military Construction Intelligence Department, soulève quelques questions, il est à noter que deux ans après, ce cas n'a pas été détruit de leurs archives, alors qu'il avait été classé sans enquête ni analyse. Ce qui fait d'avantage penser à un intérêt très important pour ce dossier.

Soit dit en passant un objet vu à l'oeil mesurant 15 cm à 60 m de distance est gigantesque. Si vous connaissez la distance qui vous sépare d'un objet, il suffit de multiplier sa taille apparente par la distance qui vous sépare et ensuite de diviser le résultat par 0.68, ce qui permet une estimation approximative : l'objet en question mesurait plus de 350 m.

Pourquoi 0,68 ? Car c'est la distance en mètres qui sépare l'oeil d'une règle tenue à bout de bras tendue chez un adulte de taille moyenne.

Le Projet Grudge savait tout depuis le début, le Projet Grudge (en français Projet Rancune,) fut un programme de l'Armée de l'Air Américaine chargé d'étudier le phénomène OVNI entre 1949 et 1952 fonctionnait selon une directive de démystification à peine dissimulée par ses membres :

« Tous les rapports d'OVNI ont été jugés comme ayant des explications prosaïques, bien que peu de recherches ont été menées car pas nécessaires. »

On s'en doutait un peu : Enquêtes non nécéssaires...

Dans son livre de 1956, Edward J.Ruppelt décrit Grudge comme : « L'âge sombre de l'enquête sur les OVNIS par l'USAF. Le personnel de Grudge menait en fait peu ou pas d'enquête, tout en relatant simultanément que tous les rapports d'OVNIS étaient minutieusement examinés, ils mentaient. » Ruppelt a en outre rapporté que le mot Grudge-Rancune, avait été délibérément choisi par les membres anti-soucoupes de l'Air Force.

Le seul document officiel que Grudge a publié en août 1949, bien que long de plus de 600 pages emportait avec lui par des vents contraires, tout espoir de vérité sur les OVNIS :

« Il n'y a aucune preuve que les objets signalés, soient le résultat d'un développement scientifique étranger avancé, et, par conséquent, ils ne constituent pas une menace directe pour la sécurité nationale. Compte tenu de cela, il est recommandé dans l'enquête, que l'étude des signalements d'objets volants non identifiés soient réduites dans leur portée. Et le quartier général AMC-Air Material Command continuera d'enquêter sur les rapports dans lesquels des applications techniques réalistes sont clairement indiquées. »

Conclusions de Grudge, toutes les preuves et analyses indiquent que les signalements d'objets volants non identifiés sont le résultat de :

1. Mauvaises interprétations de divers objets conventionnels.

2. Une forme bénigne d'hystérie de masse et de nerfs de guerre.

3. Les individus qui fabriquent de tels rapports pour perpétrer un canular ou chercher de la publicité.

4. Personnes psychopathologiques.

Grande déception je vous le concède, un pas objectif dans la direction de la vérité, consisterait à reconnaître qu'il peut y avoir des choses que nous ne pouvons pas encore expliquer, mais qui devraient être étudiées avec un esprit ouvert, et si nous pouvons poursuivre cette enquête sans succomber au scepticisme ou à la crédulité, nous pourrons enfin percer le mystère. Voici, le témoignage du lieutenant colonel Charles Brown, officier de l'Armée de l'Air des États-Unis, il travailla au sein du Bureau des Enquêtes Spéciales OSI (Office Of Special Investigations) de l'USAF après être revenu héro décoré de la seconde guerre mondiale. Membre du projet Grudge, il se chargea de mener le peu d'enquêtes sur les OVNIS que cette commission admit avoir entreprises[108]. Brown, une fois à la retraite après avoir servi 23 ans dans l'USAF, parla ouvertement de son travail dans le Contre Espionnage et la Police au sein du Bureau des Enquêtes Spéciales de l'Armée de l'Air[109]. Charles Brown officier enquêteur durant approximativement deux ans de 1950 à 1951 au Centre National du Renseignement Technique, Air Technical Intelligence Center, District D-O5, base aérienne de Wright Patterson, connaissait beaucoup de secrets : « Lorsqu'un objet se déplace à une vitesse de plusieurs milliers de kilomètres-heure, douze à quatorze minutes représentent une durée de temps faramineuse. Je me souviens de vitesses comprises entre 6 500 et 8 000 km/h ce qui dépasse largement la capacité de nos avions ou ceux de nos ennemis. Comme j'étais officier de renseignement, une de mes responsabilités était de déterminer les capacités de nos ennemis et la nature de leurs équipements. » Et l'agent de l'OSI de conclure : « Il résulte de cela que les preuves n'auraient pu être mieux et si profondément enterrées. »[110] Regardons à présent une lettre sollicitant la collaboration du FBI, implicitement à la fin, dans un paragraphe,

---

[108] David E. Twichell : Global Implications of the UFO Reality, P. 157.
https://www.youtube.com/watch?v=6us_8Qfioyo
[109] https://www.youtube.com/watch?v=78qfynQdCf4
[110] Source : Commandant Jean-Gabriel Greslé : Extraterrestres secret d'état : L'Affaire Roswell, Aventure Secrète, Collection J'ai Lu, éditions Ramsay, Paris, 1997, p.258-259.

C.P.Cabelle menace implicitement le directeur Hoover Directeur lui même, de l'article n°793 :

« Recueillir, transmettre ou perdre des informations relatives à la défense nationale. Sera puni d'une amende en vertu de ce titre ou d'un emprisonnement maximal de dix ans, ou des deux. Et de l'article n°794 qui couvre les cas dits d'espionnage classique. »[111]

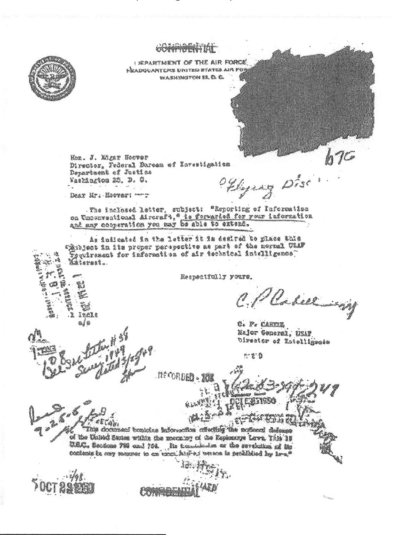

---

[111] D'autres documents relatifs aux OVNIS sont disponibles sur le site du FBI : https://vault.fbi.gov/UFO/UFO%20Part%201%20of%2016/view

Traduction :
Confidentiel
Date : 8 septembre 1950
>Département de l'Air Force
>Quartier Général de l'Air Force Washington 25 DC.
>Destiné à l'Honorable J.Edgar Hoover
>Directeur du Bureau Fédéral d'Investigation
>Département de la Justice

Surcharge manuscrite : Disques Volants

Cher Monsieur Hoover, lettre jointe : Rapport d'Information sur les aéronefs non conventionnels, vous est transmise pour information et pour toute coopération que vous seriez en mesure d'apporter.

Ainsi qu'il est précisé dans la lettre, il est souhaité que le sujet soit mis dans une perspective convenable en tant que partie intégrante des besoins normaux de l'USAF en renseignements intéressant la technologie aéronautique.

Respectueusement votre
signature manuscrite
C.P.Cabell
Major Général USAF
Directeur du renseignement

Surcharge manuscrite : Voir lettre n°38 datée 25 mars 1949.

P.S. : « Ce document contient des informations affectant la défense nationale des États-Unis , dans le cadre des lois réprimant l'espionnage, titre 18, section 793 et 794 du Code des USA. Sa transmission ou la communication de son contenu sous quelque forme que ce soit à une personne non autorisée est interdite par la loi. »

« This document contains information affecting the national defense of the United States under the Espionage Laws, Title 18, Section 793 and 794 of the United States Code. Its transmission or the communication of its contents in any form whatsoever to an unauthorized person is prohibited by law. »[112]

---

[112] Autres documents du FBI sur les OVNIS : https://vault.fbi.gov/UFO

A deux reprises au milieu des années 1950, le gouvernement convoqua des commissions pour examiner les observations et enquêtes. Les différents panels ont convenu qu'aucune menace pour la sécurité nationale des OVNIS n'a été découverte : « Il n'y a aucune indication de technologie qui transcende les connaissances scientifiques actuelles. » Je dirais que ces propos n'engagent que ceux qui les ont tenus. Cela n'a pas d'avantage aidé la vérité, lorsque la Central Intelligence Agency a insisté pour que l'un des rapports du panel soit classifié pour :

« Eviter qu'il ne révèle les noms et les postes des représentants de la CIA qui ont assisté à certaines des réunions sur les OVNIS. »
Nous le comprenons puisque la CIA à réfuté avoir jamais participé à ces activités sur les OVNIS, cela fait désordre. »

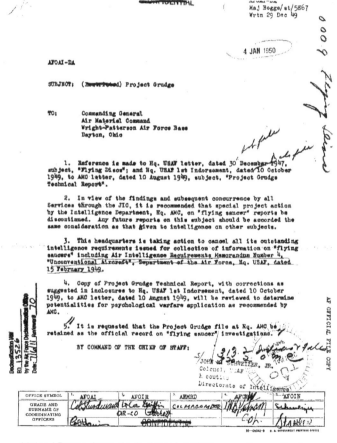

Major J.Bogge, lettre du du 4 janvier 1950 censurée par Grudge.

Récapitulatif des fonctions du Projet Grudge auprès de l'USAF.

Col Harris/aws/52466
Wrtn 11 Oct 50

OCT 1 8 1950

AFOIV-TC

SUBJECT: (Restricted) Releasing Results of Analysis and Evaluation
of "Unidentified Aerial Objects" Reports

TO: Commanding General
        Air Materiel Command
        Wright-Patterson Air Force Base
        Dayton, Ohio
        ATTENTION: Chief, Intelligence Dept

1. This headquarters is cognizant of press interests in the so-called "flying saucers" reports, referred to by this headquarters as "unidentified aerial objects." Your headquarters has previously been advised as to the release of information concerning Air Force interest in this subject. Your attention is invited to USAF PIO release of 6 September 1950 and Hq USAF letter, subject "Reporting of Information on Unconventional Aircraft," dated 8 September 1950.

2. In a recent telephone conversation between Colonel Watson, Hq AMC and Colonel Harris, this headquarters, Colonel Watson requested guidance in the matter of releasing results of investigation, analysis, and evaluation of incidents brought to his attention. This headquarters believes that release of details of analysis and evaluation of incidents is inadvisable, and desires that, in lieu thereof, releases conform to the policy and spirit of the following:

"We have investigated and evaluated _____ incident and have found nothing of value and nothing which would change our previous estimates on this subject."

3. Results of analysis and evaluation of incidents possessing any intelligence value will be forwarded to this headquarters for information and for any action relative to possible press releases.

BY COMMAND OF THE CHIEF OF STAFF:

S/
E. MOORE
Brig. Gen., USAF
Assistant for Production
Directorate of Intelligence

X000.76 GENERAL - Press Releases

OFFICE SYMBOL	1 AFOIV	2 AFOIA	3 AFOIN	AFOIC	5 AFOIP	6 AFCPR
SIGNATURE OF RESPONSIBLE OFFICER						
INTERNAL OFFICE COORDINATION						

Lettre du 11 Octobre 1950, répondant à la demande de conseils formulée par le colonel Watson concernant la publication des résultats de l'enquête sur l'intérêt de l'armée de l'air pour les signalements d'OVNIS aux médias.

Il est signifié de rédiger pour chaque incident en leur possession :

« Il n'y a pas eu d'enquête, d'évaluation transmise par aucun service de l'Intelligence (USAF) retransmise à notre quartier général pour évaluer cela, et rien pour modifier notre évaluation préliminaire sur le sujet. »

AFOIV-TC
Col Harris/aws/52466
12 Oct 50

MEMORANDUM FOR RECORD

PROBLEM

1. To advise Col Watson, AMC, concerning proper procedure for handling unidentified aerial object reports.

FACTS AND DISCUSSION

2. On 9 Oct 50, Gen Moore instructed Col Harris, AFOIV-TC, to telephone Col Watson, AMC, and advise him that photographs of an unidentified aerial object were to be evaluated by Intelligence Dept, AMC, and not to be forwarded to D/I for evaluation.

3. The telephone call to Intelligence Dept, AMC was consummated with Lt Col Dunn, inasmuch as Col Watson was away for the day.

4. Col Watson had previously requested that authority be granted to release all details concerning incidents brought to his attention for analysis. It is Gen Moore's opinion that it is unnecessary to release full details resulting from analysis of incidents, and, in all cases cognizant to the press, the following may be released:

"We have investigated and evaluated _____ incident and have found nothing of value and nothing which would change our previous estimates on this subject."

5. Intelligence Dept, AMC was further advised that, should results of such incidents contain information of any technical intelligence value, they should not be released but should be sent to D/I, Hq USAF.

6. A ltr has been prepared by AFOIV-TC to Hq AMC confirming the policy outlined in the telephone conversation.

7. Subject matter will not be submitted for inclusion in the Daily Staff Digest.

ACTION RECOMMENDED

8. Approval, signature, and forwarding.

COORDINATION

Col D. D. Brannon, AFOIC, ext. 73605   DDB
Col F. G. Allen, AFOIP, ext. 74053   FGA
Col R. M. Batterson, AFCPR, ext. 74008   RMB

Lettre du 12 Octobre 1950, la seconde lettre en 24 heures du colonel Harris il est signifié de rédiger pour chaque incident en leur possession : « Il n'y a pas eu d'enquête, d'évaluation par aucun service de l'Intelligence (USAF) retransmise à notre quartier général pour évaluer cela, et rien pour modifier notre évaluation préliminaire sur le sujet. »

Souvenons-nous de la lettre du 11 Octobre 1950, colonel Harris il est signifié de rédiger la phrase suivante type suivante pour chaque incident en leur possession :

« Il n'y a pas eu d'enquête d'évaluation transmise par aucun service de l'Intelligence (USAF) retransmise à notre quartier général pour évaluer cela, et rien pour modifier notre évaluation préliminaire sur le sujet. »   Destinataires pour signature et approbation, les Colonels D.D.Brannon, F.G.Allen, R.W.Watson

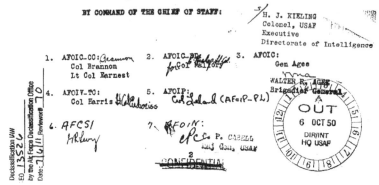

and therefore has an interest in any such reports which may appear to be pertinent to this category of information.

3. Review of your Project No. 10073, subject: "Evaluation of Reports on Specialized Aircraft", dated 18 July 1950, suggests that modifications should be made to take into account the provisions of para. 2c and 2d above. Modification is further suggested to remove restrictions on investigation of incidents; predicating the extent of investigation entirely on the apparent importance of the information as determined by the Commanding General, Air Materiel Command.

BY COMMAND OF THE CHIEF OF STAFF:

H. J. KIELING
Colonel, USAF
Executive
Directorate of Intelligence

1. AFOIC-CC: 2. AFOIC-PD: 3. AFOIC:
   Col Brannon   Gen Ages
   Lt Col Earnest
                                             WALTER R. AGEE
4. AFOIV-TC: 5. AFOIP: Brigadier General
   Col Harris   Col Leland (AFoIP-PL)

6. AFCSI   7. AFOIN:
                            P. Cabell
                            Maj Gen, USAF

OUT
6 OCT 50
DIR/INT
HQ USAF

Chapitre 3 page n°2 : « Signé colonel de l'US Air Force H.J.Kieling, directeur exécutif du département de l'intelligence : En révision de votre projet n°10073 avec pour sujet les rapports d'évaluation d'avions spécialisés, daté du 18 juillet 1950, suggère que des modifications soient apportées pour tenir compte des dispositions des paragraphes 2 et 2 ci-dessus Il est en outre suggéré de supprimer les restrictions sur les enquêtes sur les incidents, en dépendant entièrement de l'étendue de l'enquête sur l'importance apparente de l'information, telle que déterminée par le commandement général du matériel aérien. »

b. Air Materiel Command will continue to investigate, analyze, and evaluate this information as part of its obligation to produce air technical intelligence. In investigating incidents or sightings of this character, Air Materiel Command will be responsible for utilizing such facilities as the importance of the incident may appear to deserve, including OSI personnel, AMC depot personnel, or special teams.

Paragraphe '2', alinéa 'b', résumé : « L'Air Material Command continue d'enquêter, analyser et évaluer cette information (sur les OVNIS), suit le travail de l'Air Tactical Intelligence. Et l'Air Material Command demeure responsable, en utilisant tous les moyens disponibles en fonction de l'importance de l'incident, incluant le personnel de l'OSI, quartier général de l'AMC - Air Force Materiel Command et équipes spéciales. »

FROM: Dept of the Air Force Hqs U.S. Air Force

TO: See below

Ltr
SUBJECT: Destruction of Air Intelligence Report Number 100-203-79

1. It is requested that action be taken to destroy all copies of
Top Secret Air Intelligence Report Number 100-203-79, subject, "Analysis
of Flying Object Incidents in the U.S.," dtd 10 Dec 1948.

DECLASSIFIED
E.O. 12356, Sec. 3.3
NND 841508
NARS, Date
Walewis   7-25-85

Declassification IAW
EO 13526
by the Air Force Declassification Office
Date: 7/6/11 Reviewer# 70

FILED UNDER: 313.6 Records, Destruction of 17 Oct 50

CONFIDENTIAL

Résumé de lettre du 25 septembre 1950 : « Destruction du
dossier n°100-203-19   de l'Air Intelligence intitulé : « Analyse d'Objets
Volants, incidents de l'AIr Force datés du 8 décembre 1948. La présente
requête concerne la récupération et destruction de toutes les copies et
versions existantes. »

AFOAI—DA
Maj Boggs/eg/5867
Wrtn 9 Feb 50

MEMORANDUM FOR RECORD

PROBLEM:

1. To forward copy of AMC Project Grudge Technical Report to AFOPW for appropriate review.

FACTS AND DISCUSSION:

2. AMC, in their final report on Project Grudge, recommended that the entire report be reviewed to determine the potentialities which might exist for psychological warfare application of situations encountered in the flying saucer project.

3. Letter from Hq, USAF to CG, AMC, subject: "Project Grudge," dated 4 Jan 50, advised that this AMC recommendation would be carried out. This was coordinated with Col Putnam, AFOPW by Maj Boggs.

4. The only copy of Project Grudge Technical Report available to Hq, USAF has been in constant use in the Office of Director of Public Relations, and attached copy has just been obtained for use by AFOPW. R&R has been prepared forwarding copy of report to AFOPW for their review.

ACTION RECOMMENDED:

5. Approval, signature, and forwarding.

COORDINATION:

None.

Declassification IAW
EO 1 3 5 2 6
by the Air Force Declassification Office
Date: 7 6 11 Reviewer# 7 12

---

9 février 1950, lettre du Major Boggs, en résumé du premier paragraphe : « l'AMC[113], Army Materiel Command, dans le rapport final du projet Grudge recommande que dans l'intégralité, il revient à déterminer la possibilité qu'il existe une guerre psychologique avec les situations rencontrées sur les soucoupes volantes. » Etrange, de la part de qui ? De la CIA ?, Mais en ce qui concerne les détections radars et les pertes d'appareils de l'USAF, c'est aussi classé comme perturbations psychologiques suite à des actions coercitives pour contraindre les personnes à croire aux extraterrestres ?

---

[113] Le Commandement du matériel de l'armée américaine (AMC) est le principal fournisseur de matériel de l'armée américaine. La mission du Commandement comprend la gestion des installations, ainsi que la maintenance et la distribution des pièces.

Note de l'auteur :

La série de documents qui précède fut déclassifiée par la CIA, tout y est dit, destruction de rapports, fausses expertises dévalorisées, action de désinformation à des fins de déstabilisation psychologique de la population. Si nous prenons en considération qu'à cette époque il n'existait aucun satellite en orbite autour de notre planète, les objets d'origine inconnue pouvant être reliés à un vol spatial suivi d'une entrée dans l'atmosphère, susceptibles de parvenir jusqu'au sol et repartir vers le ciel, ne pouvaient être que des extraterrestres au sens propre du terme.

Ayant réfuté durant un demi-siècle avoir jamais participé de près ou de loin à un travail sur les OVNIS, je suis satisfait que certains employés gouvernementaux avouent en 2023, devant le Congrès avoir été affectés que une activité liée aux extraterrestres.

Officier de la CIA à la retraite, John Ramirez, a partagé ce qu'il a appris sur les OVNIS et les extraterrestres au cours de ses 25 années de carrière au sein de l'agence de renseignement. Ce n'est pas la première fois que cet ancien agent secret tient des déclarations choquantes et controversées. Dans le passé, il a parlé des développements russes visant à attirer les OVNIS à l'initiative du chef d'état-major, le général d'armée Mikhaïl Moiseyev. Cette unité militaire n°10003, avait pour commandant le colonel Aleksey Yurievich Savin, l'ensemble du personnel hommes et femmes était composé de 10 à 12 personnes. Ramirez rapporte que les humains étaient probablement des hybrides issus d'une expérience extraterrestre, dans une interview accordée à l'une des chaînes de télévision. Quant aux vaisseaux qui se sont écrasés sur notre planète, Ramírez souligne que même si certains d'entre eux ont tenté de réparer et ont même reçu de la technologie secours, sur laquelle travaille la rétro ingénierie de l'armée : « Il y a une composante de conscience dans les systèmes de mouvement de ces appareils, dans le sens où ces véhicules sont semi intelligents. Et c'est une partie extrêmement importante. Ainsi, même si nous pouvions construire quelque chose avec ces étonnantes caractéristiques aérodynamiques, nous ne serions pas en mesure de produire quelque chose de similaire à ce que nous voyons, dans les possibilités de leur mouvement. Nous ne pouvons pas savoir comment il est possible de grimper, par exemple. de la surface de la mer jusqu'à une hauteur de 25 km en quelques fractions de seconde. »

Abordons de nouveau les chiffres validés par l'Air Force et par la CIA, en décembre 1969, l'Air Force annonce avec un soulagement à peine dissimulé la fin du projet Blue Book et ses 12 618 observations signalées depuis 1947, dont 701 classées comme : « Problématiques et donc non identifiées. »

Ce nombre de 12 618 est faux, Ruppelt l'élargit à 45 000 dans son livre de 1956. Ce qui revient à dire qu'ils ont classé en catégorie objets volants non identifiés environ 700 cas soit 18% des 12 618, ou si l'on tient à la version de Ruppelt, 18% sur les 45 000 environ 8 100 dossiers. Ont-ils réellement été détruits à la chaîne ou furent-ils saisis par la CIA ?

Début des années cinquante, la CIA a intensivement surveillé les rapports d'OVNIS et réagi à la nouvelle vague d'observations formant un groupe d'étude spécial indépendant et entièrement sous son contrôle, au sein de l'Office of Scientific Intelligence (OSI) et de l'Office of Current Intelligence (OCI) pour examiner la situation, intervenir, trouver et s'accaparer des preuves[114]. L'armée de l'air américaine rendit publiques plus de 130 000 pages de documents secrets couvrant la période 1947-1969 dans la semaine du 15 au 20 janvier 2015, à la surprise générale : l'empreinte de la CIA figurait sur quasiment tous les documents en ligne.

L'OSI et l'OCI font partie de la Direction du renseignement de la CIA :

1°) Créé en 1948, l'OSI a servi de point focal de la CIA pour l'analyse des développements scientifiques et technologiques étrangers, ensuite, en 1980, l'OSI a fusionné avec l'Office of Science and Weapons Research.

2°) L'Office of Current Intelligence (OCI), créé le 15 janvier 1951, fournit des renseignements actualisés de toutes sources au président et au Conseil de sécurité nationale.

Edward Tauss, chef par intérim de la Division des Armes et Equipements de l'OSI, rapporta à l'Agence que la plupart des observations d'OVNI pouvaient être facilement expliquées. Néanmoins, il a recommandé que la CIA continue de surveiller le problème, en coordination avec l'ATIC. Il a également exhorté la CIA à dissimuler son intérêt aux médias et au public : « Au vu de leurs probables tendances alarmistes à accepter un tel intérêt comme confirmant l'existence d'OVNIS. »

---

[114] Source: Studies In Intelligence Vol. 01 No. 1, 1997

Gerald K. Haines : CIA's Role in the Study of UFOs, 1947-90.

https://sgp.fas.org/library/ciaufo.html

Ceci est confirmé par Ralph L. Clark, directeur adjoint par intérim dans un mémorandum OSI, destiné au DDI (Députy Director of Intelligence) Robert Amory, Jr., le 29 juillet 1952.

Après avoir reçu le mémo d'Edward Tauss, le directeur adjoint du renseignement (DDI) Robert Amory Jr. confiait la responsabilité des enquêtes sur les OVNIS à la division physique et électronique de l'OSI, avec A.Ray Gordon en officier responsable.

Rapidement, le 2 janvier 1952, le DCI Walter Bedell Smith créé une Direction adjointe du renseignement (DDI) composée de six organisations appartenant et sous contrôle total de la CIA : OSI, OCI, l'Office of Collection and Dissemination, l'Office National Estimates, l'Office of Research and Reports, et l'Office of Intelligence Coordination, produisant des analyses de renseignement.

Dans ce collectif, les dossiers OVNIS furent expertisés avec un secret conséquent, dirigé par Gordon, le groupe d'étude de la CIA rencontre des responsables de l'Armée de l'Air à Wright Patterson, dictant leurs données et conclusions : « L'Air Force affirme que 90% des observations signalées sont facilement expliquées. Les 10% restantes sont caractérisées en un certain nombre de rapports incroyables d'observateurs crédibles. L'Air Force rejette les théories selon lesquelles les signalements impliquent le développement d'armes secrètes américaines ou soviétiques, excluant qu'une telle technologie existe actuellement sur Terre au sein d'une quelconque nation. »

1°) En 1950, un agent spécial de la CIA détaché à l'Air Force rapporte avoir vu un vaisseau en forme d'étoile changer de couleur, de blanc à vert et rouge avant de partir dans toutes les directions.

2°) Au-dessus de Washington DC en 1952, le lieutenant William Patterson a verrouillé l'un des objets et décide de se lancer à sa poursuite. Ses efforts furent vains, l'objet disparut bien trop vite. Les objets non identifiés aperçus sur le radar se déplaçaient à une vitesse inconcevable pour l'époque, allant de 1850 à 11000 km/h, un agent de la CIA était présent au centre de contrôle radar au sol.

3°) En 1955, un agent de la CIA signal un objet non identifié de couleur grise descendant du ciel en changeant de vitesse, avant de s'approcher du sol et de repartir à la vitesse de l'éclair. L'incident fut mis sur le compte d'un éblouissement temporaire du pilote qui aurait induit un mirage.

Pour la CIA, rien d'appréciable, pas de faits marquants.

Bien que l'intervention de la CIA dans les enquêtes de l'USAF date de 1947, Keyhoe est convaincu qu'elle s'intensifie ou débute en 1953 : « Cela s'est passé en dehors de l'amiral Hillenkoeter qui n'en était déjà plus le directeur. Depuis, la CIA à constamment utilisé sa puissance pour imposer et soutenir les arguments fallacieux de l'USAF devant le Congrès, la presse, le public. » Bien entendu, on s'en doute : « Ayant une grande décision à prendre, elle à choisi celle qu'elle croyait la plus sage au regard de l'intérêt national. Mais ces bonnes intentions de l'USAF et de la CIA ont mené la nation américaine et le monde tout entier dans une dangereuse impasse. Keyhoe dira : « Ils n'auraient pas pu faire mieux s'ils l'avaient fait de propos délibéré. »[115]

Mais justement tout leur travail occulte est parfaitement réfléchi, voulu, organisé, planifié, intentionnel, prémédité, réfléchi, volontaire, voulu. Pour parvenir à son but, la CIA organisa fin 1952, une réunion de savants et de représentants des Forces Aériennes au Pentagone avec pour ordre du jour : « Les témoignages sur les OVNIS. » La sélection des participants par la CIA porta bien entendu, sur quelques scientifiques et spécialistes connus pour leur scepticisme. La plupart n'avaient même pas étudié la question, la considérant à priori comme absurde. Les représentants de la CIA ayant de toute manière pleine autorité, le résultat paraissait plus que douteux et aboutirait à un verdict négatif. Le groupe des représentants de l'USAF convoqué à la réunion comprenait le général de la base aérienne de Wright Patterson, les colonels William A.Adams et Wesley S.Smith de la direction du renseignement, le major Dewey Fournet de l'état major général chargé du renseignement au sein du groupe permanent d'études sur les OVNIS, le capitaine Edward J.Ruppelt et d'autres officiers associés aux travaux du groupe permanent et enfin Albert M.Chop chargé des relations de presse de l'état major et du contrôle des informations sur les OVNIS. Plus tard, Fournet, Chop et Ruppelt diront : « Nous avons été eus, la CIA ne veut pas même qu'on parle de cette question (les OVNIS). Les hommes de la CIA manoeuvraient pour faire apparaître les témoins comme autant de fumistes. Seuls quinze cas furent exposés, toutes le conclussions furent balayées. » Albert Chop rencontre Keyhoe un après-midi au Pentagone et lui raconte ce qui s'était passé : « Ils ont démoli tout le programme, nous avons reçu l'ordre de mettre sur pied une campagne de démystification, de truffer les revues d'articles, de saturer la radio d'émissions pour faire apparaître tous les rapports sur les OVNIS comme autant d'inepties. » Quelques jours plus tard, Chop démissionnait de son poste aux forces Aériennes.[116]

---

[115] Donald H.Keyhoe : Les Etrangers de l'Espace, éditions France Empire, 1973, p.93.

[116] Donald H.Keyhoe : Les Etrangers de l'Espace, éditions France Empire, 1973, p.98-100.

Le mémorandum ci-dessous datée du 27 octobre 1952 concerne l'opinion de l'Air Intelligence sur une observation fiable et inexplicable de soucoupes volantes. Elle indique que les experts de l'Air Technical Intelligence Center ont complètement exclu la possibilité de ballons météo, nuages et autres objets explicables et qu'ils sont complètement incapables d'expliquer cette observation honorable digne de confiance.

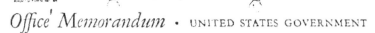

Office Memorandum · UNITED STATES GOVERNMENT

TO   : MR. A. H. BELMONT   DATE: *October 27, 1952*

FROM : *V. P. KEAY*

SUBJECT: *FLYING SAUCERS*

SYNOPSIS:

Air Intelligence advised of another creditable and unexplainable sighting of flying saucers. Air Intelligence still feels flying saucers are optical illusions or atmospherical phenomena but some Military officials are seriously considering the possibility of interplanetary ships.

BACKGROUND:

You will recall that Air Intelligence has previously kept the Bureau advised regarding developments pertaining to Air Intelligence research on the flying saucer problem. Air Intelligence has previously advised that all research pertaining to this problem is handled by the Air Technical Intelligence Center located at Wright-Patterson Air Force Base, Dayton, Ohio; that approximately 90 per cent of the reported sightings of flying saucers can be discounted as products of the imagination and as explainable objects such as weather balloons, etc., but that a small percentage of extremely creditable sightings have been unexplainable.

DETAILS:

Colonel C. M. Young, Executive Officer to Major General John A. Samford, Director of Intelligence, Air Force, advised on October 23, 1952, that another recent extremely creditable sighting had been reported to Air Intelligence. A Navy photographer, while traveling across the United States in his own car, saw a number of objects in the sky which appeared to be flying saucers. He took approximately thirty-five feet of motion-picture film of these objects. He voluntarily submitted the film to Air Intelligence who had it studied by the Air Technical Intelligence Center. Experts at the Air Technical Intelligence Center have advised that, after careful study, there were as many as twelve to sixteen flying objects recorded on this film; that the possibility of weather balloons, clouds or other explainable objects has been completely ruled out; and that they are at a complete loss to explain this most recent creditable sighting. The Air Technical Intelligence Center experts pointed out that they could not be optical illusions inasmuch as optical illusions could not be recorded on film.

162- 83894- 323

NWP/sjb   21 OCT 30 1952

```
Memo to Mr. A. H. Belmont          RE:  FLYING SAUCERS
from V. P. Keay


      Colonel Young advised that Air Intelligence still feels
that the so-called flying saucers are either optical illusions or
atmospherical phenomena.  He pointed out, however, that some
military officials are seriously considering the possibility of
interplanetary ships.

ACTION:

           None.  This is for your information.
```

Le mémo destiné à Monsieur A.W.Belmont, conclut que le colonel Young indiqué que l'Air Intelligence estime toujours que les soi-disant soucoupes volantes, sont soit des illusions d'optique, soit des phénomènes atmosphériques, mais souligne toutefois, que certains responsables militaires envisageaient sérieusement la possibilité de navires interplanétaires.

Douze ans plus tard, en 1964, à la suite de discussions de haut niveau à la Maison Blanche sur ce qu'il fallait faire si une intelligence extraterrestre était découverte dans l'espace avec une nouvelle flambée de rapports et d'observations d'OVNIS, le Directeur de la Centrale Intelligence John McCone demande une évaluation mise à jour des OVNIS par la CIA. En réponse à la demande de McCone, l'OSI demande au directeur d'obtenir divers échantillons et rapports récents d'observations d'OVNIS auprès du Nicap (association ufologique privée) et de Keyhoe son fondateur, qui n'était toutefois plus très actif au sein de ce collectif associatif. Des officiers de la CIA ont donc rencontré Richard H.Hall, directeur par intérim, qui fournit agents spéciaux, des échantillons de la base de données NICAP sur les observations les plus récentes[117].

---

[117] Entre 1958 et 1969, Hall a travaillé pour le National Investigations Committee on Aerial Phenomena (NICAP).

Maxwell W. Hunter, membre du personnel, National Aeronautics and Space Council, Executive Office of the President, memorandum for Robert F. Parkard, Office of International Scientific Affairs, Department of State, Thoughts on the Space Alien Race Question, 18 juillet 1963, dossier SP 16, archives du département d'État, groupe d'archives 59, archives nationales.

Voir aussi FJ Sheridan, Chief, Washington Office, memorandum to Chief, Contact Division, National Investigation Committee on Aerial Phenomena (NICAP), 25 janvier 1965.

Chamberlain, mémorandum pour DCI : Evaluation of UFOs le 26 janvier 1965.

Après que les agents de l'OSI aient examiné le matériel, Donald F.Chamberlain, directeur adjoint de l'OSI, assure à McCone que peu de choses avaient changé depuis le début des années 1950. Il n'y avait toujours aucune preuve que les OVNIS constituaient une menace pour la sécurité des États-Unis ou qu'ils étaient d'origine étrangère. Chamberlain dit alors à McCone que l'OSI surveillait toujours les rapports d'OVNIS, y compris l'enquête officielle de l'Air Force, par le projet Blue Book car la CIA possédait des informations selon lesquelles, les OVNIS étaient bien réels.

Suite au rapport auprès des audiences à la Chambre des Représentants sur les OVNIS et à la révélation du Dr.Robertson sur un programme CBS Reports confirmant l'implication de la CIA dans l'analyse des OVNIS, l'armée de l'air réitère son approché à la CIA, demandant la déclassification de l'intégralité du rapport en juillet 1986, le résultat est surprenant : « Durant la procédure du Panel Robertson 1953, incluant les délibérations et les conclusions complètes sans censure. L'Agence (CIA) refuse catégoriquement comme elle à toujours fait, tous les accès à l'Air Force Intelligence. » De plus, Karl H.Weber, directeur adjoint de l'OSI, écrit à l'armée de l'air : « Nous sommes très inquiets que davantage de publicité ne soit donnée à l'information selon laquelle le Panel (travaillant sur les OVNIS) était parrainé par la CIA. » Weber, vient de confirmer par ces mots qu'effectivement la CIA était impliquée au sein du Panel Robertson et que cela figure dans ses archives, nous apprenons au passage que le Congrès auditionna l'Air Force, le Pentagone et la CIA sur ces questions en 1965, 1968, et 1986 et feint de l'ignorer en 2023.

Pourquoi alors s'étonner que le 7 octobre 1966, l'Université du Colorado accepte un contrat de 325 000 $ avec l'Armée de l'Air pour une étude de 18 mois sur les soucoupes volantes. Le Dr. Edward U.Condon, physicien du Colorado, ancien directeur du National Bureau of Standards, accepte la dirigeance du programme. Le général Edward Giller, USAF, et le Dr.Thomas Ratchford, du bureau de recherche et de développement de l'Air Force sont nommés coordinateurs de l'Air Force pour le fameux projet Condon. Mais ce collectif d'enquête ne divulgue pas grand chose, nous n'apprenons rien de sérieux, il n'a pas satisfait les ufologues, qui le considèrent comme une dissimulation des activités de la CIA dans la recherche sur les OVNIS, alimentant jusqu'au début des années 1970, des preuves justifiées, selon lesquelles la CIA était pleinement impliquée dans une vaste conspiration de désinformation et de Cover Up sur les OVNIS.

Le 7 juin 1975, William Spaulding, du Ground Saucer Watch (GSW), écrit à la CIA pour demander une copie du rapport Robertson, et de tous les dossiers relatifs aux OVNIS qui sont rattachés dans les archives de leur Agence. La Ground Saucer Watch, organisation aujourd'hui disparue, fondée en 1957, comptait parmi ses membres des scientifiques, des ingénieurs, des professionnels et profanes de tous bords confondus, tous d'excellente réputation.

Les responsables de la CIA communiquent à Spaulding une copie du rapport de la commission Robertson, celle-ci ne le satisfait pas. Ce dernier écrit à l'Agence le 14 juillet 1975, mettant en doute l'authenticité des papiers qu'il a reçus, alléguant une évidente dissimulation par la CIA de ses activités dans les OVNI, le bras de fer va commencer...

Gene Wilson, coordinateur de l'information et de la confidentialité de la CIA, répond sèchement : « A aucun moment avant la formation du panel Robertson et après la publication du rapport, la CIA ne s'est engagée dans l'étude du phénomène OVNI » (Wilson, lettre à Spaulding du 26 mars 1976 et GSW c. CIA Civil Action Case 78-859).

En septembre 1977, Spaulding et le Ground Saucer Watch, peu convaincus par la sincérité de Wilson, déposent une nouvelle plainte en justice, en vertu de la loi sur la liberté d'information (FOIA) contre l'Agence, exigeant spécifiquement tous les documents OVNI en possession de la CIA.

Le procès fait boule de neige, la CIA est inondée par des demandes similaires provenant du public, sous le principe de la FOIA, désirant obtenir des informations sur les OVNIS. Soit l'Agence répond favorablement, soit elle viole la loi, en fait la CIA est au-dessus des lois.

L'Amendement sur la Liberté de l'Information entre en vigueur le 4 juillet 1974, trois ans se sont écoulés quand en septembre 1977, William Spaulding, directeur du Ground Saucer Watch GSW de phoenix dépose une requête pour accès aux rapports d'OVNIS, mais la CIA refuse toujours sous prétexte que la sécurité nationale est en jeu.

La CIA dit devant les juges que la sécurité nationale est en jeu à cause des OVNI, c'est à peine croyable.

Alors le GSW porte plainte en justice une énième fois, en raison du maintient du secret de ces documents par la CIA, tout en les soustrayant au public, pire encore, niant leur existence.

Au cours de cette procédure, un second groupe, le CAUS, Citizens Against Ufo Secrecy se constitue début 1978, sous la direction de W.T.Zechel, prenant la main sur l'action judiciaire du GSW, et réussissant à obtenir une décision favorable de la cour de justice de Washington DC.

Une injonction judiciaire oblige l'Agence à partager ses archives.

La CIA localise, censure, caviardise 10 000 pages de documents secrets sur les OVNIS en juillet 1978, toutefois moins de 900 seront finalement déclassifiées et mises à la disposition du CAUS et du GSW. Dans ce même temps la CIA refuse de communiquer 37 documents ou dossiers au nombre de pages et de pièces jointes indéterminé, en se fondant sur les règles de sécurité nationale, malgré ce manque de démocratie, le juge valide cette procédure sans en connaître le contenu. Une autre requête présentée au FBI par l'opticien Maccabée de silver Spring, Maryland, oblige le Bureau Fédéral à produire 1 000 pages de ses dossiers OVNIS après une première tentative pour nier l'existence de ces pièces. La CIA entrait en conflit permanent avec l'USAF au sujet de la conduite des enquêtes sur les OVNIS, mais une autre agence gouvernementale trouble également la sérénité de Blue Book, une note du FBI datée de 1952 démontre une divergence supplémentaire entre les déclarations publiques de l'Armée de l'Air concernant les OVNIS et les opinions exprimées en privé par le FBI. En cela FBI et CIA ont tous deux contribué à étouffer le sujet ufologique en violation des lois en vigueur et sans en rendre compte aux représentants politiques du Congrès, ce qui est une violation complète des lois fédérales des États-Unis. Le plus important demeure dans le fait que la CIA et le FBI ont menti sous serment devant plusieurs juges, ils se sont parjurés en niant détenir quelques documents que ce soit, puis n'ont pas respecté la loi en ne fournissant pas les documents et en censurant ceux qu'ils ont laissé partir, sans que personne à part eux ne sache ce qu'ils ont caché et pour quel motif, en l'occurrence ces agences sont donc au-dessus des lois.[118] Après tous ces procès déroulés sur une période de trois ans, les responsables de la CIA sont contraints d'accepter après de nombreuses manœuvres juridiques, de mener une recherche dite raisonnable des fichiers de la CIA sur les matériaux OVNIS en leur possession. Non sans mal, ils ont même retrouvé un vieux dossier OVNI sous le bureau d'une secrétaire, comme ils sont bienveillants, ne dirait-on pas. La recherche produit finalement 355 documents totalisant environ 900 pages sur les 10 000 qu'ils avaient initialement recensés. Puis, le 14 décembre 1978, la CIA communique l'intégralité de a chose exception faite de 57 cas sur environ 100 pages qu'ils se refusent à donner au Ground Saucer Watch et à son avocat et au juge : « Retenant ces 57 documents pour des raisons de sécurité nationale et pour protéger les sources et les méthodes de la CIA. »[119]

Méthodes de la CIA sur les OVNIS c'est de cela dont ils parlent ?

[118] Charles Berlitz et William L.Moore : Le mystere de Roswell, France Empire, 1981 ; p. 174 à 175.
[119] Rutledge P. Hazzard, DS&T ; GSW v. CIA Civil Action Case 78-859 and Sayre Stevens, Deputy Director for National Foreign Assessment, mémorandum pour Thomas H. White, Assistant for Information, Information Review Committee, « FOIA Litigation Ground Saucer Watch », sans date

Il à dont fallu passer en justice et faire intervenir un juge pour que la CIA accepte de fournir des documents bénins qu'elle réfutait avoir jamais possédé, aussi, en raison de cette rétention anti démocratique, le Ground Saucer Watch, groupe ufologique basé en Arizona, affirme que des documents obtenus dans le cadre d'un procès engagé contre la CIA indiquent que l'agence est effectivement secrètement impliquée dans l'enquête sur les OVNIS. Cette affirmation est prouvée devant une cour de justice, parmi les centaines de documents émanant de la CIA, déclassifiés par injonction du Tribunal en 1978, on découvrit une feuille au contenu plutôt surprenant, il y était question d'ordres donnés par la CIA sous injonction du NSC, National Security Council (crée en 1947), et les auspices de la loi du 26 juillet 1947 (National Security Act) section 102 paragraphes « d » et « e », dont l'un stipulait que la CIA crée un programme de renseignement et d'activités de recherche pour résoudre le problème posé par les : « Objets Volants Non identifiés. »

Après une période d'incertitude et de flottement probablement imputable au temps nécessaire pour analyser les documents reçus, la CIA devint nerveuse et la guerre contre les ufologues prit de l'ampleur.

Le 14 janvier 1979, le New York Times titre : « Les papiers de la CIA détaillent la surveillance des OVNIS par leurs services. »

La CIA déclara à plusieurs reprises qu'elle avait enquêté puis stoppé ses activités sur les OVNIS en 1952, mais le Ground Saucer Watch ne reste pas inactif, 1 000 pages supplémentaires de documents sont obtenus dans le cadre d'une poursuite judiciaire coûteuse et interminable, démontrant que le gouvernement nous a menti toutes ces années.

Une note de service de la CIA datée du 1er août 1952, recommande une surveillance continue des soucoupes volantes par l'Agence : « Il est cependant fortement recommandé qu'aucune indication d'intérêt ou de préoccupation de la CIA n'atteigne la presse ou le public, compte tenu de leur caractère probablement alarmiste. des tendances à accepter un tel intérêt comme confirmant le bien-fondé de faits non publiés entre les mains du gouvernement américain. » D'autres documents prouvent le travail occulte de la CIA dans le domaine des OVNIS comme le dévoile le journal Flying Saucers du 11 août 1952 : Chadwell, mémorandum for DCI : Unidentified Flying Objects du 2 décembre 1952[120]. Je constate donc que depuis 1952 la presse est donc parfaitement au courant de la mystification organisée par la CIA.

---

[120] Chadwell, memorandum for Amory, DDI : Approval in Principle - External Research Project Concerned with Unidentified Flying Objects, sans date.

Associés aux problématiques liées aux OVNIS, les enquêteurs de la CIA infiltrèrent tous les groupes de recherche civils et militaires à leur vue et à leur insu, examinant et travaillant en vue de déterminer ce que les signalements civils et militaires pourraient leur apprendre sur les progrès soviétiques en matière d'avions, missiles et plus tard satellites, passant en revue les aspects liés au contre-espionnage et à la nature étrange des appareils OVNIS inconnus.

La CIA avoue donc avoir enquêté activement sur les OVNIS tout en sachant qu'entre 1942 et 1980, l'Agence savait pertinemment que les soviétiques ne détenaient pas cette capacité, qui plus est, selon leurs propres scientifiques, cette technologie est : « Supposée être extraterrestre, cela ne peut être rien d'autre », la CIA à parlé, et pour une fois, elle à dit la vérité.

Les questions sur les OVNIS et l'existence possible de civilisations extraterrestres font depuis longtemps l'objet de débats et de recherches au sein de la CIA quoi qu'ils en disent, nous constatons que la CIA alterne des révélations fracassantes et des dénis retentissants qui disent tout et son contraire, semant un trouble suspicieux sur sa volonté.

Les déclarations de Paul Helle, ancien ministre de la Défense Nationale du Canada. confirment l'idée de Complotisme dans laquelle la CIA est pleinement présente : « Les événements des années 1960 indiquent que l'apparition d'objets volants non identifiés (OVNI) a suscité de vives inquiétudes chez les militaires. et des services de renseignement de la CIA.»

Helle affirme que des extraterrestres visitent la Terre depuis de nombreuses années, il pense que notre planète est visitée par au moins quatre types différents d'extraterrestres, et le gouvernement et la CIA sont impliqués dans un vaste complot de dissimulation. Ces propos soulèvent beaucoup de questions et de controverses parmi le public, cependant, il convient de noter que l'opinion d'une personne, même occupant un poste important au sein du gouvernement, n'est pas une vérité incontestable, bien que beaucoup de personnes partagent son avis. Souvenons-nous du procès intenté par Ground Saucer Watch contre la CIA, la transparence de l'Agence n'existait pas, son implication et sa rétention d'informations étaient totales, démesurées et injustifiées dans le cadre d'un débat démocratique. Les propos de Paul Helle éclairaient le regard public certains directeurs de l'Agence comme Don I.Wortman, qui connaissait toutes les dépenses, chaque dollar employé par l'Agence dans les enquêtes spéciales sur les OVNIS, de 1967 jusqu'à sa retraite en 1981, Don occupa des postes politiques de haut niveau sous les présidents républicain et démocrate. Il avait accès aux dépenses, notes de frais spéciales et secrètes, bref aux preuves du travail sur les OVNIS par l'Agence.

Wortman a occupé le poste de cadre supérieur, citons la xommission de l'énergie atomique, la Commission des prix et la Central Intelligence Agency, où il était directeur adjoint de l'administration rapportant au DCI (Directeur de la Central Intelligence) Stansfield Turner.

Wortman assura à Turner que les archives de l'Agence ne contenaient que des cas sporadiques de correspondance traitant du sujet, y compris divers types de rapports d'observations d'OVNI, il n'existait pas de programme de l'Agence pour collecter activement des informations sur les OVNIS, et le matériel communiqué à Ground Saucer Watch, avait peu de suppressions de censure. Les mensonges s'accumulent même au sein de la CIA entre les différents services. Fort de cette conviction, le DCI Stansfield Turner demanda à l'avocat général au nom de la CIA, d'obtenir un jugement sommaire dans le nouveau procès intenté par Ground Saucer Watch, contre l'Agence afin d'obtenir plus de dossiers (procédures qui durèrent de 1974 à 1980), puis en mai 1980, les tribunaux rejetèrent le bien fondé des poursuites, estimant que l'Agence avait effectué de bonne foi une perquisition approfondie et adéquate dans ses archives[121].

Special Acces Programs UFO's

La CIA se justifie, sachant qu'à un moment ou à un autre, les membres du gouvernement, le Congrès et le président lui même pourraient demander à avoir accès aux documents relatifs à ce travail secret, et se rendre compte qu'ils contiennent des informations qui, si elles étaient divulguées, auraient un impact retentissant sur l'humanité, détruisant les structures sociétales en place, donc devenir un sérieux danger pour la sécurité nationale :

« Les informations sensibles sur les OVNIS doivent être protégées et cachées pour qu'un nombre très limité de personnes puisse avoir un accès restreint à ces informations. »

Sur de nombreuses pages précédentes de ce livre, nous avons rapporté les paroles de l'USAF et de la CIA qui soutenaient le contraire, c'est à dire que : « Les OVNIS ne présentaient aucune menace de quel ordre que ce soit », a vous de juger la constance des contradictions dans les paroles de la CIA, de l'USAF, du FBI et du gouvernement. Nous apprenons que la CIA était prête à tout, quitte à détruire des preuves officielles, si à un moment donné elles échappent au contrôle et sont sous le point d'être rendues publiques selon ses termes à elle : « Tout devait être mis en oeuvre, quels que soient les moyens et procédés utilisés. ».

---

[121] GSW c. CIA Civil Action 78-859. Voir aussi Klass, UFOs, pp. 10-12.

Connus sous le nom de Programmes d'accès Spéciaux, ces activités de la CIA sont en réalité supérieurs en classification, au niveau Top Secret, faits mis à jour par le New York Times, révélant qu'à une époque moderne, de 2007 à 2012, le Ministère de la Défense a mené un programme de la Defense Intelligence Agency connu sous le nom d'Advanced Aerospace Threat Identification Program travaillant sur les OVNI.

Tous les dossiers censurés livrés au public sont au niveau Declassified, Secret ou Top Secret ce ne sont que les trois premiers niveaux sur les 38 de la nomenclature officielle, oui vous avez entendu l'accès aux informations confidentielles comprend presque quarante « levels », nous sommes très loin de savoir ce qui se cache sous l'iceberg.

Ceci dit, les Special Access Programs (SAPs) sont ceux-la même dans lesquels le lanceur d'alerte Louis Ellionzo enquêta sur les OVNIS. Très largement utilisés par la CIA, ils absorbent les subventions du Congrès sans obligation de leur rendre compte des destinations des dépenses[122].

Le New York Times dans un article du 16 décembre 2017, par Hélène Cooper, Ralph Blumental et Leslie Kean, nous apprend que sur les budgets annuels de 600 milliards de dollars du ministère de la Défense, 22 millions de dollars furent dépensés pour le programme avancé d'identification des menaces aérospatiales, presque impossibles à trouver, intraçables, entièrement consacrés aux OVNIS.

Cela fut fait selon les souhaits du Pentagone, le Congrès n'eut pas son mot à dire, aussi je suis très sceptique sur la capacité du Congrès à forcer le Pentagone à dire la vérité en 2023.

Pendant des années, le programme enquêta sur des rapports d'objets volants non identifiés, selon des responsables du Ministère de la Défense, et des entretiens obtenus auprès des participants au programme obtenus par le journal The New York Times.

---

[122] Marchetti, Victor; Marques, John D.(1974). La CIA et le culte du renseignement. Knopf. ISBN 0-394-48239-5.

Colby, Guillaume (1974). Honorables hommes : Ma vie à la CIA . Simon & Schuster. ISBN 0-394-48239-5.

Moench, Doug (1995). Factoid Books : Le grand livre des conspirations . Presse Paradoxe. ISBN 1-56389-186-7.

Il était dirigé par un responsable du renseignement militaire, Luis Elizondo, au cinquième étage au C-Ring du Pentagone, au plus profond du labyrinthe du bâtiment. La spéculation entoure l'affirmation d'Elizondo, il a été témoin d'un engin extraterrestre dans une installation gouvernementale. Malgré les restrictions associées aux accords de non divulgation, Elizondo a fait allusion à l'existence de débris non identifiés dans ses entretiens. Il a souligné l'importance de recueillir des preuves, y compris l'analyse de la science des matériaux, pour déterminer l'ingénierie ou l'origine naturelle des UAP.

Le chercheur sur les OVNIS Joe Murgia discute de la possibilité qu'Elizondo ait pu être témoin d'un engin extraterrestre dans une installation gouvernementale. Mergia met en lumière une interview dans laquelle le Dr.Steven Greer partage des informations de Daniel Sheehan, qui prétend qu'Elizondo l'a informé d'une rencontre personnelle avec un véritable engin extraterrestre stocké dans une installation gouvernementale. Cette révélation est cohérente avec les déclarations précédentes d'Elizondo sur le sujet.

Le ministère de la Défense n'a jamais reconnu l'existence du programme, qu'il dit avoir fermé en 2012. Mais ses partisans disent que, bien que le Pentagone ait mis fin au financement de l'effort de recherche à ce moment-là, le programme existe toujours : « Au cours des cinq dernières années », disent-ils, « les responsables du programme ont continué à enquêter sur les épisodes récents qui leur ont été signalés par des militaires, tout en s'acquittant de leurs autres tâches au sein du ministère de la Défense », cela est évident pour nous :

« Le programme obscur, dont certaines parties restent classifiées, a commencé en 2007, initialement largement financé à la demande de Harry Reid, le démocrate du Nevada, qui était à l'époque le chef de la majorité au Sénat et s'intéressant de longue date aux phénomènes spatiaux. La majeure partie de l'argent est allée à une société de recherche aérospatiale dirigée par un entrepreneur milliardaire et ami de longue date de M. Reid, Robert Bigelow », selon le New York Times.

Dans l'émission : 60 Minutes,de CBS en mai 2017, M. Bigelow a déclaré qu'il était personnellement : « Absolument convaincu que les extraterrestres existent et que des OVNIS ont visité la Terre. »

M. Reid, prit sa retraite du Congrès en 2017 et s'est dit fier du programme sur les OVNIS :

« Je ne suis ni gêné, ni honteux, ni désolé d'avoir lancé ce truc », a déclaré M. Reid lors d'une interview au Nevada en 2023, « Je pense que c'est l'une des bonnes choses que j'ai faites dans mon service au Congrès. Car j'ai fait quelque chose que personne n'a fait auparavant. »

Une théorie similaire a également été proposée par Tim Peake, l'un des célèbres astronautes britanniques, il déclare que les OVNIS filmés par l'armée américaine plus de 100 fois, pourraient voyager dans le temps avec des humains ou des extraterrestres provenant d'autres civilisations. Lors d'un entretien avec Good Morning Britain en juin 2022, l'astronaute britannique Tim Peake, qui a passé plus de six mois sur la Station spatiale internationale, a été interrogé sur les vidéos UAP, que le Pentagone a récemment déclassifiées en 2023. Peake formule sa propre opinion :

« J'ai entendu une théorie selon laquelle un pilote parlait de cela, potentiellement dans le futur, ils auraient développé le voyage dans le temps », est-ce quelque chose qui revient du futur ? Il n'a pas dit exactement ce que sont les OVNIS, mais a partagé certaines théories qui ont longtemps été discutées par les ufologues :

« Je ne pense pas du tout qu'il s'agisse du développement d'une nation étatique ou d'une organisation non étatique. Je pense que c'est assez remarquable quand on voit la séquence vidéo. Cela semble extraordinaire quant à ce dont ces machines sont capables. »

Le 8 juillet 2023, l'une des plus grandes histoires d'OVNIS est racontée par Ross Coulthart à l'animateur de Project Unity, Jay Anderson, le journaliste d'investigation affirme qu'un énorme OVNI est en possession des États-Unis et ne peut pas être déplacé, de plus, il connaît l'emplacement exact de l'engin. Coulthart précise que l'OVNI inamovible se trouve aux États-Unis en Utah près de Garrison.

Dans l'interview, Coulthart évoque les implications potentielles du nouveau projet de loi du Sénat américain sur le renseignement. Il a fait référence aux écrits de Douglas Dean Johnson sur le projet de loi, qui obligerait les détenteurs de matériel d'origine non terrestre ou exotique UAP (Phénomènes aériens non identifiés) à le rendre accessible au Bureau de résolution des anomalies de tous les domaines (AARO) dans un délai de six mois (fin de l'année 2023).

Anderson exprime ses inquiétudes quant au fait que cette fenêtre de six mois pourrait donner suffisamment de temps à ceux qui détiennent de tels documents pour les cacher, maquiller, ou détruire. Coulthart reconnaît cette possibilité, mais suggéré que certains matériaux UAP pourraient être si volumineux qu'il n'est pas possible de les déplacer ce qui pourrait paraître invraisemblable à certains[123], mais qui est réel.

---

123 Article de Linda Moulton Howe le 10 novembre 2005 :
https://www.earthfiles.com/2005/11/10/part-1-an-alleged-1953-ufo-crash-and-burial-near-garrison-utah/

L'incident remonte à 1953, lorsqu'un gros OVNI, mesurant entre 150 et 200 pieds de diamètre, s'est écrasé près de Garrison, dans l'Utah. Lear explique que l'OVNI était si gros que même les Bérets Bleus des forces de sécurité de l'armée de l'air américaine ne pouvaient pas le déplacer. En conséquence, la décision fut prise d'enterrer l'OVNI sur place. Lear a écrit qu'une équipe de centaines de soldats a creusé et réussi à enterrer l'engin à 50 pieds sous le niveau du sol.

Cette révélation a laissé la communauté OVNI curieuse quant à l'endroit où l'engin pourrait être situé. Il est intéressant de noter que le regretté ancien pilote de la CIA, John Lear, a déjà mentionné l'existence d'engins enterrés trop massifs pour être déplacés. En 2018, Lear a publié sur Facebook, l'histoire énigmatique d'un énorme OVNI enfoui près de Garrison, dans l'Utah. Cet incident particulier est devenu un sujet de discussion lors d'une conférence sur les OVNIS à Las Vegas.

Deux douzaines de photographies à haute altitude ont été prises selon un quadrillage d'un grand élément triangulaire dans le lit asséché du lac près d'une installation gouvernementale connue sous le nom de Desert Research Experimental Station, ou DRES. Le triangle mesure environ 4400 pieds de long et 2 700 pieds de large selon les mesures provenant d'un rapport analytique d'un géologue de 1999.

14 AMS 11 juin 53 126» Photographie aérienne prise le 11 juin 1953, l'une des deux douzaines toutes axées sur la région du triangle mesurant 4 400 pieds de long sur 2 700 pieds de large.

L'emplacement de cet élément triangulaire inhabituel se trouve à 175 miles au sud du terrain d'essai hautement classé de Dugway et au moins un ancien pilote de l'US Air Force dit savoir personnellement qu'un gros véhicule aérien qui n'est pas de ce monde a percuté en 1953 l'endroit où le triangle a été creusé pour enterrer l'engin.

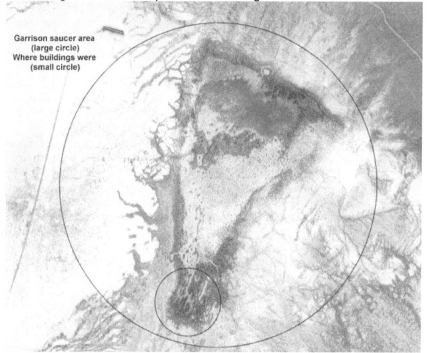

Garrison saucer area
(large circle)
Where buildings were
(small circle)

Cette information rapportée par un pilote de la CIA, fut diffusée au public dans une conférence sur les OVNIS à Las Vegas en 2005, avant de revenir sur le devant de la scène le 8 juillet 2023, telle que racontée par Ross Coulthart au journaliste d'investigation et animateur de Project Unity, Jay Anderson.

Chargé du programme de sécurité spatiale d'Israël pendant trente ans, Haim Eshed est une voix qui compte dans son pays. Ses déclarations fracassantes sur l'existence des extraterrestres n'en sont que plus surprenantes même s'il n'apporte aucune preuve selon le journal ; L'indépendant du 9 décembre 2020. Voilà une interview qui n'est pas passée inaperçue. Haim Eshed, 87 ans, ancien directeur du programme de sécurité spatiale d'Israël pendant près de trois décennies, a fait des révélations fracassantes au journal Yediot Aharonot, quotidien au plus gros tirage d'Israël. Pour cet ancien général : « Les extraterrestres sont réels et le président américain Donald Trump le sait ».

Eshed a ajouté que le président Donald Trump était au courant de l'existence des extraterrestres et qu'il était sur le point de révéler des informations, mais qu'il lui avait été demandé de ne pas le faire afin d'éviter une hystérie de masse : « Si j'avais dit cela, il y a cinq ans, j'aurais été interné », reconnaît cet ancien militaire aux états de service impressionnants mais aujourd'hui les choses ont changé. » Des déclarations qui ont fait le tour du monde mais que le professeur Haim Eshed avait déjà livrées dans son livre : The Universe Beyond the Horizon selon le journal français l'Indépendant. Nous apprenons que le Mossad suit de très près l'actualité OVNI aux États-Unis et s'interroge sur le manque de transparence de son allié. Le chercheur indépendant Christian Lambright a reçu une réponse négative à sa demande d'informations en vertu de la Freedom of Information Act (FOIA) sur l'incident de l'OVNI Tic-Tac en 2004 à bord de l'USS Nimitz, divers articles en font état, dont Vice News, The Jerusalem Post, Lambright dit : « Si ma demande est refusée en tout ou en partie, je vous demande d'expliquer toutes les suppressions en faisant référence à des catégories spécifiques d'informations exemptées, mais comme l'exige la loi, de divulguer toutes les parties séparables qui restent après que les éléments exemptés ont été censurés. » Il s'avère cependant que les preuves des Tic Tac sont encore totalement secrètes vingt ans plus tard. Dans sa réponse, le Pentagone déclare à Lambright que même s'il existe effectivement des documents au dossier concernant l'incident, aucun d'entre eux ne peut être divulgué :

« Nous avons découvert certaines diapositives de briefing classées top secret », indique la réponse. « Un examen de ces documents indique qu'ils sont actuellement et de manière appropriée marqués et classés top secret, et l'autorité de classification d'origine a déterminé que la diffusion de ces documents causerait des dommages exceptionnellement graves à la sécurité nationale des États-Unis. En conséquence, ces documents ne peuvent pas être divulgués et sont retenus. » Le Pentagone dévoile un nouveau site Web sur les OVNIS qui constitue une avancée unique pour les informations déclassifiées pour l'enquête de l'AARO, mais dans les faits tout est secret, et le Pentagone est plus que jamais déterminé à ne rien diffuser au Congrès ou a qui que ce soit d'autre. Le sénateur Harry Reid, s'est exprimé particulièrement clairement à ce sujet : « Toutes ces années, le gouvernement fédéral des États-Unis a dissimulé des informations importantes sur les OVNIS, mis des freins sur tout, et arrêté tout cela », dit Reid dans The Phenomenon, un documentaire sorti en octobre 2022, « Je pense que c'est très, très mauvais pour notre pays. » Haim Eshed, qui dirigeait le ministère israélien de la Défense, a avancé des affirmations encore plus époustouflantes. Il a déclaré au Yediot Aharonot, un journal israélien, que : « Les humains ont déjà pris contact avec des extraterrestres. »

1°) Document Confidentiel :

Colonel Harris/aws/52466 - Wrtn 11 Oct 50 - AFOIV-TC, Air Force Office of Special Investigations Division de la Capacité Technologique, lettre du 18 octobre 1950.

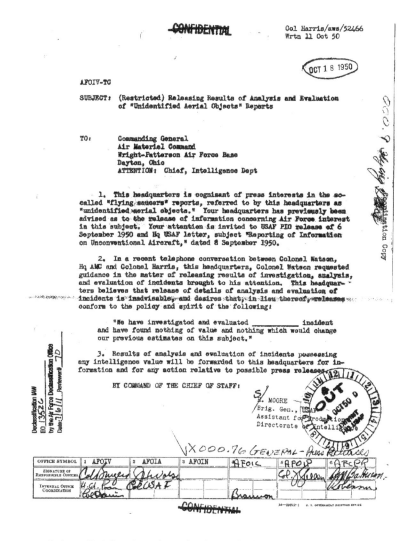

Sujet : Publication des résultats de l'analyse et de l'évaluation des rapports d'objets aériens non identifiés.

Destiné au : Commandement Général, Air Materiel Command, Wright Patterson Air Force Base, Dayton, Ohio : à l'attention du Chef du Département de l'Intelligence.

1°) Ce quartier général est au courant des intérêts de la presse dans les rapports dits de soucoupes volantes désignés par ce quartier général comme des objets matériels non identifiés. Votre quartier général a déjà été informé de la publication d'informations concernant l'intérêt de l'Armée de l'Air pour ce sujet. Votre attention est attirée sur le communiqué de la FIO de l'USAF du 6 septembre 1950 et la lettre du quartier général, sous référence : Reporting of Information on Unconventional Aircraft, daté du 8 septembre 1950.

2°) Lors d'une récente conversation téléphonique entre le colonel Watson au quartier général de l'AMC et le colonel Harris de notre quartier général, le colonel Watson a demandé des conseils sur la question de la publication des résultats de l'enquête, de l'analyse et de l'évaluation des incidents portés à cette attention.

Ce quartier général souligne que la divulgation des détails, analyse et évaluation des incidents est déconseillée et souhaite que les déclarations en place soient conformes à l'esprit politique à suivre :

« Nous avons enquêté et évalué l'incident XXXXXXXX et n'avons rien trouvé de valeur et rien qui puisse changer nos estimations précédentes à ce sujet. »

3°) Les résultats d'analyse et d'évaluation des incidents ayant une quelconque valeur de renseignement seront transmis à cet état-major pour information et pour toute action relative à un éventuel communiqué de presse.

Par ordre du chef d'état-major :

Signé Moore
Brigadier Général USAF
Assistant pour la Production de la Direction de l'Intelligence

Remarque de l'auteur :

Le destinataire du courrier était le Commandement Général de l'Air Materiel Command de Wright Patterson Air Force Base le lieutenant General William S.Knudsen qui occupa ce poste de 1948 à 1951.

La recommandation qui prévaut ordre direct du QG est de minimiser puis réfuter chaque incident OVNI, tout en informant obligatoirement, les instances supérieures hiérarchiques. Dès son entrée en service actif le 6 mai 1948, le général Joseph F.Carroll, premier directeur de l'AFOSI, Air Force Office of Special Investigations, créa et organisa ce service d'enquête centralisé, établissant des bureaux pour desservir les différents commandements aériens aux États-Unis, fournissant des spécialistes formés aux activités de la Force Aérienne pour la conduite d'enquêtes spéciales.

Le 6 septembre 1950, il est nommé inspecteur général adjoint (IG) pour la sécurité de l'US Air Force. Dans cette mission, responsable de la sécurité et protection physique des installations contre le sabotage, l'espionnage et autres menaces hostiles. À ce titre, il a dirigé l'AFOSI jusqu'en 1955, responsable de tous les plans de sécurité de l'US Air Force de plus, S.Moore agissait sous l'autorité hiérarchique de Caroll.

Nous savons qu'il à expressément ordonné de ne rien communiquer à la presse et dans la mesure du possible en faire part préalablement au quartier général afin de déterminer l'éventuelle communication publique des éléments, de plus, ces bureaux AFOIN avec des dossiers OVNI comprennent la Direction des Capacités Techniques (TCB) de la division de l'évaluation (AFOIN-TCB ou AFOIV -TC) AFOSI Air Force Office of Special Investigations, etc., exigeant que les rapports soient conclus en affirmant mensongèrement, qu'après enquête et évaluation de l'incident XXXXXXXX ils n'ont rien trouvé, cela donne une idée de l'éthique morale de leur enquête sur les OVNIS.

Malgré cela, les résultats d'analyse et d'évaluation des cas ayant une quelconque valeur furent transmis à l'état-major en raison de leur valeur technique.

Les USA sont en guerre à cette période, ajoutons que l'AFOSI joue un rôle central lors de l'invasion nord-coréenne en juin 1950 jusqu'en juillet 1953, Natacha Frost dans son article du 15 janvier 2020 pour History Chanel, nous sensibilise au fait qu'à la suite de la guerre de Corée, (qui s'est terminée en juillet 1953), des dizaines d'hommes rapportèrent avoir vu des objets volants non identifiés au cours des 37 mois de ce conflit.

L'engin le plus souvent signalé, ressemblait souvent à une soucoupe volante. Selon des évaluations non officielles, pas moins de 42 faits, ont été corroborés par des rapports de témoins supplémentaires, soit une moyenne de plus d'un par mois en trois ans.

2°) Document Confidentiel :

AFOIN-V/TC, Air Force Office of Special Investigations Division de la Capacité Technologique, lieutenant colonel Willis.ro 71095 - jeudi 28 décembre 1950.

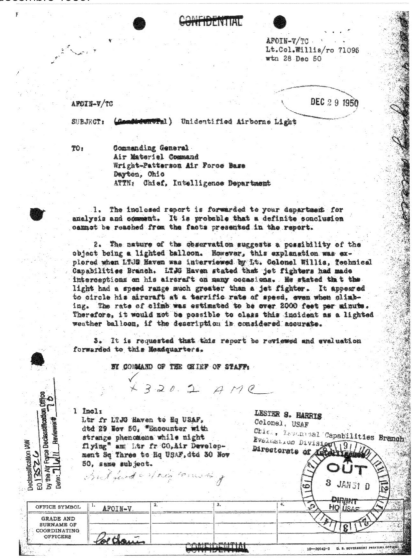

AFOIN-V/TC
Lt.Col.Willis/ro 71095
wtn 28 Dec 50

AFOIN-V/TC

DEC 2 9 1950

SUBJECT: (Confidential) Unidentified Airborne Light

TO: Commanding General
        Air Materiel Command
        Wright-Patterson Air Force Base
        Dayton, Ohio
        ATTN: Chief, Intelligence Department

1. The inclosed report is forwarded to your department for analysis and comment. It is probable that a definite conclusion cannot be reached from the facts presented in the report.

2. The nature of the observation suggests a possibility of the object being a lighted balloon. However, this explanation was explored when LTJG Haven was interviewed by Lt. Colonel Willis, Technical Capabilities Branch. LTJG Haven stated that jet fighters had made interceptions on his aircraft on many occasions. He stated that the light had a speed range much greater than a jet fighter. It appeared to circle his aircraft at a terrific rate of speed, even when climbing. The rate of climb was estimated to be over 2000 feet per minute. Therefore, it would not be possible to class this incident as a lighted weather balloon, if the description is considered accurate.

3. It is requested that this report be reviewed and evaluation forwarded to this Headquarters.

BY COMMAND OF THE CHIEF OF STAFF:

1 Incl:
Ltr fr LTJG Haven to Hq USAF,
dtd 29 Nov 50, "Encounter with
strange phenomena while night
flying" an Ltr fr CO,Air Development Sq Three to Hq USAF,dtd 30 Nov
50, same subject.

LESTER S. HARRIS
Colonel, USAF
Chief, Technical Capabilities Branch
Evaluation Division
Directorate of Intelligence

OUT
3 JAN 51 D
DIRINT
HQ USAF

OFFICE SYMBOL	1. APOIN-V	2.	3.	4.
GRADE AND SURNAME OF COORDINATING OFFICERS				

Objet : Lumière aéroportée non identifiée : document destiné au Général Commandant de la Base Aérienne de Wright Patterson, Dayton, Ohio, à l'attention du Chef du Département du Renseignement.

1°) Le rapport ci-joint : est transmis à votre service pour analyse et commentaires. Il est probable qu'une conclusion définitive ne peut être tirée des faits présentés dans ce rapport.

2°) La nature de l'observation : suggère une possibilité que l'objet soit un ballon léger. Cependant, cette explication est explorée, lorsque le Lieutenant Général Haven est interrogé par le lieutenant-colonel Willis, de la Technical Capabilities Branch, le Lieutenant Général Haven déclare que des chasseurs à réaction ont tenté d'intercepter cet objet à plusieurs reprises. Il déclaré que cette la lumière avait une plage de vitesse beaucoup plus grande qu'un chasseur à réaction. L'objet a semblé faire le tour de son avion à une vitesse terrible même en montant. Le taux de montée a été estimé à plus de 2000 pieds (610 m) par minute. En conséquence, il ne serait pas possible de classer l'incident en tant que ballon météo éclairé, si la description est considérée comme exacte.

3°) Il est demandé que ce rapport soit examiné et évalué, puis transmis à ce quartier général.

Par ordre du chef d'état-major

Ci joint : lettre du lieutenant général Haven au Quartier Général de l'USAF datée du 29 novembre 1950 : « Rencontre avec des phénomènes étranges en vol de nuit » et lettre de l'Air Développement section trois au quartier Général de l'USAF datée du 30 novembre sur le même sujet. »

Signé : Lester S.Harris
Colonel de l'USAF
Chef du Service des Capacités Techniques, Division de l'Evaluation 9
Direction de l'Intelligence

Remarque de l'auteur :

Un OVNI tourna autour d'avions de chasse dans le ciel, à une vitesse supérieure à 1500 km/h, puis avec une ascension verticale lente après sa phase statique, de 610 mètres par minute, soit 36600 m/h), prouesse, évaluée par divers hauts commandements, qui exigent une expertise argumentée sur le type d'appareil pouvant avoir supplanté ainsi les avions à réaction de l'USAF les plus puissants au monde.

À ce stade nous ne pouvons que nous incliner devant l'évidence, faut-il d'avantage de preuves ?

3°) Document Confidentiel :

Signalement du 11 mai 1950, Air Force Office of Special Investigations.

g. TO: AFOIP   SPECIAL INSTRUCTIONS - REMARKS (Continued)

1. Forwarded for consideration as noted in para 2 of Comment No. 1.   DATE   11 Jul 50

2. Detailed study has been made of attached letter and inclosures from Continental Air Command. Final analyses NO.   2
were delayed awaiting receipt of twenty-four hour weather reports for 8 and 9 Mar 1950 for Selfridge AFB area.

3. Attention is invited to recommendation in para 5, page 2 of basic letter. It is recommended that the following information be incorporated in reply to Continental Air Command's recommendation:

    a. Concur as follows with conclusions reached by Continental Air Command in regard to incident described in basic letter and its inclosures:

        (1) "the magnitude of the velocity and accelerations of the three dimensional movements of the 'object' reported are beyond the capability of known heavier or lighter than air vehicles in controlled flight."

        (2) "supporting this is the fact that the 'object' was reported as remaining stationary in free space for a mean-period of two minutes."

    b. There is a conflict in data on the incident; one witness states that the incident occurred on 8 March (see Incl. 2, page 2, 1st para.) and other witness states incident occurred on 9 March (see Incl. 1, page 1, 1st para.)

    c. What is believed to have been a similar incident, also observed by radar (SCR-584), occurred at Wright-Patterson AFB on the morning of 8 March 1950. At approximately 0745 two airline pilots reported that they had seen a long slender body at about 10,000 ft approaching from the northwest. The object was picked up by observers at the Vandalia control tower who observed the object through binoculars. The control tower vectored an F-80 aircraft to the approximate

R. TO: DATE
position of the 'object' but the pilot could see nothing al-   NO.
though the control tower was still in visual contact with it.
Later, an F-51 attempted to track the object. It could not intercept it. During this time radar had not been able to detect any strange objects of any sort. However, at about 1130 hours signals of large amplitude were being received on an SCR-584. An F-80 was vectored to the approximate location of the targets and reported back that strips of ice laden clouds running northwest to southwest were visible at approximately 10,000 ft. This information concurred with plots obtained by the radar and gave conclusive evidence that the radar targets were in fact reflections from the ice laden clouds. The earlier visual sightings were apparently due to the morning sun shining through the ice laden clouds causing an optical illusion.

    d. Although the 'object' observed on radar at Selfridge AFB was characterized by velocities ranging from zero to approximately 420 mph, and erratic changes in altitude which showed no intelligent maneuvering, the observations could easily have been the result of turbulent conditions in ice laden atmosphere. A study of the weather in the Selfridge AFB area during twenty-four hour periods on 8 and 9 March shows that such turbulent conditions could have prevailed. Such conditions are not unusual for that time of year.

    e. As in the case of such incidents examined in the past, there has been no evidence that unusual observations have been the result of a new technological advancement by an alien power. In every case where there has been sufficient usable data, it has been that a seemingly unusual observation was the result of misidentification. It was for this reason that requirements for special investigation of such incidents and the entire "Project Grudge" (unidentified aerial objects) were cancelled by Hq. USAF earlier this year. The discontinuance of special reporting and consideration has not stopped the reports of such

1°) Transmis pour examen comme indiqué au paragraphe 2, commentaire n°1.

2°) Une étude détaillée a été faite de la lettre jointe et des pièces jointes du Continental Air Command. Les analyses finales ont été retardées en attendant la réception de rapports météorologiques de vingt-quatre heures pour les 8 et 9 mars 1950, sur la zone de la Base Aérienne de Selfridge AFB.

3°) L'attention est attirée sur la recommandation du paragraphe 5 de la page n°2 de la lettre d'origine, il est demandé que les informations suivantes soient incorporées en réponse à la recommandation du Continental Air Command.

a) En accord comme suit avec les conclusions du Continental Air Command concernant l'incident décrit dans la lettre de base et ses conclusions.

(1) L'ampleur de la vitesse et des accélérations des mouvements tridimensionnels de l'objet rapporté au-delà de la capacité des véhicules connus plus lourds ou plus légers que l'air en vol aérien contrôlé.

(2) Ceci est soutenu par le fait que l'objet a été signalé comme restant stationnaire dans l'espace libre pendant une période moyenne de deux minutes.

b) Il y a un conflit dans les données sur l'incident, un témoin déclare qu'il s'est produit le 8 mars (voire 2 page 2) et un autre témoin déclare que l'incident s'est produit le 9 mars (voire 1 page 1).

c) Ce que l'on pense avoir été un incident similaire, également observé par radar (SCR-584), s'est produit à Wright Patterson AFB le matin du 8 mars 1950.

Vers 7h45, deux pilotes de lignes aériennes ont signalé qu'ils avaient vu un corps long et élancé à environ 10 000 pieds (3 000 m) en approche du nord-ouest. L'objet a été capté par des observateurs à la tour de contrôle de Vandalia, qui ont observé l'objet à travers des jumelles. la tour de contrôle a dirigé un avion F-51 (F-50 sur certains documents) pour qu'il s'approche de la position de l'objet mais le pilote ne pouvait rien voir alors que la tour de contrôle était toujours en contact visuel avec lui. Plus tard, un F-51 a tenté de suivre l'objet mais il ne parvint pas à l'intercepter. Pendant ce temps, le radar n'avait pas été capable de détecter des objets étranges d'aucune sorte.

c) Cependant vers 11h30 des signaux de grande amplitude étaient reçus sur un SCE-584. Un F-51 a été dirigé vers l'emplacement approximatif de la cible, rapportant que des bandes nuageuses chargées de glace concordaient avec les tracés obtenues par le radar, avec de fortes preuves concluantes que les observations visuelles étaient apparemment dues au soleil du matin qui brillait à travers la glace chargée sur les nuages provoquant une illusion d'optique.

d) Bien que l'objet observé sur le radar à Selfridge AFB ait été caractérisé par des vitesses allant de 0 à environ 420 mph (676 km/h), avec des changements erratiques d'altitude sans montrer de manœuvre intelligente, les observations pourraient facilement avoir été le résultat de conditions turbulentes dans l'atmosphère chargée de glace. Une étude des conditions météorologiques dans la zone de Selfridge AFB pendant des périodes de vingt-quatre heures les 8 et 9 mars montre que de telles conditions turbulentes auraient pu prévaloir. De telles conditions ne sont pas inhabituelles pour cette période de l'année.

e) Comme dans le cas de tels incidents examinés dans le passé, il n'y a eu aucune preuve que des observations inhabituelles aient été le résultat d'une nouvelle avancée technologique par une puissance extraterrestre. Dans tous les cas où il y a eu suffisamment de données, il s'est avéré qu'une observation apparemment inhabituelle était le résultat d'une mauvaise identification, c'est pour cette raison que les exigences d'enquête spéciale sur de nombreux incidents et l'ensemble du projet Grudge (objets aériens non identifiés) ont été annulées par le Quartier Général de l'USAF plus tôt cette année, néanmoins, l'arrêt des rapports spéciaux et leur examen n'a pas été interrompu.

Remarque de l'auteur :

Différents Quartiers Généraux de l'Armée de l'Air et commandants de bases, s'inquiètent avec fréquence du contenu absurde des analyses techniques sur les aéronefs non conventionnels, les intitulés des lettres parviennent à l'ATIC de Wright Patterson, à cette période, sont loquaces en ce sens. En 1952, sous Blue Book, l'histoire se répète très vite, puis, quand Ruppelt considère en 1953 qu'il a accumulé suffisamment de preuves sur la réalité du phénomène OVNI, il est contraint à se plier à la normé commune. Par exemple, affirmant qu'un ballon météo déviant au gré du vent, peut demeurer immobile à souhait durant un certain temps, puis voler entre 1500 et 2400 km/h autour d'avions lancés à sa poursuite puis s'en aller sans qu'ils puissent le rattraper (cette poursuite fut observée et confirmée depuis le sol à la jumelle et par trois radars militaires distincts). Le personnel du projet Blue Book diligentant ces enquêtes, validant de telles exubérassions était composé à cette époque du triumvirat suivant :

- Capitaine Edward J. Ruppelt, directeur du projet de 1951 à 1953.

- Major Charles P. Cabell, directeur adjoint du renseignement de l'US Air Force et superviseur.

- Capitaine Charles Hardin, officier en charge de la branche de recherche.

C'est une révélation très importante, reformulons cet incident sous des angles décrits dans le dossier Blue Book :

1°) L'ampleur de la vitesse et des accélérations des mouvements tridimensionnels de l'objet rapporté au-delà de la capacité des véhicules connus plus lourds ou plus légers que l'air en vol aérien contrôlé.

2°) Ceci est soutenu par le fait que l'objet a été signalé comme restant stationnaire dans l'espace libre pendant une période moyenne de deux minutes.

3°) Trois avions repèrent un OVNI suivi par radar, le 8 mars 1950 sur Wright Patterson AFB, Dayton, Ohio, pour le Nicap, Brad Sparks retrouve trace de l'incident.

Le 8 mars 1950, Wright Patterson AFB, Ohio, en milieu de matinée, la CAA reçut un rapport du capitaine W.H. Kerr, pilote de Trans-World Airways, selon lequel lui et deux autres pilotes de la TWA avaient un OVNI en vue, brillant, planant à haute altitude. La CAA accumule rapidement 20 autres signalements sur l'OVNI dans la région de Vandalia. L'alerte ayant été sonnée, quatre intercepteurs P-51 mandatés pour identification et contrainte à atterrir sous sommations chassent l'OVNI visible pour les opérateurs depuis la tour de contrôle et le personnel du Centre de Renseignement Technique aérien au-dessus la base avec des jumelles, ce qui devenait nettement plus inquiétant.

Le radar se concentrait sur une cible non identifiée en position statique. Ce cas est intéressant car cette affaire ne figure pas sur la liste des celles élucidées par Blue Book, ni dans la liste de celles demeurées inexpliquées.

Un rebondissement de taille est à signaler, le 8 et 9 mars 1950 un OVNI fut signalé sur la zone de la Base Aérienne de Selfridge AFB, ors il y en eut un autre le 3 mars 1950 soit cinq jours auparavant, il s'agit donc d'un triple cas, voici ce que dit le dossier :

Note du Nicap à ce sujet :

« Un cas de détection radar multiple d'un OVNI eut lieu le 3 mars 1950 près de la base de l'US Air Force de Selfridge dans le Michigan. L'Armée de l'Air fut vraiment impressionnée par cette observation, qui amena l'Air Adjunct General, Headquarters Continental Air Command, Mitchell Air Force Base, New York, à envoyer la lettre suivante, classée secrète, au, Director of Intelligence, Headquarters, USAF, Washington DC. »

Selon la traduction des notes du Nicap :

1°) Ci-joint pour votre information, deux rapports narratifs concernant des observations radar d'un objet volant non identifié.

2°) Le fait que l'objet a été aperçu sur les portées de deux radars est considéré digne d'une note spéciale.

3°) Commentaire d'experts techniques, ce siège, a été sollicité et est cité en partie pour votre considération.

a) Bien qu'il soit relativement bien connu que diverses conditions ionosphériques provoquent des réflexions à des fréquences plus basses utilisées par les deux ensembles radar mentionnés, néanmoins, lorsque des inversions de température et d'autres conditions atmosphériques ou troposphériques, provoquent des réflexions parasites. En supposant que de telles conditions idéalisées existaient au moment de ces observations, il est concevable qu'un petit changement réel dans l'action latérale physique en référence au radar puisse provoquer un changement apparemment plus important de la position relative de l'objet tel qu'observé sur le radar. étendue en raison des longueurs de trajet variables que l'énergie radar emprunte vers et depuis l'objet en fonction des couches sensibles à la fréquence et des angles d'incidence de l'onde propagée. Cependant, la grande différence entre les fréquences des ensembles radar CPS-5 en bande L et CPS-4 en bande S et la corrélation évidente des observations entre ces deux, excluent presque la possibilité d'effets de propagation anormaux. En outre, l'amplitude de la vitesse et accélération des mouvements tridimensionnels d'objets rapportés, sont au-delà de la capacité du comportement connu des véhicules plus légers que l'air en vol contrôlé.

b) Le fait que l'objet a été signalé comme demeurant stationnaire dans l'espace libre pendant une période moyenne de deux minutes vient également corroborer cette improbabilité.

c) Une validité supplémentaire est accordée à l'affirmation des rapports par des déclarations selon lesquelles les premières indications, qui étaient à haute altitude, ont été observées sur le télémètre CPS-4 avant d'être observées sur le radar de surveillance CPS-5.

Cela suit la logique et l'expérience de terrain, dans la mesure où la couverture à haute altitude du CPS-5 est connue pour être médiocre, cette antenne n'est pas capable de s'incliner automatiquement comme dans le cas du CPS-4 avec lequel le contrôleur peut incliner l'antenne dans de larges limites (amplitudes) afin d'observer tous les objets à haute altitude ou sous un angle élevé.

Il convient de noter que l'expérience antérieure sur le terrain avec un radar de surveillance CPS-5 a indiqué que les cibles captées aux distances et altitudes indiquées dans le rapport (d'origine) sujet auraient probablement un aspect d'aspect de réflexion de l'ordre de grandeur d'un B-29 ou supérieur.

d) En l'absence de cartes de couverture verticale et horizontale détaillées pour les sites radar spécifiques et de rapports météorologiques complets pour la zone pendant la période de temps où ces observations ont été notées, une étude ou une évaluation plus complète n'est pas possible pour le moment.

e) En résumé, aucun phénomène électronique connu, ni combinaison de plusieurs phénomènes électroniques ne pourrait concevablement produire toutes les observations couvertes par les rapports ci-joints.

4°) La fréquence des signalements de cette nature a récemment augmenté, des instructions ont donc été adressées à toutes les installations radar de ce commandement pour signaler les observations d'objets inhabituels à l'aide de la lunette.

5°) Il est recommandé que les rapports d'observations d'objets non identifiés soient reconsidérés pour être soumis par toutes les agences de la Zone de l'Armée de l'Air Intérieure.

Signé : Neal J. O'Brien,
colonel, USAF, adjudant général de l'air,
pour le général commandant.

Beaucoup de palabres inutiles, pour finalement apprendre quoi ? L »existence d'un OVNI plus grand qu'un bombardier B-29 !

1°) Ils veulent nous faire comprendre qu'une masse nuageuse chargée de glace, dont les nuages s'immobilisent, changent de direction de façon erratique et brutale, remontent ou descendent en altitude faisant fit du vent, s'immobilisant net bougeant à 675 Km/h en partant de zéro puis dans des accélérations à 2 400 km/h.

2°) Selon les autorités, les observateurs de la tour de contrôle confondent cela avec un OVNI, l'USAF et serait potentiellement prête à enclencher une attaque massive en cas d'attaque soviétique car leurs appareils de détection ne peuvent pas faire la différence entre un nuage et un avion ?

Nous ne pouvons le croire, d'autant plus risible qu'une puissance militaire comme les USA, possédant l'arme nucléaire ne distinguerait pas un nuage d'un avion et serait capable de tirer sur tout ce qui bouge ?

Ces termes sont plus que mensongers, le lecteur lira dans les pages suivantes de ce livre, que les pilotes offrent une version complètement distincte en parlant de deux OVNIS.

Pour les deux incidents, Wright Paterson AFB et Selfridge AFB, concluent :

« Nuages de glace, ballon météorologique, planète Vénus. »

Excerpt from Daily Intelligence Brief - Secret, Auth: CG, AMC, By:
Spencer Whedon, Date: 9 March 1950.

4. AMC INVESTIGATION OF REPORTS ON UNIDENTIFIED OBJECT (RESTRICTED)

AMC investigation of reports on the presence of an unidentified object in the air near Wright-Patterson AF Base, on 8 Mar 50, indicates that the reports resulted from 2 phenomena: ice-crystal clouds which reflected sunlight and registered on radar scopes; and visibility of the plant Venus, which is sometimes observed in daylight. Wright-Patterson pilots, dispatched to search for an object which had been registered on radar scopes, reported nothing but ice haze and clouds. Another pilot reported an object believed to have been Venus.

The following was sent in telecon to A-2

Ref AMC Daily Intelligence Brief dtd 9 March 1950.

AMC investigation of reports on the presence of an unidentified object in the air near Wright-Patterson AF Base, on 8 Mar 50, indicates that the reports resulted from 2 phenomena: ice-crystal clouds which reflected sunlight and registered on radar scopes; and visibility of the plant Venus, which is sometimes observed in daylight. Wright-Patterson pilots, dispatched to search for an object which had been registered on radar scopes, reported nothing but ice haze and clouds. Another pilot reported an object believed to have been Venus.

Ce sont trois possibilités, ils devraient se borner à une seule, trois ensemble font désordre et peu sérieuses, en fait Grudge soutient une version, l'ATIC une autre et l'USAF opte pour tout autre chose, ils n'arrivent même pas à se mettre d'accord entre-eux[124].

Mais quel radar militaire américain est-il capable de recevoir sur son écran la planète Vénus à 41 millions de kilomètres de la Terre ?

Nous devons insister au passage, qu'aucun pilote n'affirme avoir vu la planète Vénus, ces propos sont mensongers de la part de l'USAF, comble du vaudeville, cette planète Vénus étant située à 41 millions de km de la Terre, ne peut pas apparaître sur les écrans radars de la tour de contrôle et encore moins bouger, charger de place et d'altitude à différentes vélocités.

Que dire d'un supposé nuage chargé de glace, volant entre 2 400 km/h à 14 000 mètres descendant à 7 000 m, puis changeant de direction une nouvelle fois. Encore plus mystérieux, un second OVNI de plus petit format ,durant la même période de 45 minutes, entre 19h45 à 20h30 semble rester statique sur la zone dans laquelle volaient les chasseurs, se rapprochant parfois de leurs trajectoires, à 20 000 pieds (6 000 m) au-dessus d'eux, comme pour les observer, puis s'en éloignant un peu en retrait.

Une fois encore nous comprenons qu'il existe réellement un problème avec une désinformation permanente poussée à l'extrême de la part des autorités militaires américaines, au point de se vautrer face aux médias dans un vaudeville ridicule. Les témoignages des agents de la tour de contrôle, ainsi que des pilotes, étaient complètement différents de ce que l'USAF décrit dans ses commentaires sur l'affaire, voici par exemple le rapport original du Lieutenant Francis E. Parker, officier USAF qui signala un OVNI volant à plus de 2 400 km/h :

« Dans la nuit du 9 mars 1950, notre station radar était en opération pour surveiller le vol de nuit des unités du 56th Fighter Interceptor Group, Selfridge AFB, Michigan. Portée PPI (du AM / CPS-5 Radar Sight) en contact établi avec les F-80 déjà en vol. Le lieutenant Mattson, le sergent. McCarthy et le caporal. Melton, constituant le reste de notre équipe pour cette nuit, m'ont mentionné à ce moment qu'un avion avait été capté par intermittence sur le champ HRI du radar altimètre ANC/CPS-4 à 45 000 pieds ; et plus (au delà de 14 000 m).

---

[124] http://www.nicap.org/docs/500308wright-pat_docs.pdf

Je sais que l'altitude la plus élevée assignée aux F-80 était de 24000 pieds (7 300), la cible n'était pas visible à ce moment-là sur l'un ou l'autre des écrans radar, j'ai donc attribué le rapport de l'avion volant à haute altitude à des interférences, à l'inexpérience de l'équipage ou aux deux.

Au cours des quinze minutes suivantes, le reste de l'équipage, mentionné ci-dessus, a signalé à plusieurs reprises cette cible volant à haute altitude à des altitudes apparemment changeantes sans que je puisse faire demi-tour assez rapidement à partir de ma surveillance dans la zone, pour l'observer par moi-même. Enfin, cependant, j'ai vu cette cible qui était une présentation très étroite et claire sur la portée du NRI, se trouvant à environ 47 000 pieds (14 300 m), à environ soixante-dix (70) milles, et l'indication n'était certainement pas celle d'un nuage ou d'un phénomène atmosphérique.

J'ai vérifié les pilotes dans la zone par VHF et j'ai été assuré par le pilote du F-80 à l'altitude assignée la plus élevée qu'il était à 24 000 pieds. La clarté, l'étroitesse et la définition de la présentation étaient définitivement celles d'un avion. La cible a donné une présentation similaire à celle donnée par un F-80, quoi que ce fut, plus étroite. Il ne présentait certainement pas à ce moment-là une très grande surface réfléchissante vers notre station et je ne pouvais pas à ce moment capter la cible sur le CPS-5, excluant B-36 ou d'autres gros avions. »

D'autres indications sur cet avion ont été capturées par intermittence mais avec une régularité croissante pendant les 45 minutes suivantes, des entrées ont été faites de ces événements dans le journal du contrôleur. McCarthy dit que durant cette même période de 45 minutes, d'environ 19h45 à 20h30, la cible a semblé rester dans la zone dans laquelle volaient les chasseurs, se rapprochant parfois de leurs trajectoires, mais à 20 000 pieds (6 000 m) au-dessus d'eux.

Au cours de cette même période de 45 minutes, le lieutenant Mattson et d'autres membres de l'équipe radar à la tour de contrôle, signalent, à la fois à partir de la portée HRI de l'ANC/CPS-4 et d'une autre portée PPI de l'AN/CPS-5, que la cible plane dans une position fixe avant de progresser d'une position donnée à 270 degrés, 78 milles (125 km) à 45 000 pieds (13 700 m) à une position à 358 degrés, 53 milles (85 km). Ils lui attribuent une vitesse supérieure à 1 500 miles/h (2 414 km/h) pour cette course sur le radar, vitesse qui ne peut être justifiée scientifiquement, un pilote témoin poursuit :

« Je savais seulement que la cible était très rapide. J'ai observé au cours de cette période, en me retournant momentanément et en regardant la lunette HRI, plusieurs cas extrêmes de prise et de perte d'altitude. Je n'étais pas en mesure à ce moment de noter les chiffres réels, mais je l'ai observée perdre et gagner jusqu'à 20 000 pieds (6 000 m) très rapidement.

J'ai pu à 20h46, identifier cet appareil (il suppose que c'est un avion) sur mon télescope PPI (AN/CPS-5) et simultanément sur le télescope HRI. Les seuls chronométrages et chiffres réels que j'ai notés sur cette cible, je les ai faits pendant les six minutes de 20h46 à 20h52 pendant lesquelles cet avion donnait des indications sur les deux écrans sans faiblir.

J'ai noté la portée et l'azimut à la minute pour cette période et le Sgt. McCarthy a relevé les altitudes. Les temps du sergent. McCarthy étaient décalés comme mentionné ci-dessus, mais dans ce cas, en raison du fait que nous suivions tous les deux la même cible, j'ai reconstruit ces temps dans les miens, qui ont été pris au crayon gras directement sur la tête de la lunette, et plus tard retranscrit dans le rapport à mes supérieurs. Je suis pilote qualifié depuis le 12 avril 1943 et j'ai été affecté à des fonctions de contrôleur pendant environ deux ans et demi. »

Signé Francis E.Parker, 1er lieutenant USAF.

Commentaire du Nicap :

« Il est tout à fait évident que ce qui y est détecté n'est pas un ballon. Vitesse, changements d'altitude, périodes de vol stationnaire, accélérations, tout cela exclut complètement une explication en ballon. A noter que l'émerveillement du Lieutenant Parker est bien causé par les performances et le comportement de l'objet, impossibles pour le meilleur chasseur à réaction de l'époque, le F-80, présent ici. Comment le personnel de Grudge pouvait-il estimer qu'un écho d'une telle nature pouvait être un ballon alors que le problème était que l'écho indiquait un comportement impossible pour les chasseurs à réaction de l'USAF ? Tout simplement parce qu'à cette période de l'histoire des OVNIS, la politique était qu'ils n'existaient pas, créant un état de négligence totale dans le traitement des signalements d'OVNIS. Il n'y a pas eu de recherche, tout ce qui a été fait était d'étiqueter toute observation avec une explication. »

Remarque de l'auteur :

Ajoutons que leurs explications étaient plus que douteuses, non scientifiques, hors de propos et mensongères malgré une observation corroborée par deux radars distincts.

De plus, lorsque Don Berliner consulte les résumés de cas inexpliqués du projet Blue Book dans les archives de l'Air Force en 1974, il tombe sur le résumé de l'ATIC suivant : « Le 3 mars 1950, Selfridge AFB, Michigan. 23h05, témoin, le lieutenant Frank Mattson, une lumière jaunâtre intense et terne est descendue verticalement, puis a volé droit et en palier très rapidement pendant 4 minutes. »

De deux choses l'une : soit le lieutenant Mattson fait référence à une autre observation le même jour au même endroit, soit cela concerne le même phénomène. Le radar n'aurait pas pu indiquer que l'OVNI est apparu comme une lumière intense jaunâtre terne, le dossier Blue Book place donc en évidence factuelle qu'une observation visuelle directe de l'OVNI fut avérée, cela exclut un ballon ou un nuage chargé de glace.

Près de Selfridge AFB, dans le Michigan, le 3 mars 1950, puis les 8 et 9 mars 1950, un ou des engins volants sont détectés de manière fiable par deux instruments mesurant des données physiques, tous deux en bon état de fonctionnement et utilisés par du personnel hautement qualifié. Les erreurs de mesure sont exclues, les deux sont corroborés, les effets météorologiques, interférences et autres facteurs courants ne pouvaient pas affecter les appareils.

Malgré cela, l'US Air Force conclut qu'il s'agissait probablement d'un ballon, mais c'est stupide puisque l'engin quel qu'il soit, montrait un comportement de vol qui ne peut pas du tout correspondre à celui d'un ballon, en fait, il exclut techniquement, tout avion ou engin volant d'origine humaine, que ce soit en 1950 ou 50 ans plus tard, souvenons-nous que les vitesses signalées furent supérieures à 2 400 km/h, quel ballon ferait cela ? Ce comportement excluait également tout phénomène naturel de type météo à plasma connu à ce jour. L'OVNI pouvait stationner fixement et partir instantanément de 0 à environ 420 mph (675 km/h). Sur d'autres documents un pilote rapporte que cet objet dépassait sa vitesse, aurait tourné autour de lui très vite comme pour l'observer et serait reparti en le semant sur place[125].

---

[125] NICAP : Liste des cas considérés par Blue Book comme expliqués.

Rapport du Lieutenant Francis E.Parker, 1st Lt. USAF 1950, NARA National Archives, Project Blue Book archives, Washington DC, USA, copie disponible au CUFOS.

Memo for the Commanding General, Directorate of Intelligence, par Neal J. O'Brien, Col., Air Adjutant General, USAF 1950, NARA National Archives, Project Blue Book archives, Washington DC, USA, copie disponible au CUFOS.
Livre du professeur J.Allen Hynek, astronome, consultant Blue Book : The Hynek UFO Report, Dell Publishing Co, New York, 1977.

J. Allen Hynek : Nouveau rapport sur les OVNIS, (traduction française de The Hynek UFO Report), Belfond, France, 1979.

Digression de l'auteur sur :

Le 3°) Document Confidentiel : Signalement du 11 mai 1950, Air Force Office of Special Investigations. Selfridge AFB ufo, paragraphe d). :

E.J.Ruppelt était en colère envers ses employeurs : « Les pouvoirs en place sont anti-soucoupes volantes et pour rester en leur faveur, il incombe à chacun de suivre leur exemple. »[126] Seize ans plus tard, en 1966 Selfridge revient sur le devant de la scène médiatique ufologique : le 14 mars 1966, canton de Lima, les adjoints du shérif du comté de Washtenaw repèrent quatre étranges objets volants dans le ciel, se déplaçant à grande vitesse. Les forces de l'ordre de Livingston Co, Monroe Co, Sylvania, OH et de la base aérienne de Selfridge, près du mont Clemens, signalent également des objets rouge vert se déplaçant à des vitesses fantastiques.

Le même jour, l'US Air Force et la Défense civile ouvrent une enquête sur les incidents, et la CIA leur demande de fermer le dossier immédiatement.

Une affaire suivie par le directeur de la CIA, Walter B. Smith.

Le capitaine Ruppelt considère le Projet Grudge comme un exercice de dérision et de démystification, dans son livre, il a décrit le Projet Grudge comme un collectif dont l'objectif, est de se débarrasser des OVNIS. Cela n'a jamais été spécifié de cette manière par écrit, mais il ne lui a pas fallu beaucoup d'efforts pour le comprendre : « Cet objectif non écrit se reflétait dans chaque note, rapport et directive. Pour atteindre leur but, les membres du Project Grudge se lancent dans une campagne qui a ouvert une nouvelle ère dans l'histoire des OVNIS. Si l'on pouvait choisir une époque comparative dans l'histoire du monde, l'âge des ténèbres serait le plus approprié. »[127]

Le DCI Walter B.Smith suivait personnellement deux dossiers posés sur son bureau, ils reflètent bien cette année 1952, car en termes d'activité elle a été une année chargée.

Dossier n°1) du 4 décembre 1952, Texas : l'attaque de Laredo.

Dossier n°2), l'incident du début décembre, vers la fin de la vague de 1952, implique tout l'équipage d'un bombardier B-29, qui, à la fois visuellement et au radar, six OVNIS distincts alors qu'ils rentraient à la base à environ 100 milles au large des côtes de la Louisiane.

---

[126] J. Allen Hynek, The Hynek UFO Report, edited by Dell Publishing Co.New York, 1977.
[127] Ruppelt : Le rapport sur les objets volants non identifiés (1956), Chapitre N°5, p. 60.

Dans la nuit du 4 décembre 1952, un pilote atterrit affolé à l'aéroport de Laredo au Texas, cet incident fut rendu public par Donald Keyhoe qui baptise l'affaire : Earl Fogle, car les services secrets lui ont interdit de citer les noms réels des témoins militaires[128].

Le pilote au nom d'emprunt Fogle, rapporte qu'il se trouve à 20 kilomètres de la base lorsqu'un objet volant non identifié de couleur bleue faillit entrer en collision avec son F-51. Cet objet inconnu de précipite sur lui à toute vitesse, pour in extremis, à la dernière seconde, l'éviter de justesse, et passer presque à le toucher à une vitesse effarante. Fogle voit l'OVNI se cabrer net, littéralement comme une balle qui rebondit, puis repartir instantanément avant d'entrer en collision pour revenir vers lui quelques secondes après, comme s'il préparait une seconde confrontation avec une passage d'intimidation aussi dangereux que le précédent.

Fogle coupe ses feux de signalisation et descend en vrille, l'OVNI ne le lâche pas jusqu'à 600 mètres puis arrête enfin de le suivre, reprenant de la hauteur, il décrit un large virage en direction de la base aérienne de Laredo, puis changeant de nouveau de cap selon un angle très serré, toujours en ascension rapide, disparaît dans la nuit. sans autre forme de contact radar au sol : « L'engin mystérieux se mit vite au niveau de l'avion et décrivit de larges cercles a une vitesse extraordinaire, puis tout à coup, il prit de la hauteur et en quelques secondes, monta jusqu'à près de 3 000 mètres avant de revenir aussitôt à son altitude précédente. Fogle n'en croyait pas ses yeux. La curieuse machine évoluait si vite qu'il ne pouvait en discerner que la lueur bleue et éclatante. »[129]

Selon Fran Ridge pour le Nicap :

« Ce rapport (Keyhoe l'appelait Earl Fogle, un pseudonyme) est le cas n°1, répertorié sur la liste de cas soumis à autorisation officielle de l'Air Force d'Albert pour M. Chop. J'avais lu pour la première fois ce sujet dans les livres de Keyhoe. »

Curieusement, encore un autre bon incident OVNI non répertorié parmi les inconnues originales du Blue Book. Nos remerciements à Jan Aldrich pour la documentation qu'il a fournie en octobre 2003. » : « Le 4 décembre 1952. à 8 milles (13 km) au sud-ouest de Laredo, Texas 20h46-20h56.

---

[128] A Ribera : Ces Mystérieux OVNI, jusqu'à présent ils nous ont épiés, mais demain ?, Editions de Vecchi, 1976, p. 180 - 181.

[129] Donald E.Keyhoe : Le Dossier des Soucoupes Volantes, Hachette, 1954, p. 26.

Le lieutenant Robert O.Arnold, pilote de l'USAF au 3640th Pilot Taining Wing, Laredo AFB, aux commandes d'un avion d'entraînement T-28 à 6 000 pieds (1,8 km) et à une vitesse de 180 nœuds (333 km/h), voit un objet brillant blanc bleuté en dessous de lui à environ 1500-2 000 pieds (457- 610 m). Montant rapidement vers son niveau, ne montrant aucun feu de navigation. L'OVNi intrigue suffisamment Arnold qui resserre son virage à gauche pour le garder en vue. L'objet grimpe soudainement en quelques secondes à environ 9000 pieds (2 743 m) puis redescend à son altitude initiale à 6 milles au sud-est de la base aérienne où il s'arrête et plané. Arnold poursuit son cap, il peut voir l'objet telle une forme rougeâtre bleuâtre floue qui monte rapidement à 15 000 pieds (4572 m), puis tournant à gauche comme si elle se positionne pour un autre passage, obligeant Arnold dans la peur a éteindre ses feux de circulation, et descendre en spirale à 1 500 pieds (457 m) tout en gardant l'objet en vue alors qu'il continue à se diriger vers lui en piqué avent de se relever et a grimper hors de sa vue. La suite est celle que l'on connaît. » L'air Force saborde le dossier, dissimule les caractéristiques techniques de vol piloté ou intelligent de l'OVNI dans l'Affaire d'Arnold et fait de même pour un autre cas connu sous le nom de Laredo UFO Crash, qui s'est produit presque exactement un an après le célèbre incident d'OVNI de Roswell.

De quoi s'agit-il ? Que dissimule l'intérêt du directeur de la CIA pour Laredo ?

Signalons une analogie, certes dans une digression temporelle lointaine dans le passé mais qui souligne un lien de similitude significative évident entres ces mystères qui occupent les pensées du directeur de la CIA le DCI Walter B. Smith : « Le 8 avril 1913, une ombre étrange fut vue au-dessus des nuages de Fort Worth, Texas, elle paraissait causée par un vaste objet planant immobile sans bouger. Bien que les nuages se déplaçaient en dessous, l'ombre resta statique à la même place occultant la lumière solaire, puis elle se rétrécit et s'effaça, donnant la nette impression qu'il s'agissait d'un objet gigantesque qui s'élevait verticalement dans le ciel. Il s'ajoute au crash d'Aurora au Texas, le 17 avril 1897, dans la série des plus grandes énigmes de cet état américain. »[130]

---

[130] Journal : Weather Review, n°4-599 de 1913.

D.Keyhoe : Les Soucoupes Volantes existent, Correa, Paris, 1951, p.83.

L'Air Force continue à détruire des affaires significatives pour la recherche OVNI sur ordre de la CIA,

a°) Affaire sabordée par l'USAF en Arizona :

« Le 3 avril 1952, au matin à Benson, Arizona, sur un ciel clair, un objet très brillant de forme ovalaire ou discoïdale ovoïde, dépourvu d'ailes et paraissant six fois plus grand que l'envergure d'un B-29 soit entre 250 et 300 m de diamètre, reste suspendu dans les airs pendant une heure sans bouger. Son observation est confirmée depuis le cockpit d'un avion volant à 5 000 mètres, avec aux commandes un pilote expérimenté de vingt-cinq ans de métier. L'objet, qui ne ressemble à aucun avion ou type de ballon sonde connu, fut également signalé par les quatre membres de l'équipage d'un avion de la Marana Air Base. Trois d'entre eux avaient servi dans l'aéronavale durant la deuxième guerre mondiale. »[131]

b°) Affaire d'avril 1952, vers Chicago, Illinois

Selon un article du Chicago Tribune, cinq témoins de confiance, disent avoir vu des soucoupes volantes près des A-Tests, au moins 18 objets circulaires ont été comptés : « Las Vegas, Nevada, un vol de soucoupes volantes près du site d'essai du Nevada, où d'importants nouveaux tests atomiques sont en cours, est signalé par cinq hommes à la base aérienne de Nellis, près de Las Vegas. Le sergent Orville Lawson, Rudy Toncer, le contremaître de l'atelier de tôlerie, et les ouvriers de l'atelier R.K. Van Houten, Edward Gregory et Charles Ruliffson., comptent 18 objets circulaires d'un blanc terne traversant le ciel au nord de la base aérienne hier, en direction vers l'est ce qui les a apparemment emmenés directement au-dessus et très près du terrain d'essai des armes atomiques. Les objets, dont les hommes ont déclaré qu'ils n'étaient ni des avions ni des ballons d'observation, volaient en formation irrégulière et l'un d'eux était sur la droite, se déplaçant en zigzag. Les hommes ont estimé qu'ils évoluaient à 40 000 pieds (12000 m) d'altitude, se déplaçaient à une vitesse d'au moins 1 200 milles/h (2 000 km/h), ne laissant aucune traînée de fumée ou de vapeur.

---

[131] Bisabee Daily Revew du 4 avril 1952.
Nogales Herald du 4 avril 1952.
Phoenix Gazette du 4 avril 1952.
San Diego Union du 4 avril 1952.

Desmond Leslie et George Adamnski : Les soucoupes volantes ont atterri, version française traduite par Philippe Mallory, La Colombe, Paris, 1954, p. 57-58.

Van Houten les vit le premier et attira l'attention des autres hommes sur les objets en vue pendant environ une demi-minute avant de disparaître à l'est. »

Ted Bloetcher du Nicap rectifiera les erreurs des journalistes dans une lettre datée du 28 avril 1952 : « Il m'a été demandé de rapporter notre observation, j'ai donné tous les articles de journaux à des amis et parents, en bref, voici ce que nous avons vu : le 18 avril 1952 à 12h05 (c'était le 17/04 selon les bulletins d'information du journal), environ 18 soucoupes ont été vues au-dessus de nos têtes, au nord de la base aérienne de Nellis, se dirigeant vers le nord-est. Elles étaient en vue environ 30 secondes à une altitude fixe de 40 000 pieds (12 000 m). Les témoins étaient R.Toner (attention à l'orthographe le journal s'est trompé), le contremaître de la tôlerie C.John, mécanicien, C.Ruliffson, pilote civil, E.Gregory et R.Vance, mécaniciens, et moi-même R.Van Houten, le sergent O.Lawson, K.Lauritzen et J.Corn. (N'utilisez pas le nom de Lawson dans la publication car il souhaite conserver l'anonymat) Après que cette observation ait été rapportée aux journaux et à la radio, les gars du hangar nous ont apporté le signalement d'une observation précédente dont ils n'osaient rien dire de peur du ridicule public.

Voici leur observation :

« Le 3 avril 1952, à 14h45, environ 12 à 15 soucoupes ont été vues au-dessus de la base aérienne de Nellis dans une direction ouest tournant vers le nord. En vue pendant environ trois minutes, à environ 40 000 pieds d'altitude (12 à 13 000 m). Les témoins étaient G.O. Royle et K.M. Coates, tous deux civils, les sergent chefs S.Michaels et H.Belcher et le sergent H.Lowe. Si vous désirez une histoire détaillée sur l'observation du 18 avril, faites le moi savoir et je vous fournirai un témoignage oculaire. J'ai écrit à True Magazine pour leur offrir la même histoire et j'ai également envoyé une coupure de journal avec le signalement de la boule de feu vue à Caliente, Nevada, le 16 avril à 21h45 par un concierge de l'école. »

Signé R.K.Van Houten,
1209 Virginia City Ave. Las Vegas, Nevada.

« PS. Il y a une zone à environ 90 milles d'ici qui continue de rapporter des observations avec certaines vues aux 3/4 montrant clairement une épaisseur de profil aérodynamique comme une amande. Cette zone s'appelle : Cactus Springs. »

3°) Dayton, l'incident qu'il fallait cacher.

Le 23 janvier 1953, peu avant minuit, la base de Wright Patterson reçut un message très Urgent destiné à Blue Book :

« Au cours d'un vol d'entraînement entre Moody, Lawson et Robins, trois bases aériennes situées en Géorgie, le pilote d'un F-16 volant à 1800 mètres d'altitude aperçut une lumière blanche très brillante. Pour se rapprocher de celle-ci, il se mit en piqué jusqu'à atteindre la ligne rouge de ses capacités sur le machmètre. Au plus près possible, il constata qu'elle avait changé de couleur, passant du blanc au rouge, pour redevenir blanche quelques dix secondes après. Par radio, il apprend que les services de repérage et contrôle de l'Armée de l'Air ont référencié ce vol inconnu sur leurs écrans. »

Sur ordre supérieur, le rapport de cette affaire est classé sans suites. Lors de la réunion des Officiers de Réserve de l'Air Force, le 1° juin 1953 au Veterans Administration Building, Al Chop anciennement Public Relations Head du Projet Soucoupes Volantes pour l'Air Corps à Washington, actuellement Public Relations Head du Pentagone chargé du contrôle de toutes les déclarations publiques ou officielles concernant les soucoupes volantes, fit certaines révélations, voici quelques extraits de ses propos durant le meeting avec les officiers :

1°) Plus de 3 000 cas de signalements d'OVNIS, ont été examinés par l'Air Force, et 25 % de ces cas ont été retenus comme authentiques et inexplicables, soit 750 cas avérés.

Note de l'auteur : 12 618 pour l'USAF et 45 000 pour Ruppelt.

2°) L'Air Force affirmait catégoriquement que ses services ne produisaient rien qui ressemblait de près ou de loin aux soucoupes volantes, et l'Intelligence Department était certain qu'aucun autre pays dans le monde n'en était non plus responsable. Quoi qu'il en soit, l'Air Force se refusait nettement à admettre l'origine interplanétaire des soucoupes, tout en concédant que ce n'était pas impossible. Une telle déclaration en l'absence de toute certitude inciterait le public à demander des preuves et placerait l'Air Force dans une situation impossible. L'une des difficultés consistait à obtenir des sommités scientifiques qu'elles étudient le problème mais que les savants craignant de paraître ridicules n'admettaient pour beaucoup d'entre eux qu'exclusivement dans le privé, qu'elles n'appartenaient en tout cas pas à la planète Terre.

3°) Les apparitions sur Washington, confirmées au radar et par les pilotes d'interception, eurent pour résultat de convaincre les officiers de l'Air Force, qu'il s'agissait là d'énergies sur lesquelles ils ne savaient rien.

4°) Au commencement, les pilotes de l'US Air Force avaient l'ordre de tirer sur tout appareil non identifié. Mais la consigne changea et fut ensuite de rester sur une prudence expectative et de ne tirer que s'ils étaient attaqués.

5°) Les altitudes atteintes par les soucoupes dépassent toutes les possibilités de nos avions. On a souvent observé des vitesses de plus de 11 000 km/h, vitesses enregistrées avec précision.

Note de l'auteur : les vitesses allaient jusqu'à 35 000 à 100 000 km/h).

6°) La ré étude du dossier Mantell ne servirait plus aujourd'hui à grand chose car le cas est maintenant trop ancien, l'Air Force, examinant aujourd'hui un cas analogue aboutirait à peut être des conclusions différentes. L'affirmation que Mantell poursuivait la planète Vénus était un peu faible de la part de l'Air Force[132]. Alors que Mantell dit ceci : « J'ai vu l'objet. Il est au-dessus de moi. Je vais essayer de m'en approcher pour mieux le voir, semble métallique, terriblement grand, environ 170 m de circonférence, prend de la hauteur, vole à la même vitesse que moi, je vais le suivre jusqu'à 6 600. » Entre 16h00 et 16h30, le même objet lumineux est observé par de nombreux témoins au-dessus de Madisonville, Elizabethtown et Lexington, Kentucky. À 17h00, on retrouve, à côté d'une ferme près de Franklin, à plus de 145 km de la base de Godman, les restes de l'appareil du capitaine Mantell éparpillés sur plusieurs kilomètres carrés. C'est la fermière qui prévient les secours après avoir assisté à sa chute. Le corps de Mantell est retrouvé sanglé dans son cockpit, sa montre arrêtée sur 15h18. D'après les instruments de bord, l'avion était monté jusqu'à une altitude de 9 000 mètres poursuivant diront-ils la planète Vénus ! Le commandant de Godman Field, le colonel Guy Hix, souligne à plusieurs reprises dans ses déclarations aux enquêteurs et à la presse que l'OVNI n'a jamais semblé se déplacer pendant l'heure et demie où il l'a vu, ses officiers disent la même chose que lui, aucun mouvement apparent en position fixe[133]. Guy Hix et son adjoint, l'inspecteur de la base, le lieutenant-colonel E.Garrison Wood, estiment la taille angulaire de l'OVNI à 1/2, 1/4 et 1/10 de la pleine lune, reflétant apparemment une augmentation progressive de la distance en s'éloignant des observateurs sans se déplacer sensiblement vers le haut, bas, la droite ou la gauche.

---

[132] Desmond Leslie et George Adamnski : Les soucoupes volantes ont atterri, version française traduite par Philippe Mallory, La Colombe, Paris, 1954, Appendice, p. 231 à 235.

[133] http://www.nicap.org/mantellcomp.htm#Part3-2

Voici les déclarations retentissantes d'E.Garrison Wood au Project Sign reproduites dans l'entretien de Guy Hix dans le Louisville Courier Journal du 8 janvier 1948[134] : « Si l'OVNI avait une taille d'environ 300 pieds (91 m), comme les premiers témoins l'ont rapporté à la police d'État, initialement d'environ 1/2 Pleine Lune en taille angulaire comme on le voit depuis la tour Godman, alors il aurait été à environ 12 milles 19 km.

S'il reculait au point où il était environ 1/10 de Pleine Lune, ou cinq fois plus petit en taille apparente, alors sa distance aurait augmenté du même facteur de cinq, à environ 60 milles de Godman (96 km au sud sud-ouest), ou très près de Bowling Green, Kentucky, près de l'endroit où Mantell et ses ailiers allaient bientôt se séparer. Cela représente une vitesse modeste de seulement 240 mph/h (386 km/h) dans la chronologie de l'incident, moins que les 300 mph/h (483 km/h) de Mantell, mais l'OVNI resterait en tête car il a une avance initiale de 12 miles (19 km entre lui et Mantell). Cela correspond au rapport de Mantell selon lequel l'objet voyageait au début de la poursuite plus lentement que lui. Si l'OVNI était à peu près à 10 degrés au-dessus de l'horizon (comme les données l'indiquent) et s'il maintenait cette élévation tout au long de la poursuite de Mantell de sorte qu'il ne semble pas s'être déplacé vers le colonel Hix, alors quand il était à 12 milles de distance il aurait été à une altitude d'environ 10 000 pieds. »

Lorsque l'OVNI fut à 60 miles de distance, il aurait volé à environ 50 000 pieds d'altitude (15 000 m en augmentant d'un facteur cinq tout proportionnellement comme la distance). Il s'agit d'une géométrie simple pour maintenir l'apparente d'absence de mouvement depuis la position de Godman. Cela représenterait également un taux de montée d'environ 3 300 pieds (1000 m) par minute (60 000 m/h) pendant les douze premières minutes de la poursuite de Mantell jusqu'à ce qu'ils atteignent les environs de Bowling Green et c'était au-delà du taux de montée maximal des capacités de son F-51D. Au moment où Mantell est arrivé à Bowling Green, l'OVNI aurait été presque directement au-dessus de Mantell, à 50 000 pieds et toujours en train de grimper, bien au-dessus du plafond du F-51D d'environ 42 000 pieds, donc inaccessible, Mantell n'était encore qu'à environ 20 000 pieds 6 000 m.

Cela correspond au rapport radio de Mantell selon lequel l'OVNI était bien au-dessus de lui et en augmentation de vitesse, de sorte qu'il ne pouvait pas le rattraper. À ce stade, alors que Mantell se rapprochait, l'OVNI devait au moins avoir augmenté son allure par rapport aux 300 mph (480 km/h) de Mantell.

---

[134] Extrait de l'nalyse de Brad Sparks pour le Nicap :

http://www.nicap.org/mantellcomp.htm#Part3-2

Le secret a été enterré avec succès pendant 60 ans, pourtant, le 7 janvier 1948, vers 13h00, plusieurs dizaines de témoins signalent aux autorités locales la présence d'un objet rond, lumineux et de grande taille à la verticale de Madisonville (Kentucky) se dirigeant lentement vers le sud. Si Mantell s'est évanoui près de Godman Field, comme il aurait dû le faire selon l'histoire officielle, alors comment a-t-il réussi à s'écraser à 92 miles (148 km) de là, traversant l'État du Kentucky près de la frontière du Tennessee à 15h18 ?

L'avion de Mantell n'aurait pas pu couvrir les 92 miles jusqu'au site de l'accident en seulement 23 minutes de poursuite, comme déterminé par la chronologie corrigée, mais seulement 77 miles en 23 minutes à 200 mph, le portant à environ 15 miles des coordonnées exactes du site de l'accident (à 36-40-16 N, 86-35-12 W), à environ 92 miles (148 km) du début du poursuite à Godman Tower.

L'avion de Mantell aurait eu besoin d'environ 28 minutes pour parcourir cette distance de 92 miles (124 km) à sa vitesse de montée maximale de 200 mph (322 km/h), mais la chronologie ne permet pas plus de 23 minutes (de 14h55 à 15h18) et certainement beaucoup moins, seulement environ 19 minutes, si l'on exclut le plongeon fatal comme n'avançant pas beaucoup plus sur la mesure de distance horizontale parcourue par lui.

Comme on le voit, le rapport officiel de l'incident est faux, l'Air Force à menti tout au long de l'enquête, nous venons de le démontrer grâce à l'analyse de Brad Sparks pour le Nicap, les données techniques des capacités maximales de l'avion et mesures radar sont contraires à la vérité.

A chacun de tirer les conclusions qui s'imposent.

Jusqu'à preuve du contraire, les phénomènes que l'on ramène à une origine naturelle aléatoire et incompréhensible, c'est à dire les vols et orientations de phénomènes OVNIS sont un ensemble de manifestations obéissant aux lois du hasard, posent problème.

Et non seulement pour les scientifiques, car le hasard n'a pas pour habitude d'ordonner les choses suivant des mouvements et orientations simultanés, coordonnés et intelligents, mais aussi parce que comètes, météorites, boules de foudre et autres supports aux théoriciens du déboulonnage ufologique, ne reviennent pas en marche arrière, ou changent d'orientation en tombant doucement vers le sol pour repartir instantanément vers le ciel, se figer et reprendre une ligne droite horizontale pour disparaître à une vitesse ahurissante.

Tout ce que nous venons d'énumérer, constitue déjà en soi un tour de force qui en plus de frapper l'imagination des témoins, nous oblige à constater les limites inacceptables de notre physique traditionnelle connue, et cela beaucoup ne sont pas disposés à l'admettre. Selon Jean-Charles Fumoux, dans l'épais dossier des OVNI, il existe trois cas qui si besoin était, pouvaient accréditer la thèse ufologique dans sa globalité, il s'agit de trois observations factuelles qui se sont déroulées le 17 juillet 1952. La même formation de six disques a en effet été aperçue à quelques heures d'intervalle et cela, sur une trajectoire de 30 000 km.

1°) La première de ces observations eut lieu à 2h00 du matin dans la proche banlieue de Washington. A cette heure-là, un ingénieur radio, Henri Lewis, venait de terminer son travail et quittait la station o il était employé. Juste avant de monter dans sa voiture, il aperçoit venant de l'ouest, six disques de couleur orangée qui le suivent. Il les observe ainsi quelques secondes, puis d'un coup, il les voit virer sur le sud à angle droit et en prenant de l'altitude à une vitesse vertigineuse.

2°) En tenant compte du décalage horaire, une demi-heure plus tard, ces objets se trouvaient à 1 200 km de Washington, au-dessus de Buenos Aires, où un groupe d'ouvriers les observeront pendant quelques minutes. Les soucoupes volantes arrivent donc à Buenos Aires à grande vitesse, décrivent plusieurs cercles, puis repartent comme elles sont venues en direction du nord-ouest, dans une accélération et vitesse extraordinaires.

Note de l'auteur : Nous apprenons de Blue Book des faits connexes massifs qui se sont déroulés avant ou pendant l'incident des soucoupes ayant traversé le globe en 1952, ainsi, le 16 juin 1952 :

1°) Le 16 juin 1952 Roswell Air Force base, il est 20h30, le sergent James C.Sparks spécialiste maintenance sur bombardier B-29 voit à un mile de distance un objet vers le sud-est environ 5 à 7 soucoupes volantes couleur gris argenté, volant en formation de demi-Lune à environ 1 000 km/h direction nord ouest vers 5 000 pieds d'altitude, disparaissant au bout de 1 à deux miles. Presque au-dessus de sa tête, l'objet à droite ou à l'est a brisé la formation de 10° plus loin à droite. Pas de moteur ou autre bruit et pas d'aéronef en ligne de vol pouvant masquer le son. Pas de moyen de propulsion visible. »

2°) Le 17 juin 1952 tel que relaté dans : Project Blue Book UFO 2200 Unknowns : « Cape Cod, Mass, 1h28 du matin (vol de nuit) un pilote de l'USAF à bord d'un F-94 signale qu'une lumière comme une étoile croise le nez de son jet à réaction, pas d'autres informations dans les fichiers. »

3°) Le 17 juin 1952, McChord AFB, Washington, entre 19h30 et 22h30 le soir, de nombreux témoins militaires ont vu 1-5 gros objets argentés jaunes voler erratiquement, s'arrêter et repartir.

4°) Le 18 juin 1952 à 100 miles vers l'est de March AFB, Californie (BBU), un OVNI suit un bombardier B-25 pendant 30 minutes avant de s'envoler à grande vitesse, semant la paniqua à bord et au sol, aucune explication n'a pu être trouvée pour et il a été classé comme objet volant inconnu[135].

L'US Air Force n'a pas communiqué le dossier de poursuite par des jets intercepteurs engagés.

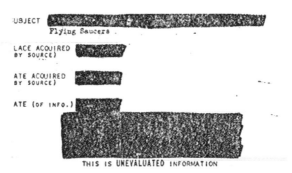

Je pourrais continuer à lister des centaines d'autres exemples, pour 1947, 1951, 1952, 1954, des milliers de recensements, Ruppelt annonce la couleur : 45 000 signalements.[136]

On a single day, June 24, 1947, UFOs began appearing all over the United States, mostly over military bases and installations. And in the coming years, up through 1951, there were 45,000 sightings reported to Captain Ruppelt's Project Blue Book and the two similar projects before: Project Grudge and Project Sign.

Captain Ruppelt says that of these 45,000 UFO sightings, Project Blue Book carefully selected 750 to study in intense detail. What they found is stunning, and it becomes clear why our government wanted to hide this knowledge from us. The United States found itself in the midst of an apparent "invasion" from a force that was far superior technologically to ourselves — and they knew not where this invasion was coming from.

---

[135] Ruppelt p. 146.
[136] Edward J. Ruppelt : The Report on Unidentified Flying Objects, Introduction, Drunvalo Melchizedek, p. 1.

Photographie source déclassifiée de la CIA

Deux OVNIS suivent un hélicoptère de la Navy.

13 novembre 1966 – Zanesville, Ohio, USA., source Blue Book.

L'Air Force dément catégoriquement les rumeurs depuis 1947, il n'y a jamais eu de Hangar 18 nulle part sur Wright Patterson. Face à ce mensonge grossier, au bout cinquante ans, nous finissons par apprendre le 13 janvier 2022 grâce à l'article de Leslie Heck que, le directeur des logiciels de l'Air Force a récemment désigné le Hangar 18 comme laboratoire de recherche pour des logiciels d'ingénierie numérique (AFRL) dans le secteur B de Wright Patterson, la flèche noire pointe vers le hangar 23 du complexe du bâtiment 18[137].

Selon un examen des installations situées dans la zone B sur la base Wright Patterson menée par le ministère de l'Intérieur au début des années 1990, le bâtiment n°18-F était l'un des 7 bâtiments (18 numérotés a, b, c, d, e, f, g) constituant le Power Plant Laboratory Complex, dont la fonction initiale était la poursuite de recherches sur les moteurs d'avions, toutefois durant la Seconde Guerre Mondiale, d'autres structures sont ajoutées au fur et à mesure que son rôle s'élargissait...

Initialement construit en 1928, le Building 18 était le principal laboratoire de recherche, avec les bâtiments 18-A, bureau du laboratoire.

WRIGHT FIELD LABORATORY

FIRST FLOOR PLAN

---

[137] Thomas J.Carey, Donald R.Schmitt, Stanton T.Friedman : Ufo secrets inside Wright-Patterson, New Page Books (1er juin 2019).

Base en 1945, source : History Office Air Force Life Cycle Management Center Air Force Materiel Command Wright-Patterson Air Force Base, Ohio, 2015, p.14.

Intéressons nous tout particulièrement au bâtiment 18-F, construit en 1945, décrit dans les sources ufologiques comme contenant quatre chambres froides pour les essais de moteurs à basses températures. Ces chambres froides ventilées à l'extérieur via le côté ouest de l'immeuble dégageaient des odeurs étranges et incompatibles avec l'idée d'une simple réfrigération pour des tests moteurs, Il est à retenir que la moitié coté est, de ce bâtiment contenait l'équipement cryogénique, une chambre forte de transformateur, bureaux, aires d'entreposage et sous-sols....

Hangar 18-F bâtiment réfrigéré.

Hangar 18 et les corps extraterrestres

Leonard Strinfield rapporte le témoignage surprenant, d'une femme, Mme G. qui travailla longtemps à Wright Patterson dans un service appartenant au secteur de très haute sécurité. Son service était spécialement affecté au recueil des informations sur les OVNI, elle travailla de 1940 à 1950 à la Division du Matériel Etranger (Foreign Material Division du Material Air Command, et ne faisait pas directement partie des membres du projet Blue Book). Dans ses recherches, Leonard H.Stringfield étudia bien sûr, de nombreux récits, mais deux assez fascinants furent portés à son attention par le chercheur Charles Wilhelm, ce dernier se souvient qu'en 1959, une dame vivant seule à Price Hill, Cincinnati, l'avait embauché pour tondre son gazon tout l'été. Elle était au courant de son intérêt pour le sujet OVNI, mais en elle n'en avait jamais ou très peu parlé jusqu'à ce qu'elle tombe malade d'un cancer.

Sachant qu'il lui restait peu de temps à vivre, elle appela Charles Wilhelm à son chevet pour lui révéler une histoire surprenante. Elle soutenait fermement qu'elle avait eu une habilitation de niveau Top Secret dans son travail passé à Wright Patterson. Au cours de son activité professionnelle sur ce site militaire, elle avait vu deux engins en forme de soucoupe dans un hangar secret n°18 (dont l'Air Force nie l'existence).

Un engin était intact, l'autre, endommagé, cette femme se souvient également deux petites créatures conservées à l'intérieur d'un autre bâtiment secret et réfrigéré (nous avons retrouvé des photographies de ce lieu le 18-F) de plus, elle s'était personnellement occupée de la paperasse de leur rapport d'autopsie. Mme G., atteste qu'en 1955, lors de réparations effectuées sur les installations cryogènes d'une salle située à proximité de son bureau, elle a assisté au convoyage des corps de deux humanoïdes à tête volumineuse.

Ses propos sont corroborés par le témoignage d'un électricien civil qui réalisait des réparations.

Cette personne témoigna en 1959, alors qu'elle se savait atteinte d'un cancer incurable et ses propos furent enregistrés par Charles Wilhelm, ufologue américain, Mme G., elle délivra à cet ufologue un certificat sur l'honneur.

Stringfield déclare : « Wilhelm a reçu confirmation de l'histoire par un ami, membre de la réserve de l'armée dont le père a travaillé avec le projet Blue Book à Wright Patterson avec un haut degré d'habilitation de sécurité. Au moment de sa mort, il a parlé à son fils au sujet des deux engins en forme de disque et de quatre petits corps extraterrestres préservés. »

Vingt ans plus tard, l'idée d'un Hangar 18 où de tels secrets seraient gardés à Wright Patterson est popularisée dans la culture populaire, notamment suite au film Hangar 18 sorti en 1980.

Nous apprenons par un concours de circonstances, qu'en 1974, toute une série de constructions à WPAFB portent ce numéro, tous suivis d'une lettre de l'alphabet allant de A à G, nous en parlerons un peu plus loin, le hangar 18 existe bel et bien.

Wright Patterson, le témoignage d'un françai.

En 1969, un savant français que nous nommerons M.L. biologiste mondialement connu est dépêché par le gouvernement américain à Wright Patterson afin d'effectuer des expertises précises. Leonard Stringfield, relate l'histoire du biologiste français dans son livre de 1982, intitulé « UFO Crash Retrievals : Amassing the Evidence : Status Report III ».

Le second témoignage sur ce biologiste et les corps, vient de Bill Brophy, dont le père, un lieutenant-colonel de l'US Air Force, avait vu les corps de ses propres yeux.

Ce biologiste, ancien collaborateur d'André Lwoff, Jacques Monod et François Jacob, prix Nobel en 1965, professeur au Collège de France, raconta son aventure à un groupe d'étudiants en 1969. C'était au cours de 1959, il reçut l'invitation d'un organisme scientifique nord-américain pour une tournée de conférences de trois mois dans les universités américaines dont les frais étaient entièrement pris à leur charge. Le sujet de ces symposiums publics était les Histones, éléments particuliers liés au matériel génétique cellulaire. Dans ce domaine de recherches, ce professeur faisait partie des numéros un mondiaux de cette époque, et il partit donc pour les États-Unis très heureux de l'accueil qu'on lui réserva flatté que son sujet de travail scientifique soit reconnu par les universitaires américains.

Peu de temps avant sa dernière conférence, on lui demanda s'in accepterait d'effectuer une expérience de poids historique sur des cellules particulières, le calcul du poids historique, étant justement le domaine qu'il connaissait le mieux. Il accepta volontiers cette expertise, et rendez-vous fut pris. Quelques jours plus tard, un scientifique américain, également biologiste, avec qui il entretenait des relations épistolaires depuis de nombreuses années vint le chercher. Ils prirent un avion de liaison de l'U.S Air Force et se retrouvèrent sur la base de Wright Patterson. Le professeur français fut bien entendu, très étonné d'atterrir dans une enceinte militaire, mais on lui répondit que certains secteurs de cette base, dépendaient de l'Université du Colorado, ce qui est vrai. Il commença donc son travail, disposant de tout le matériel nécessaire, entouré de trois assistants américains connaissant parfaitement leur métier.

Le premier résultat de son expertise l'étonna fortement, il trouvait en effet un poids historique ridiculement faible, bien plus que celui des cellules humaines, ce qui semblait impossible. De deux choses l'une, soit il s'était trompé dans ses manipulations, soit ses théories génétiques sur les histones étaient entièrement à revoir. Logiquement il opta pour la première hypothèse et décida de reprendre son travail, pour, au bout d'un certain temps, parvenir aux mêmes résultats. Pour cette raison, il demande avec sans doute insistance à voir de ses yeux, l'organisme humain ou animal d'où provenaient les cellules sur lesquelles il venait de travailler et d'échouer dans ses conclusions. Si les cellules étaient humaines, cela remettait en question ses théories issues d'années d'expertises et de travail acharné sur la compréhension des histones, qui sont les pièces maîtresses de la compaction de l'ADN en chromatine, jouant un rôle majeur dans la régulation des fonctions du génome.

La suite est digne d'un film de science fiction, on le conduisit dans une salle où il put voir deux humanoïdes de 2,20 m dont les corps présentaient d'affreuses mutilations, leurs têtes avec un front large et haut étaient intactes.

Un détail va nous interpeller, leurs cheveux étaient blonds et très longs, ce qui est rare dans les témoignages sur des rencontres du 3°type telles que rapportées par les abductés. Leurs yeux s'étiraient vers les tempes, ce qui leur donnait un aspect asiatique, le nez et la bouche étaient petits, leurs lèvres fines parfaitement dessinées, avec un menton petit et légèrement pointu. Les yeux d'un bleu très clair ne semblaient pas représenter de différences notables avec les nôtres, et les mains fines, semble-t-il humaines d'aspect.

Leurs orteils en revanche étaient très petits et leurs pieds absolument plats. Les deux visages humanoïdes étaient glabres, parfaitement imberbes et malgré des différences physionomiques entre eux, ils se ressemblaient comme des frères jumeaux ou des clones dirons-nous aujourd'hui, ce qui lui sauta immédiatement aux yeux[138]. D'autres faits l'intriguèrent également, ces corps avaient séjourné dans le formol ou une autre substance car ils demeuraient parfaitement blancs, ne possédaient aucun grain de kératine permettant aux humains de bronzer. De plus, le système lymphatique de ces êtres était prépondérant et avait pratiquement remplacé leur système sanguin.

Avant de quitter Wright Patterson, il s'engagea à garder le secret puisqu'on le lui exigea formellement, ce qu'il fit durant dix ans, bien entendu, ce type de témoignage est d'une importance capitale, les deux corps se seraient trouvés en 1959 au : FTD (TDETR) Wright Patterson AFBON 45 433 selon Jean Charles Fumoux et les sources précédemment citées[139].

Il s'agit de l'Air Force Base Investigation For Forwanding to FTD (TDETR), Wright Patterson A73, OtUO 45433, I AW 80-17 ceci n'était pas connu en 1959, lors du témoignage de Mme G., cette référence figure sur le rapport DTIC AD0680977 : étude scientifique des objets volants non identifiés, 1° janvier 1969 volume 3, du Centre d'Information Technique de la Défense (529 pages).

---

[138] Humanoïdes identiques à ceux décrits par Rose.C dans son ouvrage : Rencontre avec les Extraterrestres, France Loisirs 1979.

[139] Jean-Charles Fumoux : Preuves Scientifiques OVNI, ed.du Rocher 1981, p.153 à 158.

Rebondissements de 1974

L'histoire se poursuit avec des rebondissements inattendus, en 1974, le professeur Robert Spencer Carr, ancien enseignant à l'Université de Floride du Sud parle au micro pendant une heure, lors d'une conférence symposium sur les soucoupes volantes, ce qu'il appelle le secret le mieux gardé au monde, la découverte en février 1948 de deux soucoupes volantes dans le nord-ouest du Nouveau-Mexique, près de Roswell et d'Aztec. Il va fasciner son auditoire et le public à la radio. Par la suite, Steven M Greer reprend ses propos pour son livre : Non Reconnu, Un exposé du secret le mieux gardé au monde, la présence extraterrestre, éditions Ariane en 2017.

Le Flying Saucer Symposium eut lieu les 1, 2 et 3 novembre 1974 à l'International Inn de Tampa, Floride, à l'exception de la conférence Erich von Daniken, qui eut lieu à l'Auditorium McKay de l'Université de Tampa. Le samedi 2 novembre 1974 le Dr. Carr, reprit une histoire oubliée : « Il est connu dans les domaines académique et médical, il est connu dans toute l'Armée de l'Air, et surtout il est connu dans toute la CIA, que l'Air Intelligence à Wright Patterson Field a en sa possession un vaisseau spatial. » Il a décrit une technologie fantastique et des êtres avancés, de petits humanoïdes, soutenu dans ses propos lors du symposium par le conférencier vedette, Erich Von Daniken, dans sa théorie des anciens astronautes :

« Soit nous sommes leur colonie perdue, soit ils sont nos cousins perdus, sans aucun doute, il existe un lien ininterrompu depuis longtemps. La conclusion de l'histoire de l'accident était que toutes les connaissances de cela étaient cachées là où cela ne nous ferait aucun bien, sous clé par la CIA au Hangar 18 de Wright Patterson. »

Les auteurs Thomas J. Carey et Donald R. Schmitt : UFO Secrets Inside Wright Patterson: Eyewitness Accounts from the Real Area 51, New Page Books, 2019, remontent la piste, aidés par des témoins crédibles qui semblent n'avoir aucun avantage à parler. En 1974, l'épouse de Carr, Katherine, interviewée au téléphone par le Miami Herald, finit par dire que son mari ne faisait que : « Citer tout cela au sujet des soucoupes volantes à partir d'un livre de Frank Scully, mais je ne me souviens pas du titre. C'est tout en haut sur l'étagère du haut où je ne peux pas l'atteindre pour le moment. » Le livre que Mme Carr n'a pas pu atteindre était le best-seller de Frank Scully en 1950, l'ampleur de l'affaire des OVNIS d'Aztec intrigua si largement Franck Scully, alors journaliste pour Variety, un magazine spécialisé dans le cinéma hollywoodien, que Scully repris dès 1950 l'histoire portée par Silas Newton et Leopold Gebauer.

Carr s'en serait donc inspiré suite à la lecture de l'ouvrage si le Herald à touché juste. Le mal était fait en quelque sorte, en reliant Carr à Franck Scully et son livre basé sur l'histoire du crash aztèque, tel que lui avait rapporté Silas M. Newton et son collègue, le Leo Ge Bauer, comme l'argumentera le Time Magasine du 27 octobre 1952, deux personnes peu recommandables qui seront jugées pour escroquerie, selon l'article de John P.Cahn, journaliste indépendant de San Francisco : « L'histoire racontée par Newton, un ami du chroniqueur de variétés Frank Scully, a fait démarrer Scully sur son best-seller : Behind the Flying Saucers (parue dans TIME le 25 septembre 1950) qui a consacré beaucoup d'espace aux preuves de Newton et du Dr Gee. La semaine précédente, après une enquête de dix jours, le Denver Post a non seulement révélé Newton et son acolyte comme de faux experts, mais a également déterré suffisamment de preuves pour arrêter Newton et un homme qui, selon le journal, était son Dr.Gee, Leo Ge Bauer, exploitant d'un petit atelier de fabrication d'électricité à Phoenix, Arizona. L'accusation judiciaire stipule que Newton et Ge Bauer avaient escroqué un riche éleveur de 34 000 $ avec une autre découverte scientifique, une machine qui pourrait localiser le pétrole dans l'eau ou sous terre (le Doodlebug). »

La revue française Nostra fait un écho qui vient à point : « D'après les biologistes qui se sont penchés sur leurs cadavres, ces hommes seraient d'une intelligence supérieure à la notre. Dès le début, le Pentagone donna l'ordre à l'Air Force de faire le black out sur cette stupéfiante découverte, tant au moins, que l'origine de ces êtres mystérieux, n'aurait pas été élucidée. Une équipe de biologistes et de médecins fut appelée pour examiner les cadavres et se livrer sur eux, à des études et diagnostics très poussés. Les résultats seraient, parait-il, ahurissants :

« La découverte la plus extraordinaire concerne le cerveau de ces petits hommes. La taille de celui-ci serait considérablement supérieure. »

La très grande capacité de leur boite crânienne devrait donc en faire des êtres d'une intelligence très supérieure à la notre. Lorsque la maison blanche et Nixon en personne ont appris la nouvelle », poursuit le Docteur Carr, « Il à été officiellement décidé de ne rien dire (au public). »[140]

La moralité de Newton et Gee est du pain Bénit pour l'US Air Force qui réussit grâce à eux à se ficher ouvertement du monde en clamant une fois encore, que le Hanger 18 n'existe pas.

---

[140] Revue Nostradamus n°136 du 14 novembre 1974, article de François Brun, P. 5.

Revue Nostradamus, n°136, 14 novembre 1974, p.1.

En 1974 Robert Spencer Carr déclaré publiquement que l'Air Force cache au moins deux soucoupes volantes d'origine inconnue à Wright Patterson. Selon le journal NICAP's UFO Investigator de novembre 1974 : « M. Austin caméraman de presse à Dayton a visité la base aérienne le 11 octobre et a déclaré qu'il y avait sept bâtiments 18 portant les lettres : 18-A, B, C, D, E, F et G. »

Le News Record (Université de Cincinnati) du 5 novembre 1974 publie l'article du ZNS déclarant que Grant Hudson, journaliste canadien, avait découvert que le bâtiment 18-F avait autrefois abrité des équipements de réfrigération utilisés pour les essais de carburant pour fusée. C'était assez proche des propos de Carr. Un ancien pilote Marion Black Mac Magruder, as de la Seconde Guerre mondiale affirmé avoir vu un extraterrestre vivant à Wright Field en 1947 et leur a dit « C'était une chose honteuse que l'armée ait détruit cette créature en effectuant des tests sur lui », (au hangar-building 18-F).

Revue Nostradamus, n°136, 14 novembre 1974, p.5.

Un Article du journal : Ann Arbor Sun, Floride rejoint l'opinion du magasine Nostra sur le sujet :

« Le professeur Robert Carr, ancien enseignant à l'Université de Floride du Sud, a annoncé la semaine dernière que le gouvernement des États-Unis avait secrètement capturé un OVNI complet avec 12 êtres morts à bord. Le professeur insiste sur le fait que les 12 corps sont toujours congelés à Wright Patterson et que le vaisseau est dissimulé dans un hangar de cette base aérienne. Bien entendu, les responsables de Wright Patterson Air Force nient catégoriquement et sans équivoque l'intégralité du récit. »

Visite d'Hudson et Austin au hangar 18, le faux pas de l'Air Force.

En réponse à l'histoire de Carr largement diffusée à la télévision et dans les journaux suite à la conférence de Tampa en 1974, l'armée de l'air autorise les journalistes à visiter l'intérieur de Wright Patterson AFB, pour leur montrer qu'il n'y n'existait de hangar 18, cela clôturerait magistralement le débat,. L'US Air Force saute à pieds joints sur l'occasion, elle est trop belle, il est temps de détruire le mythe du hangar 18, à l'aide d'un ufologue peu scrupuleux, de deux escrocs mythomanes et d'un professer d'université trop crédule, la presse en fait une risée nationale : « M. Austin, caméraman du journal Les Nouvelles de Dayton, a visité la base aérienne le 11 octobre et a déclaré qu'il y avait sept lettres du bâtiment 18 allant de 18 A, B, C, D, E, F et G, aucun ne contenait de soucoupes volantes, tel que revendiqué par les propos de M. Carr. »

Selon le Tampa Bay Times, 4 novembre 1974 : « Par un retournement spectaculaire de la presse, le News Record (Université de Cincinnati) du 5 novembre 1974, rend publique l'histoire du indiquant que Grant Hudson, journaliste canadien, a découvert que le bâtiment 18-F avait autrefois abrité des équipements de réfrigération utilisés pour les essais de carburant de fusée entre autres et avait disposé de caissons de pressurisation en altitude pour des humains et tests moteurs par grand froid. Effectivement, dès 1947 des coffrets ajourés avec habitacle transparent étaient en usage à Wright Patterseon AFB. » C'était assez proche des propos que Carr soutenait au sujet de la conservation des corps récupérés dans un lieu réfrigéré de la base, pour que l'on s'interroge sur la raison pour laquelle l'USAF avait tenu à garder ce lieu secret durant trente ans.

L'USAF s'est moqué du monde durant trente ans, le complexe 18 comprenait 7 structures, avec des labos, un dispositif réfrigéré pouvant accueillir des corps à côte d'un centre médical et face au hangar n°23 cité par des témoins comme entrepôt d'une soucoupe, bref le hangar 18 existe face à la porte d'entrée 1-B sur la droite, cela était connu de milliers de militaires et civils sur le site.

S'ils sont capables de mentir sur un détail si anodin, que cherchent-ils à cacher de plus conséquent.

Le 28 mars 1975, une lettre fut envoyée à l'enquêteur sur les OVNIS Shlomo Arnon par le sénateur Barry Goldwater, ancien président de la commission du renseignement du Sénat américain. Il lui répond :

« Le sujet des OVNIS est un thème qui m'intéresse depuis longtemps. Il y a environ dix ou douze ans, j'ai fait un effort pour découvrir ce qu'il y avait dans le bâtiment (18-F) de la base aérienne de Wright Patterson où sont stockées les informations recueillies par l'armée de l'air, et on m'a naturellement refusé cette demande. Ceci est toujours classé au-dessus de Top Secret. La rumeur court depuis de nombreuses années qu'il existe une série hautement classifiée de salles, hangars d'avions et chambres souterraines sous la base aérienne de Wright Patterson, où il existe des preuves physiques d'épaves d'OVNIS récupérées, des engins spatiaux et corps extraterrestres, cet endroit est surnommé : « The Blue Room » dans le Hangar 18. »

Depuis de nombreuses années, l'ufologue américain Leonard H.Stringfield était certainement la personnalité éminente qui chercha à percer le secret du Hangar 18, selon lui, quand en 1974, Robert Spencer Carr accuse l'Air Force de détenir des corps extraterrestres dans le secteur du Hangar 18, sa référence aux sources qui ont informé Frank Scully's et dont il se servit dans divers ouvrages dont : Discredited Aztec crash story from Behind the Flying Saucers. De plus, la présence de l'Aero Medical Center également situé dans la zone B de la base, proche du 18-F permet de confirmer la possibilité de l'hypothèse de l'étude des corps provenant de Roswell, (en raison de son entreposage frigorifique pouvant recevoir des corps).

Aero Medical Center. Wright Patterson.

Un autre bâtiment moins médiatique fait aussi parler de lui, le Building n°3-P Air Force Base de Roswell, qui recueillit en premier tous les débris de Roswell.

Le travail de chercheurs ufologues assidus aboutit à recueillir de nombreux témoignages, en voici un parmi tant d'autres, le soldat de 1° classe Roland Menagh était dans la police militaire sur le site du crash de Roswell, il se souvient d'un appareil en forme plutôt d'oeuf que de soucoupe, elliptique sans traces de soudures sur ses parois métalliques et de trois cadavres présents. Ces propos indirects sont rapportées à Tom Carey et Donald Schmitt, ainsi que ses fils Roland Menagh Jr. et Michael Menagh, selon eux, leur père dit que cet appareil fut transporté par camion hors du site du crash sur la base aérienne de Roswell. Le chercheur Gildas Bourdais croise leur témoignage avec d'autres et situe l'emplacement où l'épave fut déposée au Hangar P3 également cité par d'autres témoins[141].

« C'est un témoignage indirect, mais recueilli en 1978 par deux enquêteurs respectés, Richard Hall et Don Berliner, du Fund For UFO Research (Rufor). La source, était technicien sur la base, et travaillait en 1953 près du local où étaient conservés les cadavres, au troisième étage d'un bâtiment (Aero Medical Center), non, ce n'était pas le mythique Hangar 18, qui a été maintes fois évoqué dans la littérature ufologique ! Selon ce témoin, il planait dans les couloirs une forte odeur de formol.

Des cadavres auraient été ensuite conservés sur la base de Langley à Hampton Roads, Virginie (base proche de la CIA et du Pentagone...). Il n'avait pas vu les cadavres, mais son patron lui avait confirmé toutes ces rumeurs. »[142]

Leonard Springfield recueillit le témoignage d'un officier en 1979, suite à un appel à témoins en vue de préparer un émission de télévision. Cet individu confirme qu'en 1952, il avait assisté à une réunion secrète sur Wright Patterson, au cours de laquelle il avait vu dans un local souterrain, l'un des corps extraterrestres conservé dans un congélateur. Le Building n°18 de Wright Patterson Air Force Base n'est pas un mythe, nous constatons preuves à l'appui, que la série des buildings 18 va de 18-A jusqu'à 18-F, ainsi qu'un 18-G, pourquoi tant de mystère s'il n'y à rien à cache ?

Des installations réfrigérées se trouvaient au building 18-F, si l'on lit les éphémérides historiques de la base : « Les caissons hyperbares réfrigérés servaient-ils à des moteurs ? ».

---

[141] Tom Carey et Donald Schmitt : Witness to Roswell: Unmasking the 60-Year Cover-Up, Career Press, 2007.
[142] Gildas Bourdais : Roswell La Vérité, Presses du Châtelet, 217, p. 238.

L'US Air Force réfute leur existence, et celle de passages souterrains durant des années, avant de reconnaître finalement que des tunnels circulaient depuis la base, jusqu'à sous la Wright State University depuis au moins 1929. Juste en bas de la rue principale de la base aérienne de Wright Patterson, trône fièrement la Wright State University, elle dispose d'un système pratique de tunnels souterrains permettant aux étudiants et professeurs de se rendre en classe sur près de trois kilomètres de tunnels rénovés sous l'Université. Ils rejoignaient jadis les corridors circulant sous Wright Patterson, avec de salles attenantes souterraines permettant au personnel de se protéger en cas d'attaque nucléaire.

Wright State University.

Voici la centrale de chauffage pour les tunnels en question, fabriquée en 1929, améliorée en 1935 et modifiée en 1946 :

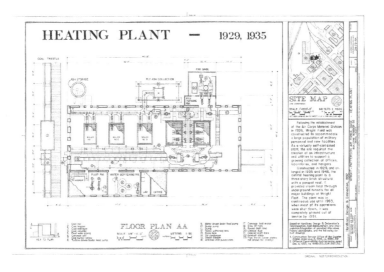

Les restes de la soucoupe.

Selon les témoins, l'épave physique de l'OVNI serait rentrée dans un autre bâtiment 18 sauf que qu'elle a été expertisée et testée dans le hangar n°23, qui à toutes fins utiles jouxtait le complexe situé entre le bâtiment 18-A et le bâtiment 18-F, cette information de proximité est vraie.

Hangar n°23 Wright Patterson AFB, crédit : Librairie du Congrès.

Au fil des ans, des théories sur les corps extraterrestres ont refait surface, par exemple, en 1982, un lieutenant-colonel déclare avoir été escorté dans de longs passages plusieurs points de contrôle à une grande voûte souterraine sous le bâtiment 45, secteur B. Dans ce lieu, il a vu de ses yeux une série de quatre ou cinq tubes horizontaux ressemblant à des caissons pulmonaires hyperbares. Le premier corps, selon le colonel, était autopsié, au point où il à eu l'estomac soulevé d'écoeurement, mais le second était en bon état, conforme à la description générale des corps supposés trouvés à Roswell. Depuis les laboratoires de ce secteur furent réaménagés, notamment dans les années soixante puis quatre-vingt-dix. Si ce témoignage est avéré, cela suggère que les corps ont été depuis déplacés d'un certain point à un autre, construit ou aménagé sur la base, peut-être à un avec une conservation plus sophistiquée, facilitant le travail d'étude biologique et technologie[143] à Wright Patterson, zone B, bâtiment 18, complexe de laboratoire nord-est des rues C et Fifth.

---

[143] Thomas J.Carey, Donald R.Schmitt, Stanton T.Friedman : Ufo secrets inside Wright-Patterson, New Page Books (1er juin 2019), p.43-44.

Détail d'Importance : les bâtiments 18 et 18-G, construits comme certaines des premières structures de Wright Field, initialement utilisées pour la recherche sur les moteurs. Les autres immeubles du Complexe n°18 ont été érigés pendant la Seconde Guerre mondiale et reflètent l'étendue croissante de la recherche et un usage confidentiel.

Linda Moulton Howe accède aux dossiers gouvernementaux Top Secret, beaucoup d'entre eux reflétaient les événements de l'intrigue du Hangar 18[144], mais l'US Air Force à encore besoin de deux années pour recouvrer la mémoire en 1985.

L'armée de l'air continue de maintenir sa position suggèrent qu'il n'y a jamais eu de hangar 18 nulle part sur Wright Patterson, mais ils finissent quand même par se souvenir en janvier 1985 qu'il y a bien un bâtiment 18 (enfin 7 si je sais bien compter), le communiqué officiel dit ceci : « Il n'y a pas maintenant, et il n'y a jamais eu, de visiteurs ou d'équipements extraterrestres sur la base aérienne de Wright Patterson. »

En janvier 2023 un des hangars 18 sert à un groupe de développeurs pour les logiciels informatiques de l'USAF car sur la base de Wright Patterson, les hangars numérotés de 18-A à 18-F et 18-G, ont eu différentes affectations au fil du temps le terme générique est employé pour tous : « Il a été utilisé comme installation de maintenance pour les aéronefs de l'US Air Force. » Disons au passage à l'attention des « complotistes éventuels » que le Hangar 18 se retrouve à coté du Landing Gear Test Facility (LGTF) exploité par le 704th Test Group (704 TG/OL-AC) dans le domaine de la capacité de survie aérospatiale ainsi que des tests pour la NASA, **(hangar 18 et voyages spaciaux ?)**.

Mais dont la mission principale est de fournir des services de test de composants de train d'atterrissage selon les spécifications fournies par le client (NASA). L'installation dispose d'équipements pour simuler les conditions de fonctionnement réelles des pneus, des roues, des freins et des trains d'atterrissage intégrés complets des avions et tests de pneus pour la Federal Aviation Administration et la NASA avant chaque mission de la navette spatiale par exemple, mais aucune donnée n'est disponible.

L'armée de l'air continue de maintenir sa position et suggère qu'il n'y a jamais eu de hangar 18 nulle part sur Wright Patterson, bien qu'un bâtiment 18, figure bien sur l'inventaire du plan de sol, et on y travaille pour la NASA...

---

[144] Le Hangar 18, Legendary Alien Warehouse, existe-t-il ? , Sarah Pruitt, Histoiry Chanel 17 janvier 2020.

https://www.history.com/news/hangar-18-ufos-aliens-wright-patterson

En janvier 1985, l'USAF s'enfonce dans un mensonge supplémentaire : « Il n'y a pas maintenant, et il n'y a jamais eu, de visiteurs ou d'équipements extraterrestres sur la base aérienne de Wright Patterson. » Trente huit années s'écoulent, et en janvier 2023, l'USAF communique à la presse qu'un des hangars le n°18 sert à un groupe de développeurs pour les logiciels informatiques.

Comme dans beaucoup d'affaires, Linda Moulton Howe, début 1983, retrouve des traces factuelles du Hangar 18[145], sur la base de Wright Patterson, les hangars numérotés de 18-A à 18-F ont subi différentes affectations et au fil du temps le terme générique est employé pour tous : « Il a été utilisé comme installation de maintenance pour les aéronefs de l'US Air Force. Hangars 18-A, 18-B, 18-C, 18-D, 18-, 18-F, le frigorifique, et en tout dernier le 18-G. »

Les Hangars 18-F et 18-G au coeur de la polémique ufologique se retrouvent dans un usage en relation avec la NASA et du Landing Gear Test Facility (LGTF) exploité par le 704th Test Group (704 TG/OL-AC) dans le domaine de la capacité de survie aérospatiale, tests de composants de train d'atterrissage selon les spécifications fournies par la NASA, tests de survie des trains d'atterrissage et d'aéronefs spatiaux avec quatre chambres froides réfrigérées pour des moteurs, un bureau survie et de sécurité spatiale (GS-15).

Nous retrouvons trace des lieux dans le journal Flying Saucer News-Service Research, Bulletin du 20 octobre 1955, il rapporte qu'un témoin souhaitant conserver l'anonymat ayant rédigé une lettre depuis un hôtel le 21 août 1955, révélant que non seulement le hangar n'était pas numéroté (le nom de la base n'a pas été révélé), mais qu'une soucoupe était logée dans près du secteur Nord-Est, dans une d'un base aérienne à l'Est.

Le Bulletin fut publié dans l'Ohio, donc ils pourraient décrire Wright Patterson de Dayton[146]. Les Hangars n°18 et n°23 sont précisément dans la partie nord est du secteur B, en entrant par le portail B ou 1-B pour être plus précis. L'US Air Force nie l'existence du Hangar 18 malgré qu'il soit bien là à la vue de tous face à l'entrée de la base.

---

[145] Le Hangar 18, Legendary Alien Warehouse, existe-t-il ? , Sarah Pruitt, Histoiry Chanel 17 janvier 2020.

https://www.history.com/news/hangar-18-ufos-aliens-wright-patterson

[146]http://www.cufos.org/FSN_SRB/Flying%20Saucer%20News-Service%20Research%20Bulletin%20%2311%20(final).pdf

Abordant ces sujets sous la probité et avec le soin et prudence qu'il se doit, nous présentons les versions mensongères d'après les dossiers même de l'Air Force et de la CIA. La justification de leurs agissements ont échappé à la tutelle judiciaire, au contrôle du Congrès, actes commis et couverts par une minorité de personnes agissant sous une autorité suprême auto proclamée qu'ils ne détenaient pas légalement.

Nous ne prétendons pas tout savoir, mais tenter de répondre à certaines questions, aussi, nous sommes sûrs que vous trouverez des réponses à la fois fascinantes et provocantes dans ces pages.

Insistez sur le fait que ce qu'ils disent n'est pas clair du tout, vous commencerez alors à vous approcher de la vérité. Le sénateur Barry Goldwater, Arizona, avait tenté de visionner des images d'OVNI à Wright Patterson lors d'une visite. Peu après, la station de radio WBSR, Pensacola, est arrivée au bureau de Goldwater à Phoenix, où un porte-parole a déclaré ceci : « En 1964, lorsque Goldwater était sur la base pour une cérémonie, il a demandé à entrer dans un bâtiment (F-18)dont il a entendu qu'il contenait du matériel OVNI. Le porte-parole a déclaré que Goldwater avait été informé que personne n'était autorisé à entrer dans le bâtiment en question. »

Le secrétaire de l'Air Force Harold Brown comparait devant le Comité des Services Armés de la Chambre des représentants, à Washington, DC, le 31 mars 1966. Après avoir discuté d'autres questions, le président s'est tourné vers la réunion suivante : « Audience sur les objets volants non identifiés par le Comité des services armés », le 5 avril 1966, une requête demandée par le représentant du Michigan Gerald Ford, futur 38e président des États-Unis.

Brown a répondu à quelques questions en préparation de la consultation secrétaire de la commission interrogeant Brown : « Nous avons une enquête en cours. Bien sûr, nous faisons cela depuis 1948, vous savez, Monsieur le Président, et en 1965, par exemple, nous avons enquêté sur près de 900 rapports. Nous publierons un rapport écrit que le comité pourra utiliser pour répondre à ces questions. Cependant, je doute que nous puissions satisfaire tous ceux qui ont vu ou pensent avoir vu des objets volants non identifiés. Mais je pense que nous devrions au moins essayer de satisfaire le comité et le Congrès.

Le président lui répond : Oui, monsieur.

M.Blandford reprend : Puis-je suggérer que l'agent responsable de ce programme, à Wright Patterson, soit ici mardi matin pour signaler que nous avions les gens qui l'avaient fait. Comment l'appelle-t-on, la chambre bleue ? Et Brown dit d'un ton interrogatif : Blue Room ?

M.Blandford : Faites venir cette personne pour qu'elle puisse figurer au compte rendu[147]. »

Constat : « Le Hangar 18 à Wright Patterson Air Force Base dans l'Ohio, qui soi-disant n'existait pas, a été désigné comme la 17e usine de logiciels du Département de l'Armée de l'Air. La vérité est ailleurs disait le 1er épisode de la saison 10 de X-Files : Aux frontières du réel. Néanmoins Wright Patterson est bien au coeur de cette vérité... »

La théorie temporelle de Philip J.Corso est expliquée dans son manuscrit : A l'aube d'un Nouvel âge, Dawn of a New Age, reprenant les notes originales sur des dossiers examinés par Corso au Pentagone entre 1961 et 1963. Son manuscrit qui n'a jamais été publié aux États-Unis, la seule édition existante est sortie en Italie par Pendragon en 2003 : « Bien sûr qu'il y avait une soucoupe et des corps extraterrestres à Wright Patterson, le lieutenant général Arthur G.Trudeau était engagé dans l'utilisation des découvertes technologiques que l'armée confiait à des contractuels privés. » Les entreprises privées ont ensuite expérimenté de la rétro ingénierie avec plus ou moins de succès. Une théorie a été avancée : « Il y eut un crash dans la région de Roswell et selon les techniciens une collision ou incident technique avait fait entrer au même instant dans le fuseau horaire deux vaisseaux, l'un s'est écrasé, l'autre a été endommagé puis accélérant à vitesse formidable, chute, juste à l'ouest de Red Canyon, dans la région de White Sands », 10 ans plus tard en 1957 Philip J.Corso en dit d'avantage : « J'avais capté la trajectoire sur mes écrans radar, mais ne l'ai pas signalé, quelques jours auparavant j'avais signalé quelque chose voyageant à 3 000 mph (4 828 km/h), on m'a dit de l'oublier. J'ai appelé White Sands et signalé que j'avais perdu un R-CAT (petits avions cibles contrôlés). Ils ont rapporté une trajectoire, correspondant à celui que j'avais ramassé plus tôt. J'ai survolé les lieux le lendemain et vu quelque chose de métallique et de rond sur le sol à l'angle du cockpit, mon pilote m'a demandé ce que je pensais que c'était. J'ai répondu, possiblement un propulseur de nos missiles ou un morceau d'un missile explosé. je n'étais pas trop intéressé par les OVNIS à l'époque j'étais connu comme un commandant sérieux et un bon officier du renseignement, qui ne se souciait pas de s'impliquer dans de telles élucubrations. » Lorsqu'il était chef de la division des technologies étrangères, il remit le matériel OVNI de Roswell au lieutenant général Arthur G.Trudeau, directeur de la R&D dans l'armée et ancien chef du Renseignement de l'Armée (De 1953 à 1955, Trudeau a été chef d'état-major adjoint pour le renseignement) :

---

[147] États-Unis. Congrès. Loger : Commission des services armés. Sous-comité n°3. (1966). Comité des services armés, Chambre des représentants, quatre-vingt-neuvième Congrès, deuxième session. Washington, DC : Imprimerie du gouvernement des États-Unis. (1966). copie numérique : https://babel.hathitrust.org/cgi/pt?id=uc1.$b655548&view=1up&seq=413

Cherchons ce qui pourrait se cacher dans les détails...selon un témoin capital Philip J.Corso :

1°) Roswell : photographie de corps extraterrestres :

« Corps semblant en décomposition qui n'ont pas été d'une grande utilité. Les rapports médicaux sont intéressants. Composition des organes, des os et de la peau différents. Le cœur est plus volumineux que le nôtre, les poumons beaucoup plus gros, les structures musculaires différentes. La composition osseuse unique. La composition de la peau d'un grand intérêt, Il est apparu que les atomes étaient alignés pour protéger les organes vitaux de l'action cosmique ou gravitationnelle. On n'a pas beaucoup parlé du cerveau qui était gros par rapport à la taille du corps. Il y a eu de nombreuses surprises biologiques. Beaucoup de caractéristiques individuelles étaient différentes des nôtres, mais la structure globale n'était pas si différente de celle d'un humain. »

2°) Roswell Fibres optiques :

« Au crash de Roswell, ce que l'on pensait être un câblage cassé a été retrouvé. Mais il a été noté que chacune des extrémités émettaient une couleur différente. Il n'y avait pas de câblage dans la soucoupe, l'émission de couleur provenait d'un type de fibre optique. »

3°) Roswell Fibres résistantes :

« Dans les années 1960, nous avons commencé à chercher des fibres pour les gilets pare-balles, parachutes et autres articles militaires. A Roswell, nous avions trouvé un seul brin de fibre que le rasoir le plus aiguisé ne pourrait pas couper et il ne pouvait pas être rompu. Nous nous sommes intéressés et avons commencé à étudier la possibilité de le reproduire pour réaliser une tissage sorte de toile d'araignée, dans le but de construire des fibres de super ténacité presque entièrement de fabrication composites. »

4°) Roswell Métaux à alignement moléculaire :

« Les rapports de nos laboratoires sur une pièce de métal de Roswell, montrèrent que les molécules/atomes avaient été alignés, cet alignement créé une dureté incroyable, par laquelle il ne pouvait pas être rayé, plié, bosselé, et repoussant l'action cosmique et le rayonnement, ce métal était si fin comme du papier.

Puisque CRD pensait que cette découverte pourrait être plus grande que celle à Los Alamos, une équipe spéciale a été organisé pour étudier toutes les possibilités. Nous avons trouvé beaucoup les pierres précieuses et les cristaux avaient des propriétés similaires.

Un autre l'alignement permettrait au rayonnement de traverser ou d'en faire un élément transparent. Jusqu'en 1963 ou même 1993 nous n'avons pas pu résoudre ce problème. Qui rendrait possible des véhicules spatiaux d'une grande force, mais légers comme une plume... »

« Le but de nos activités était de garantir une position concurrentielle supérieure pour notre armée. »

5°) Fluides amplificateurs :

« Ce contrôle des flux par d'autres flux a éliminé le besoin de pièces mobiles mécaniques. Certaines de nos universités, laboratoires industriels et nos sept laboratoires gouvernementaux fournirent les fondements du développement de base.

En octobre 1963, un symposium sur l'amplification des fluides s'est tenu au Harry Diamond. Laboratoires. Trente-quatre communications ont été préparées et présentées par six universités. Dans le public se trouvaient des représentants de 150 entreprises et universités. »

6°) Transistors et circuits intégrés :

« Nous avions en notre possession un transistor avec des fils en forme de cheveux et des fils, et une puce dans un empilement de fines tranches de forme uniforme, comme des composants. Ceux-ci formaient des circuits électriques complets dans un concept de micromodule. Le CRD a dit qu'il leur faudrait 50 ans pour développer ce transistor et 200 ans pour développer cette puce.

Cela a conduit aux supercalculateurs d'aujourd'hui. Progressivement, en 1959 la miniaturisation des circuits a commencé en 1960 sous miniaturisation ; en 1961, techniques avancées de câblages et microminiaturisation ; et en 1962 le début de l'ère nano technologique. »

Signé : Philip J.Corso

Déclaration sous serment de Philip J.Corso :

« Moi colonel Philip J.Corso, à la retraite, jure par la présente sous peine de parjure que les affirmations suivantes sont vraies : qu'à toutes les époques ci-après mentionnées, j'ai été officier, pendant mon mandat, j'étais membre président du conseil de sécurité nationale d'Eisenhower et ancien chef des Affaires étrangères du Technology Desk au département Recherche & Développement. Que le 6 juillet 1947 ou vers cette date, alors que j'étais stationné à Fort Riley, Kansas, j'ai personnellement observé une créature non humaine de 4 pieds (1,20 m) avec des mains aux doigts fins, des jambes et des pieds fins et une tête surdimensionnée en forme d'ampoule à incandescence. Les orbites étaient surdimensionnées et en forme d'amande et pointues jusqu'à son petit nez. Le crâne de la créature était envahi par la végétation au point où tous ses traits faciaux étaient disposés frontalement, n'occupant qu'un petit cercle sur la partie inférieure de la tête. Il n'y avait pas de sourcils ni aucune trace de pilosité faciale. La créature avait seulement une minuscule fente plate pour une bouche complètement fermée, ressemblant plus à un pli ou une indentation, entre le nez et le bas du menton, qu'un orifice pleinement fonctionnel. Qu'en 1961, je suis entré en possession de ce que j'appelle le dossier Roswell. Ce dossier contenait des rapports de terrain, des rapports d'autopsie médicale et des débris de l'accident d'un véhicule extraterrestre à Roswell, Nouveau-Mexique en 1947. Que j'ai personnellement lu les rapports d'autopsie médicale qui mentionnent l'autopsie de la créature précédemment décrite que j'ai vue en 1947 à Fort Riley, Kansas. Cela dit, les rapports d'autopsie indiquaient que l'autopsie avait été réalisée à Walter Reed Hôpital. Ce dit rapport d'autopsie faisait référence à la créature comme une Entité Biologique Extraterrestre. »

Signé : Colonel Philip J. Corso à la retraite
Ce jour de mai 1998.

Des corps extraterrestres :

Gildas Bourdais à retrouvé les témoins directs des corps, dans son livre : OVNIS vers la fin du secret, éditions Temps Présent, JMG, 2010, Chapitre IV : Le crash de Roswell au coeur du secret, il nous parle des trois localisations en relation avec l'affaire :

1°) Site : avec des débris au sud du ranch Brazel le 3 ou 4 juillet 1947 (p.111).

2°) Site : du lundi 7 juillet 1947, au matin, une équipe d'étudiants en archéologie découvre le second emplacement d'un crash avec un OVNI, plus près de Roswell à environ 60 km (40 miles) au nord de Roswell et à 8 km (5 miles) à l'ouest de la route n°285. Avec des cadavres et un humanoïde survivant (p.119).

3°) Site : situé à 4 km du champ de débris avec deux ou trois cadavres en voie de décomposition et sentant très mauvais (p. 123).

Gildas Boudais dans ses ouvrages : Roswell enquêtes, secret et désinformation le second : Roswell-la vérité ainsi que OVNIS vers la fin du secret, reformule l'existence de trois sites pour le même incident, avec soucoupe, débris et capsule de secours avec des corps.

Le GAO[148] constate qu'en 1947, les règlements de l'armée exigeaient que les accidents aériens les rapports soient maintenus secrets en permanence et aucun service militaire n'a déposé de rapport sur l'incident de Roswell, de plus certains des documents concernant les activités de Roswell ont été détruits, il n'y a aucune information disponible concernant quand ou sous quelle autorité les dossiers ont été éliminés.[149]

Souvenez-vous au début de ce livre nous avons confirmé, preuves à l'appui que les événements de Roswell ainsi que des jours précédant et suivant l'affaire, avaient été effacés et détruits des archives des projets Grudge, Blue Book et des listings de l'USAF. Le GAO a mené une recherche approfondie des sujets qui auraient dû être préparés et conservés, conformément aux politiques gouvernementales. L'examen par le GAO des documents classifiés et non classifiés de la fin des années 1940 et années 1950, l'a amené aux dossiers du Pentagone, FBI, CIA, Conseil de sécurité nationale et autres organisations. Le GAO a découvert que certains documents gouvernementaux couvrant les activités de l'aérodrome de l'armée de Roswell avaient été détruits sans que l'on sache lesquels et par qui. Le GAO a localisé deux enregistrements de 1947 qui mentionnaient le crash, dans un rapport de juillet 1947 mentionnant la récupération du disque volant à ce sujet : « Tim Burchett a déclaré qu'il était sûr à 100 % que le gouvernement fédéral dissimulait des documents sur les OVNIS, et il n'est pas seul parmi les membres du Congrès », selon l'article de Fatma Khaled pour Newsweek, du 18 juin 2023. Tim Burchett, élu républicain, n'est pas convaincu par le rapport de l'Air Force et déclaré sur Newsmax que le renseignement militaire : « C'est comme l'éthique du Congrès, il n'existe tout simplement pas. »

Souvenez-vous dela séssion du Congrès été 2023 la première ? Le monde à déjà oublié celle du 31 mars 1966 ?

---

[148] http://www.roswellfiles.com/Articles/TheGAOReport.htm

[149] Documents gouvernementaux : résultats d'une recherche de documents concernant le 1947 Accident près de Roswell, Nouveau-Mexique (Letter Report, 28/07/95, GAO/NSIAD-95-187). https://sgp.fas.org/othergov/roswell.html

Burchett a été franc sur l'existence d'extraterrestres, accusant le gouvernement américain de dissimuler des incidents liés aux OVNIS, également connus sous le nom de phénomènes aériens non identifiés (UAP). Il a commenté la façon dont l'armée a géré le crash d'OVNI à Roswell par le bureau du secrétaire de l'armée de l'air en 1994 sur les incidents en réponse à une enquête d'un bureau de comptabilité générale (GAO). L'enquête du GAO a soi-disant cherché à savoir si l'US Air Force ou une agence fédérale conservait ou non des informations sur l'accident présumé et la récupération du vaisseau extraterrestre et de ses occupants extraterrestres en juillet 1947 :

« Je crois à 100% que le gouvernement américain couvre Roswell depuis 1947, l'armée a dit que nous avions récupéré une soucoupe, puis le lendemain, ils ont laissé tomber ce pauvre officier et ont prétendu qu'il tenait un morceau de ballon. »

Burchett fait des remarques similaires sur un rapport non classifié de janvier 2023 publié par le bureau du directeur du renseignement national (DNI). Le terme OVNI a été évoqué dans ce rapport gouvernemental au profit de l'étiquette générique : Phénomènes Aériens Non Identifiés avec un total de 510 observations. Selon le bilan de 2022, le nombre total d'observations signalées augmentant de 366 supplémentaires par rapport à l'année précédente et ses 171 aux caractéristiques de performance inhabituelles, nécessitant une analyse plus approfondie. Ces successions de chiffres étonnent tout le monde. Dans la dissimulation et désinformation, rien n'a changé depuis 1947, les personnes occupant des postes élevés tiennent généralement à préserver leur réputation,évitant de tenir des propose malencontreux qui pourraient leur nuire politiquement. Lorsque des responsables de haut rang font des déclarations sur des visites extraterrestres sur notre planète, cela attire l'attention et provoque l'excitation de nombreuses personnes dont lés médias. Citons l'un de ces cas lié aux déclarations de Paul Helle, l'ancien ministre de la Défense nationale du Canada. Selon Hull, les événements des années 1960 indiquent que l'apparition d'objets volants non identifiés (OVNI) a suscité de vives inquiétudes chez les militaires. Il affirme que des extraterrestres visitent la Terre depuis de nombreuses années. De plus, Hull pense que notre planète est visitée par au moins quatre types différents d'extraterrestres, et le gouvernement est impliqué dans un complot avec ces civilisations. Ces déclarations soulèvent beaucoup de questions et de controverses parmi le public : « Une civilisation d'extraterrestres, cacherait sa présence sur notre planète de toutes les manières possibles, et le gouvernement mondial corrompu les aide en cela, en échange de technologie ou autre. »

On pensait donc avoir tout vu et tout entendu sur Roswell jusqu'à l'irruption aussi soudaine qu'inattendue d'un témoin en relation avec un certain Albert Einstein.

C'est l'ufologue américain Anthony Bragalia qui en publiant sur son site un enregistrement inédit de son interview datant de 1993, révèle l'existence d'un témoin important, une ancienne étudiante et stagiaire d'Einstein, Shirley Wright[150]. Selon elle, tout a commencé en 1947, l'employé du Pentagone, Philip J.Corso, s'est tourné vers Albert Einstein après avoir compris à quoi étaient confrontés les experts aux États-Unis. Shirley était présente à la conversation et entendit le physicien demander s'il y avait des êtres vivants à bord, puis devant la réponse de Corso, dit qu'il aimerait les voir en personne, s'il était d'accord. Après son déplacement sur les lieux, Einstein en a beaucoup parlé Wright : « Il a en effet confirmé avoir vu un appareil en forme de disque endommagé et plusieurs corps extraterrestres ne ressemblaient pas à des humains, bien qu'ils aient le même nombre de membres et symétrie corporelle. » Einstein a passé plus d'une semaine à la base aérienne, puis à lui demandé de garder cette histoire secrète à Shirley Wright. Philip J.Corso rédigea le manuscrit : The Day After Roswell, avec pour coauteur William J.Birnes, impliqué dans la recherche de technologie extraterrestre récupérée lors de l'écrasement d'un OVNI à Roswell. Le 23 juillet 1997, il est l'invité de l'émission populaire de radio fin de nuit : Coast to Coast AM avec Art Bell, où il raconte en direct son histoire sur Roswell. Cet entretien a été retransmis par Coast to Coast AM, le 3 juillet 2010. Plus de 70 ans s'étaient écoulés, Shirley Wright, âgée de 98 ans, décide de soulager sa conscience de ce poids, parce qu'elle désire prouver au monde que nous ne sommes pas seuls dans l'Univers et que le contact a déjà été établi, ils sont déjà parmi-nous ! Si je devais choisir à qui faire confiance, alors je m'incline devant les paroles de Shirley, plutôt que les rapports du Pentagone et de l'USAF.

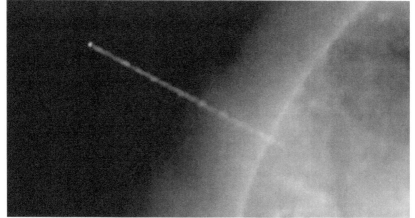

Photo d'un OVNI quittant le soleil, crédit Nasa, 2023.

---

[150] Le Dr Shirley Wright était une enseignante et une scientifique dévouée, titulaire d'un doctorat en chimie physique et en sciences physiques. Elle a été professeur de chimie au MDCC pendant plus de 50 ans.

Conclusions

Où en sommes-nous depuis 1947 ?

Le Congres des États-Unis 2023[151], est fortement critiqué par le Pentagone, son enquête sur les OVNIS dérange fortement, le journal abc News, s'inquiète que certains ne coulent le projet en cours : « L'audience du Congrès sur les OVNIS a été insultante pour les employés américains, a déclaré un haut responsable du Pentagone qui attaque l'audience largement regardée du Congrès sur les OVNIS cette semaine », article de Nomaan Merchant et Tara Copp pour l'Associated Press le 29 juillet 2023. La lettre du Dr.Sean Kirkpatrick, publiée sur sa page personnelle LinkedIn et diffusée sur les réseaux sociaux, critique une grande partie du témoignage d'un officier du renseignement à la retraite de l'Air Force qui a dynamisé les convaincus en la vie extraterrestre et a fait la une des journaux du monde entier.

Officier du renseignement de carrière, Kirkpatrick a été nommé en 2022 à la tête du Bureau de résolution des anomalies dans tous les domaines du Pentagone, ou AARO, dont l'objectif était de centraliser les enquêtes sur les UAP. Le Pentagone et les agences de renseignement américaines ont été poussés par le Congrès ces dernières années à mieux enquêter sur les informations faisant état d'appareils volant à des vitesses ou des trajectoires inhabituelles, pour des raisons de sécurité nationale.

En un an d'existence l'AARO est passé de 144 cas, devant expliquer plus de 800, sur son site à peine cinq cas sont exposés, aucun détail d'enquête, ni de support pour que des témoins signalent leurs observations, nous sentons bien le vaudeville qui avance. Le Congrès n'a pas mesuré l'ampleur des négationnistes sur les OVNIS au sein même des organisations chargées d'enquêter. Kirkpatrick a écrit : « L'AARO n'a pas encore trouvé de preuves crédibles pour étayer les allégations d'un quelconque programme d'ingénierie inverse pour la technologie non humaine. » Il ne présente aucun courrier adressé à des compagnies civiles ou des structures militaires, pas de visites, aucun rendez-vous avec qui que ce soit, bref, d'enquête, il n'y a que du vent. Il avait informé les journalistes en décembre que le Pentagone se pencherait (grâce à la FAA) sur « plusieurs centaines » de nouveaux rapports suite à une tentative visant à inciter les pilotes et autres personnes à signaler toute observation, mais selon-lui, rien de nouveau à l'horizon.

---

[151] Lire à ce sujet notre livre : Ovnis - Pentagon Disclosure - Ils sont parmi nous, 2023.

J'ai démontré, preuves à l'appui dans ce livre que le Congrès des Etats Unis eut accès à des informations secrètes et mené diverses commissions de contrôle à plusieurs reprises dans les années cinquante et soixante, le Pentagone leur a-t-il fournit certaines informations confidentielles ? Alors pourquoi recommencer ce jeu de dupes en 2023 ?

En janvier 2023 pas mal d'évènements se succèdent mais l'AARO est sourd et aveugle. Nous savons que les observations d'OVNIS ont été plus que constantes tout au long de 2022, et il semble qu'il y aura beaucoup plus d'événements identiques en 2023. Comme toujours, nous retiendrons les observations les plus significatives.

Les premières semaines de janvier 2023 ont été submergées de signalements d'objets aériens étranges en Russie mais aussi dans le monde entier. D'étranges lumières mobiles aux objets en forme de disque, tubes, triangles, sphères, soucoupes, en passant par avions prototypes, et autres signalements d'OVNIS, ont commencé à apparaître et semblent se poursuivre sans interruption tout au long de l'année.

Russie, Rostov sur le Don, le 3 janvier 2023

D'après les données disponibles, dans la soirée du 3 janvier, dans la région russe de Rostov, l'armée russe a ouvert le feu sur un objet inconnu à l'aide d'armes anti-aériennes. Selon les rapports, l'objet était en forme de boule de petite taille et a été vu se déplaçant au-dessus de la colonie de Sultan Sala, dans le sens contraire du vent. Dans le contexte de conflit militaire en Ukraine, l'incident à été référencié comme menace potentielle inconnue.

Peu de temps après l'apparition de l'OVNI, les défenses aériennes russes ont reçu l'ordre d'ouvrir le feu à vue. Les autorités ont exhorté la population locale à rester calme pendant que l'armée poursuivait ses opérations. Bien qu'il n'ait pas été déclaré que l'objet était d'origine extraterrestre, aucune explication n'a été proposée sur ce que pourrait être cet appareil inconnu.

Un objet en forme de soucoupe photographié à Penza le 10 janvier 2023

Selon un rapport du FSB russe, pendant la journée du 10 janvier 2023, une soucoupe ou un objet en forme de disque a été vu se déplaçant au-dessus de Penza en Russie. De plus, l'objet a tourné au-dessus du village pendant longtemps. Apparemment, l'OVNI a été vu par plusieurs villageois, l'un d'eux a réussi à le photographier. Bien qu'il y ait peu d'autres informations sur l'observation, l'image montre un objet typique en forme de soucoupe, semblable à de nombreux autres rapports d'engins en forme de disque au cours des dernières décennies.

Un objet de type globe à Glasgow, Ecosse, le 18 janvier 2023

Dans la soirée du 18 janvier à Glasgow, Écosse, plusieurs habitants rapportent avoir vu une étrange structure sphérique dans le ciel sombre au-dessus de leur tête. Selon l'un des témoins qui a réussi à capturer l'objet en vidéo, il n'y avait aucun doute sur le fait qu'il s'agissait d'un vaisseau spatial, d'après le média Glasgow Live : « Ce n'était pas le premier objet d'un autre monde à être vu au-dessus de Glasgow », ajoutant que le témoin en question avait personnellement vu les orbes en Écosse se transformer en quelque chose comme un jet, une grande lumière blanche au milieu, verte d'un côté et rouge sur l'autre. Ils sont partout dans le monde : « Moi même et beaucoup d'autres avons été témoins du changement de forme de ces boules de lumière. » En fin de compte, il pensait que le but de cette présence était que ces êtres apparemment extraterrestres démontrent à l'humanité que leur technologie était de loin supérieure à la nôtre.

OVNI dansant au-dessus de Plymouth, Grande Bretagne, le 18 janvier 2023

Au sud de Plymouth, Angleterre, un résident local et homme d'affaires Kevin Kelway a réussi à capturer un objet bizarre dansant dans le ciel nocturne sur sa webcam à 6h43 précises, le témoin, qui vit dans la maison depuis près de 30 ans, affirme qu'il n'avait jamais rien vu de pareil auparavant, ajoutant que c'était définitivement inexplicable et très mystérieux.

Une soucoupe volante dans le sud-ouest de l'Angleterre le 19 janvier 2023

Une rencontre particulièrement étrange eut lieu vers 23 heures le 19 janvier quelque part dans le sud-ouest de l'Angleterre. Selon un témoin, ils promenaient leur chien dans un champ situé à environ cinq minutes de chez eux lorsqu'ils ont remarqué une « lumière circulaire blanche et brillante » qui ressemblait presque à une soucoupe. Elle est restée complètement immobile avant son déplacement, ce qui signifie que le témoin a pu exclure qu'il s'agisse d'un hélicoptère.

Ils ont observé l'objet alors qu'il se déplaçait dans le ciel pendant plusieurs minutes, notant qu'à aucun moment ils n'ont ressenti de peur ou de menace du fait de sa présence. Puis, passé ce délai, ils ont simplement continué leur chemin et sont rentrés chez eux. Malheureusement, le principal témoin n'a pu prendre aucune photo ou vidéo de la rencontre : « Ce que cela pourrait être reste inconnu. »

OVNI sur le mont Holyhead, Pays de Galles le 23 janvier 2023

Le 23 janvier vers 19 heures, un résident local, Justin Bailenson, a filmé d'étranges lumières au-dessus de Holyhead Mountain depuis la fenêtre de sa chambre à Anglesey. Lorsqu'il a dit à son fils de regarder les lumières, celles-ci se sont soudainement éteintes, comme si quelque chose les avait simplement éteintes (instantannément ocscurcies).

Le témoin perplexe a téléchargé les images sur les réseaux sociaux, où de nombreuses personnes les ont visionnées et partagées. Cependant, aucune explication convaincante n'a encore été proposée à ce sujet. Il a ensuite expliqué au média North Wales Live, que sa chambre avait vue sur les quais et qu'il a d'abord remarqué les lumières de la fenêtre alors qu'il sortait de la douche. Il décrit la lumière comme extrêmement brillante, presque une identique à celle d'un diamant. C'est à ce moment qu'il appela son fils et lui demanda s'il avait vu cette étrange lueur. Pendant qu'ils regardaient, deux autres lumières apparurent à côté de la première. Il a estimé qu'il se trouvait à environ deux ou trois kilomètres de leur emplacement et que cela mesurait environ 50 pieds de large. Il a également déclaré qu'il ne pouvait pas être sûr si les feux étaient associés à un seul avion ou s'ils étaient séparés les uns des autres. Il a poursuivi en disant que des deux feux de position semblaient s'éteindre : « J'ai cru qu'ils tournaient dans le sens inverse des aiguilles d'une montre, puis les feux d'extrémité se sont rallumés comme si je les regardais sous un angle différent. La lumière a ensuite disparu, puis est réapparue environ cinq secondes plus tard, et cela s'est répété trois ou quatre fois. » De plus, Justin Bailenson est catégorique, il est relativement familier avec les types d'avions ordinaires qu'il a vus dans la région, allant des modèles civils aux hélicoptères et même ceux de la RAF, convaincu que : « Cela ne ressemblait à rien de ce que j'ai jamais vu auparavant », ajoutant qu'il était complètement déconcerté mais ouvert d'esprit sur ce que cela pourrait rellement être.

Soucoupe de Justin Bailenson, Holyhead Mountain, Pays de Galles le 23 janvier 2023.

Leighton Buzzard dans le Bedfordshire, Grande Bretagne, le 27 janvier 2023

Selon un article sur le site du journal : The Mirror, un habitant de Leighton Buzzard dans le Bedfordshire, Shane Draper, 30 ans, a été témoin d'un objet étrange le 27 janvier vers 8 heures du matin, alors qu'il se rendait au travail.

Shane choqué stoppe sa voiture sur le bord de la route pour mieux regarder l'anomalie aérienne, pensant dans un premier temps qu'il s'agit d'un avion sur le point de s'écraser, car il a l'air d'être en feu. Cependant, Draper constate que l'objet réalise un virage très serré contrairement à tous les avions dont il avait été témoin. Draper est assez intelligent pour prendre une photo de l'objet mystérieux et la rendre immédiatement publique sur les réseaux sociaux, demandant si quelqu'un avançait une idée de ce que cela pourrait être. Alors que certains de ceux qui ont visionné les images convennent d'un phénomène très étrange et qu'il ne s'agit pas de quelque chose de fabriqué sur Terre, certains ajutent que plusieurs autres observations furent faites ce matin-là, d'autres plus réservés, que ce dont Draper avait été témoin n'était rien de plus qu'un prototype d'avion amélioré. Beaucoup de ceux qui pensaient à cette version soulignent la vapeur d'eau visible derrière l'objet, ce qui prouvait que l'engin était propulsé par un moteur à combustion interne conventionnel, sans pour autant, expliquer l'angle du virage.

Vous pouvez voir cette image ci-dessous et vous faire votre propre opinion.

Dans le cadre du nouveau lot d'observations, le bureau de résolution des anomalies dans tous les domaines et l'office du directeur du renseignement national, déclarent qu'ils se concentrent sur quelque 171 cas, dont certains dans lesquels des objets semblent avoir démontré des caractéristiques de vol ou des capacités de performance inhabituelles, et nécessitent une analyse plus approfondie.

Aux USA, Les signalements d'objets non identifiés ont fortement augmenté, depuis sa création l'été 2022, le Bureau de résolution des anomalies dans tous les domaines a reçu 366 rapports de phénomènes aériens non identifiés (ou UAP terme militaire désignant un OVNI).

Ce total reflète 247 nouveaux rapports UAP et 119 autres survenus avant mars 2021, mais n'avaient pas été inclus dans un recensement préliminaire précédent. Les nouveaux chiffres indiquent une forte augmentation des observations d'UAP : le rapport préliminaire publié en juin 2021 ne répertoriait que 144 rapports, couvrant une période de 17 ans. Avec les ajouts ultérieurs, le All-Domain Anomaly Resolution Office, ou AARO, avait 510 rapports UAP dans ses dossiers à la fin du mois d'août 2022 (ici aussi, ces données sont fausses et minorées).

Les responsables estiment que la croissance du nombre de rapports UAP est due aux efforts du gouvernement américain : « Pour dé stigmatiser le sujet de l'UAP et plutôt reconnaître les risques potentiels » que pose le phénomène, à la fois en tant que danger aérien et « activité adverse potentielle », comme les efforts de surveillance étrangère. »

Lors d'une réunion publique télévisée de l'équipe d'étude UAP de la NASA le 31 mai 2023, Sean Kirkpatrick, directeur du bureau de résolution des anomalies dans tous les domaines (AARO) du Pentagone, a déclaré que le lot actuel de rapports d'incidents analysés par son service était passé d'environ De 650 cas à plus de 800 après avoir finalement intégré les données de la Federal Aviation Administration (FAA).

Souvenez-vous, officiellement, Blue Book recense 12 618 cas, mais selon Edward James Ruppelt, leurs archives renfermaient plus de 40 000 ou 45 000 dossiers, peu importe le nombre final. Soixante-dix ans plus tard, rien n'a changé, les chiffres officiels ne sont même pas justes.

Le FBI a toujours accordé une grande attention au phénomène OVNI. Cela confirme d'ailleurs de vieux soupçons : de nombreux films de science-fiction sont en réalité basés sur des événements réels. Soit une fuite d'informations que le FBI a faite intentionnellement, pour sensibiliser le public, ou une confession d'agents, actuels ou anciens, qui jugent inadmissible de priver le public à l'accès de ces secrets.

Bien sûr, on ne peut pas croire que J.Edgar Hoover, le directeur du FBI, se soit montré très préoccupé par la justice ou le droit du public à connaître les faits lors des événements dont nous parlons. C'était un ultraconservateur et réactionnaire qui pensait différemment. Mais le fait est qu'en 2010, à partir d'une page du FBI dans The Vault, il est devenu connu que l'agence incluait dans la catégorie des déclassifiés un rapport préparé, en particulier le mémo 6751 de juillet 1947 signé par un agent spécial du FBI. Il s'agissait d'un lieutenant colonel dont l'identité était dans l'intérêt de la sécurité nationale et, sous la direction du tout-puissant Hoover, le nom effacé d'un mémo basé sur l'interrogatoire d'un témoin d'une observation d'OVNI, qui partage sa propre expérience de contact avec une intelligence non humaine et avait beaucoup à dire.

Mémo 6751 : Document dans un coffre-fort du FBI[152]

Le mémorandum 6751 confirme l'existence d'une présence extraterrestre. L'ancien officier du FBI John DeSouza, auteur de Extraterrestres : Contes vrais et visions d'extraterrestres, désigne le mémo comme un document important dans le domaine de l'ufologie.

Disposition du mémo 6751 :

Ligne 2 : Leur mission est pacifique et leur objectif est de coloniser la Terre.

Ligne 3 : Les créatures sont comme les hommes, mais de taille beaucoup plus grande.

Lignes 4 à 6 : Des êtres multidimensionnels d'une planète éthérée qui interpénètre la nôtre.

Ligne 7 : Armés d'une énergie rayonnante ils entrent à volonté dans la dimension éthérique ou inter dimensionnelle.

Conclusion : « Que les nouveaux arrivants soient traités avec gentillesse »

Addendum (au sujet d'une soucoupe) : « Le panneau avant contient des commandes ; la partie médiane est le laboratoire ; à l'arrière se trouve une arme composée principalement d'un puissant appareil énergétique, peut-être un rayon... » Selon le rapport, parmi d'autres espèces, nous recevons la visite d'êtres non seulement venus d'autres planètes, mais aussi d'autres dimensions, coexistant avec notre Univers physique sous une forme intelligente.

---

[152] https://vault.fbi.gov/UFO/UFO%20Part%201%20of%2016/view

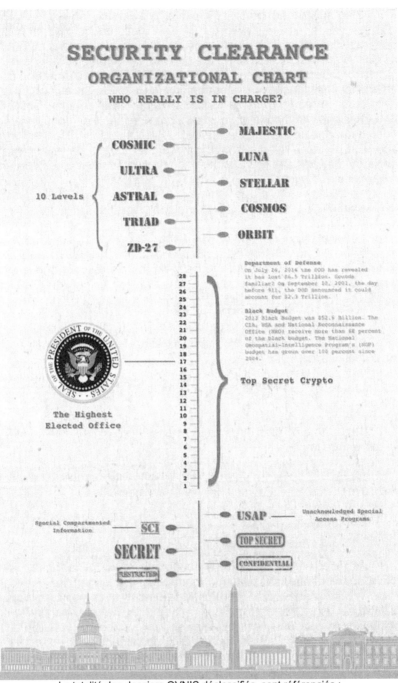

SECURITY CLEARANCE
ORGANIZATIONAL CHART
WHO REALLY IS IN CHARGE?

10 Levels
- COSMIC
- ULTRA
- ASTRAL
- TRIAD
- ZD-27

- MAJESTIC
- LUNA
- STELLAR
- COSMOS
- ORBIT

The Highest Elected Office

28
27
26
25
24
23
22
21
20
19
18
17
16
15
14
13
12
11
10
9
8
7
6
5
4
3
2
1

Department of Defense
On July 26, 2016 the DOD has revealed it has lost $6.5 Trillion. Sounds familiar? On September 10, 2001, the day before 911, the DOD announced it could account for $2.3 Trillion.

Black Budget
2013 Black Budget was $52.9 Billion. The CIA, NSA and National Reconnaissance Office (NRO) receive more than 68 percent of the black budget. The National Geospatial-Intelligence Program's (NGP) budget has grown over 100 percent since 2004.

Top Secret Crypto

Special Compartmented Information
SCI — USAP — Unacknowledged Special Access Programs

SECRET — TOP SECRET

RESTRICTED — CONFIDENTIAL

La totalité des dossiers OVNIS déclassifiés, sont référenciés :
Confidentiel, Secret ou Top Secret.
Tous les niveaux supérieurs et ils sont nombreux demeurent inaccessibles.

Photo d'OVNI en Floride ? Source CIA.

Abordons en un instant quelques cas factuels anciens et récents l'ATIC et l'Air Force furent muselés par la CIA, va t-elle réussir à faire taire le Congrès en 2023 ?
:

1°) Il n'y a pas si longtemps, les autorités mexicaines ont annoncé qu'un objet volant étrange avait traversé la frontière depuis les États-Unis vers le Mexique. Il était noir et sans marques d'identification sur le fuselage. Afin de l'intercepter, trois chasseurs ont pris leur envol, mais les données techniques des avions modernes d'origine terrestre étaient sérieusement inférieures à celles de l'objet qu'ils poursuivaient, avec une vitesse de déplacement changeante, variant de 3500 à 8000 kilomètres heure en quelques secondes. De plus, il avait une maniabilité incroyable, effectuant de brusques changements en trajectoires angulaires. Au final, l'objet est simplement monté et a disparu du radar à une altitude de 22 kilomètres.

2°) De mystérieux OVNIS sont apparus lors d'un exercice de la marine américaine en 2004 dans le golfe du Mexique, on enregistra 12 appareils volant hors de l'eau avec des technologies en avance sur l'humanité actuelle. Et cela a causé de sérieuses inquiétudes au sein du commandement (période incluant les fameux Tic-Tac de 2004).

Tout a commencé avec le fait que le système radar d'un croiseur enregistre plusieurs cibles à une profondeur d'environ 300 mètres sous la surface de la mer.

La vitesse de déplacement est si élevée qu'après quelques secondes les objets quittent la zone de vision de l'équipement, une minute plus tard ils sont repérés par des radars dans le ciel à une altitude de 900 à 2500 m, ressemblant à de grandes dragées tic-tac blanches à reflets métalliques, sans hublots, tuyères ou ailes, se déplaçant à grande vitesse, inexplicablement rapidement et silencieusement, leur niveau de maniabilité était incroyable même pour les chasseurs perfectionnés de l'USAF. Remontant vers une hauteur de 18 000 mètres en 3 secondes puis revenant tout aussi rapidement sous l'eau pour en moins de 10 secondes, refaire surface à quelques kilomètres d'eux et de la Navy en exercice dans le secteur concerné. L'armée américaine est confrontée à quelque chose d'inexplicable, et pour la première fois en soixante-dix ans le secret n'à pas pu être gardé.

3°) En Angleterre, un OVNI en forme de « Tick-Tock » : « Des témoins oculaires dans le sud-ouest de l'Angleterre repèrent fin juin 2021, un OVNI Tic-Tac », c'est ce que rapporte la chaîne Fox News. Lucy Jane Castle, qui photographia l'objet volant non identifié, nous communique ses impressions : « Je n'ai jamais rien vu de tel dans cette forme auparavant. J'ai pris une photo rapide pendant qu'il planait dans le ciel durant un moment », a-t-elle déclaré. Dan Watson, membre d'une association ufologique britannique étudiant les OVNIS, a posté deux autres images similaires, prises l'année précédente en 2020, au-dessus de Swindon. La découverte d'un OVNI, d'apparence similaire au Tic Tac est rapportée par une touriste française à Ténérife aux Canaries en 1976, photo à l'appui. En russie un OVNI similaire en 1966,

20 avril 2023 Source Nasa, photo prise sur Pluton par la sonde Cassini.

La publication de ces vidéos a été réalisée par une nouvelle unité (AARO), qui étudie les phénomènes aériens inhabituels. Cependant, l'objet représenté dans la vidéo provenant du Moyen-Orient n'a pas encore été identifié. La plupart des 650 à 850 observations potentielles présentant des caractéristiques très inhabituelles et faisant actuellement soi-disant l'objet d'une enquête par l'AARO ne sont pas suffisantes pour éveiller l'intérêt du Pentagone, leurs enquêteurs affirment qu'il n'y a aucune preuve concrète de l'existence d'êtres extraterrestres, malgré le fait que les OVNIS enregistrés n'obéissent pas aux lois connues de la physique.

Au Moyen-Orient, des séquences vidéo montrent le mouvement inhabituel d'une sphère métallique survolant la région : « Le Mossoul Orb » a été enregistré par une reconnaissance militaire au-dessus de Mossoul, Irak, en 2016. Jeremy Corbell déclare au média TMZ que la photo est extrêmement significative : « **Car c'est la première fois** que les gens voient un Orbe-OVNI officiel » (filmé par le gouvernement dans une zone de conflit). Nous avons tous déjà oublié que milieu des années 90, deux sphères identiques furent impliquées dans des presque collisions avec des avions de la Swiss Air au-dessus de l'aéroport JFK, New York, perdue dans nos mémoires, la séance du Congrès sur les OVNIS le 31 mars 1966, cinquante sept ans plus tar, la séance du Congrès en 2023 n'est pas la première et encore moins la dernière...

2023 serait-elle l'année de l' révélation ?

Le Kholat Syakhl (Холатчáхль) est un sommet situé dans la partie septentrionale des monts Oural, à la frontière de la république des Komis et de l'oblast de Sverdlovsk en Russie, son nom, d'origine Mansi, qui signifie montagne morte, vers Sverdlovsk et le col Dyatlov.

La vérité est-elle enfin face à nous ?

Table des Matières